WÖRTERBUCH

LINGUISTISCHE GRUNDBEGRIFFE

von

Winfried Ulrich

5., völlig neu bearbeitete Auflage

Gebrüder Borntraeger Verlagsbuchhandlung
Berlin · Stuttgart · 2002

Über den Verfasser

Prof. Dr. phil. Dr. h. c. mult. **Winfried Ulrich**, geb. 1941 in Dramburg/Pommern. Studium der Germanistik und Ev. Theologie in Hamburg und Tübingen. Promotion 1968 an der Univ. Hamburg. Tätigkeiten als Wiss. Assistent an der Univ. Kiel, als Studienassessor im Hamburger Gymnasialdienst, als Professor für Deutsche Sprache und Literatur und ihre Didaktik zuerst an der Pädagogischen Hochschule Reutlingen (1970-1980), dann an der Pädagogischen Hochschule Kiel (1980-1994), seit 1994 als Direktor des Seminars für Deutsche Sprache und Literatur und ihre Didaktik in der Erziehungswiss. Fakultät der Universität Kiel. Prorektor (1987-1990) und Rektor der Pädagogischen Hochschule Kiel (1990-1993), Dekan der Erziehungswiss. Fakultät der Christian-Albrechts-Univ. zu Kiel (1996-1998). Gastprofessor an der University of Arizona in Tucson (1993/94 und 2002/03) sowie an der University of Queensland in Brisbane und der Monash University in Melbourne (1998/99). Verleihung der Ehrendoktorwürde der Universität Tallinn/Estland (1997) und der Univ. Szeged/Ungarn (2001).

Weitere Buchveröffentlichungen: Semantische Untersuchungen zum Wortschatz des Kirchenliedes im 16. Jahrhundert (1969). – Das Bild als Sprech- und Schreibimpuls (1976). – Linguistik für den Deutschunterricht (1976; [6]1995). – Wörterbuch. Grundbegriffe des Deutschunterrichts (1979). – Der Witz im Deutschunterricht (1980). – Grammatik (1997). – Sprachspiele. Texte und Kommentare (1999; [2]2001). – Sprachspiele für jüngere Leser. Texte und Kommentare (2000). – Didaktik der deutschen Sprache: Ein Arbeits- und Studienbuch in drei Bänden (2001).
Außerdem Verfasser zahlreicher Zeitschriftenaufsätze und Beiträge in Sammelbänden zu verschiedenen Bereichen der Sprachwissenschaft und der Sprachdidaktik sowie Hrsg. von Fibeln, Sprachbüchern, Lesebüchern und Textsammlungen für den Unterricht in der Primarstufe und den Sekundarstufen I und II. – Mitherausgeber der Zeitschrift „Deutschunterricht“.

Die Deutsche Bibliothek-CIP-Einheitsaufnahme

Ulrich, Winfried:
Wörterbuch linguistische Grundbegriffe. / von Winfried Ulrich. – 5., völlig neu bearb. Aufl.. – Berlin ; Stuttgart : Gebr. Borntraeger Verl. Buchh., 2002
(Hirts Stichwortbücher)
ISBN 3-443-03111-0

ISBN 3-443-03111-0

http://www.schweizerbart.de

Gedruckt auf alterungsbeständigem Papier nach ISO 9706-1994

Verlag: Gebrüder Borntraeger, Johannesstr. 3A, D-70176 Stuttgart
Druck: Druckhaus Beltz, Hemsbach
Printed in Germany

Vorwort zur fünften Auflage

Seit dem Erscheinen der ersten Auflage dieses Wörterbuches 1972 sind fast dreißig (!) Jahre, seit dem Erscheinen der vierten Auflage 1987 mehr als zehn Jahre vergangen. Über diesen langen Zeitraum hin hat sich das knapp informierende und überall mit Beispielen versehene Nachschlagewerk für Studierende und Lehrkräfte an den Schulen nach Konzeption und Inhalt bewährt und ist immer wieder neu aufgelegt oder unverändert nachgedruckt worden.
Dies erscheint bei der raschen Entwicklung der Linguistik und bei den vielen neuen Forschungsergebnissen in all den Jahren erstaunlich. Ein Wörterbuch muss möglichst aktuell sein und in seinem jeweiligen Inhaltsbereich Veränderungen und Erweiterungen berücksichtigen. Das ist bei den ersten vier Auflagen auch durch mehrmalige Überarbeitungen und Ergänzungen erfolgt. Zuletzt aber gab es aus verschiedenen Gründen all zu lange Zeit nur unveränderte Nachdrucke. Dieser Verlust an Aktualität ließ sich nur noch durch eine völlig neu bearbeitete Auflage ausgleichen.
Mit der fünften Auflage liegt nun eine solche Neubearbeitung vor, die an der bewährten Konzeption des Nachschlagewerks festhält, inhaltlich aber ein neues Buch ist. Die Zahl der Stichwörter hat sich nahezu verdoppelt. Und die beibehaltenen Stichwörter sind zumeist neu geschrieben und durch jüngere Erkenntnisse der Wissenschaft angereichert worden.
Möge das Wörterbuch mit seinen alten und neuen Informationen auch weiterhin ein nützliches Hilfsmittel in der Hand der professionell oder privat an Sprache Interessierten sein!

Quarnbek-Stampe, im Sommer 2001 — Winfried Ulrich

Hinweise für den Benutzer

Das vorliegende Buch verdankt seine Entstehung den praktischen Erfordernissen des Lehrbetriebs an Universitäten und anderen wissenschaftlichen Hochschulen mit sprachwissenschaftlich ausgerichteten Studiengängen. Der Verfasser hat über viele Jahre hin in Vorlesungen, Seminaren und Übungen, im Gespräch mit Studierenden und angehenden oder bereits tätigen Deutschlehrern immer wieder feststellen können, wie wichtig ein Arbeitsmittel ist, das in knapper Weise Grundbegriffe der älteren und der neueren Sprachwissenschaft erläutert und mit Beispielen veranschaulicht.

In erster Linie ist das Lexikon also für ***Studierende der Linguistik,*** speziell der ***Germanistischen Linguistik*** geschrieben. Ihrem dringenden Bedürfnis nach rascher Orientierung in der Fachterminologie gleich zu Beginn des Studiums soll es entgegenkommen. Zugleich aber ist mit ihm die große Zahl bereits praktizierender ***Deutschlehrer*** angesprochen, die schon vor Jahren die Hochschulen verlassen haben, ohne seinerzeit mit den neueren Entwicklungen der Sprachwissenschaft vertraut gemacht worden zu sein, die sich nun selbstständig im Privatstudium um Einsicht in jüngere linguistische Konzeptionen und Forschungsergebnisse bemühen. Von der Linguistik provozierte sprachdidaktische Neuansätze – speziell des muttersprachlichen Unterrichts – führen zu neu konzipierten Sprachbüchern, in deren sinnvollen Gebrauch die Lehrer sich erst einüben müssen.

Damit sind wir bei der dritten Zielgruppe: den ***Schülern und Schülerinnen*** einer reformierten gymnasialen Oberstufe, die Kurse aus den Themenbereichen „Sprachtheorie, Sprachanalyse, Sprachkommunikation“ besuchen. Gerade sie brauchen elementare Anleitung, knappe Hinweise auf Zusammenhänge und Unterschiede zwischen traditionellen und modernen sprachwissenschaftlichen Sichtweisen, Operationen und Resultaten, die sich in der jeweiligen Begrifflichkeit spiegeln.

Von den genannten Zielsetzungen her sind die ***Auswahl*** des vorgelegten Materials und die ***Anlage des Buches*** zu verstehen.

Die wichtigsten Termini der traditionellen und der inhaltbezogenen Grammatik waren mit aufzunehmen, damit dem Neuling in der modernen Linguistik durch Nachschlage- und Rückversicherungsmöglichkeit der Übergang aus der Welt seiner bisherigen grammatischen Kategorien in die der neuen geebnet wird.

Über solche Hilfsfunktion hinaus haben die aufgenommenen Begriffe aber auch Eigenwert, da sie weiter in der Diskussion bleiben, wenn die mehr intuitiv gewonnenen Ergebnisse „traditioneller" Sprachbetrachtung von der heutigen Linguistik oftmals bestätigt, nun aber exakt, explizit und jederzeit nachprüfbar dargestellt werden.

Ein großes Kontingent an Stichwörtern stellen diejenigen *Strömungen* in der Linguistik, welche die *Strukturen der Sprache* als die eines Systems von Zeichen untersuchen; unter ihnen dominieren neben dem grundlegenden taxonomischen Strukturalismus eindeutig die *Generative Grammatik* und die *Dependenzgrammatik.* Sie sind die – zumal im deutschsprachigen Raum – am weitesten ausgearbeiteten und am meisten diskutierten Neukonzeptionen im Bereich Syntaxtheorie bis in die Gegenwart. Dabei hat freilich die Syntax ihre zentrale Stellung innerhalb der Linguistik nicht behaupten können. Einerseits hat die *lexikalische Semantik* an Bedeutung gewonnen, andererseits hat die Linguistik die Satzgrenzen überschritten und zur Texttheorie und *Textlinguistik* gefunden.

Der Entwicklung von der sogenannten „Systemlinguistik" zur handlungsorientierten *linguistischen Pragmatik* wie auch der benachbarten *Psycholinguistik* und *Soziolinguistik* wurde durch Aufnahme vieler Stichwörter dieser Teildisziplinen Rechnung getragen. Auch der Paradigmenwechsel von der behavioristischen zur kognitiven Psychologie und zur *kognitiven Linguistik* lässt sich an der Stichwortauswahl ablesen.

Die jüngsten Veränderungen erfährt die Linguistik freilich durch die rasante Entwicklung der neuen *elektronischen Informations- und Kommunikationstechnologie.* Sprachliche Verständigung über Handy und Computer, über Email und das Internet stellen auch die Sprachwissenschaft vor noch zu bewältigende Aufgaben.

Nicht unberücksichtigt sollte neben dem vorwiegend *synchronisch-deskriptiven Aspekt* die Tatsache bleiben, dass Sprache nicht nur ein soziales, sondern auch ein *historisches Phänomen* ist, das sich ständig wandelt: Die diachronische Betrachtungsweise ist durch Grundbegriffe aus der Geschichte der deutschen Sprache vertreten.

Zur Anlage der einzelnen Artikel: Sie ist ganz auf einen optimalen Gebrauchswert des Buches als Nachschlagewerk hin ausgerichtet. Die Stichwörter sind alphabetisch geordnet. Sie werden, soweit sie einer Fremdsprache entstammen, durch Artikel einem Genus zugeordnet, durch Übersetzung des

Grundwortes oder eines etymologisch verwandten Wortes inhaltlich motiviert und durch Parallelbegriffe ergänzt (beides in runden Klammern; wenn beides zugleich erforderlich: zunächst runde, dann eckige Klammer).

Es folgen ***Definitionen*** und ***Beschreibungen*** verschiedener Dichte und aus verschiedenen Perspektiven nach dem Grundsatz: Eine Erscheinung wird dann am anschaulichsten, wenn sie von mehreren Seiten her betrachtet wird. Auf einen durchgehaltenen einheitlichen Aufbau der Artikel wird bewusst verzichtet. Die Gefahr des Eklektizismus wird ebenso gesehen, aber in Kauf genommen, wie die Gefahr, dass feine Einzelheiten und Unterschiede durch das subsumierende Verfahren gar nicht in das Blickfeld geraten, und die Gefahr, dass Begriffe nicht genügend in ihrem Stellenwert im Rahmen einer bestimmten Theorie gesehen werden. Ein Kurzinformationen lieferndes Handwörterbuch kann in dieser Hinsicht nicht alle Wünsche befriedigen. Im übrigen sollen die vielen *Verweise* (↑) auf andere Stichwörter bereits im Rahmen des vorliegenden Buches weitere Zusammenhänge aufzeigen und auf weiterführende Literatur aufmerksam machen.

Manche Doppelungen und Wiederholungen in inhaltlich benachbarten Artikeln lassen sich nicht vermeiden, wenn der Leser davor bewahrt werden soll, zur Information über ein Stichwort in jedem Fall noch zehn weitere Stichwörter nachschlagen zu müssen. Die Möglichkeit solchen Schritt-für-Schritt-Lesens sollte jedoch gegeben sein. Sie darf nur nicht zum einzig möglichen Umgang mit dem Lexikon werden. Informations-Redundanz als Eigenschaft sprachlicher Äußerungen ist zugleich Eigenschaft der Lexikonartikel.

Großen Wert hat der Verfasser darauf gelegt, die theoretischen, metasprachlichen Aussagen mit Hilfe zahlreicher deutscher, objektsprachlicher ***Beispiele*** (kursiv gedruckt) zu verdeutlichen und anschaulich zu machen. Lerntheoretisch kommt ihnen ein besonderes Gewicht zu: Als mnemotechnische „Aufhänger" sind sie Gedächtnisstützen, und als Muster für Analogiebildungen erleichtern sie den Transfer der gewonnenen Einsicht in sprachliche Zusammenhänge auf andere Äußerungen.

Zur Gliederung der Artikel: Bei Mehrdeutigkeit eines Stichwortes (z. B. bei Verwendung in verschiedenen Konzeptionen) werden die einzelnen ***Lesarten,*** soweit sie nicht einfache Ergänzungen mit geringfügigen Abweichungen voneinander darstellen, getrennt behandelt und mit arabischen Ziffern (1., 2.) durchnummeriert.
Unterbegriffe werden gesperrt gedruckt (bei Wiederaufnahme des Artikelstichwortes wird dieses nur mit dem Anfangsbuchstaben genannt) und bei Reihenbil-

dung nach lateinischen Buchstaben [a), b)] untereinander geordnet. Je nach Bedeutung stellen sie außerdem ein eigenes Stichwort mit Artikel dar. Die ***Verweispfeile*** (↑) geben nur besonders naheliegende Hinweise auf andere Artikel; d. h. nicht jedes im Text auftauchende Wort, unter dem ein Artikel zu finden ist, trägt den Verweispfeil.

Der ***Umfang eines Artikels*** richtet sich nach der Bedeutung seines Stichwortes und der sprachwissenschaftlichen Richtung, die es repräsentiert, für die oben genannten Ziele des Buches.

Abkürzungs- und ***Symbolverzeichnis*** geben die nötigen Hinweise zum Verständnis der Notation. Das ***Literaturverzeichnis*** nennt zitierte Schriften, auf denen das vorliegende Wörterbuch aufbaut und zu denen es den Leser hinführen möchte. Diesen Werken ist auch weiterführende Literatur zu entnehmen.

Symbolverzeichnis

> <	Graphem; z. B.: > i <
[ ]	phonetischer Lautwert; z. B.: [iː] (Internationales Phonetisches Alphabet)
/ /	1. Phonem; z. B.: /iː / 2. Morphem; z. B.: /lich/
< >	semantisches Merkmal, Bedeutung; z. B.: <+ belebt>, <sich drehen>
Kursive	Lexeme, objektsprachl. Ausdrücke; z. B.: *schwanger*
*	1. erschlossene (nicht belegte) Form; z. B.: idg. *bh-es-mi 2. ungrammatischer, nicht akzeptabler Ausdruck; z. B.: **schwangerer*
**	in hohem Grade ungrammatisch; z. B.: ** *bob krzmcz*
?/*?	grammatisch fraglich/in hohem Grade fraglich; z. B.: *?Er kann auf eine stolze Vergangenheit zurückblicken.* - **?Der Wasserhahn läuft.*
>	geworden zu; z. B.: mhd. *wîp* > nhd. *Weib*
<	entstanden aus; z. B.: nhd. *Weib* < mhd. *wîp*
/	1. beziehungsweise, oder; z. B.: *und/oder* 2. bei Namen: zusammen mit; z. B.: HELBIG/SCHENKEL
+	1. Verkettung; z. B.: NP + VP 2. Positivwert eines Merkmals; z. B.: *Mann* <+ belebt>
–	Negativwert eines Merkmals; z. B.: *Stein* <– belebt>
≠	ist ungleich; z. B. : *farbige Wäsche ≠ gefärbte Wäsche*
#	Grenze einer betrachteten Einheit; z. B.: # *Es schneit.* # = # S #
∅	1. Null-Element; z. B. Null-Allomorph: *Tisch* = Stamm + ∅ gegenüber *Tisch<u>es</u>* 2. Deletionszeichen (Tilgung); z. B.:

der Baum, der Baum groß ist, blüht

1	2	3	4	5	6	7
1	5	∅	∅	2	∅	7
der	große			Baum		blüht

$\rightarrow$	1. besteht aus/wird ersetzt durch; z. B.: S $\rightarrow$ NP + VP 2. bei Weinreich: nicht umkehrbare Beziehung zwischen semantischen Merkmalen einer Konfiguration; z. B.: *Stuhl* < Möbel $\rightarrow$ sitzen >
$\Rightarrow$	wird verwandelt in; z. B.: *der Knabe lacht* $\Rightarrow$ *das Lachen des Knaben*
( )	1. fakultativ möglich; z. B.: NP $\rightarrow$ Art (+ Adj) + N = *der (große) Hund* 2. Zusätze, Erläuterungen, die aus laufendem Text herausgehoben werden sollen ; z. B.: Addition (lat. addere)
[ ]	1. innerhalb oder direkt neben runden Klammern, mit deren Funk tion; z. B.: Addition (lat. addere) [auch: Insertion] 2. indizierte Klammerung einer Konstituentenstruktur; z. B.: $[NP + VP]_S$
$(X)_{1,2,\text{präp}}$	Indizes mit Ziffern oder Buchstaben; z. B.: N_2 = Nomen im Akk.
{ }	alternativ möglich; z. B $\left\{\begin{matrix}\text{Art + N}\\ \text{Pron}\end{matrix}\right\}$ = *der Mann / er*
↑	siehe! Verweis auf Stichwort; z. B.: Tilgung (↑Deletion)
^	langer Vokal im Mhd.; z. B.: *wîp* [iː]
ˇ	kurzer Vokal im Mhd.; z. B.: mhd. *lĕben* (im Unterschied zu nhd. *leben* mit [eː])
¯	langer Vokal im Ahd.; z. B.: brāhta [aː]

Abkürzungsverzeichnis

Adj./adj.	Adjektiv/adjektivisch
Adv./adv.	Adverb/adverbial
ahd.	althochdeutsch
Akk.	Akkusativ
alem.	alemannisch
allg.	allgemein
amerik.	amerikanisch
Art.	Artikel
Attr.	Attribut
ausschl.	ausschließlich
bair.	bairisch
Bd./Bde.	Band/Bände
bes.	besonders
best.	bestimmt(e, er, es, en)
Bez.	Bezeichnung
bzw.	beziehungsweise
d. h.	das heißt
d. i.	das ist
Dat.	Dativ
Dt./dt.	Deutsch/deutsch
eigentl.	eigentlich
einschl.	einschließlich
engl.	englisch
europ.	europäisch
evt.	eventuell
Fem.	Femininum
franz.	französisch
frühnhd.	frühneuhochdeutsch
Fut.	Futur
Gen.	Genitiv
germ.	germanisch
Ggs.	Gegensatz
gr.	griechisch
got.	gotisch
Gw.	Gegenwort
hdt.	hochdeutsch
hebr.	hebräisch
Hg.	Herausgeber
i. e. S.	im engeren Sinn
i. w. S.	im weiteren Sinn
idg.	indogermanisch
Inf.	Infinitiv
insges.	insgesamt
ital.	italienisch
Jh.	Jahrhundert
Jht.	Jahrtausend
Konj.	Konjunktion
lat.	lateinisch
männl.	männlich
Mask.	Maskulinum
mhd.	mittelhochdeutsch
ndt.	niederdeutsch
nhd.	neuhochdeutsch
Nom.	Nominativ
o. J.	ohne Jahresangabe
oberdt.	oberdeutsch
Obj.	Objekt
Part.	Partizip
Pers.	Person
Plur.	Plural
Präd.	Prädikat
Präp.	Präposition
Präs.	Präsens
Prät.	Präteritum
Pron.	Pronomen
rel.	relativ
sächl.	sächlich
Sing.	Singular
slaw.	slawisch
s. o.	siehe oben
sogen.	sogenannt
sprachl.	sprachlich
s. u.	siehe unten
Subj.	Subjekt
Subst.	Substantiv
u. a.	unter anderem/und andere(s)

unbest.	unbestimmt
urgerm.	urgermanisch
urspr.	ursprünglich
vgl.	vergleiche
weibl.	weiblich
z. B.	zum Beispiel
z. T.	zum Teil

Siglen

Adj	Adjektiv
Adv	Adverb
Art	Artikel
Det	Determinator
Konj	Konjunktion
N	Nomen
NP	Nominalphrase
Part	Partizip
Präp	Präposition
S	Satz
V	Verb
VP	Verbalphrase

Abbildfunktion: Leistung sprachl. ↑Zeichen, auf Erscheinungen einer realen, objektiv gegebenen Wirklichkeit hinzuweisen, auf die sich der Zeichenbenutzer bezieht, diese Erscheinungen im menschlichen Bewusstsein abzubilden. Auch ↑Widerspiegelungstheorie.

Abbildtheorie ↑Widerspiegelungstheorie.

Abbreviation, die (lat. abbreviatum = gekürzt) [auch: Abkürzung]: Wortbildungstyp, bei dem nur in geschriebener Sprache eine Verkürzung der Vollform eines Wortes auf einige Buchstaben vorgenommen wird, während das volle Wort gesprochen/gelesen wird; z. B.: *Dr.* für *Doktor*; *km* für *Kilometer*. Auch ↑Kürzung.

Abduktion ↑Inferenz.

Abfolge: Verhältnis zwischen den ↑Bedeutungen zweier Wörter, bei denen die zweite Bedeutung (in best. ↑Kontexten) aus der ersten resultiert, z. B. *bekommen* <haben>, *verlieren* <nicht haben>;
a) positive A..: lernen – <wissen> (A hat etwas gelernt → A weiß jetzt);
b) negative A.: vergessen – <wissen> (A hat etwas vergessen → A weiß nicht mehr). Auch ↑Antonymie.

Abglitt ↑Artikulation.

Abhängigkeitsbaum ↑Stemma.

Abhängigkeitsgrammatik ↑Dependenzgrammatik.

Abhängigkeitsrelation ↑Konnexion.

Abkürzung ↑Kürzung.

Ablaut: Regelmäßiger Wechsel der Vokale in etymologisch verwandten Wortteilen, Wörtern und Wortformen in idg. Sprachen; im Ggs. zum ↑Umlaut unabhängig von der lautlichen Umgebung und schon seit idg. Zeit vorhanden;
a) qualitativer A. (Abtönung), z. B. idg. e / o, dt. e / a in: *nehmen – nahm*; *Binde – Band – Bund*;
b) quantitativer A. (Abstufung), idg. Vollstufe, Dehnstufe oder Schwundstufe eines Vokals, z. B. idg. e / ē / Ø in lat. *edo* (ich esse) – *ēdi* (ich habe gegessen) – *-dens* (Zahn = der Essende).

Regelmäßige ↑Ablautreihen zeigen sich in den Stammformen starker Verben: z. B. i / a / u in: *binden, band, gebunden*; a / u / a in: *graben, grub, gegraben.*

Ablautreihe: Systematische Zusammenstellung der durch ↑Ablaut veränderten Wörter/Wortformen in fester Reihenfolge bei den Stammformen der stark flektierenden Verben (↑starke Flexion); im Germ. sechs (sieben) Reihen:
1. Reihe: germ. ī – ai – i – i > mhd. *stîgen, stîge, steic, stigen, gestigen* > nhd. *steigen, steige, stieg, stiegen, gestiegen*;
2. Reihe: germ. eu – au – u – u > mhd. *biegen, biuge, bouc, bugen, gebogen* > nhd. *biegen, biege, bog, bogen, gebogen*;
3. Reihe: germ. i – a – u – u > mhd. *binden, binde, bant, banden, gebunden* > nhd. *binden, binde, band, banden, gebunden*;
4. Reihe: germ. e – a – ē – u > mhd. *nĕmen, nime, nam, nâmen, genomen* > nhd. *nehmen, nehme, nahm, nahmen, genommen*;
5. Reihe: germ. e – a – ē – e > mhd. *gĕben, gibe, gap, gâben, gegĕben* > nhd. *geben, gebe, gab, gaben, gegeben*;
6. Reihe: germ. a – ō – ō – a > mhd. *varn, var(e), fuor, fuoren, gevarn* > nhd. *fahren, fahre, fuhr, fuhren, gefahren.*
Als 7. Reihe werden oft die im Gotischen noch reduplizierenden ablautenden Verben (z. B.: *letan*, *lailot*, *lailotun*, *letans* = <lassen>) angeführt, die im gesamten Präteritum im Mhd./Nhd. ie aufweisen: mhd. *lâzen, lâze, liez, liezen, gelâzen* > nhd. *lassen, lasse, ließ, ließen, gelassen.*

Ableitung ↑Derivation, ↑Derivat.

Ableitungsbasis ↑Basis.

Ableitungssuffix ↑Suffix.

abrupt (lat. abruptum = abgebrochen): In ↑Phonologie plötzlich ein- bzw. aussetzende Artikulation eines Lautes im Ggs. zu dauernd (engl. continuant), der anhaltenden Artikulation; z. B. a. Verschlusslaute [p] [t] [k] gegenüber dauernden ↑Liquiden [l] [r] und Vokalen [a] [e] [i].

Absatz: Textstrukturierungsmittel; Folge von Zeilen eines geschriebenen oder gedruckten ↑Textes, durch Leerstellen nach dem letzten Wort und Leerspalte vor dem folgenden A. abgegrenzt.

Abschwächung: Minderung der Vokalqualität (bis zum Verschwinden) in unbetonten ↑Präfixen und ↑Suffixen sowie in zusammengesetzten Wörtern

(↑Kompositum); z. B.: *urlauben* > *irlauben* > *erlauben; veressen* > *fressen; Vierteil* > *Viertel.*

absoluter Kasus ↑Adverbialkasus.

absoluter Nominativ ↑Nominativ.

absoluter Tempusgebrauch ↑Tempusgebrauch.

absolutes Verb [auch: einwertiges Verb]: ↑Verb, das im Satz ohne ↑Objekt gebraucht wird (z. B. *Emil lacht. – Es regnet.*), im Ggs. zum relativen Verb, das abhängig von seiner ↑Valenz Objekte und/oder ↑Adverbiale als ↑Ergänzungen benötigt (z. B. *kaufen, legen*: **Mutter kauft. Mutter kauft ein Brot. Sie legt es auf den Tisch.*). Auch ↑Valenz, ↑transitiv, ↑intransitiv.

Abspaltung: Nach EISENBERG Koordination der Elemente eines Satzes mit Ausgliederung einer durch die Konjunktion *und* verknüpften ↑Konstituente nach rechts; z. B.: *Der Maler hat die Türen neu gestrichen und die Fenster.* (< *Der Maler hat die Türen und die Fenster neu gestrichen.*)

Abstoßung ↑Apokope.

Abstraktion, die (lat. abstrahere = abziehen): In ↑Psycholinguistik geistiger Vorgang der Auswahl der als wesentlich angesehenen ↑semantischen Merkmale (unter Absehung von den unwesentlichen) aus der Merkmalmenge einer Erscheinung oder mehrerer Erscheinungen; Ergebnis des Prozesses, bei dem das Gemeinsame der Erscheinungen festgestellt wird, ist die Entstehung eines Allgemeinbegriffs/Gattungsbegriffs.

Abstraktum, das (lat. abstrahere = abziehen, verallgemeinern) [auch: Begriffswort]: 1. In ↑Semantik ein ↑Nomen, das im Ggs. zum Konkretum sinnlich nicht wahrnehmbare Erscheinungen bezeichnet, die als wesenhaft vorgestellt werden; sprachl. Verdinglichung eines ungegenständlichen, begrifflichen ↑Denotats;
a) Eigenschaft (*Stolz, Mut*);
b) Zustand (*Schwerelosigkeit, Frieden*);
c) Beziehung (*Freundschaft*);
d) Vorgang (*Erholung*).
2. In ↑Wortbildung durch Ableitung (↑Derivation) gebildetes Nomen der unter 1. behandelten Bedeutungsklassen, (nach PORZIG) einen ganzen Satzinhalt zusammenfassend:

a) Verbalabstraktum: *(der)* *Lauf* (< *Er läuft.*);
b) Nominalabstraktum: *(seine)* *Kameradschaft* (< *Er ist ein Kamerad.*);
c) Adjektivabstraktum: *(seine)* *Klugheit* (< *Er ist klug.*).

Abtönungspartikel, die [auch: Einstellungspartikel]: Unterklasse der ↑Modalpartikeln, mit deren Hilfe Einstellungen des Sprechers zum Inhalt seiner Äußerung oder zum Angesprochenen zum Ausdruck gebracht werden können; z. B.: *Hast du etwa gelogen? – Man wird doch wohl mal fragen dürfen!*

Abweichung [auch: Deviation]: Eigenschaft eines sprachl. Ausdrucks, der gegen bestehende Regeln/Normen verstößt; auf allen Ebenen des Sprachsystems möglich:
a) phonetisch-phonologische A.: **Ela isst ihre Swarkspeise.*
b morphologische A.: **Mama, die Hünde, die Hünde!*
c) syntaktische A.: **Tante Else gibt.*
d) semantische A.: **Das Fenster grinst.*
e) pragmatische A.: **Der Mönch hat seine Frau verkauft.*
Auch ↑grammatisch, ↑akzeptabel.

Ach-Laut: Stellungsbedingte Variante (↑Allophon) des ↑Phonems, das im Dt. als ch-Laut [x] nach dunklem Vokal oder ↑Diphthong erscheint (*ach, Loch, Buch, Bauch*); Gw. Ich-Laut, realisiert als [ç] nach hellem Vokal oder nach Konsonant (*ich, rechts, Dolch*).

Achsenstellung: Position des Verbs im dt. Aussagesatz („Normal"-satz); Zweitstellung mit „Vorfeld" („Ausdrucksstelle" des Satzes) und „Nachfeld" („Eindrucksstelle", nach DRACH), die auch bei Verschiebung der Satzkonstituenten beibehalten wird (Drehung um die Achse):

*Die Frau **bezahlt** ihre Rechnung immer an der Kasse des Kaufhauses.*
*Ihre Rechnung **bezahlt** die Frau immer an der Kasse des Kaufhauses.*
*An der Kasse des Kaufhauses **bezahlt** die Frau immer ihre Rechnung.*
*Immer **bezahlt** die Frau ihre Rechnung an der Kasse des Kaufhauses.*

Vgl. ↑Funktionale Satzperspektive, ↑Topikalisierung.

Actor ↑Agens.

Adäquatheit, die (lat. adaequare = gleichkommen): Nach CHOMSKY zu fordernde Eigenschaft einer brauchbaren ↑Grammatik: Angemessenheit im Blick auf die Möglichkeit, ein angestrebtes Ziel zu erreichen;

a) Beobachtungs-A. (observational adequacy) [auch: schwache A.]: Fähigkeit, das gesamte ↑Korpus, alle ↑grammatischen Sätze einer Sprache aufzuzählen und zu beobachten;

b) Beschreibungs-A. (descriptive adequacy) [auch: starke A.]: Fähigkeit, die tatsächlichen relevanten Eigenschaften des Untersuchungsobjekts Sprache exakt zu beschreiben, den Sätzen ihre korrekte ↑Struktur zuzuordnen;

c) Erklärungs-A. (explanatory adequacy): Fähigkeit, einen theoretischen Rahmen anzugeben für Beschreibung und Erklärung sprachl. Erscheinungen.

Addition, die (lat. addere = hinzufügen) [auch: Adjunktion, Insertion]: Hinzufügung eines sprachl. Elements zu anderen im Satz, an best. Stelle; Transformationsoperation (↑Transformation): $[X_1; + X_2]x_3 \Rightarrow [X_1 + X_2 + X_4]x_3$; z. B.: *Das Muttertier ist eine Schimmelstute.* ⇒ *Das Muttertier ist eine weiße Schimmelstute.* $[Art. +N]_{Np} \Rightarrow [Art+Adj+N]_{NP}$;

Strukturbaumveränderung:

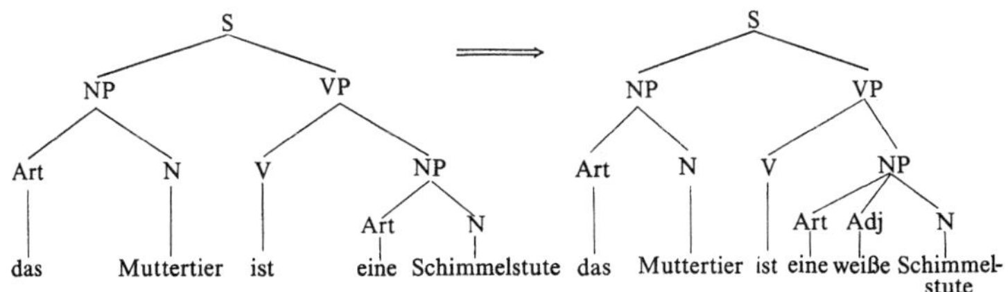

Anderes Beispiel: *Tote schweigen.* ⇒ *Tote Menschen schweigen.*

Additionswort ↑Kopulativkompositum.

Ad-hoc-Bildung ↑Augenblicksbildung.

Adjektiv, das (lat. adiectivum = beigefügt) [auch: Eigenschaftswort, Beiwort; bei GLINZ: Artwort]: ↑Wortart zur Bez. der Art-Merkmale einer Wesenheit oder (in adverbialem Gebrauch) eines Geschehens oder Seins (Eindruck einer Erscheinung auf den Sprecher, zugleich aber seine Stellungnahme zu ihr); graduierbar (↑Komparation); unselbstständig, d. h. nur als charakterisierendes Beiwort eines Nomens oder Verbs erscheinend; in ↑Kongruenz mit dem zugehörigen

Nomen, aber stark und schwach flektiert, je nach syntaktischer Funktion; Gebrauchsweisen:
a) attributiv (↑Attribut): *ein schöner Tag*;
b) prädikativ (↑Prädikativum): *Der Tag war schön.*
c) adverbial (↑Adverbiale): *Die Sonne schien schön.*
Semantische Klassifizierung (nach BRINKMANN):
- Orientierungswörter: Angaben über Raum und Zeit, Herkunft, Stoff; z. B.: *dortig, heutig, täglich; italienisch, badisch; hölzern, wollen;*
- Eindruckswörter, z. B.: *wollig* (im Unterschied zu *wollen*), *silbrig*;
- Eigenschaftswörter, z. B.: *mutig, kahlköpfig, dreieckig, verzagt*;
- Wertwörter, z. B.: *kindisch* (im Unterschied zu *kindlich*), *erstklassig, musterhaft, entzückend*;
- Eignungswörter, z. B.: *trinkbar, glaubhaft, unerklärlich, bildsam*;
- Verhaltenswörter, z. B.: *freundschaftlich, tätig, weinend.*

Adjektivadverb: Adjektiv, das als ↑Adverbiale verwendet wird und im Unterschied zu reinen ↑Adverbien (z. B. *jetzt, hier*) ↑graduierbar ist (*Karl lacht laut. Uli lacht lauter.*).

Adjunkt, das (lat. adiunctum = hinzugefügt, verknüpft): 1. Grammatisch nicht notwendiges Satzelement, das ein anderes Element inhaltlich spezifiziert; z. B.: *Der Mann dort ist mein neuer Nachbar.*; ↑fakultative ↑Konstituente der ↑Verbalphrase; z. B.: *Er besitzt am Stadtrand ein Haus.* Gw. Komplement.
2. Bei HERINGER ↑Position im Satz, Satzelement, das zu einem anderen in paradigmatischer ↑Relation (↑Opposition) steht, mit ihm kommutiert (↑Kommutation), nicht gleichzeitig mit ihm in einem Satz erscheinen kann (formalisiert durch Zeichen / = „entweder ... oder" verbunden); z. B.: Ergänzungsbestimmungen im Akk.: *Er weiß etwas. Er weiß manches. Er weiß, was wir vorhaben.* Gw. ↑Konjunkt.

Adjunktion ↑Addition.

Adoptivform ↑Hybridbildung.

Adposition, die (lat. adpositio = Zusatz) [auch: ↑Präposition, Verhältniswort]: ↑Wortart zur Bezeichnung der Beziehungen zwischen Wörtern oder Satzgliedern im Satz; nicht flektierbar; den ↑Kasus des Bezugswortes bestimmend. Sammelbezeichnung für:
a) Präposition (steht vor Bezugswort; z. B.: *auf dem Dach*);
b) Postposition (steht hinter Bezugswort; z. B.: *dem Anschein nach*);

c) Ambiposition (kann vor oder hinter Bezugswort stehen; z. B. *wegen des Geldes* oder *des Geldes wegen*);
d) Zirkumposition (umklammert das Bezugswort; z. B.: *um des Friedens willen*).

Adressat, der (franz. adresser = senden, schicken) [auch: Rezipient]: Empfänger einer Nachricht in (sprachl.) ↑Kommunikation, angesprochene(r) Hörer oder angeschriebene(r) Leser, an die sich Sprecher bzw. Schreiber wenden.

Adstrat ↑Sprachkontakt.

Adverb, das (lat. ad verbum = zum Verb gehörig) [auch: Umstandswort]: ↑Wortart zur Bez. von Umstandsmerkmalen, zur näheren semantischen Bestimmung von Personen, Gegenständen, Eigenschaften (als ↑Attribut, z. B.: *der Weg hierher, der überaus fleißige Schüler*) oder von Geschehnissen (als ↑Prädikativum oder als ↑Adverbiale, z. B.: *nun ist es genug, ich komme gern*) oder von ganzen Satzinhalten (als Satz-A. oder ↑Abtönungspartikel, z. B.: *vermutlich stimmt das*); semantisch unterscheidbar nach temporaler (*bald*, *morgen*, *nachher*), lokaler (*dort*, *hierher*, *draußen*), kausaler (*deshalb*, *trotzdem*), modaler Bedeutung (*gern*, *sehr*); im Unterschied zum ↑Adjektiv (Artmerkmale) nicht flektierbar (z. B.: *gestern, gern, etwas*), in einigen Fällen aber ↑graduierbar (z. B.: *gern, lieber, am liebsten*).

Adverb des Maßes ↑Gradadverb.

Adverbialadjektiv: Von ↑Adverb abgeleitetes ↑Adjektiv, das nur als ↑Attribut, nicht als ↑Prädikativum verwendet werden kann; z. B.: *gestrig* < *gestern*; *dortig* < *dort*.

Adverbial(e), das (lat. ad verbum = zum Verb gehörig) [auch: Adverbialbestimmung, Adverbiale Bestimmung, Umstandsbestimmung oder Umstandsangabe]: ↑Funktion im Satz; Satzglied, das die näheren Umstände eines Geschehens oder Seins charakterisiert:
a) modal (Art und Weise): *Er schreit mit lauter Stimme.*
b) temporal (Zeit): *Er kam am Vortag.*
c) lokal (Ort): *Er steht vor der Tür.*
d) kausal (Grund): *Aus Angst läuft er fort.*
e) konditional (Bedingung): *Bei viel Geduld wird es gehen.*
f) konsekutiv (Folge): *Zur allgemeinen Befriedigung gelang das Vorhaben.*
g) final (Zweck, Absicht): *Er reiste zum Vergnügen in den Kurort.*

h) konzessiv (Einräumung): *Er schwieg trotz seiner Überraschung.*
i) instrumental (Mittel): *Er grüßte mit dem Hut.*
In Valenzgrammatiken (↑Valenz) Unterscheidung nach weglassbaren, ganz freien oder fakultativen Adverbialangaben (*Ich komme bald*) und notwendigen, obligatorischen Adverbialergänzungen (*Er wohnt in Kiel*). Auch ↑Gliedsatz.

Adverbialbestimmung ↑Adverbiale, ↑Präpositionalobjekt.

Adverbialkasus: Nicht von der ↑Rektion eines Verbs oder nominalen Satzglieds abhängiger ↑Akkusativ oder ↑Genitiv in adverbialer Funktion (↑Adverb), vor allem zur Bez. von Raum, Zeit, Graden; z. B.: *Er fehlt schon die ganze Woche. Er kam gerade des Weges.*

Adverbialsatz ↑Gliedsatz.

adversativ ↑Konjunktion.

Äquipollenz, die (lat. aequus = gleich; pollens = stark): Logische Gleichberechtigung in der Verwendung zwischen zwei inhaltlich gegensätzlichen ↑Lexemen; keins von beiden fungiert nur als Negation des anderen (privativ, z. B.: *tot* und *lebendig*) oder bezeichnet lediglich die Steigerung oder Minderung einer im andern ausgedrückten Eigenschaft (graduell, z. B.: *schön* und *hässlich*); vielmehr sind beide durch eigene positive Merkmale gekennzeichnet; z. B.: *Stadt* und *Land*, *männlich* und *weiblich*, *beginnen* und *beenden*, *hin* und *her*. Auch ↑Polarität.

Äquivalenz, die (lat. aequus = gleich; valere = wert sein): Beziehung zwischen gleichwertigen, einander entsprechenden sprachl. Ausdrücken (Äquivalenten), zwischen sprachl. Elementen mit dem gleichen Aussage- bzw. Funktionswert; z. B.: *Sie ist Putzfrau / eine Frau, die berufsmäßig Räume saubermacht.* Funktionale Ä. zwischen Ausdrücken verschiedener Soziolekte (↑Sprache), zwischen ↑Mundart und ↑Standardsprache in der ↑Soziolinguistik (↑Defizit-Hypothese).

Äquivokation, die (lat. aequivocus = gleichlautend, mehrdeutig): Bez. gelegentlich für ↑Homonymie, zumeist aber für ↑Polysemie.

Äußerung: Handlung und Ergebnis des Sich-Äußerns; bei SAUSSURE Parole im Ggs. zu Langue (↑Sprache); in amerik. Linguistik (utterance) aktuelle Realisierung eines Satzes, Satzanwendung in der Rede (↑Performanz), im Unterschied zum ↑Satz (sentence) als der abstrakt-theoretischen Typeneinheit des sprachl.

Regelsystems.

Äußerungsakt: Vollzug einer ↑Sprechhandlung durch Umsetzung mental vorbereiteter Elemente in ein wohlgeformtes, dem Hörer zugängliches Lautgebilde; bei SEARLE Zusammenfassung des phonetischen und des phatischen Aktes (↑Sprechakt).

affektive Spitzenstellung ↑Topikalisierung.

Affinität ↑lexikalische Solidarität.

Affix, das (lat. affigere = anheften): Gebundenes, frei nicht vorkommendes ↑Morphem; nur in Verbindung mit einem oder mehreren freien Morphemen ein Wort bildend; nach seiner Position gegenüber dem Grundmorphem zu unterscheiden:
a) ↑Präfix (vorangestellt): *er-holen*;
b) ↑Suffix (nachgestellt): *glück-lich*;
c) ↑Infix (in das Morphem eingefügt); manchmal dagegen auch für ↑Fugenelement (*Neigung-s-grad*).
Bisweilen wird Infix dem Affix nicht untergeordnet, sondern gegenübergestellt. Auch ↑Formant.

affiziert (lat. afficere = einwirken auf): Bei semantischer Interpretation der Prädikat-Objekt-Relation: Eigenschaft eines Objekts, dass sein ↑Referent durch die im Verb ausgedrückte Handlung unmittelbar berührt, aber nicht erst geschaffen (Gw. ↑effiziert) wird; z. B.: *Der Mieter bewohnt das Haus.*

Affrikate, die (lat. affricare = anreiben): Konsonant, entstanden aus Verbindung zweier eng zusammen ausgesprochener Konsonanten, eines Verschlusslautes (↑Explosivum) und eines folgenden Reibelautes (↑Spirant) mit annähernd gleicher Artikulationsstelle; seit 2. ↑Lautverschiebung im Hochdt. vorhanden; z. B.: [ts] in *Katze*. Umstritten, ob A. ein ↑Phonem oder Verbindung zweier Phoneme ist.

Agens, das (lat. agere = handeln) [auch: Actor, Agent]: In ↑Kasusgrammatik Bez. für eine tiefenstrukturelle semantische Rolle im Satz: Täter, Urheber einer durch ein Verb bezeichneten Handlung, eines Geschehens; nicht immer mit Satzglied ↑Subjekt korrelierend; z. B. *Der Hund bellt. – Der Hund wird von seinem Besitzer angeleint.* Gw. ↑Patiens = von eines Handlung betroffene Größe; z. B.: *Der Junge streichelt den Hund. – Der Hund wird gestreichelt.*

Agens-Actio-Modell (lat. agens = handelnd; actio = Tätigkeit): Interpretation der idg. (Aussage-)Satzstruktur, die Bestandteile Agens (Täter) und Actio (Handlung) in der Form von ↑Subjekt und ↑Prädikat enthält, die Wirklichkeit als subjektgebundenes Geschehen oder Sein interpretiert (mit dem ersten Ausdruck Bezeichnetes führt eine Handlung aus, die mit dem zweiten Ausdruck bezeichnet wird; z. B.: *Der Wind weht.*) und so die europ. Sprach- und Denkgewohnheiten prägt.

Agent ↑Agens.

Agglutination, die (lat. agglutinatum = angeleimt): 1. In ↑Wortbildung das „Zusammenleimen" mehrerer ursprünglich selbständiger Ausdrücke, die innerhalb des Satzes häufig zusammentreffen; z. B.: *trotz dem* > *trotzdem.* 2. Die „zusammenklebende" (= anfügende) Verbindung von Wortstämmen mit eindeutigen, gleichbleibenden (auch selbständig vorkommenden) ↑Affixen zur Angabe der Beziehungen zwischen Wörtern im Satz; Kennzeichen des agglutinierenden ↑Sprachtyps im Unterschied zum isolierenden (nur freie ↑Morpheme; Morphem und Wort fallen zusammen) und zum flektierenden Sprachtyp (↑Affixe verschmelzen miteinander und mit Wortstamm). 3. Auch ↑Akzession.

Agnomen ↑Beiname.

Agnosie, die (gr. agnosia = Unkenntnis): Unfähigkeit zur Verarbeitung empfangener Sinneseindrücke; verbal-auditive A. als Störung der kindlichen Sprachentwicklung (↑Spracherwerb): „Hörstummheit" trotz vorhandener Hörfähigkeit.

Agrammatismus ↑Dysgrammatismus.

Agraphie, die (gr. a- = nicht, un-; graphein = schreiben): Abbau, Verlust der Schreibfähigkeit. ↑Sprachpathologie.

Akkomodation ↑Assimilation.

Akkusativ, der (lat. accusare = anklagen) [auch: Wenfall, Zielgröße]: ↑Kasus des direkten Obj., das von der Handlung des Subjektreferenten (↑Referent) unmittelbar betroffen ist (Ziel, Resultat oder Gegenstand der Handlung); z. B.: *Er betrachtet das Bild.*

Akkusativierung: Ersetzung von Dativ-, Genitiv- und Präpositionalobjekten durch ein Akkusativ-Objekt; z. B.: *jemandem Ware liefern* > *jemand mit Ware beliefern*; „A. des Menschen“ in Sprachkritik als inhumane Tendenz der Verwaltungssprache bezeichnet, weil Menschen gleichsam zu Objekten gemacht werden.

Akronym, das (gr. akra = Spitze; onoma = Name)[auch: Initialwort]: Kurzwort, aus den Anfangsbuchstaben eines zusammengesetzten Wortes oder mehrerer Wörter gebildet; z. B.: *VHS* < *Volkshochschule*; *Agfa* < *Aktiengesellschaft für Anilinfabrikation*.

Aktant ↑Dependenzgrammatik, ↑Valenz.

Aktionsart: Verlaufsweise, Spielart eines verbal bezeichneten Geschehens oder Zustands im Blick auf die Art seiner inhaltlichen Modifizierung:
a) iterativ (häufige Wiederholung, entweder abschwächend oder verstärkend): *hüsteln* <wiederholt schwach husten>; *sticheln* <mehrfach stechen>; *kränkeln* <häufig ein wenig krank sein>; *klappern* <wiederholt laut klappen>;
b) intensiv (größerer oder geringerer Stärkegrad): *schnitzen* <kräftig schneiden>; *bücken* <stark den Rücken biegen>;
c) kausativ (deverbativ-veranlassend): *tränken* <trinken lassen>; *legen* <machen, dass etwas liegt>;
d) faktitiv (denominativ-bewirkend): *füllen* <voll machen>; *lösen* <los machen>;
e) ingressiv-inchoativ (beginnend): *erblassen* <blass werden>.
Auch ↑Aspekt.

Aktiv, das (lat. activus = tätig, wirksam) [auch: Tatform, Tätigkeitsform]: Im Kontrast zum ↑Passiv die einfachere und wesentlich häufigere Kategorialform des Verbs (↑Genus verbi), die zumeist ein Geschehen oder Sein aus der Sicht des Sprechers agenszugewandt (↑Agens) und handlungsorientiert darstellt, die eine auf den Urheber/Täter blickende Sprechhaltung im Hinblick auf die Relationen zwischen Geschehen, Geschehensträger und Obj. des Geschehens zum Ausdruck bringt: *Der Junge streichelt seinen Hund. – Die Sonne scheint. – Es regnet.*

aktuelle Bedeutung ↑lexikalische Bedeutung.

Aktzeit ↑Futur.

akustisch (gr. akustos = hörbar): Eigenschaft gesprochener Sprachzeichen, durch das Gehör wahrnehmbar, durch Schallwellen übertragbar zu sein; im Unterschied zu visuell (mit Gesichtssinn) oder taktil (mit Tastsinn) wahrnehmbaren ↑Zeichen.

akustische Dichtung ↑konkrete Dichtung.

Akzent, der (lat. accentus = Dazugesungenes, Betonung) [auch: Betonung]: Hervorhebung einer sprachl. Einheit an festgelegten Stellen einer Äußerung (Silben-A., Wort-A. mit Haupt-A. und Neben-A., Satz-A.) durch:
a) Steigerung der Lautstärke = dynamischer A.;
b) Änderung der Tonhöhe = musikalischer A.;
c) Dehnung = temporaler A.

akzeptabel (lat. accipere = annehmen): Eigenschaft einer ↑Äußerung, die vom kompetenten Sprecher (↑Kompetenz) als von der Sprachgemeinschaft so gebraucht (wohlgeformt, nicht abweichend) beurteilt wird (Gw.: nicht akzeptabel, abweichend; Notation mit Stern *). Grad der Abweichung qualitativ (phonologisch, morphologisch, syntaktisch, semantisch) und quantitativ verschieden; z. B.: ****Auf der Straße krczmalbsx.* – **Die vielsten Bäumer stehen in den Pärkern.* – **Viel der Frau versprachen.* – ***Das Glück überredete den Tisch.* Akzeptabilität als Terminus der empirischen Performanzüberprüfung (↑Performanz) entspricht häufig, aber nicht immer der Grammatikalität (↑grammatisch), dem Terminus abstrakter Grammatik/Kompetenz-Beschreibung; z. B. ist eine ↑Nominalphrase, die aus Art., Nomen und dreißig oder mehr attributiv (↑Attribut) verwendeten Adj. (*der alte, hohe, knorrige ... Baum*) besteht, grammatisch, aber (als Erscheinung der ↑Performanz) aus Gedächtnis- und Stilgründen kaum noch a.

Akzession, die (lat. accipere = empfangen) [auch: Lautzuwachs]: Etymologisch (↑Etymologie) nicht gerechtfertigter Zusatz von Lauten während der historischen Entwicklung eines Wortes; je nach Stelle im Wort
a) Prosthese (gr. prosthesis = Voranfügung) [auch: Agglutination, von lat. glutinare = aneinanderleimen]: am Wortanfang, z. B. Ortsname *Merlach* < *Erlach*;
b) Epenthese (gr. epenthesis = Einfügung): im Wortinnern, z. B. *hoffentlich* < *hoffen-lich*; *Spindel* < mhd. *spinnel*;
c) Epithese (gr. Epithesis = Zusatz): am Wortende, z. B. *Obst* < mhd. *obes*; *niemand* < mhd. *nieman.*

akzidentiell (lat. accidentalis = zufällig): Eigenschaft sprachl. Ausdrücke, die weniger wichtig, zufällig, nicht selbstständig ist. Gw. essentiell.

Alexie, die (gr. a- = nicht, un-; legein = lesen): Abbau, Verlust erworbener Lesefähigkeit, Verlust der Erinnerung an die ↑konventionelle Bedeutung graphischer Symbole (als Folge von Hirndefekten). ↑Sprachpathologie.

Allaussage [auch: Allsatz]: Allg., d. h. für alle Elemente oder Individuen einer Klasse gültige ↑Aussage (z. B. *Alle Heringe sind Fische*). In ↑Prädikatenlogik mit Hilfe eines „Allquantors“ gekennzeichnet (Symbole A, ∧ oder ∀), der mit der Bedeutung <für alle gilt> vor das Prädikat gesetzt wird, z. B.: (∀) sterblich sein (Mensch) = <Für alle Menschen gilt: Der Mensch ist sterblich>. Mit dem „Existenzquantor“ (∃) wird dagegen ausgedrückt, dass eine Aussage für mindestens ein Element oder Individuum aus dem angenommenen Bereich gilt, z. B.: (∃) sterblich sein (Mensch) = <Es gibt (mindestens) einen Menschen, für den gilt: Der Mensch ist sterblich>.

Allegroform, die (ital. allegro = lebhaft) [auch: Schnellsprechform]: Durch schnelles Sprechen in der Umgangssprache verursachte Wortverkürzung; z. B.: *'n Tag < guten Tag;* häufig bei Namen: *Marlies < Marie-Luise;* Gw. Lentoform (ital. lento = langsam), d.i. die normale, deutlich artikulierte Vollform des Wortes.

Allgemeine Semantik: Bes. von HAYAKAWA entwickelte Theorie eines Unterschiedes zwischen Zeichenbedeutung und dem durch das Zeichen bezeichneten Gegenstand oder Sachverhalt; verbunden mit dem pädagogischen Anspruch, über Entlarvung der angeblich trügerisch verzerrenden Abbildung der Wirklichkeit durch Sprache von falschen Seh-, Denk- und Handlungsweisen zu befreien.

Alliteration, die (lat. ad = hinzu; litera = Buchstabe) [auch: Stabreim]: Gleichklang betonter Anlaute in Wortgruppen, z. B. in ↑Zwillingsformeln (*Haus und Hof, über Stock und Stein, mit Maus und Mann*).

Allo- (gr. allo- = anders): Präfix, bei HARRIS u. a. zur Kennzeichnung der Erscheinung, dass es bei vielen Elementen der Sprache in der Rede (Parole; ↑Sprache) mehrere in einigen Merkmalen voneinander abweichende Realisationen einer Systemeinheit (Langue; ↑Sprache) gibt (bei TRUBETZKOY: Varianten). Auch ↑Allograph, ↑Allomorph, ↑Allophon.

Allograph, das (gr. allo- = anders; graphein = schreiben): Variante eines ↑Graphems; bei Wahrung der von anderen Schriftzeichen unterscheidenden Merkmale (für Stellung im System des Alphabets maßgebliche kontrastive Funktion) Wechsel anderer Merkmale (z. B. mit oder ohne Schnörkel, dt. oder lat. Schrift, Antiqua, Kursiv oder Fettdruck, **ɑ** gegenüber **a**). Graphem >n< kommt in *Nonne* dreimal als ↑Graph vor (*N, n, n*), in Gestalt zweier A. (*N* und *n*).

Allomorph, das (gr. allo- = anders; morphe = Gestalt): Variante eines ↑Morphems (ohne Inhaltsveränderung); z. B.: *Fahrrad*, *Fuhrmann, Fährmann, Furt, Förde*; einige A. des Pluralmorphems: /n/ in *Knaben,* /er/ in *Kinder,* /e/ in *Tische,* /en/ in *Betten,* /ø/ = Null-A. in *die Taler_*. Im Satz *Vettern und Basen schreiben sich Briefe* erscheint das Pluralmorphem dreimal als ↑Morph (/n/, /n/, /e/), in Gestalt zweier A. (/n/ und /e/).

Allophon, das (gr. allo- = anders; phone = Stimme): Variante eines ↑Phonems:
a) fakultativ (vom Sprecher frei gewählt), z. B. Realisation des Phonems /r/ als Zungen-R [r] oder Zäpfchen-R [R];
b) stellungsbedingt, z. B. Realisation des Phonems /ch/ in *ich* nach hellem Vokal als [ç], in *ach* nach dunklem Vokal als [x].
Im Satz *Ich stieg durch das Dach* erscheint das Phonem /ch/ dreimal als ↑Phon ([ç], [ç], [x]), in Gestalt zweier A. ([ç] und [x]).

Alphabet, das (gr. alpha, beta = erster und zweiter Buchstabe im gr. Buchstabeninventar): Festgelegte Folge im Gesamtinventar der in einer ↑Schrift verwendeten Buchstaben.

alternativ (lat. alternatio = Abwechslung): Zwischen zwei oder mehr Möglichkeiten muss eine gewählt werden; Notation in geschweifter Klammer {...}, wobei jede horizontale Reihe des Klammerausdrucks als eine Alternative gilt; z. B.:

$$NP \rightarrow \left\{ \begin{matrix} \text{(Det)N} \\ P_{pro} \\ N_{pro} \\ S \end{matrix} \right\} \textit{ sind/ist verantwortlich für ihr/sein Tun.}$$

zu lesen: Nominalphrase wird ersetzt entweder durch ein Nomen mit oder ohne ↑Determinator [z. B.: *(Die) Menschen*] oder durch Personalpron. (z. B.: *Sie*) oder durch Nominalpron. (z. B.: *Diese)* oder durch einen Satz (z. B.: *Wer ein vernunftbegabtes Wesen ist,*). Auch ↑disjunktiv.

Alternativfrage ↑Fragesatz.

Alternativkomposition, die (lat. compositum = zusammengefügt): Von der↑konventionellen Bedeutung eines ↑komplexen Wortes abweichende Zusammenfügung und Ordnung der Bedeutungselemente der Wortteile oder Einzelmorpheme zu einer ungewöhnlichen, nicht üblichen, aber aus ↑Kontext und ↑Situation verständlichen ↑Lesart; z. B.: *Beamtenlaufbahn* = <Sportplatz für Staatsbedienstete>; *Kernforscher* = <Nussexperte>. ↑Motivation.

Althochdeutsch ↑Sprachperiode.

alveolar ↑Dental.

Amalgamierung ↑Projektionsregel.

Ambiguität, die (lat. ambiguitas = Doppelsinn) [auch: Vieldeutigkeit, Ambivalenz]: Mehrdeutigkeit, inhaltliche Unbestimmtheit eines sprachl. Zeichens/↑Lexems (eines freien oder eines gebundenen ↑Morphems) auf Grund verschiedener Interpretationsmöglichkeiten/Lesarten, die entweder auf Mehrdeutigkeit (↑Polysemie) oder auf ↑Homonymie zurückzuführen ist; z. B.: *Siehst du den Schimmel? – Da vorn gibt es eine Bank. – Ich zeige den Ring meiner Schwester* (Dativ oder Genitiv?). Vgl. dagegen ↑Vagheit.

Ambiposition, die (lat. ambi = von zwei Seiten): ↑Adposition (bzw. ↑Präposition), die sowohl vor wie auch hinter dem Bezugswort stehen kann; z. B.: *wegen meiner Erkrankung* oder *meiner Erkrankung wegen*.

Ammensprache [auch: Glimpfsprache, Babytalk, Elternsprache]: Reduzierte Sprache, die von Bezugspersonen kleiner Kinder gesprochen wird, wenn sie sich deren Niveau anpassen wollen; gekennzeichnet durch lautliche und grammatische Vereinfachung, Vermeidung schwieriger Konsonantenverbindungen, Verwendung zweisilbiger Wörter bei häufiger ↑Reduplikation (z. B.: *Wauwau, dada, Pipi*), Verkleinerungsformen (*Hündchen, Tüchlein*), morphologische und syntaktische Verschleifungen (*hattu heiaheia macht?*).

Amtssprache: 1. Offiziell zugelassene Sprache eines Staates, bes. in Gesetzgebung, Verwaltung und Schulen verwendet. 2. ↑Fachsprache der Behörden und Gerichte, gekennzeichnet durch bes. Amtsstil wie ↑Nominalisierungen, Schachtelsätze, viele Genitivattribute (*die Versteuerung des Ertrages der Wertpapiere des Depots*), Passivkonstruktionen (*der Schuldner wird aufgefordert ...*), typische Floskeln (*in Anbetracht der Tatsache, dass ..., in Fortfall kommen*) sowie Adverbiale und Präpositionen (*daselbst, hierorts; betreffs, seitens, zwecks*).

Anakoluth, der (gr. anakoluton = zusammenhanglos) [auch: Satzbruch]: Abbruch und Veränderung einer schon begonnenen Satzkonstruktion; charakteristisch für ↑gesprochene Sprache bes. bei Selbstkorrektur des Sprechers; z. B.: ... *und da sind wir dann nach Hause, äh ... wir haben noch kurz auf Willi gewartet und wollten ... also der kam einfach nicht ... und dann sind wir ab nach Hause ...*

analog ↑digital.

Analogie, die (gr. analogia = Ähnlichkeit) [auch: Analogiebildung]: 1. Angleichungstendenz einer sprachl. Form an eine andere konkurrierende Form im Laufe historischen Sprachwandels zugunsten größerer Einheitlichkeit; so entstand Ausgleich von ursprünglichen Unterschieden im Formensystem, z. B. *wir banden* statt mhd. *bunden* unter Einfluss des Singulars (↑Numerus) *ich band; nachts* unter Einfluss von *tags* (< *des Tages*). 2. In ↑Wortbildung vorherrschendes Prinzip, ↑Neubildungen nach dem Muster/Vorbild bereits vorhandener Wörter vorzunehmen (z. B.: *steinalt* und *steinreich* nach *steinhart*).

Analogiebildung ↑Analogie.

Analogiewirkung (gr. analogia = Übereinstimmung): Systemimmanente Angleichungstendenz einander ähnlicher sprachl. Elemente zugunsten größerer Einheitlichkeit; z. B.: *(des) nachts* in Analogie zu *(des) tags, abends, morgens,* obwohl der Gen. des alten femininen Wurzelnomens *Nacht* noch heute *der Nacht_* lautet; A. ist wichtige Ursache historischen Sprachwandels; z. B.: mhd. *ich half – wir hulfen* > nhd. *ich half – wir halfen.*

Analphabetismus, der: Fehlende oder mangelhafte Beherrschung des Lesens und Schreibens bei Jugendlichen und Erwachsenen ohne Schulbildung oder durch Verlernen unzureichend erworbener Fähigkeiten (funktionaler A. = Unfähigkeit, die Lese- und Schreibsituationen des täglichen Lebens angemessen zu bewältigen).

Analyse ↑Komponentenanalyse.

analytisch (gr. analyein = auflösen): Eigenschaft einer Sprache (bes. der neueren idg. Sprachen im Unterschied zu den älteren), bei ↑Flexion und syntaktischer Fügung die verschiedenen Angaben (z. B.: Pers., Numerus, Tempus) auf verschiedene Wörter (freie Morpheme) zu verteilen; z. B.: lat. *amavi* = *ich habe geliebt*. Gw. ↑synthetisch.

Anapher ↑Proform.

Anastrophe, die (gr. anastrophe = Umkehr): Umkehrung der üblichen Wortfolge von ↑Präposition und ↑Nomen, z. B. *zweifelsohne < ohne Zweifel.*

Anfangssymbol ↑Stemma.

Anführungszeichen: In schriftlichen Texten Mittel zur Kennzeichnung direkter Rede oder direkter Zitate sowie zur Auszeichnung einzelner Wörter und Wortgruppen (z. B.: Fachbegriffe und Titel); immer als Paar auftretend und den Ausdruck/Text umklammernd; in Form einfacher A. (‚...') oder doppelter A. („...“), mit wechselnder Positionierung (erst unten auf Grundlinie, dann oben) oder gleich bleibender Positionierung (nur oben); einfache oder doppelte Winkel als Gestaltvariante üblich (»...«).

Angabe: 1. In ↑Dependenzgrammatik im Ggs. zu obligatorischen oder fakultativen Ergänzungen des verbalen Satzkerns jede abhängige, aber nicht notwendige Satzgliedhinzufügung zum Präd. (bei HERINGER); z. B.: ↑Adverbiale in *Die Frau kauft im Laden Blumen*; oder jedes abhängige und nicht notwendige Element im Satz (freie A.), das beliebig hinzugefügt oder weggelassen werden kann, ohne die ↑Grammatikalität des Satzes einzuschränken; z. B.: *Die alte Frau kauft gern Blumen beim Händler auf dem Wochenmarkt.* 2. Bei GLINZ: Nicht konjugierbares oder deklinierbares (fallfremdes) Satzglied:

a) Art-A. (prädikatives Adj. oder mit Adj. lautgleiches Adj.-Adv.); z. B.: *Die Nacht ist finster. Der Mond scheint hell.*
b) Lage-A. (reines Adv.); z. B.: *Der Morgen kommt bald.*

Angewandte Linguistik: Im Ggs. zur theoretischen ↑Linguistik nicht vom Forschungsgegenstand Sprache, sondern von Forschungszielen her bestimmbare Wissenschaft, mit zwei Hauptteilbereichen:

a) Computerlinguistik (auch: linguistische Datenverarbeitung): computerunterstützte Sprachbeschreibung, maschinelle Übersetzung, Sprachstatistik, Lexikonerstellung;
b) ↑Sprachdidaktik: Theorie des Sprachunterrichts, Lehr- und Lernstrategien im Sprachunterricht, Lehrmaterialien und Lernprogramme.

Anglitt ↑Artikulation.

Anglizismus, der: Aus dem Engl. oder Amerik. in eine andere Sprache übernommene Eigenheit lexikalischer (z. B. *Band, Jeans*), syntaktischer (z. B. *ein* mal mehr statt *noch einmal* < *once more*) oder idiomatischer (↑Lexem) Art (z. B. *jemanden schneiden* <geflissentlich übersehen> nach engl. *to cut someone*).

Anlaut: Laut oder Lautgruppe am Wort-, ↑Morphem- oder Silbenanfang.

Anredeform: Sprachl. Mittel (meist im pronominalen Bereich) zur Herstellung und Aufrechterhaltung des Kontaktes zwischen Kommunikationspartnern; Wahl der Mittel abhängig vom sozialen Status („von oben nach unten"), vom Intimitätsgrad der Beziehung (distanziertes *Sie* gegenüber *du* unter Freunden und Verwandten; in früheren Zeiten auch *ihr* und *er*), vom Höflichkeitsgrad.

Ansatzrohr [auch: Artikulationskanal]: Bereich sprachl. Lautbildung zwischen Kehlkopf und Mund- bzw. Nasenöffnung, bestehend aus den drei Resonanzräumen des Rachens, des Mundes und der Nase.

Anteilgröße ↑Größe.

Antezedens, das (lat. antecedere = vorangehen): Vorderglied einer Wenn-dann-Verknüpfung, z. B.: *Wenn ich Geburtstag habe, lade ich dich ein.*

Antiqua, die (lat. antiquus = alt): Sehr verbreitete Druckschrift, bes. als Gemischt-A. mit Wechsel von Groß- und Kleinbuchstaben; entstanden in der italienischen Renaissance des 15. Jh.s nach dem Vorbild antiker Inschriften mit lat. Großbuchstaben und den karolingischen Minuskeln (↑Graph) für die Kleinbuchstaben; verdrängte allmählich in Europa die spätmittelalterliche ↑gotische Schrift, die sich allerdings in Gestalt der ↑Fraktur in einigen Ländern Europas bis ins 19. und 20. Jh. halten konnte.

Antonymie, die (gr. anti = gegen; onoma = Name): Verhältnis gegensätzlicher Bedeutung zwischen (etymologisch nicht verwandten) Wörtern/↑Lexemen:

a) kontradiktorisch/komplementär (widersprechend, sich wechselseitig ausschließend): *Leben – Tod; männlich – weiblich*; (Die Negation des einen schließt die Behauptung des anderen ein und umgekehrt die Behauptung des einen die Negation des anderen: *Der Hund ist nicht männlich* impliziert *Der Hund ist weiblich. – Der Hund ist weiblich* impliziert *Der Hund ist nicht männlich.*)

b) konträr (gegenteilig): *groß – klein*; *heiß – kalt*; (Nur die zweite Implikation von a) gilt: Die Behauptung des einen schließt die Negation des anderen ein: *Das Haus ist klein* impliziert *Das Haus ist nicht groß. – Das Haus ist nicht groß* impliziert dagegen nicht die Feststellung *Das Haus ist klein.* – Beide Wörter sind ↑graduierbar: *größer – kleiner.* Es gibt deshalb stets ein mehr

oder minder *groß*.)
c) konvers (umkehrbar): *geben – bekommen*; *steigen – sinken*; *Bruder – Schwester*; *Eltern – Kinder*; (Es ändert sich die Blickrichtung, der Standpunkt des Betrachters.)

Anweisungsstruktur [auch: Instruktionsstruktur]: In pragmatischer (↑Pragmatik) ↑Texttheorie die Eigenschaft eines ↑Textes, mit Hilfe der verwendeten kommunikativen ↑Zeichen (den Anweisungsträgern) den Hörer/Leser (Textrezipienten) anzuweisen, best. Operationen auszuführen, Bezüge herzustellen:
a) Referenzanweisung (Bezug der Textkonstituenten auf ein ↑Wirklichkeitsmodell, auf außersprachl. Sachverhalte; ↑Referenz): z. B. bei *Es zieht* Bezug auf eine Luftbewegung im Raum, der durch die Situation näher bestimmt wird;
b) Konnexionsanweisung (lat. connexum = verknüpft, verbunden; Bezug der Textkonstituenten zu Kontext- und Situationselementen): dient der Verknüpfung der Konstituenten zu einem kohärenten Text (↑Textkohärenz), z. B. bei *Es zieht* syntaktische Verknüpfung von *es* und *zieht,* signalisiert durch Position im Satz, ↑Flexion (↑Kongruenz);
c) Konsequenzanweisung (Bezug der Textkonstituenten auf best. Anschlusshandlungen des Textrezipienten): z. B. bei *Es zieht* die Aufforderung, Tür oder Fenster zu schließen.

Anzeichen ↑Zeichen.

Aphärese ↑Apokope.

Aphasie, die (gr. a- = nicht, un-; phas(a) = gesagt): Durch Gehirnstörung hervorgerufene sprachl. Ausfallerscheinung (↑Sprachpathologie); Unvermögen,
a) Ausdrücke zu artikulieren, zu ↑kodieren: motorische A.;
b) Ausdrücke zu verstehen, zu dekodieren: sensorische A.

Apikal, der (lat. apex = Spitze): Mit Zungenspitze gebildeter Konsonant; z. B. [t] in *tausend.*

Apokope, die (gr. apokope = das Wegschneiden) [auch: Abstoßung]: Abfall eines schwachtonigen Vokals (meist [ə]) im Wortauslaut in der historischen Grammatik des Dt. (z. B.: *im Walde > im Wald_*); im Ggs. zur Synkope, dem Wegfall im Wortinnern (z. B.: mhd. *ambet > Amt*) und der Aphärese, dem Wegfall am Wortanfang (z. B. *Es ist spät. > ’s ist spät.*).

Aposiopese, die (gr. aposiopesis = Verstummen) [auch: Satzabbruch]: Affektiver Verzicht auf Weiterführung eines begonnenen Satzes, gewolltes Abbrechen mitten in der Rede, sodass die Fortsetzung vom Hörer/Leser ergänzt und verstanden werden kann; z. B.: *Hol dich ...! – Du kannst mir mal ...!*

Apostroph, der (gr. apostrophe = Anwendung): Auslassungszeichen beim Weglassen eines Lautes bzw. Buchstabens, zumeist eines Vokals, aber auch zur Markierung des Genitivs bei Wörtern mit Zischlaut als Auslaut; z. B.: *Das war's! – 's ist 'ne Schand'. – Morgen ist Hans' Geburtstag.*

appellativ ↑Funktion.

Appellativum, das (lat. appellare = benennen) [auch: ↑Nomen appellativum]: Gattungsname, als „Normalsubstantiv" die typisierende nominale Bez. für jeden Vertreter einer Klasse (Träger von Klassenmerkmalen) im Ggs. zum individualisierenden ↑Eigennamen; z. B.: *Hund*, *Gebirge*, aber nicht: *Bello*, *Alpen.*

Appellfunktion ↑Sprache.

Apposition, die (lat. apponere = hinzufügen): Zumeist substantivisches ↑Attribut zum Subst., den gleichen Kasus wie sein Bezugswort aufweisend:

a) vorangestellte A.: *Er hat der Stadt Bremen einen Dienst getan.*
b) nachgestellte A.: *Sie grüßte den Herrn, einen alten Bekannten. – Der Junge, wie immer neugierig, trat hinzu.*

Approximation, die (lat. proximum = Nähe): Annäherung; in der Informationstheorie Häufigkeitsgrad von Zeichen, Lauten oder deren Verbindungen; mit zunehmender Häufigkeit der in einer Sprache üblichen Laut- oder Buchstabenverbindungen nähert sich eine Lautfolge den in dieser Sprache vorhandenen Ausdrücken an:

a) A. nullter Ordnung: gleiche Auftretenswahrscheinlichkeit, völlig ungeordnete Ansammlung ohne Ähnlichkeit mit einer Sprache; z. B.: *itvwdgaknajtsqosrmoiogufw*;
b) A. 1. Ordnung: Monogramm (Einergruppe); z. B.: unter den Einzellauten im Deutschen gibt es mehr *e, n, r, i* als *c, q, y*: *eme gkneet ers titbl eai* ist dem Deutschen ähnlicher als *coqycrymnq*;
c) A. 2. Ordnung: Digramm (Zweiergruppe); z. B.: häufiges *au, ei, in* im Deutschen: *ausz keinn wondinglin isar*;
d) A. 3. Ordnung: Trigramm (Dreiergruppe); z. B.: *planzeundges phin ine unden übbei cht ges auf es so unggan dich wan derswo*;

e) A. 4. Ordnung: Tetragramm/Quadrigramm (Vierergruppe); z. B.: *ich folge mässig bis stehen disponin seele namen.*

arbiträr (lat. arbitrarius = willkürlich angenommen): Beliebig; Eigenschaft des sprachl. ↑Zeichens (SAUSSURE: signe arbitraire) im Hinblick auf Zusammengehörigkeit von Signifikant und Signifikat, die nicht naturgegeben (seltene Ausnahme: ↑onomatopoetische Bildungen), sondern durch Konvention der Sprachgemeinschaft festgelegt und dann historisch tradiert ist; z. B. Zuordnung von Signifikant (Lautkörper) *Ei/I* [ae] und Signifikat (Bedeutung) <weibl. Keimzelle bei Mensch und Tier> im Dt., aber Signifikat <Pron. für l. Pers. Sing.> im Engl.

Archaismus, der (gr. archaios = altertümlich): Absichtlicher Gebrauch altertümlicher sprachl. Ausdrücke, z. B.: *Gespiele* für *Spielkamerad*; *Minne* für *Liebe*; *Ich harre deiner* für *Ich warte auf dich.*

Archilexem, das (gr. arche = Oberbefehl; lexis = Wort): Sprachl. Einheit, die dem Inhalt eines ganzen ↑Wortfeldes entspricht; z. B.: *Pferd* (mit Auffächerung in: *Hengst, Stute, Wallach, Fohlen, Rappe, Schimmel, Klepper, Trakehner ...*).

Archiphonem, das (gr. arche = Oberbefehl; phonema = Laut): Bei TRUBETZKOY ↑Phonem, das nach ↑Neutralisation, nach Aufhebung der ↑Opposition zweier Phoneme deren (vorher distinktive) Merkmale in sich vereint; z. B.: *Rad* [ra:t] – *Rat* [ra:t]: im Auslaut ist die Opposition stimmhaft [d] – stimmlos [t] beseitigt, das dentale A. /d–t/ besitzt beide Merkmale.

Areallinguistik (engl. area = Gebiet) [auch: Dialektgeographie]: Erforschung der Übereinstimmungen und Unterschiede zwischen sich räumlich voneinander abhebenden Sprachsystemen oder Subsystemen. Auch ↑Mundart, ↑Sprachatlas.

Argot ↑Rotwelsch.

Argument ↑ Formalisierung, ↑Argumentation.

Argumentation, die (lat. argumentum = Beweis): Rationale Austragung widerstreitender Ansichten und Interessen durch Behauptung und Gegenbehauptung, Beweis und Gegenbeweis, Widerlegung, mit dem Ziel der Überzeugung, des Meinungswandels eines Partners und so entstehendem neuem Konsens. Nach HERINGER besteht A. aus:

a) Konklusion (lat. conclusio = Folgerung): Behauptung, Strittiges (z. B.:

Raucher sollten erhöhte Krankenversicherungsbeiträge zahlen);
b) Argument: Stützung der Wahrheit des Strittigen (z. B.: *Raucher sind häufiger krank als Nichtraucher und verursachen höhere Kosten*);
c) Schlusspräposition (lat. praepositio = das Voransetzen): allg. Voraussetzung, die den Übergang vom Argument zur Konklusion rechtfertigt (z. B.: *Jeder soll für die Kosten, die er verursacht, selber aufkommen*).

Artikel, der (lat. articulus = Gelenk; kleines Satzstück) [auch: Geschlechtswort]: Wortart, die als Subst.-Begleiter vor allem der Genus-Bez. (daneben: Kasus und Numerus) dient, eine Substantivierung als solche ausweist (z. B.: *das Tief*), außerdem identifizierende (als dem Hörer bekannt/unbekannt), individualisierende oder generalisierende Funktion hat (je nach Kontext);
a) bestimmter A.: *der, die, das*; *die*;
b) unbestimmter A.: *ein, eine, ein.*
VATER sieht dagegen Funktion des A. darin, dass er „Umfang und Gliederung der im Substantiv ausgedrückten Klasse von Sachverhalten" zeigt, und rechnet auch Possessiv- und Demonstrativ-Pron. sowie den „Negations-A." *kein* dazu. Im Rahmen der ↑Textlinguistik dient A. nach WEINRICH dazu, die Aufmerksamkeit des Hörers/Lesers auf best. Teile des Textes zu lenken: der best. A. verweist auf die Vorinformation, der unbest. A. auf die Nachinformation; z. B.: am Beginn eines Textes: *Ein Fuchs, der ...*, aber nach im Text vorangegangener Erwähnung *Der Fuchs schlich sich heran ...* Auch ↑Null-Artikel.

Artikulation, die: Bildung von Lauten mit best. akustisch wahrnehmbaren Eigenschaften in den Resonanzräumen von Rachen, Mund- und Nasenhöhle, erzeugt durch Bewegung der Artikulationsorgane/Sprechwerkzeuge ↑Kehlkopf (mit Stimmbändern, -lippen und -ritze), Zäpfchen, Gaumen (weicher und harter), Zunge (Spitze und Rücken), Kiefer (Ober- und Unterk.), Zähne, Lippen. Drei Phasen: Anglitt (Anfangsphase, z. B. Öffnungsphase bei Vokalen), Mittelphase, Abglitt (Endphase, z. B. Schlussphase bei Vokal).

Artikulatorische Phonetik: Beschreibung und Klassifizierung der Sprachlaute unter dem Gesichtspunkt ihrer Hervorbringung (↑Artikulation); bestimmend sind jeweils Artikulationsort (unbewegliche Teile: Oberlippe: labial, Schneidezähne: dental, Zahndamm: alveolar, harter Gaumen: palatal, weicher Gaumen: velar, Zäpfchen: uvular, Rachenwand: pharyngal, Kehlkopf: laryngal, Stimmritze: glottal), artikulierendes Organ (bewegliche Teile: Lippen: labial, Zungenspitze: apikal, Zungenrücken: dorsal) und Artikulationsart (Luftstromlenkung durch offenes ↑Ansatzrohr: vokalisch, Verschluss- oder Engebildung: konsonantisch; bei ↑Konsonanten Unterscheidung zwischen Verschluss: plosiv,

Enge: frikativ, offenem Nasenraum bei gesenktem Gaumensegel: nasal, seitlicher Öffnung: lateral, unterbrochener Verschluss: vibrant).

Die Sprechwerkzeuge

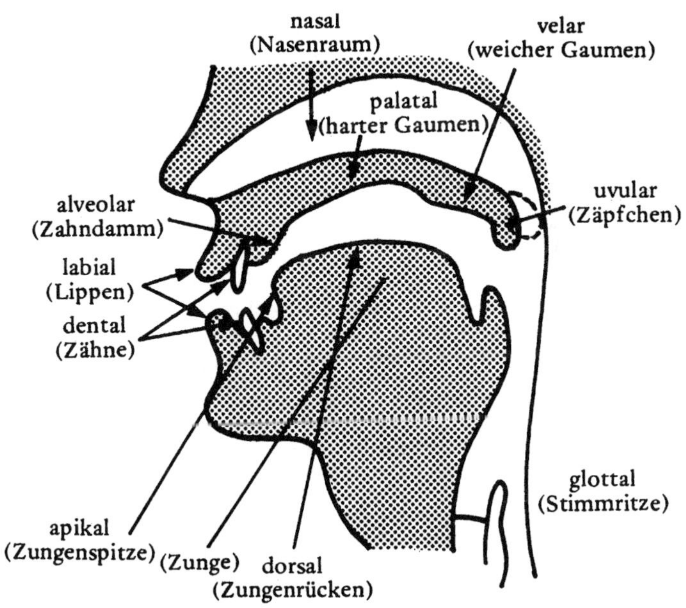

Aus: Gipper, Helmut: Sprachwissenschaftliche Grundbegriffe und Forschungsrichtungen. Hueber, München 1978. S. 83

ASCII, der (= American Standard Code of Information Interchange): Genormter↑binärer Kode für die Darstellung von Zeichen bei der Datenverarbeitung im Computer (↑Bit); regelt die Konvertierung von Dateien, wenn diese zwischen verschiedenen Anwenderprogrammen ausgetauscht werden sollen (z. B. bei Versenden von ↑E-Mail); Konvertierungsprobleme bei Zeichen, die in A. nicht enthalten sind:

a) älterer ASCII: 128 Einzelzeichen (die dt. Buchstaben ß, ä, ö, ü nicht enthaltend, sodass man sie bei internationaler E-Mail mit Rücksicht auf ältere Programme besser durch ss, ae, oe und ue ersetzt);

b) erweiterter ASCII: 256 Einzelzeichen (heute weitgehend üblich; ß und Umlaute enthaltend).

Dez.	Hex.	Zeichen	Dez.	Hex.	Zeichen	Dez.	Hex.	Zeichen	Dez.	Hex.	Zeichen
0	00		32	20		64	40	@	96	60	
1	01	☺	33	21	!	65	41	A	97	61	a
2	02	●	34	22	"	66	42	B	98	62	b
3	03	♥	35	23	#	67	43	C	99	63	c
4	04	♦	36	24	$	68	44	D	100	64	d
5	05	♣	37	25	%	69	45	E	101	65	e
6	06	♠	38	26	&	70	46	F	102	66	f
7	07	•	39	27	'	71	47	G	103	67	g
8	08	◘	40	28	(	72	48	H	104	68	h
9	09	○	41	29	)	73	49	I	105	69	i
10	0A	◙	42	2A	*	74	4A	J	106	6A	j
11	0B	♂	43	2B	+	75	4B	K	107	6B	k
12	0C	♀	44	2C	,	76	4C	L	108	6C	l
13	0D	♪	45	2D	-	77	4D	M	109	6D	m
14	0E	♫	46	2E	.	78	4E	N	110	6E	n
15	0F	—	47	2F	/	79	4F	O	111	6F	o
16	10	►	48	30	0	80	50	P	112	70	p
17	11	◄	49	31	1	81	51	Q	113	71	q
18	12	↕	50	32	2	82	52	R	114	72	r
19	13	‼	51	33	3	83	53	S	115	73	s
20	14	¶	52	34	4	84	54	T	116	74	t
21	15	§	53	35	5	85	55	U	117	75	u
22	16	▬	54	36	6	86	56	V	118	76	v
23	17	↨	55	37	7	87	57	W	119	77	w
24	18	↑	56	38	8	88	58	X	120	78	x
25	19	↓	57	39	9	89	59	Y	121	79	y
26	1A	→	58	3A	:	90	5A	Z	122	7A	z
27	1B	←	59	3B	;	91	5B	[	123	7B	{
28	1C	∟	60	3C	<	92	5C	\	124	7C	¦

Dez.	Hex.	Zeichen	Dez.	Hex.	Zeichen	Dez.	Hex.	Zeichen	Dez.	Hex.	Zeichen
128	80	Ç	160	A0	á	192	C0	└	224	E0	α
129	81	ü	161	A1	í	193	C1	┴	225	E1	ß
130	82	é	162	A2	ó	194	C2	┬	226	E2	Γ
131	83	â	163	A3	ú	195	C3	├	227	E3	π
132	84	ä	164	A4	ñ	196	C4	─	228	E4	Σ
133	85	à	165	A5	Ñ	197	C5	┼	229	E5	σ
134	86	å	166	A6	ª	198	C6	╞	230	E6	µ
135	87	ç	167	A7	º	199	C7	╟	231	E7	τ
136	88	ê	168	A8	¿	200	C8	╚	232	E8	Φ
137	89	ë	169	A9	⌐	201	C9	╔	233	E9	Θ
138	8A	è	170	AA	¬	202	CA	╩	234	EA	Ω
139	8B	ï	171	AB	½	203	CB	╦	235	EB	δ
140	8C	î	172	AC	¼	204	CC	╠	236	EC	∞
141	8D	ì	173	AD	¡	205	CD	═	237	ED	φ
142	8E	Ä	174	AE	«	206	CE	╬	238	EE	ε
143	8F	Å	175	AF	»	207	CF	╧	239	EF	∩
144	90	É	176	B0	░	208	D0	╨	240	F0	≡
145	91	æ	177	B1	▒	209	D1	╤	241	F1	±
146	92	Æ	178	B2	▓	210	D2	╥	242	F2	≥
147	93	ô	179	B3	│	211	D3	╙	243	F3	≤
148	94	ö	180	B4	┤	212	D4	╘	244	F4	⌠
149	95	ò	181	B5	╡	213	D5	╒	245	F5	⌡
150	96	û	182	B6	╢	214	D6	╓	246	F6	÷
151	97	ù	183	B7	╖	215	D7	╫	247	F7	≈
152	98	ÿ	184	B8	╕	216	D8	╪	248	F8	°
153	99	Ö	185	B9	╣	217	D9	┘	249	F9	•
154	9A	Ü	186	BA	║	218	DA	┌	250	FA	·
155	9B	¢	187	BB	╗	219	DB	█	251	FB	√
156	9C	£	188	BC	╝	220	DC	▄	252	FC	η
157	9D	¥	189	BD	╜	221	DD	▌	253	FD	^{2}
158	9E	₧	190	BE	╛	222	DE	▐	254	FE	■
159	9F	ƒ	191	BF	┐	223	DF	▀	255	FF	

Aus: Tornsdorf, H./Tornsdorf, M.: Das große Buch zu MS Dos 6.2. Data Becker, Düsseldorf 1994. S. 1123 – 1124

Aspekt, der (lat. aspicere = betrachten) [auch: Verlaufsform]: Verlaufsweise, Verhältnis zum Zeitablauf:

a) durativ/imperfektiv (länger andauernd): *schlafen, blühen, essen*;

b) perfektiv/punktuell (mit zeitlicher Begrenzung); ingressiv/inchoativ (Beginn) wie in *einschlafen, erblühen* oder resultativ (Abschluss, Vollendung) wie in *verblühen, aufessen*.

Aspirata, die (lat. aspirare = anhauchen): Durch nachfolgenden Hauchlaut (↑Aspiration) gekennzeichneter Laut.

Aspiration, die [auch: Behauchung]: Verstärkung eines Konsonanten (z. B.: im Dt. der stimmlosen ↑Explosiva [p t k]) durch einen der Verschlussöffnung folgenden kurzen Hauchlaut (beim dt. [p^h t^h k^h], schwächer im Anlaut: *Teer*, stärker im Auslaut: *Hut*).

Assertion, die (lat. assertio = Aussage, Urteil) [auch: Behauptung]: Inhalt eines Satzes (↑Proposition), soweit er durch Verneinung (↑Negation) ins Gegenteil umgewandelt werden kann; wenn z. B. der Satz *Er hat heute Geburtstag* wahr ist, dann ist *Er hat heute nicht Geburtstag* falsch; Gw. ↑Präsupposition, die auch bei Verneinung erhalten bleibt; z. B. wird bei *Er feiert heute seinen Geburtstag* gegenüber *Er feiert nicht heute seinen Geburtstag* nur das Adverbiale *heute* verneint, sodass *Er feiert seinen Geburtstag* (eventuell *morgen*) Präsupposition ist.

Assertiva ↑Sprechaktklassifikation.

Assimilation, die (lat. assimilis = ähnlich)[auch: Akkomodation]: Artikulatorische Angleichung eines Lautes an einen Nachbarlaut (aus Gründen der Kraftersparnis); Gw. ↑Dissimilation:

a) progressive A.: der vorangehende Laut wirkt auf den folgenden ein (vorwärts), z. B.: mhd. *zimber* > *Zimmer*;
b) regressive A.: der folgende Laut wirkt auf den vorangehenden ein (rückwärts), z. B.: mhd. *hôchvart* > *Hoffart.*

Außerdem unterscheidet man:

- totale A.: vollständige Umwandlung eines Lautes in den entsprechenden Nachbarlaut (z. B.: *dumm* < mhd. *tump*);
- partielle A.: Angleichung nur teilweise durchgeführt, einer der Laute wird durch einen solchen ersetzt, der dem zweiten nach Artikulationsstelle und -art näher steht (z. B.: *Imbiss* < mhd. *inbiz*: dentaler Nasal [n] wurde unter Einfluss des labialen Verschlusslautes [b] zum labialen Nasal [m]).

Assoziation, die (lat. associatum = verbunden, vereinigt): In ↑Psycholinguistik Vorgang, bei dem eine sprachl. Erscheinung zugleich eine oder mehrere andere aufgrund best. Eigenschaften wie Ähnlichkeit (in Klang, Bedeutung oder Referenzbereich), Gegensatz, räumliche oder zeitliche Nähe, Artikulationsdauer oder

Artikulationsstärke, Häufigkeit des Auftretens u. a. im Bewusstsein von Sprecher/Hörer wachruft; z. B.: *Tod – Not*; *tot – lebendig*; *Schule – Unterricht*; *Hammer – Zange.*

Assonanz, die (lat. assonare = übereinstimmen mit) [auch: Halbreim]: Vorform eines Reims; nur die Vokale, nicht auch die Konsonanten stimmen von der letzten betonten Silbe an überein; z. B.: *Brot – Lob*; *Tage – Nase*.

Assoziationsfeld, das (lat. associatio = Verknüpfung): Von BALLY entwickelte Theorie (champ associatif), nach der die ↑Lexeme einer Sprache im Schnittpunkt zusammentreffender Linien stehen, im Mittelpunkt von nach allen Seiten auseinanderstrebenden Assoziationsreihen (lautliche, wortbildungsmäßige, inhaltliche Verknüpfungen mit anderen Lexemen); z. B.:

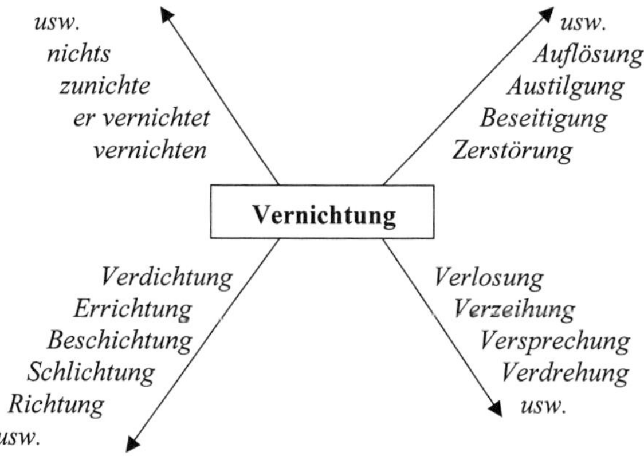

Ast ↑Stemma.

Asterisk der (gr. aster = Stern): Sternchen * als Sonderzeichen zur Kennzeichnung abweichender (ungrammatischer und nicht-akzeptabler) Äußerungen (z. B.: **Du sprechen Deutsch? – *Er liegt stehend am Boden*) sowie nicht belegter, nur theoretisch auf Grund von Sprachvergleichen und historischem Lautwandel erschlossener Formen (z. B.: nhd. *Vater* < mhd *vater*, got. *fadar*, lat *pater* < idg.**pətēr*).

asymmetrisch ↑symmetrisch.

asyndetisch (gr. asyndetos = unverbunden): Nicht durch ↑Konjunktion verbunden; asyndetische Reihe: beiordnende Wort- oder Satzfolge, z. B.: Fritz, Emil,

Hans gingen heim.; Gw. syndetische (verbundene) oder polysyndetische (vielverbundene) Reihe, z. B.: *Er kam und sah sich alles an und fragte und handelte.*

Atemporalis (lat. atemporalis = zeitlos): Bei GLINZ Funktion des ↑Präsens im Deutschen, das im Blick auf Tempusbezug und zeitliche Bedeutung unmarkiert (↑markiert) ist und allgemeingültige Sachverhalte ausdrückt, z. B.: *Hühner legen Eier.*

Atomismus, der (gr. atomos = unteilbar): Nichtstrukturelle Betrachtung sprachl. Elemente als isolierter, autonomer Einzelerscheinungen, ohne Berücksichtigung der (paradigmatischen und syntagmatischen) ↑Relationen und Abhängigkeiten von anderen Elementen und der Gesamtheit aller Elemente (↑Struktur, ↑System, ↑Funktion); polemisch verwendeter Begriff der Strukturalisten gegenüber Untersuchungsmethoden der ↑Junggrammatiker und ihrer Nachfolger.

Attraktion, die (lat. attractio = Anziehung): Angleichung eines sprachl. Elements an ein dominierendes anderes Element im Satz in morphologischer Hinsicht;

a) Modus-A.: Konjunktivform zieht eine andere nach sich; z. B.: *Koste es, was es wolle!* statt *Koste es, was es will!*
b) Kasus-A.: Kasus passt sich einem anderen an; z. B.: *Es sei ihm, wie ihm wolle!* statt *Es sei ihm, wie er will!*

Attachment (engl. attachment = Beigefügtes): ↑Datei, die als Anhang einer ↑E-Mail verschickt wird.

Attribut, das (lat. attribuere = beiordnen) [auch: Beifügung]: ↑Funktion im Satz; adj., adv. oder subst. Ausdruck, der Subst., Adj. oder Adv. (aber nicht das Verb und damit den ganzen Satz: ↑Adverbiale) näher bestimmt, dabei nicht selbst ↑Satzglied ist, sondern nur Teil eines Satzgliedes: *Schöne Bücher / Vaters Bücher / die Bücher dort (lese ich gern). – Der ehemals faule Schüler arbeitet außerordentlich fleißig.* Semantische (↑Semantik) Funktion:

a) restriktiv: einschränkend, den Referenzbereich (↑Referenz) des nominalen Ausdrucks einengend, z. B.: *das Auto des Vaters, die Königin von England, Fontanes Romane; den Mantel, den ich angezogen habe;*
b) qualifizierend: charakterisiert den nominalen Ausdruck, z. B.: *liebe Mutter; der alte, abgewetzte, aber lieb gewordene Hut.*

attributive Bedeutung ↑referentielle Bedeutung.

Attributsatz ↑Gliedsatz.

Aufforderung: Sprechhandlungstyp (↑Sprechakt), der als pragmalinguistische Kategorie (↑Pragmatik) vom grammatischen ↑Modus Imperativ (Aufforderungs- oder Befehlssatz) zu unterscheiden ist; A. kann durch Äußerungen verschiedener grammatischer Form erfolgen (vgl. ↑Heischesatz); z. B.: *Bring jetzt das Essen auf den Tisch!* (Imperativ). – *Gibt es jetzt endlich etwas zu essen?* (Interrogativ). – *Ich habe Hunger.* (Aussagesatz, der eine Voraussetzung thematisiert, aus der best. Konsequenzen zu ziehen sind.) Vgl. ↑Frage.

Aufforderungssatz ↑Satz.

Aufrichtigkeitsbedingung [auch: Sinzeritätsbedingung; engl. sincere = aufrichtig]: In Theorie der ↑Sprechakte die Bedingung, das Geäußerte auch tatsächlich zu meinen; wird A. nicht eingehalten, entstehen Täuschungshandlungen, z. B. Lügen.

Augenblicksbildung, die [auch: Ad-hoc-Bildung, Gelegenheitsbildung]: Nicht lexikalisierte (↑Lexikon), unübliche ↑Wortbildung, die aber den Regeln der Wortbildung folgt (meist Analogiebildung nach vorhandenem Muster) und in der Verwendungssituation verständlich ist; z. B.: *Der Zug schneckt durch die Landschaft. – Ich gehe jetzt zum Magenarzt.*

Augenkommunikation [auch: Blickkommunikation]: Neben ↑Gestik und ↑Mimik wichtigstes nichtsprachliches Mittel der ↑Face-to-face-Kommunikation; z. B. Blickkontakt aufnehmen und beibehalten (Sympathie, Dominanzstreben ...) oder Blickkontakt vermeiden und wegsehen (schlechtes Gewissen, Schuldeingeständnis ...), Augenzwinkern (Einverständnis).

Ausdrucksfunktion ↑Sprache.

Ausdrucksstellung ↑Topikalisierung.

Ausdruckswort ↑Interjektion.

Ausgangssymbol ↑Stemma.

Ausklammerung [auch: Ausrahmung]: Ausgliederung von Elementen im Satz aus der von finiter und infiniter Form des Prädikats (oder von Verb und notwendiger Verbergänzung) gebildeten ↑Satzklammer in das Nachfeld (↑Achsenstellung); z. B.: *Ich werde Ihnen für alle notwendigen Arbeiten einen Kosten* *voranschlag machen.* ⇒ *Ich werde Ihnen einen Kostenvoranschlag machen für alle notwendigen Arbeiten.* – *Wir haben schwer gearbeitet den ganzen Tag.* Gründe: überfülltes Mittelfeld oder Absicht einer Hervorhebung.

Auslaut: Laut oder Lautgruppe am Wort- oder Silbenende (vgl. ↑Anlaut und Inlaut); ein Vokal kann stehen im:
a) absoluten A., z. B. in *Gabe*;
b) gedeckten A. (Konsonant folgt), z. B. in *sprechen.*

Auslautgesetze: Als Folge der germ. Stammsilbenbetonung (der idg. freie, von einer Wortform zur anderen silbenwechselnde Akzent: *Róma* <die Stadt Rom>, *Románi* <ihre Einwohner im Nom.>, *Romanórum* <Einwohner im Gen.> wurde im Germ. auf die erste Silbe festgelegt, die meist Stammsilbe war) stand für die übrigen Silben ein schwächerer Atemdruck zur Verfügung, sodass die Artikulation der Laute, bes. in unbetonten Auslautsilben, stark beeinträchtigt wurde; im Laufe der Zeit stellten sich regelmäßige Veränderungen zuerst der Konsonanten, dann auch der Vokale ein, die bis zum Ausfall von Lauten und Silben reichten; z. B.: idg. **ghostis*, lat. *hostis*, got. *gasts*, nhd. *Gast_*; idg. **nepot*, lat. *nepos*, germ. **nefo* , ahd. *nevo*, mhd. *neve*, nhd. *Neffe*; lat. *velit*, got. *wili*, nhd. *(er) will_*.

Auslautverhärtung: Verlust der Stimmhaftigkeit bei Explosivlauten im Auslaut; führt zu Wechsel zwischen stimmhaftem Konsonant im Inlaut und stimmlosem im Auslaut stammgleicher Wörter und Wortformen:
a) synchron (ohne Berücksichtigung in der Schreibweise), z. B.: *Tage* [g] – *Tag* [k]; *schreiben* – *schrieb* [p]; *wildern* – *Wild* [t];
b) diachron (mit Wechsel in der Schreibweise), z. B.: mhd. *geben* – *gap* (= 1. Pers. Sing. Prät.); mhd. *binden* – *bant* (Gen. des stammgleichen Subst.: *des bandes*).

Ausrufesatz: ↑Satz, in dem außer der darin enthaltenen Aussage, Frage oder Aufforderung die emotionale Beteiligung des Sprechers durch Intonation und/oder Wortwahl ausgedrückt wird; z. B.: *Das ist ja herrlich!* – *Ist das nicht herrlich!* – *Ach, komm doch endlich!*

Ausrufewort ↑Interjektion.

Aussage: In der Logik sprachl. Gebilde, für das es sinnvoll ist zu fragen, ob es wahr (↑Wahrheit) oder falsch ist. Auch ↑Aussagenlogik.

Aussagenlogik: Untersuchung der Verknüpfung mehrerer (nicht analysierter; dagegen ↑Prädikatenlogik) ↑Aussagen, z. B. durch ↑Negation (Verneinung, Symbol: $\neg p$), ↑Konjunktion (umgangssprachl.: und; Symbol: $\wedge$), Alternation oder Disjunktion (... oder auch ...; Symbol $\vee$), ↑Implikation (wenn ..., dann ...; Symbol $\supset$), ↑Exklusion (höchstens ... oder ...; Symbol $|$) ↑Äquivalenz (genau dann, wenn ..., so ...; Symbol $\leftrightarrow$). Untersucht wird, wie der Wahrheitswert einer durch Verknüpfung von Teilaussagen (hier: p und q) gebildeten Aussage von Wahrheitswerten der Teilaussagen abhängt; z. B.:
Max ist ein Hund und Mietze eine Katze. ($p \wedge q$)
Das ist ein Abgeordneter oder (auch) ein Minister. ($p \vee q$)
Wenn es regnet, dann ist die Straße nass. ($p \supset q$)
Das Tier dort ist eine Biene oder eine Wespe. ($p \mid q$)
Wenn die Temperatur 0° C oder weniger beträgt, so befindet Wasser sich in festem Zustand. ($p \leftrightarrow q$)

Aussagesatz: Ein Sachverhalt wird einfach aussagend festgestellt; häufigste Satzart; z. B.: *Es ist ein schöner Tag.* ↑Satz.

außensyntaktisch ↑innensyntaktisch.

Austauschprobe ↑Substitution.

Auszeichnung: Hervorhebung einzelner Elemente geschriebener Sprache im Text; Mittel der Au.: besondere Schriftart (halbfett, kursiv ...), Unterstreichung, Sperrung, größerer Schriftgrad, Anführungszeichen.

Autorenplural, der (lat. autor = Urheber) [auch: Pluralis modestiae]: Verwendung der Pluralform (↑Numerus) *wir* anstelle von *ich* zur Bez. des Sprechers/Schreibers eines Textes; dient der Miteinbeziehung des Hörers/Lesers in die Darlegungen des Verfassers; z. B. *Wir kommen jetzt zum entscheidenden Punkt.*

Autosemantikum, das (gr. autos = selbst, sema = Zeichen) [auch: Inhaltswort, Vollwort, Begriffswort]: Selbstständig, d. h. kontextunabhängig lexikalische Bedeutung tragendes Wort, das deshalb als ↑Satzglied auftreten kann: alle Angehörigen der vier ↑Wortarten Subst., Verb, Adj. und Adv.; im Ggs. zum ↑Synsemantikum oder Formwort (wie z. B. Konjunktion, Artikel und Präposition), das nur zusammen mit einem Au. als Satzglied fungiert; z. B.: *Tiere brauchen oft Futter. – Die Löwen und Affen im Zoo brauchen oft Futter.*

Bahuvrihi ↑Possessivkompositum.

Balbuties ↑Stottern.

Basis, die (gr. basis = Grundlage): l. In ↑Wortbildung Grundmorphem (freies Morphem) oder Morphemkonstruktion, die zusammen mit einem unfreien, gebundenen Morphem (↑Präfix oder ↑Suffix) ein neues Wort bilden (↑Präfixbildung oder ↑Derivat); z. B.: *Mensch* in *Übermensch* oder *menschlich*; *Wahnsinn* in *wahnsinnig*; *erklärlich* in *unerklärlich*. 2. Im ↑Generativen Grammatik-Modell erster Teil der Grammatik (gegenüber dem Transformationsteil), bestehend aus Konstituentenstruktur-Regeln, ↑Subkategorierungs-Regeln und ↑Formativen (↑Lexikon). In B. werden ↑Tiefenstrukturen von Sätzen beschrieben. Auch ↑I-C-Analyse.

Basissatz (gr. basis = Grundlage): ↑Satz, der das Thema (↑Textthema), den Inhalt eines ganzen ↑Textes oder eines Textteiles zusammenfassend zum Ausdruck bringt, dessen ↑Intention angibt; B. kann Überschrift eines Textes sein; z. B.: *Bürgermeister belügt Ratsversammlung!*

Bastardform ↑Hybridbildung.

Battarismus ↑Poltern.

Bauchredner: Mensch, der durch Pressen der Stimmbänder, Bewegungen des Gaumensegels und Zurückziehen der Zunge, aber ohne Bewegung der Lippen und des Mundes sprechen kann; hohe Fistelstimme und Bewegungslosigkeit des Gesichts täuschen eine Stimme aus dem Bauch vor.

Baumdiagramm ↑Stemma.

Baumgraph ↑Stemma.

Bedeutung: l. Inhaltliche Seite eines sprachl. ↑Zeichens (SAUSSURES Signifié). 2. Wechselbeziehung gegenseitiger Hervorrufung zwischen Signifikant (Name) und Signifikat (Sinn) im sprachl. Zeichen (ULLMANN):

a) lexikalische B. (nicht kontextbedingter begrifflicher Inhalt) – grammatische B. (Art des Bedeutens: z. B. <Substanz> bei Subst., <Tätigkeit, Geschehen> bei Verben, <Eigenschaft> bei Adj.; aber auch <Genus; Numerus; Tempus etc.>; Sätzen z. B. <deklarativ; imperativ; interrogativ>);

b) habituelle B. (in der Langue; ↑Sprache) – aktuelle B. (in der Parole; ↑Sprache);
c) okkasionelle B. (gelegentliche Verwendung) – usuelle B. (gewohnheitsmäßige Verwendung).

ERDMANN teilt B. auf in: begrifflichen Inhalt (als B.-Kern), Nebensinn (Begleit- und Nebenvorstellungen, die ein Zeichen gewohnheitsmäßig auslöst) und Gefühlswert (Gefühle und Stimmungen, die ein Zeichen erzeugt). B. des Wortes enthält der ↑Lexikoneintrag eines ↑Lexems, B. des Satzes ergibt sich aus den B. seiner Konstituenten (Lexeme) zuzüglich der semantischen Interpretation ihrer syntaktischen Beziehungen.

3. Gebrauchsregeln einer sprachl. Einheit (HERINGER); Gebrauchsnorm.

Blutprobe

U. Hoffmann, aus: Knaurs lachende Welt.
Hg. v. W. Grabinger, München und Zürich 1972. S. 90

Bedeutungsentlehnung, Bedeutungserweiterung ↑Bedeutungswandel.

Bedeutungskondensation (lat. condensatio = Verdichtung): In ↑Textlinguistik die Wiedererwähnung einer komplexen Ersteinführung einer Information durch ein einziges ↑Lexem des Folgetextes, z. B.: *Ein großes weißes Tier, das dem*

Gärtner gehörte, sprang auf mein Knie. Ich legte mein Buch beiseite, um die Katze zu streicheln.

Bedeutungspotential, das (lat. potentialis = nach Vermögen): Im abstrakten Sprachsystem (↑Sprache) dem kontextlosen (↑Kontext) sprachl. ↑Zeichen zukommende mögliche ↑Bedeutungen; Summe aller Bedeutungen, die das Zeichen in verschiedenen Kontexten haben kann. Bei konkreter Erscheinungsweise des Zeichens im ↑Text aktualisiert sich eine Bedeutung (↑Monosemierung), aktualisieren sich in Sonderfällen mehrere Bedeutungen (komplexe ↑Isotopie) des Zeichens, indem die übrigen vom Kontext und von der Situation ausgeschlossen werden.

Bedeutungsübertragung, **-verbesserung**, **-verengung**, **-verschlechterung** ↑Bedeutungswandel.

Bedeutungsverschmelzung: Beseitigung des inhaltlichen Unterschieds zwischen zwei Wörtern; etwa durch Veralten und Außer-Gebrauch-Kommen von ↑Lexemen; z. B. hat man bis zum 16. Jh. zwischen *Base* (= Schwester des Vaters) und *Muhme* (= Schwester der Mutter) sowie zwischen *Vetter* (= Bruder des Vaters) und *Oheim* (= Bruder der Mutter) klar unterschieden, danach sind sie unter Verzicht auf die Unterscheidung zwischen patrilinearer (*Schwertmagen* = Verwandte väterlicherseits) und matrilinearer Verwandtschaft (*Kunkelmagen* = Verwandte mütterlicherseits) synonym verwendet worden: <Schwester bzw. Bruder der Eltern>, im 18./19. Jh. schließlich durch die Entlehnungen aus dem Franz. *Tante* und *Onkel* abgelöst worden.

Bedeutungswandel: Veränderung eines Zeicheninhalts im Verlauf der Sprachgeschichte (bei rel. wenig oder gar nicht gewandeltem Lautkörper):

a) Bedeutungserweiterung (umfassenderer ↑Referent in außersprachl. Umwelt als vorher), z. B.: mhd. *vertec* <bereit zum Aufbruch>, nhd. *fertig* <ganz allg.: bereit>;
b) Bedeutungsverengung (Spezialisierung: eingegrenzter Umweltreferent), z. B.: mhd. *hôhgezît* <jedes hohe Fest>, nhd. *Hochzeit* <Vermählungsfeier>;
c) Bedeutungsverbesserung (meliorativer B.: bessere Beurteilung des Referenten durch den Sprecher), z. B.: mhd. *marschalk* <Pferdeknecht>, nhd. *Marschall* <Feldherr>;
d) Bedeutungsverschlechterung (pejorativer B.: schlechtere Beurteilung des Referenten), z. B.: mhd. *wîp* <Frau>, nhd. *Weib* <verachtungswürdige Frau>;
e) Bedeutungsübertragung, z. B. *Zunge:* <Körperteil> > <Sprache>.

Statt solcher Grobeinteilung nach logischen Kriterien lassen sich bei Analyse der Inhaltskomponenten von alter und neuer Bedeutung genauere Angaben über den Komponentenstrukturwandel (gemeinsame und unterscheidende Merkmale) machen; z. B. *widerlich*: im 16. Jh. noch in Bedeutung <ungehorsam, widerspenstig> mit den Komponenten <entgegen + zwischenmenschliche Beziehung> gebräuchlich, heute als <abstoßend, ekelerregend> mit Komponenten <entgegen + ästhetisches Empfinden>; *kürzlich*: zur gleichen Zeit in der frühnhd. Wendung *die Welt wird kürzlich enden* als <bald> mit Komponenten <gering an Ausdehnung + Zeit + <u>bevorstehend</u> oder zurückliegend>, heute als <jüngst, neulich> mit Komponenten <gering an Ausdehnung + Zeit + zurückliegend>. Vgl. auch ↑Bezeichnungswandel.

Befehlsform ↑Imperativ.

Befehlssatz ↑Satz.

Begleiter und Stellvertreter (des Subst.) [bei ERBEN: größenbezügliches Formwort]: Bez. bei GLINZ für ↑Artikel, ↑Pronomen, ↑Numerale.

Begriff [auch: Konzept]: Grundelement des Erkennens und Denkens; gedankliche Vorstellung, gewonnen durch Abstraktion unveränderlicher Merkmale von wahrgenommenen Erscheinungen (Gegenständen, Sachverhalten) und deren Klassifizierung; Begriffsbestimmung (↑Definition) entweder intensional (↑Intension) über Anführung der Merkmale (B. dann identisch mit ↑Bedeutung eines Terminus; z. B. bei *Gewässer*: Wasser, Ansammlung, auf Erdoberfläche, ausgedehnt, natürlich) oder extensional über Aufzählung der Erscheinungen, die unter den B. fallen (z. B.: Ozean, Meer, See, Teich, Fluss, Strom, Bach ...); bei S. SCHMIDT das <u>isolierte</u> ↑Lexem als konstante Menge hierarchisch geordneter semantischer Merkmale (deren nicht aktualisierte Kombination) im Unterschied zum im Satz gebrauchten Lexem (aktualisierte Merkmalkombination), der Bedeutung (= „Begriff in Anwendung"), bei der durch „Dominanzbildung" (<u>ein</u> Merkmal wird dominant, alle anderen bleiben latent vorhanden) die Kombination der Merkmale eine kontext- und situationsspezifische Umordnung erfährt (z. B.: *Vater* mit möglichen Dominanzbildungen <ältere Generation>, <Verwandtschaft> oder <männliches Lebewesen>).

Begriffsbildung: Intrapsychischer Vorgang der Erfassung von Wesen und Funktion der Gegenstände und Sachverhalte der Erfahrungswelt, ihre Klassifizierung mit Hilfe von ↑Begriffen im Zusammenhang mit (kindlichem) ↑Spracherwerb; B. befähigt das Individuum zur Ordnung seiner Welterfahrung durch innere Repräsentation, zur Einordnung des eigenen Ichs und zur ↑Kommunikation über erfahrene und vorgestellte Wirklichkeit.

Begriffsschrift [auch: Ideographie]: Schrift mit Repräsentation nicht der Ausdrucksseite sprachl. ↑Zeichen (Signifikant, Lautgestalt), sondern der Inhaltsseite (Signifikat, Bedeutung); z. B.: ägyptische Hieroglyphenschrift.

Begriffswörterbuch: Wörterbuch, dessen Stichwörter nicht alphabetisch geordnet sind, sondern nach inhaltlichen Gesichtspunkten, nach ↑Begriffen; z. B.: WEHRLE-EGGERS „Deutscher Wortschatz“.

Behaviorismus, der (engl. behaviour = Verhalten): Schule amerik. Psychologie, deren Grundprinzipien von BLOOMFIELD und HARRIS auf die Linguistik übertragen wurden: Alles menschliche Handeln (auch psychische Vorgänge und Sprachhandeln) ist auf äußere, objektiv beobachtbare und nachprüfbare Fakten zurückzuführen, ist Wechselspiel von Reiz (stimulus) und Reaktion (response); ↑mentalistische Aussagen und ↑introspektive Untersuchungsmethoden werden abgelehnt. BLOOMFIELDS Beispiel von Jack und Jill: Jill ist hungrig, sieht an einem Baum einen Apfel, macht mit Kehlkopf, Zunge und Lippen ein Geräusch. Jack vernimmt das Geräusch, klettert auf den Baum, pflückt den Apfel, gibt ihn Jill, die ihn verspeist. Gesamtvorgang besteht aus drei Teilvorgängen: a) praktische Vorgänge vor dem Sprechakt = Stimulus (S) des Sprechers (Hungergefühl, Anblick des Apfels, Anblick Jacks ...); b) Sprechakt; c) praktische Vorgänge, die dem Sprechakt folgen = Reaktion (R) des Hörers (Erklettern des Baumes ...). Ohne Jack hätte sich Jill wie das sprachlose Tier die Nahrung selbst holen müssen: direkte Folge S → R. Sprache aber ermöglicht es, dass eine Person eine Reaktion ausführt, wenn eine andere einen Stimulus hat: zwischen S und R wird sprachl. Ersatzreaktion (r) der ersten Person. (Erzeugung von Schallwellen durch Sprechen) und sprachl. Stimulus (s) für die zweite Pers. (Vernehmen der Schallwellen durch Hören) eingeschoben: S → r ... s → R.

Beifügung ↑Attribut.

Beiname: Zusätzlicher Eigenname (↑Nomen), der ein typisches Merkmal der Einzelperson hervorhebt, positiv oder negativ wertend;
a) Agnomen: individueller B., z. B.: *Friedrich der Weise, Karl der Kahle*;
b) Kognomen: erblich gewordener Familien-B., aus dem später unser heute üblicher Familienname mit Rechtscharakter geworden ist, z. B.: *Hans Groß, Heinrich Langnese.*

Beleg: Im Unterschied zum Datum (Plur. ↑Daten) als dem erfassbaren Ausgangsmaterial für sprachl. Untersuchungen (z. B. einer überlieferten Handschrift des Nibelungenliedes oder den auf Tonträgern aufgenommenen Äußerungen best. Dialektsprecher) stellt B. das Ergebnis linguistischer Analyse dar: Beispiel, mit dem die Existenz einer best. sprachl. Erscheinung (z. B. eines Wortes, einer Flexionsform, einer Redewendung, einer syntaktischen Konstruktion) nachgewiesen wird.

Benrather Linie [auch: Westostfurche, maken/machen-Linie]: In Mundartforschung (↑Mundart) Grenzlinie zwischen dem von der 2. ↑Lautverschiebung erfassten hochdeutschen und dem nicht erfassten niederdeutschen Sprachgebiet (zwischen *machen* im Süden und *maken* im Norden), die von Malmedy über Aachen, Benrath bei Düsseldorf, Kassel und Magdeburg bis Frankfurt/Oder reicht. Vgl. ↑Germersheimer Linie, ↑Uerdinger Linie.

Bestätigungsfrage ↑Fragesatz.

Bestimmungswort ↑Determinativkompositum.

Betonung: ↑Akzent.

Betrachtzeit: ↑Futur.

Betriebssystem: Programm eines ↑Computers, das diesen überhaupt erst einsatzfähig macht; B. kontrolliert und steuert die apparative ↑Hardware sowie die Anwendungsprogramme (↑Software); z. B.: MS-DOS, Windows.

Beugung ↑Flexion.

Bewirkungsverb [auch: Faktitivum]: ↑Denominativ-faktitives (↑Aktionsart) Verb; z. B.: *füllen* = <voll machen>.

Bewusstheit: In unterschiedlichem Grad vorhandenes wissentliches Erleben und Kontrollieren sprachl. Handelns im Ggs. zu bzw. in Verbindung mit automatisch organisiertem Sprachhandeln; bei spontaner mündlicher Verständigung ist B. vor allem auf den Inhalt der Äußerungen konzentriert, während Wortwahl, grammatische Konstruktion und Artikulation weitgehend automatisch erfolgen; beim Schreiben von Texten erfolgt auch das Formulieren mit viel mehr bewusster Steuerung und Kontrolle; Einübung in Sprachreflexion (z. B. im schulischen

Grammatikunterricht) kann den Grad an B. bei produktivem und rezeptivem Sprachhandeln deutlich erhöhen. Vgl. auch ↑Sprachbewusstsein.

bezeichnen: Mit Hilfe eines sprachl. ↑Zeichens (Denotator) auf eine außersprachliche Erscheinung (↑Referent, ↑Denotat) hinweisen, deren Merkmale als Bewusstseinsinhalt im Gedächtnis speichern, den sprachl. Zugriff auf sie bei kognitivem und kommunikativem Handeln ermöglichen.

Bezeichnendes, **Bezeichnetes** ↑Zeichen.

Bezeichnungswandel: Verwendung eines sprachl. Ausdrucks an Stelle eines anderen bei weitgehender Konstanz des Bezeichneten/↑Referenten im Verlauf der Sprachgeschichte; z. B.: *Auszubildender* für vorher *Lehrling*, *Greifvogel* für *Raubvogel.*

Beziehung ↑Abstraktum.

Beziehungswort ↑Relator.

Bezugselement [auch: Bezugswort, Nukleus]: Eins von zwei oder mehreren koreferenten (↑Ko-Referenz) sprachl. Elementen in syntaktischen Konstruktionen, das dem/den anderen (seinen ↑Proformen) zumeist vorangeht und durch diese(s) näher spezifiziert oder semantisch modifiziert wird; z. B.: *Ich habe das Buch, einen spannenden Krimi, durchgelesen.*

Biegung ↑Flexion.

bilabial ↑labial.

Bild ↑Metapher.

Bildfeld: Nach WEINRICH die Klasse aller metaphorischen Ausdrücke (↑Metapher), die durch eine Abbildung zwischen einem strukturierten Ausgangsrahmen (= bildspendendes Feld; z. B. Kartenspiel mit *gute Karten haben, As, Trumpf, Joker*) und einem strukturierten Zielrahmen (= bildempfangendes Feld; z. B. Kartenspiel mit *aus dem Schneider sein, mauern, passen*) erfasst werden; im Zentrum von B. steht jeweils eine sogen. Zentralmetapher wie z. B. *Welttheater* oder *Staatsschiff.*

Bilinguismus, der (lat. bi = zwei; lingua = Sprache) [auch: Bilingualismus]: Zweisprachigkeit, bei der neben der Erstsprache (auch: Muttersprache) eine Zweitsprache (auch: Fremdsprache) erworben wird (z. B. ↑Mundart als regionale Sprache und überregionale ↑Standardsprache; Türkisch neben Dt. bei Ausländerkindern in der Bundesrepublik Deutschland); günstigster Zeitpunkt für Zweitspracherwerb umstritten: sehr früher Beginn bringt Vorteile im lautlichen Bereich des akzentfreien Sprechens, nicht im syntaktischen (↑Syntax) und semantischen (↑Semantik) Bereich, wo komplexere kognitive Fähigkeiten von Vorteil sind.

„Gina ist bilingual ... das heißt: sie kann dasselbe zweimal sagen, aber man kann es nur einmal verstehen."

binär (lat. binarius = zwei enthaltend) [auch: zweistellig, zweiwertig]: Aus zwei Teilen/Komponenten bestehend; Gliederungsprinzip bei der Beschreibung des Sprachsystems als eines Systems von ↑Oppositionen mit ↑distinktiven Merkmalen, die bei einer Einheit vorhanden, bei der anderen nicht vorhanden sind (± M); Eigenschaft des SAUSURRE'schen Modells vom sprachl. ↑Zeichen (signifiant – signifié); in ↑Generativer Grammatik Eigenschaft der graphischen Darstellung sprachl. Bauformen mit Hilfe von Stammbaumskizzen (↑Stemma) gabelförmiger Verzweigungen (Äste) zur Veranschaulichung schrittweiser ↑Segmentierung größerer Einheiten, z. B.: *Hans pfeift.:* S
∧
NP VP

Bindestrich: Mittel der ↑Interpunktion zur Kennzeichnung von Morphemgrenzen in der ↑Wortbildung als Durchkoppelungszeichen (z. B.: *Kopf-an-Kopf-Rennen*, *englisch-deutsches Wörterbuch*, *S-Bahn*, *Christian-Albrechts-Universität*), zur Markierung von Wortkürzungen als Ergänzungsstrich (z. B.: *vier- oder fünffach*, *Teetasse oder -schale*), bei Silbentrennung als Trennungsstrich, in best. Fällen in den Bedeutungen <bis> oder <gegen> (z. B.: *20-30 Personen*, *Hamburger Sportverein - Bayern München*).

Bindewort ↑Konjunktion.

Bisemie, die (lat. bis = zweimal; gr. sema = Zeichen): Sonderfall der ↑Polysemie, bei dem ein Ausdruck zwei (oft gegensätzliche) Bedeutungen aufweist; z. B.: *sanktionieren* = <billigen> oder <bestrafen>.

Bit, das (aus: engl. binary digit = aus nur zwei Komponenten bestehende Ziffer): Informationstheoretische Maßeinheit zur Bez. des Informationsgehaltes (verhält sich zur Wahrscheinlichkeit des Vorkommens im gegebenen Kontext umgekehrt proportional) einer übermittelten Nachricht durch die Anzahl erforderlicher Ja/Nein-Entscheidungen zur eindeutigen Feststellung eines Sachverhaltes; 1 B. = einfache Alternative, bei der konkrete Spezifizierung durch ein kommunikatives Zeichen im ↑Kode immer zugleich Ausschluss einer anderen, gegensätzlichen Spezifizierung bedeutet; Entscheidungsgehalt eines eintretenden Ereignisses, bei dem die beiden einzigen Möglichkeiten gleich wahrscheinlich sind; z. B.: *Kopf oder Adler* (beim Wurf einer Münze); *0 oder 1* (bei elektronischen Rechenmaschinen, für die nur diese als binäre Ziffern zugelassen sind).

Black-box, die (engl. = dunkler Kasten): Im ↑Behaviorismus abgeschlossenes System, in das man nicht unmittelbar eindringen, sondern das man nur von außen erforschen kann, indem man best. Reize, Signale (= Inputs) einführt und die dadurch hervorgerufenen Ergebnisse (= Outputs) beobachtet; erst von den Outputs her können Hypothesenbildungen über die innere Struktur des Systems erfolgen; methodisches Prinzip strukturalistischer Linguistik, welche die Grammatik einer Sprache als B. untersucht, als Regelmechanismus für die Erzeugung von Sätzen.

Blending ↑Kontamination.

Blindenschrift: Übertragung der optisch wahrnehmbaren Buchstaben des ↑Alphabets in taktil wahrnehmbare Punkt-Kombinationen; Grundform: zwei parallele Punktreihen mit je drei Punkten.

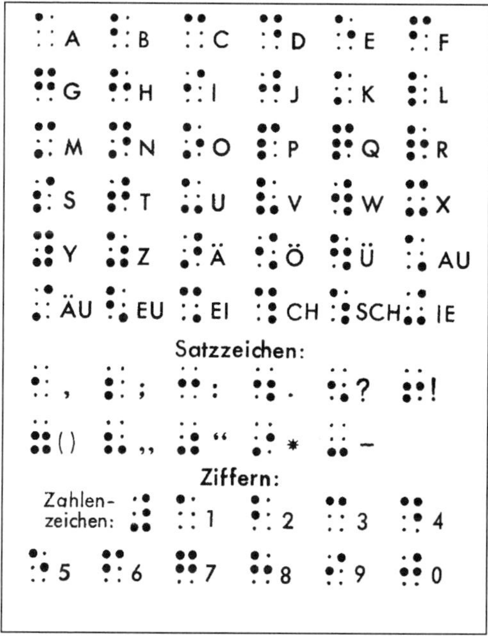

Aus: Der große Brockhaus in 12 Bänden. Wiesbaden [18]1978. Bd. 2, S. 170

blockiertes Morphem ↑unikales Morphem.

Boole'sche Operatoren: Nach dem engl. Mathematiker BOOLE benannte logische Verknüpfungen zur Verfeinerung der Suchstrategie im ↑Internet mit Hilfe von ↑Suchmaschinen; AND oder + für Konjunktion von Suchbegriffen (z. B.: *Motivation AND Wortbildung*; *Motivation +Wortbildung*), OR für Disjunktion (z. B.: *Morphem OR Wortbaustein*), NOT oder – für Negation (z. B.: *Motivation NOT Psychologie; Motivation – Psychologie*).

Bottom-up-Verarbeitung ↑Textverstehen.

Brechung: Historischer, kombinatorischer (kontextabhängiger) Lautwandel; regressive ↑Assimilation der Vokale >i< und >u< vor >e<, >a<, >o< der Folgesilbe zu >e< und >o< im Ahd.; z. B.: germ. **wulfaz* > ahd. *wolf*.

Broca'sches Zentrum: Nach dem franz. Chirurgen BROCA benanntes motorisches Sprachzentrum der linken (bei Linkshändern rechten) Hirnhälfte; bei Schädigung Sprechen (fast) unmöglich (↑Aphasie), Sprachverstehen aber ungestört.

Buchstabe ↑Graphem.

Casus obliquus ↑Kasus.

Casus rectus ↑Kasus.

Chat-room, der (engl. chat = plaudern, room = Zimmer): Virtueller Raum im ↑Internet, in dem zu best. Themen Gespräche/Diskussionen stattfinden, an denen man von seinem ↑Computer aus unter einem frei gewählten Pseudonym teilnehmen kann, indem man Gesprächsbeiträge anderer Teilnehmer auf seinem Bildschirm liest und eigene Beiträge mit der Tastatur eingibt und wie eine ↑E-Mail abschickt; die sprachl. Äußerungen schillern strukturell zwischen ↑Mündlichkeit und Schriftlichkeit. Auch ↑Netiquette.

Chiffre, die (franz. chiffre = Ziffer): Geheimschrift, bei der für jeden Buchstaben des ↑Alphabets nach einem best. ↑Kode ein anderer gesetzt wird.

Chronolekt ↑Lekt.

Cluster, das (engl. cluster = Bündel): Bei WEINREICH H ä u f u n g, ungeordnete Menge ↑semantischer Merkmale (im Unterschied zur geordneten ↑K o n f i g u r a t i o n); Notation mit Komma als Verbindungszeichen: $(X_1,X_2) = (X_2,X_1)$; z. B. sind die Merkmale <weiblich> und <Nachkomme> in beliebiger Reihenfolge Komponenten des Inhalts von *Tochter*.

Clustering, das (engl. cluster = Bündel): In ↑Psycholinguistik Ordnungsvorgang, bei dem Wörter aufgrund gemeinsamer Merkmale (z. B. gleicher Anfangsbuchstaben, gleicher lautlicher oder inhaltlicher Elemente) zu Gruppen, zu Wortklassen zusammengefasst werden, z. B.: *brannte, rannte, kannte, nannte.*

Code ↑Kode.

Code-switching ↑Kode-Wechsel.

Computerlinguistik ↑Angewandte Linguistik.

Consecutio temporum, die (lat. = Zeitenfolge): Regelung für Gebrauch der Tempora (↑Tempus) im abhängigen Nebensatz je nach dem Verhältnis des verbalen Geschehens zu dem des Hauptsatzes in der lat. Grammatik; bei Gleichzeitigkeit gleiches Tempus; davon abgehoben: Vorzeitigkeit und Nachzeitigkeit mit vorgeschriebenem Tempus.

Constructio ad sensum ↑Synesis.

Darstellungsfunktion ↑Sprache.

Datei, die [auch: engl. file]: Sammlung zusammengehöriger Informationen unter einem gemeinsamen Namen, die unter diesem Namen in der ↑EDV auf Speichern (Festplatte, Diskette, CD-ROM) zur weiteren Nutzung bereitgehalten wird.

Daten, die (Sing: das Datum): 1. Darstellbare Informationen, die ein Computer bei der ↑EDV erkennen und verarbeiten kann. 2. Empirisch (über Datenerhebung) erfassbare und (in Linguistik) beschreibbare sprachl. Erscheinungen mit best. Merkmalen. Auch ↑Beleg.

Datenbank: In ↑EDV Anwendungsprogramm, das größere Mengen an Informationen (↑Daten) erfassen, suchen, sortieren und verwalten kann; z. B.: Bibliographie, Kundenkartei.

Datenverarbeitung ↑EDV.

Dativ, der (lat. dare = geben) [auch: Wemfall, Zuwendgröße]: ↑Kasus des von bestimmten Verben im Satz geforderten Obj., auf das die Handlung des Subj. bezogen ist: „interessierter" Teilnehmer an der Handlung; z. B.: *Er schenkt dem Kind einen Groschen.* Oder von best. Präpositionen im Satz geforderter Kasus; z. B.: *Er kommt mit dem Auto*.
Freier D.: strukturell für den Satz nicht notwendiges, freies Satzglied im D. (im Unterschied zum notwendigen D.-Obj.; in der Terminologie der ↑Dependenzgrammatik: D.-Angabe im Unterschied zur D.-Ergänzungsbestimmung):
a) D. des Interesses (es geschieht oder ist etwas um einer Person willen), z. B.: *Die Lust verging uns sehr schnell.*
b) D. ethicus (eine Person nimmt an Geschehen oder Sein inneren Anteil), z. B.: *Der ist mir dafür gerade der Richtige.*

Deadjektivum: Wort, das von einem Adj. als ↑Basis abgeleitet (↑Derivat) worden ist; z. B.: *fröhlich* (< *froh*), *Schönheit* (< *schön*), *erröten* (< *rot*).

Deadverbial, das: Wort, das von einem ↑Adverb als ↑Basis abgeleitet (↑Derivat) worden ist; z. B.: *gestrig* (< *gestern*).

Deduktion ↑Inferenz.

Defektivum, das (lat. defectivum = unvollständig, mangelhaft): Wort, dem best. Flexionsformen anderer Wörter seiner Wortart/Klasse fehlen (z. B. ↑Pluraletantum *Eltern* ohne Sing.) oder bei dem best. Verwendungsweisen nicht möglich sind (z. B. *zu* nur prädikativ, nicht attributiv: *Die Tür ist zu*; aber nicht **die zue Tür*).

Definition, die (lat. definitio = Abgrenzung, Bestimmung, Erklärung): Begriffsbestimmung, inhaltliche Festlegung des Gebrauchs eines Begriffes; traditionell durch Benennung des übergeordneten Gattungsbegriffs (Genus proximum) und der wesentlichen Unterscheidungsmerkmale von Nebenbegriffen (Differentia specifica); z. B.: *Ein* ***Junge*** *ist ein Mensch, der männlich ist, aber nicht erwachsen.*

a) extensionale D.: Bestimmung des Umfangs (= Extension) eines Begriffes, indem die Klasse der bezeichneten Gegenstände/Sachverhalte aufgezählt wird z. B.: <u>Obst</u> = *Apfel, Birne, Kirsche, Pflaume, Pfirsich, Aprikose Nuss, Beere* ...;

b) intensionale D.: Bestimmung der Bedeutung (= Intension) eines Begriffes, indem die Eigenschaften des Bezeichneten angegeben werden; z. B.: <u>Obst</u> = <Frucht von Bäumen, Sträuchern, krautigen Pflanzen; genießbar; wohlschmeckend; vitamin- und meist saftreich usw.>

Defizit-Hypothese, die (lat. deficit = es mangelt an; gr. hypothesis = Voraussetzung, Grundgedanke): In ↑Soziolinguistik erster umfassender Beschreibungs- und Erklärungsversuch für schichtenspezifisch unterschiedliches Sprachverhalten; von normativen Wertmaßstäben ausgehende Annahme, Unterschichtsprache weise gegenüber Mittelschichtsprache Mängel (= Defizite) auf, sei in ihrer Leistungsfähigkeit eng begrenzt (= restringiert) sowohl in rhetorischer als auch logischer Hinsicht (z. B. geringerer und weniger differenzierter Wortschatz, weniger komplexer Satzbau), behindere guten Schulerfolg und sozialen Aufstieg (↑Sprachbarriere). Dazu entwickelte Gegenposition der Differenz-Hypothese (lat. differentia = Verschiedenheit): nicht normative Auffassung von Unterschieden im sozialbedingten Sprachverhalten bei funktionaler Äquivalenz (Nationalsprachen, Standardsprachen, regionale und soziale Gruppensprachen sind bei allen Unterschieden gleich leistungsfähig, nach ihren Ausdrucksmöglichkeiten und ihrer logischen Analysekapazität einander gleichwertig. Für jede Äußerung in einer Sprache gibt es eine korrespondierende Äußerung in der anderen mit gleicher referentieller Information [↑Referent]) ohne Auf-/Abwertung und mit primärer Abhängigkeit des Sprachverhaltens von Situation (↑Kommunikationssituation) und ↑Kontext (beim ↑Spracherwerb, bei Ausdrucksvariation und ↑Kode-Wechsel). Auch ↑verbale Deprivation.

Dehnstufe ↑Ablaut.

Dehnung ↑Diphthongierung.

deiktisch (gr. deiknynai = zeigen): Hinweisend; Eigenschaft best. ↑Lexeme, deren ↑denotative Funktion vom jeweiligen Kontext abhängig ist (Raum, Zeit, Kommunikationsteilnehmer); mit Pron. wie *ich, du, dieses, jener* kann der Sprecher z. B. sehr verschiedene Erscheinungen seiner Umwelt meinen; Adv. wie *gestern, heute; hier, dort* beziehen sich im Unterschied zu *abends, auf dem Boden* je nach dem temporalen oder lokalen Standpunkt des Sprechers auf sehr verschiedene Zeiten und Räume (konstant bleibt nur die Relation zur Sprechersituation).

Deixis, die (gr. deiknynai = zeigen): Ausdruck mit Zeigefunktion (↑deiktisch), der sich auf best. außersprachl. Situationselemente oder andere Ausdrücke des ↑Kontextes bezieht; seine ↑Referenz ist von der jeweiligen Äußerungssituation abhängig; z. B.: *Hier war ich gestern* (wo? wer? wann?).
a) lokale D.: *hier, dort, rechts, davor*;
b) temporale D.: *jetzt, gestern, vorhin*;
c) personale D.: *ich, du, wir, dieser, Sie.*

Deklarativa ↑Sprechaktklassifikation.

Deklination, die (lat. declinare = abändern) [auch: Beugung]: Flexion von Nomen, Adj., Pron., Art. und Numerale; deren Formenwechsel unter Einfluss ihrer jeweiligen Funktion im Satz (↑Kasus), ihres Geschlechts (↑Genus) und ihrer Zahl (↑Numerus). D.-Klassen:
a) starke (= vokalische) D.: Maskulina und Neutra ohne Endung im Nominativ, mit Endung -s im Genitiv (z. B.: *das Fenster, des Fensters*);
b) schwache (= konsonantische) D.: Maskulina mit Endung (e)n außer im Nominativ (z. B.: *der Held, des Helden*);
c) gemischte D.: stark im Singular, schwach im Plural (z. B.: *das Bett, die Betten*);
d) unveränderliche D.: Feminina endungslos im Singular, im Plural gleiche Endung (z. B.: *die Hand, die Hände*).
Vgl. ↑Konjugation.

dekodieren ↑kodieren.

Dekomposition, die (lat. decompositio = Auseinandernahme): Analyse komplexer sprachl. Einheiten, Zerlegung in ihre Bestandteile. Auch ↑lexikalische Dekomposition, ↑Komponentenanalyse, ↑Generative Semantik.

Deletion, die (lat. delere = tilgen) [auch: Eliminierung oder Tilgung; als heuristisches Verfahren bei GLINZ: Weglassprobe]: Tilgung sprachl. Elemente im Satz:
a) in ↑Generativer Grammatik Tilgung, ohne dass eine aus der Ausgangskette nicht mehr rekonstruierbare semantische ↑Information verloren geht; Transformationsoperation (↑Transformation): $[X_1 + X_2]_{X3} \Rightarrow [X_1 + Ø]_{X3}$; z. B.: *Der große Fisch frisst den kleinen Fisch. ⇒ Der große Fisch frisst den kleinen_.* = $[\text{Art} + \text{Adj} + \text{N}]_{NP} \Rightarrow [\text{Art} + \text{Adj}]_{NP}$.

Strukturbaumveränderung:

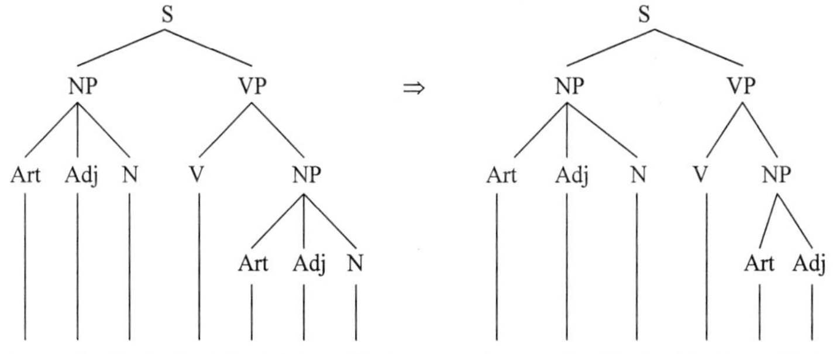

Oder z. B.: *Die Blume erblüht und* <u>*die Blume*</u> *verblüht.* ⇒ *Die Blume erblüht und verblüht.*

b) in ↑Dependenzgrammatik Verfahren zur Feststellung der strukturell notwendigen Ergänzungsbestimmungen des finiten Verbs: Ist der nach D. eines Satzgliedes verbleibende Satzrest noch ↑grammatisch, so ist das eliminierte Glied nicht notwendig, ist er ungrammatisch, ist es notwendig; z. B.: *Der Student stellt das Buch in der Bibliothek ordnungsgemäß ins Regal an der Wand.* – *Der* <u>*Student*</u> *stellt das* <u>*Buch*</u> *ins Regal.* – **Der Student stellt das Buch.* – **Der stellt ins Regal.* – **stellt das Buch ins Regal.* – **Der Student stellt.* Das Verb *stellen* in der Bedeutung <stehen machen> verlangt also drei für den Bestand des Satzes notwendige Ergänzungsbestimmungen, ist dreiwertig (↑Valenz).

Demonstrativadverb (lat. demonstrare = zeigen): ↑Adverb, das in Verknüpfung mit einem Nomen oder Pronomen hinweisende Funktion (↑Deixis) erhalten kann; z. B. *der Erich* <u>*da*</u>, *jener* <u>*dort*</u>.

Demonstrativpronomen ↑Pronomen.

Demotivierung ↑Idiomatisierung.

Denglisch [auch: Engleutsch, Deutschlish]: Abwertende und abwehrende Bez. für gesprochene und geschriebene Texte im Deutschen, die ein Übermaß an ↑Anglizismen aufweisen. Auch ↑Sprachkritik.

Denken ↑Kognition, ↑Psycholinguistik.

Denominativum, das (lat. de = von ... her) [auch: Desubstantivum]: Wort, das von einem ↑Nomen (oft im umfassenderen Sinne: Subst. oder Adj.) als ↑Basis abgeleitet (↑Derivat) worden ist; z. B.: *fischen* (< *Fisch*), *herrlich* (< *Herr*), *Torheit* (< *Tor*). Vgl. ↑Deverbativum, ↑Deadjektivum, ↑Deadverbial.

Denotat, das (lat. denotare = bezeichnen): 1. Außersprachl. Erscheinung, die der Sprecher mit einem sprachl. ↑Zeichen (= Denotator) meint (↑meinen); z. B. der physikalisch bestimmbare Gebrauchsgegenstand, auf den sich das Wort *Tisch* bezieht. Auch ↑Referent. 2. Begrifflicher Inhalt eines Zeichens im Unterschied zu Nebenbedeutungen (z. B. Emotion, Wirkung). Gw. ↑Konnotat.

denotativ: Nur den begrifflichen Inhalt des sprachl. ↑Zeichens betreffend, ohne Berücksichtigung von (z. B. emotionaler) Nebenbedeutung und inhaltlichen Nuancen, die das Zeichen als Begleitvorstellungen beim Sprecher/Hörer mit wachruft. Gw. ↑konnotativ.

Denotator ↑Designat, ↑Denotat.

Dental, der (lat. dens = Zahn): ↑Konsonant, mit Hilfe der Zungenspitze an den Zähnen oder in ihrer Nähe gebildet:
a) interdental: Zunge zwischen oberen und unteren Schneidezähnen, z. B.: [θ] in *Thriller*;
b) postdental: Zunge gegen obere Schneidezähne gedrückt, z. B.: [t] in *Tag*;
c) alveolar: Zunge am Kiefervorsprung hinter oberen Schneidezähnen, z. B.: ebenfalls [t] in *Tag*.

Dentalangleichung [auch: Primärberührungseffekt, Germanisches Spirantengesetz]: Historische Lautveränderung in Fällen urspr. (bei Wortbildung) direkter Berührung (ohne Zwischenlaut) von Verschlusslaut (↑Explosivum) und silbenanlautendem Dental [t]:
a) ↑Labial (b, p) + Dental > ›ft‹ (z. B.: *schreiben – Schrift*);
b) ↑Guttural (g, k) + Dental > ›ht‹ (z. B.: *tragen – Tracht*);
c) Dental (d, t) + Dental > ›ss‹ (z. B.: lat. *amare* <lieben>, *amatum* <geliebt>; aber: *sedere* <sitzen>, *sessum* <gesessen>.

Dependenz, die (lat. dependere = abhängen) [auch: Abhängigkeit, Subordination]: Asymmetrisches Verhältnis zwischen miteinander im Satz vorkommenden Elementen (↑Kookkurrenz), bei dem das eine Element ohne das andere, nicht aber das andere (einseitig abhängige) ohne das eine vorkommen kann; z. B.: *Der*

Detektiv verfolgt die Spur des Täters. (*Er verfolgt die Spur. – *Er verfolgt des Täters.*). Auch ↑Dependenzrelation, ↑dominieren, ↑Konstituenz.

Dependenzgrammatik, die (lat. dependere = abhängen) [auch: Abhängigkeitsgrammatik]: Strukturelle Beschreibung der Sprache im Hinblick auf das hinter der linearen Redekette verborgene, hierarchisch geordnete System von Abhängigkeitsrelationen zwischen den syntaktischen ↑Konstituenten des Satzes (TESNIÈRE, z. T. BRINKMANN, ERBEN, HERINGER). Ausgangspunkt der Untersuchungen und zentrales wie einflussreichstes Satzglied ist das als „ungesättigt/gesättigt" angesehene Verb, von dessen Wertigkeit (↑Valenz) der Satzbau bestimmt wird; als Zentralknoten dominiert (↑dominieren) es im ↑Stemma alle anderen Satzkategorien; TESNIÈRE teilt die unmittelbaren Untergeordneten (subordinés immédiats) des Verbs ein in Aktanten (actants = Handelnde = zahlenmäßig festgelegte Subst. oder deren Äquivalente) und Umstände (circonstants = zahlenmäßig unbegrenzte Adv. oder deren Äquivalente); ERBEN zählt außer Subj. und Obj. auch ↑Prädikativum, notwendiges Präpositional-Obj. und notwendige Adverbialbestimmung zu den Aktanten.

Dependenzrelation, die: Abhängigkeitsverhältnis eines Satzteiles X_1 von einem Satzteil X_2, das sich darin äußert, dass X_2 auch ohne X_1 im Satz erscheinen kann, nicht aber umgekehrt X_1 ohne X_2; z. B.: *Er baut große Häuser.* (X_1 = große; X_2 = Häuser). – *Er baut Häuser.* – **Er baut große.* Auch ↑Interdependenzrelation.

depriviert ↑verbale Deprivation.

Derivat, das (lat. derivare = ableiten) [auch: Ableitung]: Ableitung als Produkt der ↑Wortbildung: Konstruktion aus einem freien ↑Morphem oder einer Morphemkonstruktion (↑Basis) einerseits und einem gebundenen Morphem (manchmal mehreren) andererseits, das hinten angefügt wird (↑Suffix), womit oft Wechsel der Wortart (verglichen: Basismorphem > Derivat) verbunden ist: z. B.: *Schönheit* (Subst.) < *schön* (Adj.); *täglich* (Adj.) < *Tag* (Subst.); *Vollendung* (Subst.) < *vollenden* (Verb); aber auch: *bräunlich* (Adj.) < *braun* (Adj.). Neben explizitem D. gibt es auch implizites D. [auch: innere Ableitung], bei dem kein segmentierbares Ableitungsmorphem (Suffix) erscheint, sondern das neue Wort als Ganzes (nicht seine Konstituenten) inhaltlich und formal auf ein anderes freies Morphem zurückgeführt werden kann (meist handelt es sich um ↑deverbative Subst.); z. B.: *Schau* < *schauen; Besuch* < *besuchen;* manchmal mit Wechsel des Stammvokals: *Band* < *binden.*

Derivation, die (lat. derivare = ableiten): l. Ableitung als Vorgang oder Art der ↑Wortbildung: Konstruktion aus freiem Morphem und Suffix. Vgl. ↑Derivat.
2. Ableitung der Strukturketten eines Satzes vom Ausgangssymbol S Zeile für Zeile bis zur Endkette mit Hilfe syntaktischer ↑Formationsregeln/Konstituentenstrukturregeln (↑I-C-Analyse); z. B.:

S
$[NP + VP]_S$
$[NP + [V + NP]_{VP}]_S$
$[[Art + N]_{NP} + [V + NP]_{VP}]_S$
$[[Art + N]_{NP} + [V + [Art + N]_{NP}]_{VP}]_S$
$[[[\textit{der}]_{Art} + [\textit{Mann}_N]_{NP} + [[\textit{liest}]_V + [[\textit{ein}]_{Art} + [\textit{Buch}]_N]_{NP}]_{VP}]_S$

Designans ↑Zeichen.

Designat, das (lat. designare = bezeichnen): D. und Designator entsprechen dem SAUSSURE'schen Begriffspaar: Signifié und Signifiant (↑Zeichen); zusammen stellen sie den Denotator dar, den Verweiser auf das Bezugsobjekt in der außersprachl. Wirklichkeit (↑Denotat).

deskriptiv (lat. describere = beschreiben): Eigenschaft einer Sprachforschung, die vorhandene sprachl. Erscheinungen als gegeben beobachtet und beschreibt, ohne sie normativ (an festen Regeln messend) zu bewerten und zu beurteilen. Gw. ↑praeskriptiv.

deskriptive Grammatik ↑Grammatik.

deskriptive Linguistik ↑Distributionalismus.

Determinativkompositum, das (lat. determinare = abgrenzen, bestimmen; componere = zusammensetzen) [auch: Tatpurusa = altindisch „dessen Diener"]: Aus zwei freien Morphemen oder Morphemkonstruktionen zusammengesetztes Wort (↑Kompositum), dessen voranstehende, untergeordnete ↑Konstituente als Bestimmungswort fungiert, welches das nachfolgende Grundwort inhaltlich spezifiziert; nach dem Grundwort richten sich Wortart, Genus und Numerus des Gesamtwortes; z. B.: *Haustür* <Tür des Hauses>, *Seebad* <Bad an der See>, *Unterarm* <der untere Arm>. Auch ↑Kompositum.

Determinator, der (lat. determinare = bestimmen): Kategorialsymbol (Det) in der ↑Morphosyntax zur Bez. der „Bestimmungswörter" des Subst.: Art., Demonstrativ-, Indefinit-, Interrogativ- und Possessiv-Pron., Negations-Art. (*kein*) u. a.; z. B.: *Das/dies/etwas/welches/sein/kein Holz (schwimmt in dieser Flüssigkeit).*

NP
∧
(Det) N

Deutsch (aus lat. lingua vulgaris = Sprache des Volkes entlehnt: ahd. diutisc = volksmäßig): Zu dem aus dem ↑Indogermanischen hervorgegangenen Westgermanischen (↑Germanisch, ↑Lautverschiebung) zählende Sprache; in Hochdeutsch und Niederdeutsch/Plattdeutsch (ohne zweite Lautverschiebung) aufzuteilen; als Hochdeutsch (↑Standardsprache) in folgende historische Entwicklungsstufen zu gliedern:

a) Althochdeutsch (Ahd.): von ersten schriftl. Überlieferungen im 8. Jh. bis 1050 (Klosterkultur, Einfluss des Lateinischen, ↑Umlaut, bunte Endsilbenvokale);
b) Mittelhochdeutsch (Mhd.): bis 1350 oder bis 1500 gerechnet (höfisch-ritterliche Kultur, Verfall der Endsilben, ↑Diphthongierung und ↑Monophthongierung, Beseitigung kurzer, offener Tonsilben);
c) Frühneuhochdeutsch (Frühnhd.): 1500 bis 1650 (Aufkommen bürgerlicher Stadtkultur, Buchdruck, Reformation, Luthers Einfluss auf die Entwicklung einer Einheitssprache auf Grundlage der ostmitteldeutschen kolonialen Ausgleichssprache);
d) Spätneuhochdeutsch (Spätnhd.): nach 1650 bis zur Gegenwartssprache (vor allem in Deutschland, Österreich, Schweiz gesprochene Einheitssprache, neben regionalen ↑Dialekten, ↑Umgangssprachen, Soziolekten und anderen ↑Varietäten).

deutsche Schrift ↑Fraktur, ↑Schreibschrift.

Deverbativum, das: Wort, das von einem Verb (als Grundmorphem, ↑Basis) abgeleitet (↑Derivat) worden ist; z. B.: *Verehrung* (< *verehren*), *denkbar* (< *denken*). Vgl. ↑Denominativum, ↑Deadjektivum, ↑Deadverbial.

Deviation ↑Abweichung.

diachronisch (gr. dia = durch; chronos = Zeit): Historisch; Eigenschaft linguistischer Arbeitsmethoden, mit denen die geschichtliche Entwicklung der Sprache untersucht wird. Gw. ↑synchronisch.

Diärese, die (gr. diairesis = Trennung): Getrennte Aussprache zweier Vokale, die in der Schrift direkt nebeneinander stehen und nicht als ↑Diphthong erscheinen sollen; z. B.: *naiv, Deismus, Spondeus;* manchmal mit ↑Trema (Trennpunkten) geschrieben: *Alëuten.*

diakritisch (gr. diakritos = getrennt, unterschieden): Zur Unterscheidung dienend; Eigenschaft best. graphischer Zusatzzeichen, welche die Aussprache oder Bedeutung eines sprachl. Elements kennzeichnen; z. B.: Umlautzeichen (*ä, ö, ü*), ↑Trema (*Alëuten*), Akzent (z. B. franz. *mère* [ɛ], *mérite* [eː]).

Dialekt, der (gr. dialektos = Umgangssprache): ↑Sprache, ↑Mundart.

Dialektgeographie ↑Areallinguistik.

Dialektologie [auch: Mundartforschung]: Teildisziplin der Sprachwissenschaft, die sich mit den regionalen ↑Mundarten beschäftigt, mit ihren jeweiligen Merkmalen (Lautbestand, Grammatik, Erfassung des Wortschatzes in Mundartwörterbüchern, ↑Idiotikon), ihren Verbreitungsgebieten (↑Sprachatlas), ihrem historischen Wandel, ihrem heutigen Gebrauch und ihrer gesellschaftlichen Bewertung.

diastratisch [gr. dia = durch; lat. stratum = Ebene]: In ↑Soziolinguistik Eigenschaft von Untersuchungen, sich gleichzeitig auf mehrere Sozialschichten zu beziehen; z. B. Untersuchungen zum elaborierten Kode der bürgerlichen Mittelschicht und zum restringierten Kode der Arbeiterschicht (↑Sprachbarriere). Gw. synstratisch.

diatopisch [gr. dia = durch, topos = Ort]: Eigenschaft sprachwissenschaftlicher Untersuchungen, sich gleichzeitig auf mehrere Regionen zu beziehen; z. B. ↑Areallinguistik. Gw. syntopisch.

Dichotomie, die (gr. dichotomein = in zwei Teile spalten): Zweigliederung; jeweils zweigliedrige Unterteilung von Einheiten nach dem logischen Prinzip des „disjunktiven Urteils“: etwas ist entweder das eine oder das andere, ein Drittes gibt es nicht (x = a oder b; x = a oder nicht-a); Einteilung in Begriffspaare, z. B.:

diachron – synchron, paradigmatisch – syntagmatisch, Langue – Parole, Kompetenz – Performanz.

Didaktik ↑Sprachdidaktik.

Didaktische Grammatik [auch: Schulgrammatik, Pädagogische Grammatik]: Für den Sprachunterricht in Schulen (↑Sprachdidaktik) entwickeltes Lehrwerk, dessen Darstellung des Regelsystems einer Sprache sich nicht ausschließlich an einzelnen linguistischen Theorien und Konzeptionen (schon gar nicht an einer einzigen linguistischen „Schule“) orientiert, sondern auch an Prinzipien der Lehr- und Lernbarkeit (lernzielgesteuerte Stoffauswahl, Aufbau nach Lernschritten, Veranschaulichung durch Beispiele und graphische Darstellungen, Vereinfachungen komplexer Sachverhalte).

Differentia specifica ↑Definition.

Differential ↑semantisches Differential.

Differenz-Hypothese ↑Defizit-Hypothese.

digital [lat. digitus = Finger]: Art der Verarbeitung von Informationen durch ↑Computer (Digitalrechner) mit Hilfe von Ziffern, ganzen Zahlen ohne Zwischenwerte; insbesondere durch ↑binäres Zahlensystem, das nur die Ziffern 0 und 1 enthält und physikalisch dem An- und Abschalten von Strom entspricht. Gw. analog als Merkmal von Bild-, Text-, Toninformationen, die bei ↑EDV erst in ein d. System übersetzt werden müssen.

Diglossie, die (gr. di- = zwei; glossa = Sprache): Gleichzeitiges Bestehen von zwei Sprachvarianten innerhalb einer Sprachgemeinschaft, von denen die eine sozial höher bewertet ist (High-Varietät) und an formale Anlässe und Schriftlichkeit gebunden, die andere (Low-Varietät) in der mündlichen Verständigung wendet wird; Unterschiede in der grammatischen Komplexität und im Wortschatz.

Digraph, der (gr. di- = zwei; graphein = schreiben): Kombination zweier ↑Grapheme, die gemeinsam ein ↑Phonem repräsentieren; z. B. ›ch‹ für /x/ und für /ç/ (↑Ach-Laut); im Dt. auch Trigraph, z. B.: ›sch‹ für /ʃ/.

Diminutiv, das (lat. diminuere = vermindern) [auch: Verkleinerungsform]: Nominale Verkleinerungsbezeichnung, mit Hilfe von D.-Suffixen abgeleitet (oft Kosenamen); z. B.: *Häschen* <kleiner Hase>, *Vöglein, Väterchen.*

diminutiv-iterativ (lat. diminuere = verringern; iterare = wiederholen) [auch: attentuativ]: ↑Aktionsart, bei der sich ein Vorgang oder Zustand in Abständen regelmäßig wiederholt; z. B.: *rätseln* = <wiederholt raten>. Auch ↑Iterativbildung.

Diphthong, der (gr. diphthongos = Zweilaut): Zwielaut; Artikulationsübergang von einem Vokal zu einem anderen, wobei der erste der Haupttonträger ist; z. B.: ›au‹ = [ao] (Übergang von [a] zu [o]) in *Maus*; ›ei/ai‹ = [ae] (Übergang von[a] zu [e] bis zu [i]) in *weiß* und *Hain*; ›eu/äu‹ = [ɔø] (Übergang von kurzem, offenem [ɔ] wie in *doch* zu [y]) in *heute* und *Mäuse.*

Diphthongierung, die (gr. diphthongos = Zweilaut): Historischer Lautwandel eines Monophthongs (= einfacher Vokal) zum ↑Diphthong. Neuhochdeutsche D. bildet – neben Dehnung kurzer Vokale in betonter offener Silbe (z. B.: mhd. *lĕben* > nhd. *leben*; mhd. *vrĭde* > nhd. *Friede*) und nhd. ↑Monophthongierung – die wichtigste Veränderung vom mhd. zum nhd. Lautbestand; begann im 12. Jh. im Bairischen, breitete sich im folgenden Jh. nach Norden (Ndt. wurde nicht erfasst) und Westen aus (Alem. nicht erfasst). Es wurden: mhd. ›î‹, ›û‹ und ›iu‹ = [yː] zu nhd. ›ei‹, ›au‹ und ›eu‹; z. B. *lîp* > *Leib, mûs* > *Maus, viur* > *Feuer;* aber heute noch ndt. *dat Hus* neben nhd. *das Haus* wie auch alemannisch *Schwizer Diutsch* neben nhd. *Schweizer Deutsch.*

direktiv ↑Funktion.

Direktiva ↑Sprechaktklassifikation.

Disambiguierung ↑Projektionsregel, ↑Monosemierung.

Discovery procedures ↑Distributionalismus, Operation.

Disjunktion, die (lat. disiungere = trennen): Spezialfall der koordinierenden ↑Konjunktion, bei der die verbundenen sprachl. Elemente sich inhaltlich gegenseitig ausschließen; z. B. *oder* in: *Gehst du nach Hause oder bleibst du noch?*

disjunktiv (lat. disiungere = trennen): Sonderform von ↑alternativ; Wahl zwischen zwei oder mehr Möglichkeiten nicht völlig frei, sondern geordnet: nur wenn die eine Möglichkeit nicht realisierbar ist, gilt die andere; z. B.: Präteritalmorphem der schwachen ↑Verben lautet nur nach dentalem Verschlusslaut (also [d] oder [t]) /et/, sonst stets /t/; Notation der Regel:

$$\text{Prät} \longrightarrow \left\{ \begin{matrix} \text{et/} \left\{ \begin{matrix} \text{d} \\ \text{t} \end{matrix} \right\} \_\_ \\ \text{t} \end{matrix} \right\}$$

diskontinuierlich (lat. discontinuum = nicht zusammenhängend): Mit zeitlichen/ räumlichen Unterbrechungen aufeinander folgend;

a) d. Konstituente: tritt als Teil einer ↑Konstruktion in der linearen Redekette nicht als geschlossenes Segment, sondern als in mehrere Elemente getrennte, von anderen Konstituenten unterbrochene Einheit auf, z. B.: *abschließen* als /schließt...ab/ in *Er schließt die Tür ab*;

b) d. ↑Morphem: stellt eine feste Verbindung aus Präfix und Suffix dar; z. B. das Part.-Prät.-Morphem /ge...en/ oder /ge...t/ in *ge-fang-en* und *ge-lach-t*.

diskret (lat. discretum = unterschieden): Abgrenzbar; Eigenschaft sprachl. Elemente, voneinander unterscheidbar zu sein, um durch ↑Segmentierung und/oder ↑Substitution analysiert und beschrieben werden zu können; d. Elemente z. B. ↑Phonem, ↑Morphem mit ↑Kontrast und ↑Opposition.

diskriminieren (lat. discriminare = trennen): Sprachl. Elemente (Laute, ↑Lexeme u. a.) gegeneinander abgrenzen, sie unterscheiden, zu „diskreten“ (wohl unterscheidbaren, unterschiedenen) Teilen der linearen Redekette machen. Diskriminierung einzelner in der gehörten Rede wiederkehrender Laute ist wichtige Stufe im Spracherlernungsprozess des Kindes.

Diskurs, der (lat. discursus = das Hin- und Herlaufen): 1. Erörterung, (philosophisches) Gespräch mit Bemühen, sich durch Für- und Widerrede mit Argumenten und Gegenargumenten der Wahrheit zu nähern. 2. Bei HABERMAS metakommunikatives Handeln (↑kommunikative Kompetenz) mit Bemühen, sich über Geltungsanspruch problematisierter kommunikativer Normen und Gewohnheiten, über Wahrheitsanspruch von allg. akzeptierten Behauptungen zu verständigen. 3. Im Engl. weitgehend synonym mit ↑Text. 4. In ↑Pragmatik strukturierte Folge von ↑Sprechhandlungen, die eine größere kommunikative Einheit bildet; zu unterscheiden D.-Typen auf Grund gemeinsamer Merkmale (narrativer D., argumentativer D. ...) und D.-Arten:

a) Sprechhandlungssequenz: gegliedert nach systematischem Wechsel von Sprecher- und Hörerrolle (↑Turn); z. B. Frage – Antwort; Vorwurf – Entschuldigung/Rechtfertigung;
b) Sprechhandlungsverkettung: ohne systematischen Rollenwechsel; z. B. Ansprache, Vortrag, Predigt.
5. Offene Menge thematisch zusammengehöriger und aufeinander bezogener Texte; z. B. Texte pro und contra Rechtschreibreform, Texte des sogenannten „Historikerstreits".

Diskursanalyse [auch: Konversationsanalyse, Gesprächsanalyse]: 1. Untersuchung der Struktur natürlicher Gesprächsabläufe als Teildisziplin der ↑Pragmatik; Gesprächsorganisation (↑Diskurs) mit Beginn, Beendigung, Sprecher-(rollen)wechsel (↑Turn), Äußerungstypen und -sequenzen. 2. Synonym mit ↑Textlinguistik oder ↑Textgrammatik.

Disponibilität, die (lat. disponere = ordnen) [auch: Wortwertigkeit]: Eigenschaft von Wörtern, die thematisch, inhaltlich in vielen ↑Kommunikationssitua-tionen gebräuchlich und notwendig sind (z. B. *Brot, Wasser*), dem Sprecher dann verfügbar (disponibel) sein müssen und deshalb zum ↑Grundwortschatz einer Sprache gehören, auch wenn sie nicht zu den statistisch häufigsten Wörtern zählen.

Dissimilation, die (lat. dissimilis = unähnlich, ungleich): Verwandlung eines von zwei gleichen oder ähnlichen benachbarten Lauten in einen anderen weniger ähnlichen oder Ausfall eines der beiden Laute (beides mit dem Effekt der „Entähnlichung" der Artikulation an zwei Stellen meist eines Wortes); z. B.: *Fibel* < *Bibel, Pfennig* < ahd. *pfenning, Turteltaube* < lat. *turtur*. Gw. ↑Assimilation.

Distanzstellung (auch: Spreizstellung): Im dt. Satz häufige Trennung zweier inhaltlich zusammengehöriger Satzteile oder Teile eines Satzteils durch dazwischentretende Ausdrücke; Ggs. zur Kontaktstellung beider Teile; z. B.: *Wir hatten bis zum frühen Morgen geschlafen* statt: *Wir hatten geschlafen, bis der Morgen anbrach.* Auch ↑Satzklammer.

Distingem, das (lat. distinguere = unterscheiden, trennen): Sammelbez. für die kleinsten bedeutungsunterscheidenden (distinktiven) Einheiten in gesprochener und geschriebener Sprache: ↑Phonem, ↑Graphem.

Distinguisher, der (engl. to distinguish = unterscheiden, von lat. distinguere = unterscheiden): Bei KATZ/FODOR semantisches Merkmal, das nicht wie ein

„semantic marker“ mehreren Wortinhalten aus einem Sinnbereich, mehreren Bedeutungen gemeinsam ist, sondern nur einer Bedeutung zukommt, diese durch seine besondere Inhaltsprägung von den anderen abhebt; z. B.: <unverheiratet> bei *Fräulein*, <sehr alt> bei *Greisin*, nicht etwa <menschlich, erwachsen, weiblich>.

distinktives Merkmal (lat. distinguere = unterscheiden): Bedeutungsunterscheidende Eigenschaft einer sprachl. Einheit, die durch Gegenüberstellung dieser Einheit mit einer anderen, die bis auf das d. M. mit ihr übereinstimmt, festgestellt wird; dabei werden die Einheiten als Bündel von Merkmalen oder ↑Komponenten aufgefasst; bei Notation zeigt + das Vorhandensein, – das Nichtvorhandensein eines Merkmals oder Merkmalbündels an; z. B.:

a) ↑Opposition von *balgen* und *Balken* geht nicht einfach auf Opposition der Phoneme /g/ und /k/ zurück; da beide noch als gemeinsames Merkmal <+velar> aufweisen, lässt sich die Opposition genauer auf das beide unterscheidende Merkmal <+stimmhaft> bzw. <–stimmhaft> festlegen; /g/ erweist sich durch mehrfache Opposition als Bündel von mindestens drei d. M.: <+stimmhaft> (gegenüber /k/), <+velar> (gegenüber /d/ in *rege* - *Rede*), <+explosiv> (gegenüber /ŋ/ in *Egge* [ɛgə] und *Enge* [ɛŋə);
b) bei *Frau* kommen zu dem Bündel semantischer Merkmale, das man zusammenfassend durch <+menschlich> symbolisieren kann, mindestens zwei weitere d. M. hinzu: <+weiblich> im Unterschied zu *Mann*, <+erwachsen> im Unterschied zu *Mädchen*. Auch ↑Marker.

Distribution, die (lat. distributio = Verteilung): Bes. bei HARRIS Summe aller Umgebungen eines sprachl. Elements, in denen es vorkommt, im Ggs. zu jenen, in denen es nicht auftauchen kann; in D.-Analyse klassifiziert man sprachl. Einheit statt auf Grund ihrer Bedeutung auf Grund ihrer Verteilung, ihres ↑Kontextes; z. B. kann *besuchen* im Dt. nur in der Umgebung NP_1__NP_2 erscheinen, die NP im Nom. muss das semantische Merkmal <+menschlich> enthalten: *Die Großmutter besucht ihr Enkelkind. – *Das Theater besucht die Studentin. – *Die Studentin besucht bald. – *Die Studentin besucht.* Beim Vergleich der D. mehrerer Sprachelemente lässt sich deren Verhältnis zueinander bestimmen:

a) ↑alternative oder äquivalente (entsprechende) D.: ein Element kann in der gleichen Umgebung wie das andere erscheinen, sie sind frei austauschbar (z. B. Zungen-[r] und Zäpfchen-[R] in *Riese*);

b) kontrastive (gegensätzliche) D.: ein Element erscheint in einer anderen sprachl. Einheit als das andere, aber in gleicher Umgebung (z. B.: [uː] [oː] [aː] in *Huhn Hohn Hahn*);

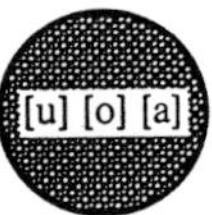

c) komplementäre (ergänzende) oder supplementäre D.: ein Element erscheint in Umgebung, in der das andere nicht erscheinen kann und umgekehrt, sie ergänzen sich gegenseitig (z. B.: [j] im Anlaut nur vor Vokal wie in *Jammer,* [iː] nur vor Konsonant wie in *Igel*);

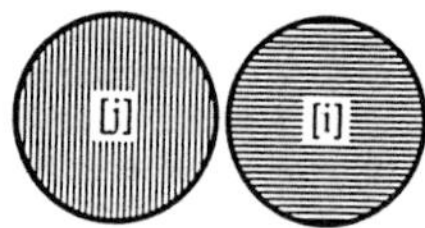

d) überlappende D.: in einer Umgebung kann nur ein Element erscheinen, in einer anderen nur das zweite, in dritter Umgebung aber können beide gegeneinander ausgetauscht werden (z. B. [n] und [ŋ] inlautend zwischen Vokalen wie in *rinnen* und *ringen,* aber im Anlaut nur [n] wie in *nein,* vor /k/ nur [ŋ] wie in *hinken*);

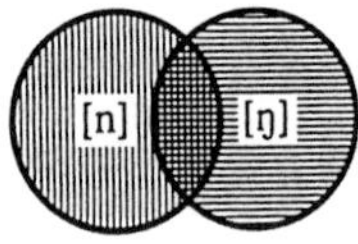

e) einschließende D. (Inklusion): das eine Element kann in jeder Umgebung des anderen erscheinen, dieses aber nur in einigen Umgebungen des ersten (z. B.: [d] wie [t] im Anlaut wie in *Dorf* und *Torf,* im Inlaut vor Vokal wie in *Weide* und *Weite,* aber nicht im absoluten Auslaut, dort nur [t] wie in [raːt] = *Rad* und *Rat*).

Distributionalismus, der [auch: deskriptive Linguistik]: Amerik. ↑taxonomischer ↑Strukturalismus, der sprachl. Elemente nach ihrem Vorkommen (occurrence/Okkurrenz), nach der Summe ihrer Umgebungen (environments) = ↑Distribution einteilt; Schritte der Distributionsanalyse: Entdeckung der Einheiten (discovery procedures) durch ↑Substitution von Segmenten der Äußerung, Klassifizierung der miteinander austauschbaren Segmente; vom ↑Behaviorismus beeinflusst; Bedeutung (meaning) soll so weit wie möglich bei Sprachbetrachtung ausgeschlossen werden (gegen ↑mentalistische Verfahren); Vertreter: vor allem Harris, schon Bloomfield, daneben Gleason, Hockett, Fries u. a.

Distributionsklasse: Summe aller ↑Syntagmen (Morpheme und Morphemgruppen), die mit einem Syntagma in dessen ↑Kontext austauschbar sind (mit ihm kommutieren; ↑Kommutation); sie stehen in paradigmatischer Beziehung (↑Relation) zueinander, bilden paradigmatische Reihe; z. B.:

Er
Der Spaßmacher
Wer zuletzt lacht, } *lacht am besten.*
⋮
u. a.

Distributivum ↑Numerale.

Dittographie, die (gr. dittos = doppelt; graphein = schreiben): Versehentliche oder üblich gewordene Doppelschreibung von Buchstaben oder Buchstabenfolgen, wo ursprünglich Einfachschreibung genügt; z. B.: vor der Rechtschreibreform *selbstständig* (= heute übliche Schreibweise) statt *selbständig*. Gw. ↑Haplographie.

Dittologie, die (gr. dittos = doppelt; logos = Wort): Wiederholung einer Silbe im Wort, dient der Verdeutlichung; z. B.: *Kassierer* < *Kassier*. Gw. ↑Haplologie.

dominieren (lat. dominari = herrschen): Im ↑Stemma Beziehung zwischen dem ↑Kategorialsymbol an einem Knoten und denen an den Verzweigungen/Ästen bzw. zwischen Indexsymbol eines Klammerausdrucks und Symbolen des Klammerinhalts; Ausdruck für syntaktische Abhängigkeitsstrukturen; z. B.:

```
  S
 / \
NP  VP
```
= $[NP + VP]_S$ (zu lesen: S dominiert die Kette NP + VP).

Doppelfrage ↑Fragesatz.

Doppelspirant ↑Lautverschiebung.

Dorsal, der (lat. dorsum = Rücken): Konsonant, mit dem Zungenrücken gebildet, mit der Zungenoberseite; z. B.: [k] in *Katze.*

Druckschrift ↑Schreibschrift.

DSA ↑Sprachatlas.

Dublette, die (franz. double = doppelt) [auch: Doppelform]: Durch zwei verschiedene Ausdrucksformen vertretene sprachl. Einheit; z. B. Verschiedenheit in der Aussprache bei *China* [çiːna] gegenüber [kiːna], in der Betonung *lútherisch* gegenüber *luthérisch*, in der Schreibweise *Photo* gegenüber *Foto.*

Dummy-Symbol (engl. dummy = stumme Person, Strohmann): Leeres, lexikalisch nicht gefülltes Symbol als Platzhalter bei ↑Transformationen.

dunkel: Artikulatorisches Merkmal von ↑Phonemen, die einen größeren Resonanzraum aufweisen als die zu ihnen in Opposition stehenden hellen Phoneme; d. sind die velaren und labialen [m p b f] gegenüber den medialen Konsonantenphonemen [n t d s] sowie die hinten im Mundraum gebildeten Vokalphoneme [i e] gegenüber den vorne gebildeten [u o]. Auch ↑Phonetik, ↑Vokaldreieck, ↑Vokalviereck.

durativ ↑Aspekt.

Durchkoppelung: ↑Determinativkompositum, dessen erste Konstituente aus zwei koordinierten Elementen besteht; z. B.: *Ost-West-Gespräche*, *Juni-Juli-Heft*, *Links-rechts-Kombination.*

Durchsichtigkeit ↑Motivation.

Dvandva ↑Kopulativkompositum.

DWA ↑Sprachatlas.

Dysarthrie, die (gr. dys- = schwer, schlecht; arthroun = artikulieren): Sprechstörung aufgrund einer Schädigung im Bereich des Nervensystems, das für Lautbildungsmuster zuständig ist (↑Artikulation); z. B. verwaschene, näselnde, nach wenigen Wörtern ersterbende, explosiv stoßende Sprechweise.

Dysglossie ↑Dyslalie.

Dysgrammatismus, der (gr. dys = schwer, schlecht; gramma = Buchstabe): Unfähigkeit, grammatisch korrekte Sätze mit flektierten Wörtern (↑Flexion) zu bilden; schwerste Form dieser Sprachstörung ist Agrammatismus: ganze Sätze werden weder gebildet noch nachgesprochen, nur Produktion von ↑Einwortsätzen und Wortgruppen im Telegrammstil, Weglassen von ↑Pronomen und ↑Partikeln.

Dyslalie, die (gr. dys- = schwer; lalein = sprechen) [auch: Dysglossie, Stammeln]: Durch funktionelle oder organische Schäden an den Sprechwerkzeugen hervorgerufene Störung des Sprechvorgangs, speziell der Aussprache (Tonhöhe, Lautstärke, Lautbildung, Resonanz); Laut-, Silben- oder Wortstammeln; z. B. Störung sämtlicher Zischlaute = Sigmatismus (gr. sigma = Buchstabe >s<) oder Lispeln.

Dyslexie ↑Legasthenie.

Dysphemismus ↑Euphemismus.

Ebene [auch: Sprachschicht, bei Pike: level, bei Lamb: stratum]: Stufe, Bereich der Sprachbeschreibung, Teilsystem oder Komponente (↑Generative Grammatik) der Grammatik wie ↑Phonologie, ↑Semantik, ↑Syntax, evt. auch ↑Morphologie u. a.; Sprachanalyse von E. zu E., d. h. von den kleineren zu den größeren sprachl. Einheiten oder umgekehrt: Phonemmerkmal, ↑Phonem, ↑Morphem, ↑Lexem, ↑Syntagma, ↑Phrase, ↑Satz, Paragraph, ↑Diskurs (discourse), ↑Text.

Echofrage: Fragesatz, der eine vorausgehende Frage zur Gegenfrage umformuliert; z. B.: *Was willst du hier?* > *Was ich hier will?* – *Liebst du mich?* > *Ob ich dich liebe?*

Echolalie, die (gr. lalia = Rede) [auch: Echophrasie]: 1. Nachsprechen gehörter Wörter oder Sätze von Kindern im ersten oder zweiten Lebensjahr (↑Spracherwerb). 2. Sprachstörung, spontanes mechanisches Wiederholen gehörter Wörter oder Sätze ohne Verständnis des Nachgesprochenen.

Echophrasie ↑Echolalie.

EDV (= Elektronische Daten-Verarbeitung): Verarbeitung von Informationen (↑Daten) mit Hilfe von elektronischen Rechenmaschinen (↑Computer), von der Eingabe der Daten über deren Speicherung, Ordnung, Umformung, Wiedergewinnung, Übertragung, Ausgabe bis hin zum Löschen; geschieht in ↑digitaler Form. Auch ↑Textverarbeitung, ↑Telekommunikation.

effiziert (lat. efficere = hervorbringen): Bei semantischer Interpretation der ↑Prädikat-↑Objekt-Relation im Satz: Eigenschaft eines Obj., dessen ↑Referent in der außersprachl. Umwelt durch die im Verb ausgedrückte Handlung erst geschaffen wird; z. B.: *Der Bauherr baut das Haus. – Der Pastor formuliert seine Predigt.* Gw. ↑affiziert.

egozentrische Sprache (lat. ego = ich; centrum = Mittelpunkt): Bei PIAGET Sprechen von Kindern im Alter von 4 bis 7 Jahren ohne kommunikative Funktion, als Zeichen der Unfähigkeit, das Denken vom eigenen Ich abzulösen und die eigene Perspektive zu verändern, um es auf die Wirklichkeit einzustellen und die abweichenden Perspektiven anderer zu erkennen; e. S. geht mit zunehmender Sozialisierung des Denkens zurück und verschwindet; bei WYGOTSKI dagegen ist Sprache immer sozial, e. S. das Gespräch des Kindes mit sich selbst, das im Laufe der Entwicklung immer mehr verinnerlicht wird (kürzer, leiser, unvollständig), um schließlich ganz in „innerer Sprache“ aufzugehen, dem Instrument sprachl. Denkens, das auch der Selbstanleitung bei Problemlösungen dient (vernehmbares, aber an niemanden gerichtetes Sprechen des Erwachsenen bei überraschenden Problemen: *Wenn ich jetzt ..., dann ...*).

Eigenname [auch: Nomen proprium, Individuativum]: Name einzelner Personen (↑Personenname, ↑Rufname, ↑Vornamen und ↑Familienname), Familien, Stämme, Völker, aber auch einzelner geographischer Erscheinungen (Ort, Fluss, Gebirge), der nur der jeweiligen Einzelerscheinung, nicht einer ganzen Gattung zukommt; z. B. *Horst Hanemann, Hamburg, Alpen.* Gw. ↑Appellativum. Auch ↑Konkretum.

Eigenschaft: Merkmal einer außersprachl. Erscheinung (↑Denotat) in menschlicher ↑Erfahrung, durch die es sich als zu einer Klasse von Erscheinungen gehörig erweist; hängt sowohl von der Beschaffenheit der Erscheinung als auch von der Art der Beziehung zu anderen Erscheinungen ab; bei Bildung von ↑Begriffen wichtige Unterscheidung in:

a) essentielle (lat. essentia = Wesen) / wesentliche E.: E., die sich beim wechselnden Vergleich mit verschiedenen anderen Erscheinungen nicht ändert, das „Wesen“ der Erscheinung betrifft (z. B.: *Mensch* – <über Intelligenz verfügend, zwei Beine habend>);

b) akzidentielle (lat. accidentia = durch Zufall Gegebenes) / unwesentliche E.: nur einigen Erscheinungen der Klasse zugehörige, nicht das „Wesen“ betreffende E. (z. B.: *Mensch* – <rote Haare habend>). Auch ↑Abstraktum.

Einbettung: ↑Transformation, bei der ein Satz als ↑Konstituente (= Konstituentensatz) in einen anderen Satz (= Matrixsatz/Trägersatz) eingefügt wird; z. B.: *Das Kind schreit. + Das Kind hat Hunger.* ⇒ *Das Kind, das Hunger hat, schreit.*

einfacher Satz: Satz, der im Unterschied zum ↑zusammengesetzten Satz keine anderen Sätze als Teilsätze, als unmittelbare oder mittelbare ↑Konstituenten enthält; z. B.: *Der Student geht in die Vorlesung.* – Erweiterter e. S.: *Die leeren Straßen und Plätze der City machen an Wochenenden auf einsame Spaziergänger den etwas unheimlichen Eindruck einer toten Asphalt- und Betonwüste.* – Aber nicht: *Wer wagt, gewinnt.* Gw. ↑komplexer Satz.

einfaches Wort ↑Simplex.

Einfügung ↑Addition.

eingliedriger Satz: Satz, der sich nicht wie die meisten Sätze in die beiden ↑Satzglieder Subjekt und Prädikat zerlegen lässt, sondern nur eines dieser Glieder aufweist, als Wort (↑Satzwort) wie in *Feuer!* oder *Halt!* oder als idiomatisch (↑Phraseologismus) verwendete Wortgruppe wie in *Nur Mut!* oder *So ein Pech!*

Einsatz: Bewegung der Stimmritze bei ↑Artikulation eines Vokals im ↑Anlaut;
a) leiser E.: gehaucht; Stimmbänder gehen unmerklich in Schwingungen über;
b) fester E.: geräuschvoll; Stimmbänder beginnen heftig zu schwingen.

Einwortsatz ↑Satzwort, ↑Holophrase, ↑Spracherwerb.

Einzug: Etwas nach rechts versetzter Beginn einer Druckzeile, meist zur Kennzeichnung eines neuen Absatzes.

ektosemantisch (gr. ektos = außerhalb; sema = Zeichen): Eigenschaft einer Sprechstimme, die Aussagen über den Sprecher macht, welche über die eigentliche semantische Information der Äußerung hinausgehen; z. B.: Aussagen über Zustand (depressiv), Geschlecht (männlich), Gewohnheiten (Rauchen).

elaboriert ↑Sprachbarriere.

Elativ ↑Komparation.

Element, das [auch: Einheit]: Allg. Terminus für sprachl. Untersuchungs- und Beschreibungs-Objekte oder eine Klasse von Objekten in einem ↑System.

elektronisches Publizieren: Veröffentlichung (auf dem ↑Computer) selbst erstellter oder zusammengestellter und gespeicherter Texte, Bilder, Töne mit Hilfe elektronischer Medien im ↑Internet, wo sie allgemein zugänglich sind, von jedermann (kostenlos oder gegen Gebühr) gelesen, kopiert (↑heruntergeladen) und ausgedruckt werden können.

Eliminierung ↑Deletion.

Elision, die (lat. elisum = ausgestoßen): Auslassung, Ausstoß eines Lautes, besonders eines Endvokals vor Vokalanlaut; z. B.: *Fried_ und Freud.*

Ellipse, die (gr. ellipsis = das Ausbleiben): Auslassung von ↑Satzgliedern, die je nach Situation zum Verständnis einer ↑Äußerung entbehrlich sind; etwa elliptischer Satz, bei dem im vollständigen Satz notwendige Glieder wie ↑Subjekt, ↑Prädikat fehlen können; z. B.: *Rauchen verboten!* (< *Rauchen ist hier verboten.*) – *Keine Zeit!* (< *Ich habe keine Zeit.*) – *Ich wünsche dir zu deiner Vermählung alles Gute und deiner Frau auch.* (< *Ich wünsche dir zu deiner Vermählung alles Gute und deiner Frau wünsche ich auch zur Vermählung alles Gute.*) Auch ↑Satzwort.

E-Mail (engl. electronic mail) [auch: elektronische Post]: ↑Telekommunikation in Form der Übermittlung von Informationen (Texte, Bilder, Töne) über das weltweite Datennetz des ↑Internet von einem ↑Computer zu einem anderen innerhalb von Sekunden oder Minuten; Voraussetzung: Internetanschluss des Computers und persönliche E.-Adresse (mit Sonderzeichen @ für engl. *at*, oft „Klammeraffe" genannt).

emisch – etisch: In Anlehnung an Unterscheidung zwischen engl. „phonemic" als der Systemseite (↑Phonemik) und „phonetic" als der Erscheinungsseite der Laute zugehörig (↑Phonetik) im taxonomischen ↑Strukturalismus gebräuchliche ↑Suffixe bei linguistischer Begriffsbildung: *em(isch)* für Einheiten des Sprachsystems (z. B.: phonemisch, ↑Phonem, ↑Graphem, ↑Morphem, ↑Lexem), *etisch* oder kein Suffix für Einheiten der Realisierung im sprachl. Prozess, in der konkreten Äußerung (z. B.: phonetisch, ↑Phon, ↑Graph, ↑Morph, ↑Text).

Emittent, der (lat. emittere = aussenden) [auch: Produzent]: Autor/Sprecher/Schreiber eines ↑Textes zusammen mit der für seine Verbreitung verantwortlichen Institution, die bei vielen Texten (z. B. der Massenkommunikation) nicht zu trennen sind; Gw. Rezipient (lat. recipere = empfangen): Hörer/Leser eines Textes.

emotiv ↑Funktion.

Emporie, die (gr. emporia = Handel, Geschäft): Zeichenarmut innerhalb einer sprachl. Äußerung, sodass sie nur unvollständige Informationen liefert; z. B.: *Arbeiter gesucht!* (ob einer oder mehrere Arbeiter, bleibt unklar). Gw. ↑Redundanz.

empraktisch (gr. em- = inmitten von; praxis = Handeln): Bei BÜHLER Kennzeichen eines Sprachgebrauchs, bei dem syntaktisch unvollständige Ausdrücke (↑Syntax) durch die „Praxis" der Situation, durch den außersprachl. ↑Kontext verständlich sind und kommunikativ funktionieren; z. B. *Ein Helles!* beim Bestellen eines hellen Biers im Restaurant. Auch ↑Ellipse.

endozentrisch (gr. endon = innen): Eigenschaft einer ↑Konstruktion, die als ganze dieselbe ↑Distribution hat, derselben ↑Kategorie angehört wie eine ihrer ↑Konstituenten (diese kann also Stellung/Funktion der ganzen Konstruktion einnehmen);

a) koordinierend (beiordnend); z. B.: *Er traf die Eltern und die Kinder.* (für NP „die Eltern und die Kinder" kann strukturell auch „die Eltern" allein stehen, ebenso gut aber auch „die Kinder");

b) subordinierend (nur eine der Konstituenten kann an Stelle der ganzen Konstruktion stehen; sie heißt „Kopf", die andere/n „Ergänzung/en"); z. B.: *Alte Bäume werden gefällt. – Bäume werden gefällt.*
Gw. ↑exozentrisch.

Endsymbole ↑Stemma.

Energeia ↑energetisch.

energetisch (gr. energes = wirksam): Eigenschaft zunächst der Sprache (nach HUMBOLDT ist sie kein „ergon", kein statisches Produkt oder Werk, sondern „energeia", ein dynamisches Phänomen, eine Tätigkeit; bei WEISGERBER „wirkende Kraft"), dann Eigenschaft der Sprachwissenschaft, die Sprache als Energeia beschreibt; speziell die in der ↑Inhaltbezogenen Grammatik auf die laut- und gestaltbezogene Stufe der Sprachbetrachtung folgenden Stufen 2-4: inhaltbezogene, leistungsbezogene, wirkungsbezogene Stufe (WEISGERBER); aber auch die ↑Generative Grammatik CHOMSKYS.

Enklise, die (gr. klinein = anlehnen): Verschmelzung eines unbetonten Wortes geringen Umfangs mit einem vorangehenden betonten Wort; meist mit Lautschwächung und/oder Lautverlust verbunden; z. B.: *denkste* < *denkst du; zum* < *zu dem*. Gw. ↑Proklise.

enkodieren ↑kodieren.

Ennalage, die (franz. ennalage = Verwechslung): Aus ↑Nomen und ↑Attribut bestehender Ausdruck, bei dem das Attribut sich inhaltlich nicht auf zugeordnete Nomen bezieht, sondern auf ein anderes Wort, das entweder in der Wortfolge des Satzes an anderer Stelle steht oder gar nicht aufgeführt wird; oft als Stilblüte demonstriert (*der möblierte Herr* statt: *Herr mit möbliert gemietetem Zimmer*), z. T. aber auch in allg. Sprachgebrauch eingegangen (*schwindelnde Höhe* statt: *Höhe, in der es einen schwindeln kann*).

Entlehnung: Erweiterung des Wortbestandes einer Sprache durch Anleihen bei anderen (National-)Sprachen, aber nicht unveränderte Übernahme eines Wortes (↑Fremdwort);

a) Lehnwort: urspr. Fremdwort, das sich seiner neuen sprachl. Umgebung in Aussprache und/oder Schreibweise, Flexion, Betonung so weit angeglichen hat, dass es heute als integriert, als heimisch gewordenes Wort angesehen werden kann; z. B.: *Mauer* < lat. *murus*; *Kaffee* < franz. *café*;

b) Lehnprägung: Neubildung eines Wortes für einen aus einer Fremdsprache übernommenen Begriff, aber mit ↑Morphemen der eigenen Sprache oder dt. Ersatz für bekanntes Lehnwort:

- Lehnübersetzung (mechanische Ersetzung der fremden Morpheme durch heimische, ↑Konstituente für Konstituente), z. B.: *Königinmutter* < franz. *reinemère*; *Fußball* < engl. *football*;
- Lehnübertragung (Verbindung einer Teilübersetzung des fremden Wortes mit einem heimischen Grundwort), z. B.: *Fegefeuer* < lat. *purgatorium*; *Wolkenkratzer* < engl. *scyscraper* (eigentl. Himmelskratzer);
- Lehnschöpfung (Bildung eines formal heimischen Wortes bei Inhaltsübernahme eines fremden Musters), z. B.: *Umwelt* < franz. *milieu*;
- Bedeutungsentlehnung oder Lehnbedeutung: Übernahme eines neuen Inhalts nach fremdem Muster durch bereits vorhandenes heimisches Wort; z. B.: *schneiden* in der Bedeutung <absichtlich übersehen, nicht beachten> nach engl. *to cut*; *Steckenpferd* in Bedeutung <Lieblingsbeschäftigung> nach engl. *hobby (-horse)*;

c) Lehnwendung: Nachbildung einer festen Wortverbindung, bes. eines Sprichwortes; z. B.: lat. *errare humanum est* > *Irren ist menschlich.*

Entropie, die (gr. entrope = Wendung nach innen): Informationsgehalt eines kommunikativen Zeichens (↑Informations-Theorie); je nach Vorhersehbarkeit (Prädiktabilität), nach Neuigkeitsgrad einer Nachricht für den Empfänger mehr oder weniger groß.

Entrundung ↑Rundung.

Epenthese, die (gr. epi = in, nach...hin; thesis = das Setzen): Einfügung von Lauten in ein Wort, um dessen Aussprache zu erleichtern; z. B.: *Namen* + *-lich* > *namentlich.* Auch ↑Akzession.

Epipher, die (gr. epiphora = das Hinzufügen) [auch: Epiphora]: Wiederkehr desselben Ausdrucks am Ende mehrerer Wortgruppen, Sätze, Absätze; z. B. *Er denkt konsequent, spricht konsequent, handelt konsequent.*

Epiphora ↑Epipher.

Episem ↑Grammem.

Epithese ↑Akzession.

Epoche ↑Sprachperiode.

Erbwort: Wort, das im Ggs. zum ↑Fremdwort und Lehnwort (↑Entlehnung) nicht aus einer anderen Sprache übernommen worden ist, sondern in allen historischen Entwicklungsphasen einer Sprache mit Belegen bereits vorhanden war; Begriff E. ist problematisch, weil frühe Übernahmen heute oft kaum als solche erkennbar sind (z. B. *Fenster* < lat. *fenestra*) und umgekehrt manche E. nach Aussprache, Schreibung oder Flexion Merkmale fremder Sprachen aufweisen (z. B. ähnelt *Forelle* der *Mamselle* < franz. *mam'selle* = Kurzform für *mademoiselle*).

Erfahrung [auch ↑Weltwissen]**:** Aus Wahrnehmung, Erleben, Handeln erwachsene Kenntnis und Interpretation der Welt der Gegenstände und Sachverhalte (↑Denotata) durch Sprecher und Hörer, die immer schon Voraussetzung für das Zustandekommen von sprachl. ↑Kommunikation sind (mindestens teilweise gemeinsame Wirklichkeitsvorstellung), auf die sich die Kommunikationspartner beziehen (↑Referenz), aus der Informationen abzuleiten sind, welche die Bedeutung eines sprachl. ↑Textes mitbestimmen. Bei unterschiedlicher E. von Individuen und Gruppen weichen auch die ↑Bedeutungen der verwendeten sprachl. ↑Zeichen und der produzierten bzw. rezipierten Texte voneinander ab, ist Verständigung erschwert. Vgl. ↑Ich-jetzt-hier-Ursprung.

Ergänzung: In ↑Dependenzgrammatik, bes. bei HERINGER: im Unterschied zur fakultativen (bei HELBIG/SCHENKEL zur freien) ↑Angabe die für die Bildung eines ↑akzeptablen, ↑grammatischen Satzes notwendige, obligatorische Satzgliedhinzufügung zum Verb (↑Prädikat), zu dem sie in ↑Interdependenzrelation steht; z. B.: *Der Vater gibt dem Sohn einen Apfel.* Das dreiwertige Verb *geben* verlangt drei E., eine im Nom. (E_1 = *der Vater*), eine im Akk. (E_2 = *einen Apfel*), eine im Dat. (E_3 = *dem Sohn*); bei Fehlen einer E. wäre der Satz ungrammatisch (**Der Vater gibt dem Sohn. – *gibt dem Sohn einen Apfel.*).

Ergänzungssatz ↑Gliedsatz.

ergativ (gr. ergates = Täter, Vollbringer): Eigenschaft des syntaktischen Zusammenhangs zwischen einem Satz mit ↑intransitivem und einem Satz mit entsprechendem ↑transitiven Verb, wobei das Subj. des ersten zum Obj. des zweiten wird und dort ein neues e. Subj. eingeführt wird; z. B.: *Die Schneeflocken treiben. – Wind treibt die Schneeflocken.*

Ergon ↑energetisch.

Erinnerungsspanne (memory span): Mit zunehmender Gehirnreife des Kindes wachsende Fähigkeit, immer umfangreichere sprachl. Äußerungen zu erzeugen: ↑Einwortsätze des Einjährigen, Zweiwortsätze des Eineinhalbjährigen usw.

Ersatzdehnung: Historischer Lautwandel; germ. kurzer Vokal vor ›nh‹ erscheint im Got. und Ahd. nach Ausfall des ›n‹ und zwischenzeitlicher Nasalierung des Vokals gedehnt als Länge (Nasalspirantengesetz); z. B.: Prät. von *bringen* = germ. **branht-*, got./ahd. *brāhta* (im Nhd. wieder gekürzt zu [a] in *brachte*).

Ersatzprobe ↑Substitution.

Ersetzungsregeln ↑Stemma.

Erweiterung ↑Expansion.

Erstsprache [auch: S1]: Vom Kind als erste erworbene Sprache gegenüber später erlernten weiteren Sprachen (S2, S3 ...); Begriff E. dient der Vermeidung des manchmal als ideologisch befrachtet angesehenen Begriffs „Muttersprache". Auch ↑Bilinguismus.

Esperanto, das (nach dem Pseudonym des Erfinders *Dr. Esperanto* = der Hoffende): Vom polnischen Arzt Zamenhof 1887 geschaffene künstliche weltweit verbreitete Sprache, die sich im Wortschatz vor allem auf romanische und germanische Grundlagen stützt und sehr einfache phonologische, morphologische und syntaktische Strukturen aufweist.

essentiell ↑akzidentiell.

Ethnolekt ↑Xenolekt.

Ethnolinguistik, die (gr. ethnos = Volk, Stamm): Erforschung natürlicher Sprachen (z. B. Indianersprachen in den USA) unter Berücksichtigung des Einflusses anthropologischer, ethnologischer, kulturgeschichtlicher und soziologischer Gegebenheiten auf sprachl. Äußerungen.

Etymologie, die (gr. etymon = das Wahre, das Ursprüngliche): Lehre vom historischen Ursprung der sprachl. ↑Zeichen, ihrer wortbildungsmäßigen Zusammengehörigkeit (etymologische Verwandtschaft; ↑Wurzel, ↑Basis mit Grundbedeutung) sowie ihrer lautlichen (Lautwandel, ↑Lautgesetze) und inhaltlichen Veränderungen (↑Bedeutungswandel) in der Sprachgeschichte; z. B.: *Gift* = Verbalableitung zu *geben* (altes Suffix -ti, ahd. -t bewirkte ↑Dentalangleichung ›b‹ + ›t‹ > ›ft‹ und Vokalassimilation [ə] > [i], bis der Auslautvokal verschwand) mit der alten Bedeutung <Gabe, Schenkung>, die heute noch in *Mitgift* nachwirkt; *heben* = starkes Verb mhd. heben/hieven < ahd. heffan/hevan, got. hafjan < germ. Wurzel *haf-/hab-, germ. *haija entspricht lat. capio < idg. Wurzel *kap- <fassen>; etymologisch verwandt sind *Schicksal* und *Geschichte*: *Schicksal, Geschick* und *Schickung* sind gleichermaßen Ableitungen von *schicken* <was Gott schickt>, das seinerseits in der alten Bedeutung <machen, dass etwas geschieht; ins Werk setzen>, dann in der neueren <abordnen, senden> eine Bildung zu *(ge)schehen* ist; Verbalableitung zu *geschehen* ist *Geschichte* zunächst im Ahd./Mhd. <Ereignis, Hergang>, im Frühnhd. dann auch <Erzählung von Geschehenem> und seit Kant und Herder dann auch <Historie>.

Euphemie ↑Euphemismus.

Euphemismus, der (gr. eu = gut; phemi = ich spreche) [auch Euphemie, Hüllwort]: Verhüllende, beschönigende Ausdrucksweise durch gesellschaftliche, religiöse Konvention, aus Gründen der Rücksichtnahme oder des guten Geschmacks; z. B. statt *sterben*: einschlafen, dahingehen; statt *dick*: vollschlank; statt *stinken*: duften. Gw. Dysphemismus (mit abwertender, beleidigender Bedeutung, Schimpfwort, z. B.: *Drecksau*). Auch ↑Tabuwort.

Exklusion, die (lat. exclusio = Ausschließung): Ausschluss eines Satzgliedes durch ein anderes; beide können nicht zugleich in einem Satz erscheinen; z. B. E. zweier Genitivattribute zu einem Subst.: **die Beschreibung des Verkäufers des Ladendiebs* (für: *die Beschreibung des Verkäufers* + *die Beschreibung des Ladendiebs*); aber durchaus möglich: *die Vorlage der Akte des Angeklagten* (*des Angeklagten* ist Attribut nicht zu *Vorlage*, sondern zum Attribut *der Akte*: *die Vorlage der Akte* + *die Akte des Angeklagten*).

exozentrisch (gr. exo = außerhalb): Eigenschaft einer ↑Konstruktion, die eine andere ↑Distribution hat als jede ihrer ↑Konstituenten allein (diese können also nicht Stellung/Funktion der Konstruktion einnehmen); z. B.: *Die Katze liegt vor dem Ofen*. An die Stelle des dreiteiligen Präpositionalobj. kann weder Präp. *vor*, noch Art. *dem*, noch Subst. *Ofen* treten. Gw. ↑endozentrisch.

exozentrisches Kompositum ↑Possessivkompositum.

Expandieren ↑Textverarbeitung.

Expansion, die (lat. expandere = ausbreiten) [auch: Expandierung oder Erweiterung]: 1. Sonderform der ↑Substitution: Ersetzung eines in Funktion befindlichen sprachl. Elements durch zwei oder mehr andere Elemente, wobei die ↑Funktion bewahrt bleibt; Transformationsoperation (↑Transformation): $[X_1]_{x2} \Rightarrow [X_3 + X_4]_{x2}$; z. B.: *Der Bundeskanzler gibt ein Interview.* ⇒ *Der deutsche Regierungschef gibt ein Interview.* $[Art + N_1]_{NP} \Rightarrow [Art + Adj + N_2]_{NP}$; oder: ⇒ *Der Mann, der die Richtlinien der deutschen Politik bestimmt, gibt ein Interview.* $[Art + N_1]_{NP} \Rightarrow [Art + N_2 + S]_{NP}$;

Strukturbaumveränderung:

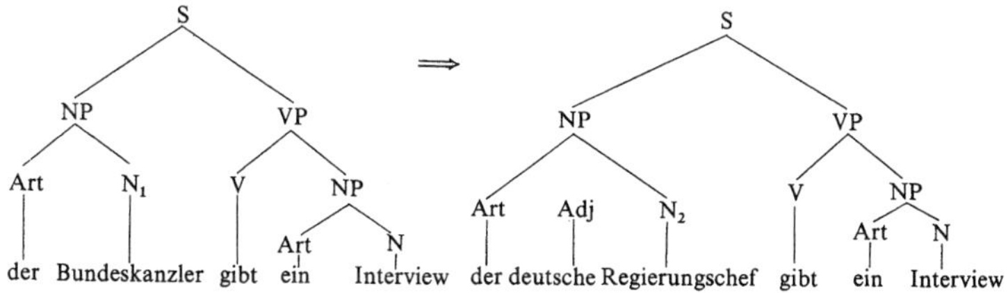

2. Ersetzung eines ↑Kategorialsymbols durch zwei oder mehrere andere in den ↑Formationsregeln der ↑Generativen Grammatik; z. B.: S → NP + VP (zu lesen: expandiere Satz zu Nominalphrase + Verbalphrase).

Experiment, das (lat. experimentum = Versuch): In ↑Psycholinguistik verbreitete empirische Aufstellung oder Überprüfung von Forschungshypothesen mit Hilfe von Versuchspersonen; z. B. Assoziationstests (↑Assoziation) mit vorgegebenem Reizwort und vom Probanden zu nennenden Reaktionswörtern zur Untersuchung der semantischen Relationen im ↑mentalen Lexikon oder der sehr bekannt gewordene Versuch BERKOS, beim Kind die Fähigkeit zur Pluralbildung festzustellen:

Aus: Hörmann, H.: Psychologie der Sprache.
Springer, Berlin u. a. 1970. S. 311

explikativ ↑Relativsatz.

explizit ↑implizit.

Explosivum, das (franz. explosive = zerplatzend) [auch: Verschlusslaut, Explosivlaut oder Okklusivlaut]: ↑Konsonant, gebildet durch zeitweiliges Schließen des Artikulationsraumes und plötzliches Öffnen, sodass die gestaute Luft explosionsartig entweicht;
a) Media: stimmhaftes E., z. B.: [g] in *gut*;
b) Tenuis: stimmloses E., z. B.: [k] in *Korb*.

expositorisch (lat. expositio = Erklärung, Darlegung): Kennzeichnendes Merkmal einer ↑Textsorte; Eigenschaft von ↑Texten, nichtfiktional, pragmatisch, Gebrauchstext zu sein; im Unterschied zu fiktional-poetischen Texten, der Dichtung oder Literatur i. e. S. Auch ↑Funktion.

expressiv ↑Funktion.

Expressiva ↑Sprechaktklassifikation.

Extension ↑Definition, ↑Intension.

extranuklear ↑nuklear.

Face-to-face-Kommunikation: Verständigung von Angesicht zu Angesicht; sprachl. und nichtsprachl. Verständigung zwischen gleichzeitig anwesenden Sprechern und Hörern in einer elementaren ↑Kommunikationssituation, bei gemeinsamer Wahrnehmung des Situations-↑Kontextes, der das Verstehen begünstigt und den notwendigen sprachl. Aufwand reduziert.

Fachsprache [auch: Expertensprache]: Von ↑Standardsprache unterscheidbare ↑Varietät; Sprache eines technisch oder wissenschaftlich orientierten Kommunikationsraumes mit vorwiegend sachbezogener Information und Tendenz zur Standardisierung, Normierung, Formalisierung des Ausdrucks; auffälligstes Merkmal: eigener Fach-Wortschatz (↑Terminologielehre); bes. Berufssprachen und Hobbysprachen, z. B.: Sprache der Technik, Verwaltung, Diplomatie, des Sports.

faktitiv ↑Aktionsart.

Faktitivum ↑Bewirkungsverb.

faktiv (lat. factio = Handlung): Eigenschaft best. ↑Verben, Tatsächlichkeit von Sachverhalten (Faktizität) zum Ausdruck zu bringen und deshalb in dass-Sätzen keinen Konjunktiv zuzulassen; z. B.: **Helga weiß/versteht/vergisst, dass sie Besuch bekomme* gegenüber *Helga glaubt, dass sie Besuch bekomme.* F. Prädikate lösen f. ↑Präsuppositionen aus, bei denen die Aussage des abhängigen Teilsatzes auch bei ↑Negation des übergeordneten Teilsatzes erhalten bleibt; z. B.: *Sie bedauert, dass sie Krankenschwester geworden ist. – Sie bedauert nicht, dass sie Krankenschwester geworden ist.* Für beide Sätze gilt als Faktum: Sie ist Krankenschwester geworden. Dagegen ↑implikativ.

fakultativ (lat. facultas = Möglichkeit) [auch: optional]: Nach freiem Ermessen, nicht verbindlich;

a) fakultative Variante: ↑Allophon und ↑Allomorph, wenn sie nicht stellungsbedingt (↑kombinatorisch) auf Grund einer best. Umgebung auftreten, sondern auf Grund einer Sprecherentscheidung bei der Äußerung; phonologisch z. B. Zungenspitzen-[r] oder Zäpfchen-[R] in *Rose*; morphologisch z. B. /winkel/ oder /winkl/ in *winkelig – winklig*;

b) fakultative Ersetzung: In ↑Generativer Grammatik enthalten die generalisierten ↑Formationsregeln oft f. Kategorialsymbole, deren Realisierungen in den Oberflächenstrukturen der Sätze erscheinen, aber auch fehlen können; Notation in runden Klammern (...); z. B. NP → (Art) + (Adj) + N (zu lesen: ersetze Nominalphrase durch ein Nomen [z. B.: *Menschen*], durch Nomen und Art. [*die Menschen*], durch Nomen und Adj. [*gute Menschen*] oder durch Nomen, Art. und Adj. [*die guten Menschen*]).

c) fakultative Transformation: In ↑Generativer Grammatik (ältere Stufe) sind nicht alle ↑Transformationen ↑obligatorisch (notwendig), die Durchführung einiger bleibt dem Ermessen, der Ausdrucksintention des Sprechers überlassen; z. B. ↑Permutation von mehr als einem nachgestellten attributiven Adj. in der Nominalphrase des Satzes: *Der Hut, breit und bunt, gefiel ihr gut.* ⇒ *Der breite bunte Hut gefiel ihr gut.*

d) fakultativer Mitspieler/Aktant: In ↑Dependenzgrammatik setzen HELBIG/SCHENKEL neben ↑obligatorischen Mitspielern des Verbs (↑Ergänzungsbestimmungen, in Zahl und Art an ↑Valenz des Verbs gebundene notwendige Satzglieder) einerseits und freien ↑Angaben andererseits (zahlenmäßig unbegrenzte, in jedem Satz beliebig weglassbare oder hinzufügbare Satzkonstituenten) eine dritte Gruppe an: nach Zahl und Art an Valenz des Verbs gebundene, aber nicht obligatorische Satzglieder; z. B.: *Er erschrickt vor dem Gedanken.* Präpositionale Nominalphrase kann fehlen, ohne dass der Satz ungrammatisch wird: *Er erschrickt.* Andererseits zeigen ↑Substitutions-Versuche mit dem Verb, dass *vor dem Gedanken* seinen Platz im Stellenplan von *erschrecken*$_{1(2)}$ hat (zu lesen: $_{1}$ = einwertiges Verb unter Berücksichtigung des obligatorischen Mitspielers; $_{(2)}$ = zweiwertiges Verb unter Berücksichtigung des obligatorischen und des f. M.): **Er fürchtet/scheut/zögert/zweifelt vor dem Gedanken.* Dagegen: freie Variante in: *Das Kind spielt vor dem Haus. – Das Kind spielt. – Das Kind schreit/sitzt/schläft/liest/lacht ... vor dem Haus.* Obligatorischer Mitspieler in: *Das Schiff liegt vor Anker. – *Das Schiff liegt.*

falsche Freunde: ↑Interferenz.

Familienähnlichkeit: Auf WITTGENSTEINS Philosophie zurückgehender und in die lexikalische ↑Semantik übernommener Begriff; strukturelle Beziehung zwischen verschiedenen ↑Referenten eines Wortes, die diese zusammenhält, ohne dass alle Referenten über ein gemeinsames Merkmal verfügen müssen; stattdessen genügt es, wenn jedes Referenzobjekt (jedes Exemplar einer Klasse) mindestens ein Merkmal (wahrscheinlich mehrere) mit einem oder mehreren anderen Referenzobjekten gemeinsam aufweist. In Stereotypentheorie (↑Stereotyp) werden auf der Grundlage der F. Listen konventioneller Merkmale aufgestellt: z. B. für *Vogel* die Merkmale <1 kann fliegen>, <2 hat Federn>, <3 hat Flügel>, <4 ist nicht domestiziert>, <5 legt Eier>, <6 hat einen Schnabel>, wobei dann der *Pinguin* wie die *Meise* Eier legt, aber nicht fliegen kann, die *Gans* Flügel, Federn und einen Schnabel hat, aber domestiziert ist usw. In der Prototypensemantik (↑Prototyp) werden die „besten Vertreter" einer Klasse beschrieben (*Sperling, Meise*) bis hin zu den am wenigsten repräsentativen Exemplaren

(*Strauß, Pinguin*) und die Merkmale mit dem höchsten Gültigkeitsgrad herausgearbeitet.

Familienname [auch: Nachname]: Vererbbarer gemeinsamer Name (↑Eigenname) aller Angehörigen einer Familie, der zusammen mit individuellem Ruf- oder ↑Vornamen den vollständigen Namen einer Person darstellt; nach Herkunft (zumeist im späten Mittelalter gebildet) unterschieden:

a) Vaternamen; z. B.: *Jakobsohn* > *Jakobson* > *Jakobsen* > *Jakobs* > *Jakob*; *Petersen*, *Paulsen*; *Hinrichs*, *Ulrichs*; *Albrecht*, *Fritz*;
b) Berufsnamen; z. B.: *Müller*, *Fischer*, *Schultheiß* > *Schulte*/*Schultz*/*Schulz*;
c) Werkzeugnamen; z. B.: *Hammer*, *Hufnagel*, *Knieriemen*;
d) Herkunftsnamen; z. B.: *Bayer*, *Sachs(e)*, *Frank(e)*; *Bremer*, *Hamburger*;
e) Wohnstättennamen; z. B.: *Bachmann*, *Bach*, *Baumgarten*, *Berger*;
f) Namen nach Bildhausnummer; z. B.: *Adler, Wolf, Morgenstern*;
g) Eigenschaftsnamen; z. B.: *Lang*, *Fröhlich*, *Ohnsorg(e)*;
h) Namen nach Haar oder Körperteilen; z. B.: *Schwarz*, *Kraus(e)*, *Zahn*;
i) Namen nach wesensähnlichen Tieren oder nach Pflanzen; z. B.: *Fuchs*, *Holzapfel*.

Vgl. ↑Personenname.

Faux amis ↑Interferenz.

Fax (aus lat. facsimile: facere = machen ; similis = ähnlich) [auch: Telefax, Fernkopie]: Originalgetreue Kopie von Texten und Bildern, die über eine Telefonleitung von Faxgerät zu Faxgerät oder (papierlos) von einem Computer zu einem anderen übermittelt wird.

Feature ↑distinktive Merkmale.

Fehlerlinguistik: Untersuchung und Klassifizierung von Fehlern beim ↑Spracherwerb (Erst- oder Zweitsprache), auf psycholinguistische Ursachenforschung und sprachdidaktische Fehlerbeseitigung angelegt: Ermittlung von Lernstand und individuellen oder sprachstrukturellen Lernschwierigkeiten (↑Interferenz, ↑Übergeneralisierung).

Feldstudie: Erfassung und Auswertung linguistischer Einheiten von noch nicht schriftlich fixierten natürlichen Sprachen durch mündliche Befragung der Sprecher (↑Informant) nach Fragestellungen der ↑Soziolinguistik, Dialektforschung (↑Mundart) und ↑Ethnolinguistik.

Feldtheorie ↑Wortfeld.

Femininum ↑Genus.

feministische Linguistik (lat. femina = Frau): Ende der 70er Jahre von der Frauenbewegung (zuerst in den USA) ausgehende Richtung der Sprachwissenschaft, die das Verhältnis von Sprache und Geschlecht untersucht und bewertet, dabei die Benachteiligung von Frauen aufdecken und beseitigen will; Sprachkritik vor allem am Wortschatz (Personenbezeichnungen mit „mitgemeinten" Frauen, z. B.: *Der Inhaber dieses Passes, Ingrid Meyer, ist ein Deutscher*) und an der alles beherrschenden „Männersprache" (geschlechtspezifische kommunikative Verhaltensstrategien, verschieden nach Redemenge, Unterbrechungen, Partnerbestätigung, nonverbalem Verhalten); Veränderungsvorschläge: Verwendung geschlechtsneutraler Personenbezeichnungen (*Studierende* statt *Studenten*) oder Splitting (*Studenten und Studentinnen*) oder generelle Femininisierung (*Studentinnen*, Männer sind mitgemeint, geschrieben auch: *StudentInnen*), neue Berufsbezeichnungen (*Kauffrau* neben *Kaufmann*), Ersetzung des Indefinitpronomens *man* durch *frau*, Ächtung diskriminierender Bezeichnungen (*Fräulein*). Auch ↑generisch.

fester Anschluss ↑Silbenschnitt.

Filler ↑Tagmem.

final ↑Adverbial.

Finalsatz ↑Gliedsatz.

Fingeralphabet: Übertragung der Buchstaben des Alphabets unter Bezug auf ihre Form (gelegentlich auch unter Bezug auf ihren Lautwert) auf je eine markante Stellung von Hand und Fingern; eingesetzt in der Gehör- und Sprachbehindertenpädagogik, aber auch zur Unterstützung des ↑Schriftspracherwerbs bei Lernbehinderung oder ↑Legasthenie.

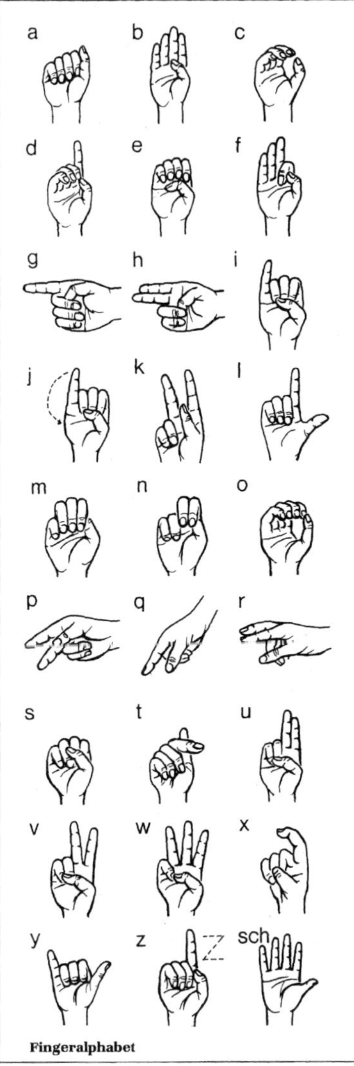

Fingeralphabet

Das amerikanische Fingeralphabet

Aus: Boettcher, W. u. a.: Sprache. Westermann, Braunschweig 1983. S. 31

finit (lat. finitum = begrenzt): Eigenschaft verbaler Flexionsformen (finites Verb), nach ↑Person, ↑Numerus, ↑Tempus, ↑Modus und ↑Genus verbi bestimmt zu sein; Flexionsmorpheme machen Angaben zu den genannten Kategorien; z. B.: *glaubtest*: 2. Pers., Sing. Gegenwart, Indikativ, Aktiv. Gw. ↑infinit.

finites Verb ↑finit.

Fixation, die (lat. fixum = angeheftet): Pause zwischen zwei der regelmäßig ruckartigen Augenbewegungen, in der beim ↑Lesen visuell Informationen aufgenommen werden; F.-Dauer etwa 220 msec, F.-Breite beim ↑Lesen durchschnittlich acht Buchstaben.

Flexion, die (lat. flectere = beugen, verändern) [auch: Beugung, Biegung, Wortformbildung]: Veränderung der ↑Wortform oder Syntagmaform zur Angabe der syntaktischen Beziehungen und Funktionen im Satz (vor allem durch ↑Affixe als Flexions-↑Morpheme, aber auch durch ↑Ablaut bei „innerer" F.);

a) ↑Deklination (F. der kasusbestimmten Satzglieder, bes. der Nomina), z. B.: *den großen Häusern* = NP mit den F.-Merkmalen <Dat.> und <Plur.>;
b) ↑Konjugation (F. der Verben), z. B.: *besäßet* = ↑finites Verb mit F.-Merkmalen <2. Pers.>, <Plur.>, <Präsens>, <Aktiv>, <Konjunktiv II>;
c) ↑Komparation/Graduierung (F. der Adjektive nach Positiv, Komparativ, Superlativ), z. B.: *schön, schön-er, schön-st.*

Flexionsparadigma, das: Gesamtheit aller Flexionsformen eines ↑Lexems; in Grammatiken oft in übersichtlichen Tabellen zusammengestellt.

Flexionssuffix ↑Suffix.

Flexiv, das (lat. flexum = Gebogenes): Bei ↑Flexion von Wörtern, also bei Wortformbildung verwendetes ↑Morphem mit rein grammatischer Bedeutung; im Unterschied zu Morphemen der ↑Wortbildung; z. B.: *singe, singst, gesungen.*

Fokus, der (lat. focus = Herd, Zentrum): Informationszentrum eines Satzes, auf welches das Mitteilungsinteresse gerichtet ist.

fokussieren: Den Informationsschwerpunkt einer Aussage auswählen und ihn mit best. Mitteln markieren, etwa durch Veränderung der Wortstellung im Satz (z. B.: *Eine Pause machen wollen wir jetzt!*) oder durch Betonung (↑Akzent) bei der Intonation (z. B.: *Tim ruft morgen an.* (nicht heute) – *Tim ruft morgen an.* (nicht Hans) – *Tim ruft morgen an.* (er schreibt keinen Brief).

Form ↑Wortform, ↑Formklasse.

Formalisierung, die: Bei Sprachbeschreibung Verwendung einer Metasprache (Sprache über Sprache), die (in engem Kontakt mit moderner Logik) aus definierten graphischen Symbolen und algebraischen Formeln besteht; z. B. Beschreibung des Satzes *Der Autor schreibt ein Buch*:

a) in ↑Generativer Grammatik:

S → NP + VP (ersetze Satz durch Nominalphrase + Verbalphrase)
NP → Art + N (ersetze Nominalphrase durch Artikel + Nomen)
VP → V + NP (ersetze Verbalphrase durch Verb + Nominalphrase)
Art → der/ein (ersetze Artikel durch ↑Formative *der* und *ein*)
N → Autor/Buch (ersetze Nomen durch Formative *Autor* und *Buch*)
V → schreib- (ersetze Verb durch Formativ *schreib-*);

als Klammerausdruck:

$[[[\text{der}]_{Art} + [\text{Autor}]_{N}]_{NP} + [[\text{schreibt}]_{V} + [[\text{ein}]_{Art} + [\text{Buch}]_{N}]_{NP}]_{VP}]_{S}$;

als Stammbaumskizze (↑Stemma):

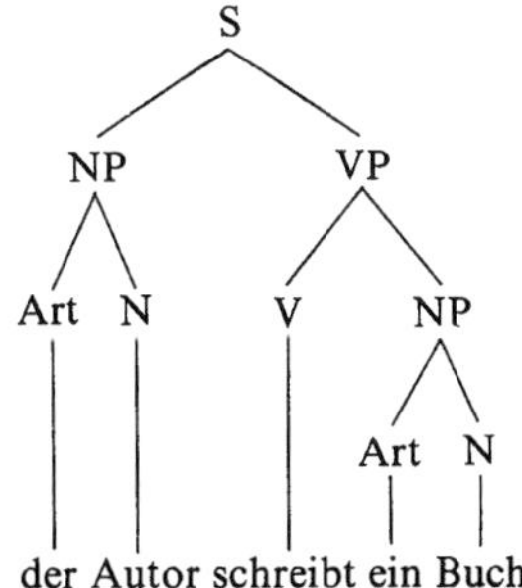

Auch ↑Formationsregel.

b) nach Heringer: K (SF$_1$, E$_1$ + P + E$_2$) = zweistelliger Beziehungs-Begriff mit dem ersten Argument vor dem Komma, dem zweiten Argument nach dem Komma [zu lesen: Satzform$_1$ (SF$_1$) konstituiert sich (K) aus den ↑Konjunkten: Ergänzungsbestimmung im Nom. (E$_1$), Präd. (P) und Ergänzungsbestimmung im Akk. (E$_2$)].

Formant, der (lat. formare = gestalten, bilden) [auch: ↑Formativ]: Gebundenes ↑Morphem; Sammelbegriff für ↑Affixe und ↑Suffixe; wenn Affix bereits als Oberbegriff für Suffix, Präfix <u>und</u> ↑Infix definiert wird, ist F. synonym mit Affix.

Format: Anordnung von ↑Daten auf Datenträgern der elektronischen Datenverarbeitung (Disketten, Festplatten), aus der hervorgeht, wie ein Computer eine Folge von ↑Bits interpretieren soll. Auch ↑EDV.

Formatierung, die: 1. Vorbereitung von fabrikneuen Datenspeichern (Festplatten, Disketten) für den Einsatz in einem ↑Computer: Einbringen von Spuren, Sektoren, Steuerinformationen (Datenübertragung zwischen Computern nur bei Formatgleichheit möglich; evt. Angleichung durch Umformatierung). 2. Bei ↑Textverarbeitung Einrichtung einer best. Form der Textgestalt (Seiteneinrichtung mit Rändern, Schriftart und -größe, Auszeichnungen, Seitenzählung, Einzüge, Blocksatz ...); Umformatierung möglich.

Formationsmarker ↑P-Marker.

Formationsregel (lat. formatio = Gestaltung): Regel zur Beschreibung von Satzstrukturen durch ↑Konstituentenstrukturen in der ↑I-C-Analyse des ↑taxonomischen ↑Strukturalismus oder Regel zur Erzeugung (Generierung) von Sätzen durch den kompetenten Sprecher (↑Kompetenz) in der ↑Generativen Grammatik (in deren ↑Basis, dem Formationsteil der ↑Syntax); darstellbar in Stammbaumskizze (↑Stemma), Klammerung oder Formeln für den Erzeugungsprozess (Pfeil ist zu lesen: taxonomisch als „besteht aus", generativ als „wird ersetzt durch / ersetze durch" oder „wird expandiert zu"; Anfangssymbol immer S = Satz, es folgen NP = Nominalphrase und VP = Verbalphrase, dann weitere Kategorialsymbole wie V = Verb, N = Nomen, Art = Artikel u. a., schließlich die ↑Formative aus dem ↑Lexikon); meist ↑binäre Konstituentenanalyse (links vom Pfeil: Eingabekette; rechts vom Pfeil: Ausgabekette); z. B.: *Ein Rind frisst Gras.*

$(F._1)$ S	→	NP + VP	eigentliche F. (Grammatik)
$(F._2)$ NP_1	→	Art + N_1	
$(F._3)$ VP	→	V + NP_2	
$(F._4)$ NP_2	→	N_2	
$(F._5)$ Art	→	ein	Lexikon-Regeln (↑Lexikon)
$(F._6)$ N_1	→	Rind	
$(F._7)$ V	→	fress-	
$(F._8)$ N_2	→	Gras	

Auch ↑Formalisierung, ↑Marker, ↑Transformationsregel.

Formativ, das (lat. formare = gestalten, bilden): 1. Gebundenes ↑Morphem = ↑Formant/↑Affix. 2. Flexionsmorphem oder Morphem mit rein grammatischem Inhalt; z. B.: /en/ in *Frauen*, /dass/ in *Er vermutet, dass die Ware teuer ist.* 3. Abstrakte syntaktische Konstituente des Satzes; im ↑P-Marker der ↑Generativen Grammatik für die Kategorialsymbole der ↑terminalen Kette (Endkette) durch Lexikonregeln einsetzbares Element;

a) lexikalisches F.: Wort/↑Lexem wie in Ersetzungsregeln: N → Wald, Förster, Wetter, Gedanke ...; V → pflanz-, jag-, heg-, wachs-, geh-; Art → der, das, ein, eine;
b) grammatisches F.: Morphem zur Kennzeichnung grammatischer Kategorien wie z. B. /t/ in *pflanzt* (3. Pers., Sing., Präs., Indikativ, Aktiv).

Auch ↑Formationsregel.

Formel: Fest gefügte Wortgruppe (↑Phraseologismus), zumeist satzwertig und in speziellen Situationen gebräuchlich:

a) Grußformel (z. B.: *Guten Tag!*);
b) Beschimpfungsformel (z. B.: *Fahr zur Hölle!*);
c) Fluchformel (z. B.: *Verdammter Mist!*);
d) Beschwichtigungsformel (z. B.: *Ruhig Blut!*).

Formklasse: Nach FRIES Gruppe von Wörtern mit gleicher syntaktischer ↑Funktion (gleicher ↑Position im Satz) und gleicher grammatisch-struktureller Bedeutung; F. soll den angeblich unbrauchbaren traditionellen Begriff ↑Wortart (Einteilung nach uneinheitlichen Gesichtspunkten) ersetzen; tatsächlich sind die vier großen F. in den meisten Fällen Parallelen zu Subst., Verb, Adj. und Adv. Auch ↑Distribution, ↑Substitution.

Formwort ↑Synsemantikum.

Fortis ↑Aspiration, ↑Opposition.

Frage: Sprechhandlungstyp (↑Sprechakt), der als pragmatische Kategorie (↑Pragmatik) von dem grammatischen ↑Modus Interrogativ (↑Fragesatz) zu unterscheiden ist; F. kann durch Äußerungen verschiedener grammatischer Form erfolgen, z. B.: *Bist du müde?* (Fragesatz); *Du bist sicher müde.* (Aussagesatz). Auch ↑Aufforderung.

Fragemethode: In traditioneller ↑Grammatik und in Schulgrammatik Hauptmethode zur Ermittlung der ↑Satzglieder; z. B.: *Heute malt Fritz ein Bild.* Was wird ausgesagt? *malt* = ↑Prädikat. Wer (oder was) malt? *Fritz* = ↑Subjekt. Wen (oder was) malt Fritz? *ein Bild* = Akkusativobjekt. Wann malt Fritz? *heute* = ↑Adverbiale der Zeit.

Fragesatz: Satztyp, inhaltlich zu interpretieren als versuchsweise unternommene Bestimmung und Klärung eines Sachverhalts mit Erwartung einer Bestätigung oder Nichtbestätigung durch den Angesprochenen;

a) Entscheidungsfrage (auch: Ja/Nein-Frage), z. B.: *Hast du schon gegessen?*
b) Ergänzungsfrage (auch: W-Frage, da stets mit Fragewort eingeleitet, dessen Anlaut ein W ist), z. B.: *Wer ist da?*
c) Hybridfrage (durch nachgestelltes Objekt Mischling von Ergänzungsfrage und Entscheidungsfrage), z. B.: *Wen willst du einladen, die Elke?*
d) Doppelfrage/Alternativfrage (Entscheidung zwischen zwei Möglichkeiten, Verbindung zweier Entscheidungsfragen), z. B.: *Hast du gelogen oder die Wahrheit gesagt?*
e) mehrzielige Frage (mehrere Fragewörter zielen auf mehrere Unbekannte zugleich), z. B.: *Wer soll wann was wo gesagt haben?*
f) rhetorische Frage (Scheinfrage ohne Erwartung einer Antwort), z. B.: *Habe ich das nicht gleich gesagt?*
g) Bestätigungsfrage oder Vergewisserungsfrage (eine best. Annahme liegt vor, die bestätigt oder nicht bestätigt werden soll; fehlende Spitzenstellung des Verbs), z. B.: *Du fährst morgen nach Kiel?*
h) Suggestivfrage (eine ganz best. gewünschte Antwort wird nahegelegt), z. B.: *Habe ich nicht recht?*
i) Echofrage (Ausgangsfrage wird in Gegenfrage aufgenommen und umgeformt), z. B.: *Wer das gemacht hat?* < *Wer hat das gemacht?*
j) Refrainfrage (kurze Vergewisserungsformel wird an Aussagesatz angehängt), z. B.: *Ich seh dich morgen, nicht wahr?*

Fraktur, die (lat. fractum = gebrochen): Aus spätmittelalterlicher länglicher Kanzleischrift hervorgegangene „gebrochene" Druckschrift gotischen Stils (z. B. mit Anschwung der Großbuchstaben durch „Elefantenrüssel"), die bis zur Abschaffung und Ersetzung durch ↑Antiqua 1941 für den Druck der meisten dt. Texte verwendet wurde; gelegentlich als „deutsche Schrift" gegenüber „lat. Schrift" bezeichnet. Auch ↑gotische Schrift.

Frame, das (engl. frame = Rahmen, Skelett) [auch: Rahmen, Schema, Muster]: In ↑Kognitionswissenschaft Wissensrepräsentation von musterhaften Objekten und stereotypen Situationen mit Hilfe spezifischer Merkmale und Relationen, gespeichert als situative, semantische, syntaktische ↑Informationen; z. B. gehören zum F. *Wohnung* in Deutschland obligatorisch Wohn-, Schlaf-, Kinderzimmer, Küche, Bad mit Toilette und Flur, fakultativ Balkon, Keller ...; graphisch darstellbar etwa als Netz von Knoten und Kanten; z. B. visuelles F. für den Begriff *Zimmer*:

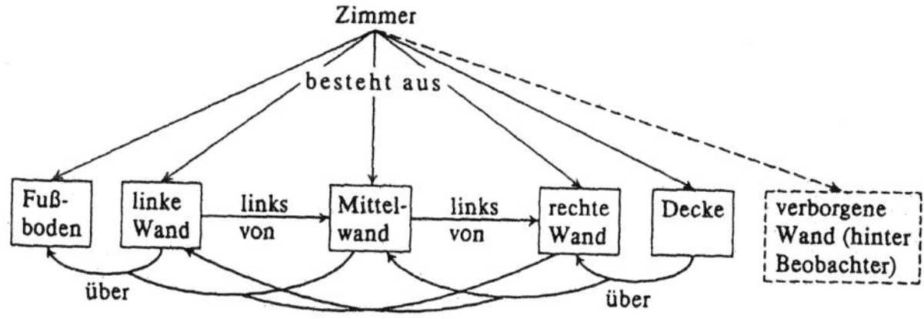

F. für sehr komplexe Situationen, Ereignis- und Handlungssequenzen gelten als Szenarien oder ↑Skripts.

freier Dativ ↑Dativ.

Fremdpräfix, das: Aus einer anderen Sprache übernommenes ↑Präfix, das in seiner Lautung und Schreibweise nicht oder nur wenig an das deutsche System angepasst ist; z. B.: /hyper/, /poly/, /anti/ in *hypermodern*, *Polygamie*, *antimilitaristisch*.

Fremdsprache ↑Bilinguismus.

Fremdsuffix, das: Aus einer anderen Sprache übernommenes ↑Suffix, das in seiner Lautung und Schreibweise nicht oder nur wenig an das deutsche System angepasst ist; z. B.: /age/, /eur/, /euse/ in *Reportage*, *Friseur*, *Souffleuse*.

Fremdwort: Aus einer anderen (National-)Sprache (= Fremdsprache) übernommenes Wort, das in Aussprache und/oder Schreibweise seinen fremden Charakter beibehalten hat, ohne sich der neuen Umgebung anzugleichen (Gw. Lehnwort: ↑Entlehnung); z. B.: *Camping* (engl.), *Trottoir* (franz.), *Giro-Konto* (ital.), *Mensa* (lat.), *Xylophon* (gr.).

Frequenzwörterbuch: ↑Häufigkeitswörterbuch.

Frikativum ↑Spirant.

Frühneuhochdeutsch ↑Sprachperiode.

Fügteil: Nicht flektierbares sprachl. Zeichen, das nicht Satzglied sein kann, sondern nur syntaktische Verbindungen herstellt; bei GLINZ: ↑Präposition und ↑Konjunktion.

Fügungspotenz ↑Valenz.

Fugenelement: In der ↑Wortbildung bei ↑Komposition mögliches Bindeglied zwischen zusammentretenden ↑Morphemen, das diachronisch gesehen auf alte Flexionsendungen (↑Flexion) zurückzuführen ist, diese syntaktische Funktion aber zugunsten der morphologischen aufgegeben hat; z. B.: *Tag-es-zeit* (Zeit des Tages), *Kind-er-krankheit* (Krankheit der Kinder), aber: *Geschicht-s-buch* (Buch der Geschichte! das weibl. Subst. hat historisch gesehen nie ein Gen.-s besessen; das Wort ist eine Analogiebildung). Auch ↑Kompositionsfuge.

Funktion, die (lat. fungi = leisten): 1. Leistung eines sprachl. Elements in best. Zusammenhang, seine Rolle in einem Wirkungsfeld, sein Aufeinander- und Zusammenwirken mit anderen Elementen; Relationsbegriff: F. hat ein Element immer in Beziehung auf ein anderes Element; z. B. kann ein Subst. die F. ↑Subjekt oder ↑Objekt in Beziehung auf den Satz haben. Auch ↑Kategorie.
2. Leistung der Sprache, eines Textes; jede F. ermöglicht best. sprachl. Handlungsweise:
a) emotiv (oder nur vom Sender her gesehen: expressiv): Gefühle, Meinungen ausdrücken oder vernehmen; Stellungnahmen abgeben oder anhören;
b) phatisch: Kontakt mit Partner knüpfen und Kontakt unterhalten;
c) kognitiv oder referenziell: Informationen über Sachverhalte geben oder empfangen; Bericht geben/entgegennehmen; Zusammenhänge darstellen/erfassen;
d) konativ (oder nur vom Sender her: appellativ oder direktiv): Befehle aussprechen/entgegennehmen; in Denken, Fühlen, Handeln beeinflussen/beeinflusst werden;
e) metasprachlich: über Sprache und Sprachgebrauch informieren/informiert werden;
f) ästhetisch oder poetisch: künstlerische Organisation der Sprachzeichen vornehmen oder mit Genuss nachvollziehen, die über die in den Zeichen vorprogrammierten Zusammenhänge (↑Semantik) hinaus zusätzliche schafft: ästhetische Superstruktur.

Funktionale Grammatik: In dt. ↑Sprachdidaktik nach 1950 vorherrschende Sprachbetrachtung (in DDR vor allem W. SCHMIDT), die grammatische Formen nicht bloß formal („formalistisch"), sondern unter dem Aspekt ihrer jeweiligen ↑Funktion (semantisch-inhaltliche und strukturell-syntaktische), ihrer kommunikativen Leistung im Satz und in der Rede erforscht und darstellt (Formen = Funktionsträger, Auslöser best. Kommunikationseffekte wie z. B. „Befehl" durch die Formen Imperativ, Inf., Part. II, Konjunktiv, Fut.); Sprachunterricht, der nicht nur Sprachwissen, sondern Sprachverstehen vermitteln soll (bewusste Durchdringung und Anwendung muttersprachl. Ausdrucksmöglichkeiten, Einsicht in die Leistungsfähigkeit der Formen, die das sprachl. System zur Verfügung stellt, im Unterschied zum bloßen Drill von ↑Patterns); Ziel: Sicherheit im Erkennen und Anwenden sprachl. Formen je nach ihrer Leistung.

Funktionale Satzperspektive (FSP): In Prager Schule (MATHESIUS, FIRBAS, BENEŠ) entwickelte aktual-kommunikative Gliederung des Satzes nicht nach formaler Struktur (Subjekt-Prädikat-Schema der traditionellen ↑Grammatik oder von Wertigkeit des Verbs abhängige Ergänzungen in ↑Dependenzgrammatik), sondern nach seiner informationsvermittelnden Struktur, nach der Hierarchie der semantischen Einheiten des Satzes entsprechend ihrem Mitteilungswert, mit Unterscheidung von ↑Thema (das, worüber etwas gesagt wird = der Ausgangspunkt für den Sprecher = alte allg. bekannte oder aus Kontext bzw. Situation ableitbare und dadurch gegebene Information) und ↑Rhema (das, was über das Thema gesagt wird = neue Information, das Unbekannte, der Zweck der Mitteilung). Vergleichbar ist die neuere Unterscheidung HALLIDAYs von Topic (= psychologisches Subjekt) und Comment (= Kommentar). DANEŠ versucht, f. S. satzgrenzenüberschreitend auf Untersuchung von Texten zu übertragen (↑thematische Progression).

funktionaler Analphabetismus ↑Analphabetismus.

Funktionalismus, der (lat. fungi = leisten) [auch: funktionelle Linguistik]: ↑Taxonomischer Strukturalismus der sogen. Prager Schule (Cercle linguistique de Prague, seit 1926; Linguistenkreis um JAKOBSON und TRUBETZKOY, z. B. auch BÜHLER; ↑Funktionalismus), dessen Grundbegriff ↑Opposition sprachl. Elemente auf der distinktiven (bedeutungsunterscheidenden) Funktion (↑distinktive Merkmale) phonologischer Einheiten beruht; z. B.: distinktive ↑Phoneme /l/ und /r/ im Oppositionspaar *Land* und *Rand;* Sprache gilt als System funktioneller Einheiten; Begründung der ↑Phonologie als linguistischer Disziplin; Wiedervereinigung der von SAUSSURE streng getrennten ↑synchronischen und ↑diachronischen Sprachwissenschaft (zum ersten Mal historisch-strukturalistische Sprachbetrachtung).

Funktionalstil: Verwendungsweise des Ausdruckspotentials einer Sprache, die funktionsgerecht einer best. Kommunikationssituation, einem Kommunikationsziel und -inhalt, einer Textsorte angepasst ist; z. B. literarischer ↑Stil, wissenschaftlicher Stil, Geschäftsstil. Auch ↑Register.

Funktionsverb [auch: Streckformverb]: Bei POLENZ Verb, das feste Verbindung mit einem ↑deverbativen ↑Nomen actionis (meist -ung-Ableitung oder substantivierter Inf.) eingegangen ist, dabei seinen lexikalischen Inhalt ganz verloren oder stark eingebüßt hat und nur noch grammatische Funktion eines syntaktischen Bindeglieds zwischen Subj. und (meist präpositionalem) Obj. erfüllt, während das Subst. den Inhalt der Wortverbindung trägt, welche insgesamt daneben fortbestehende einfache Verben inhaltlich nuanciert und variiert; z. B.: *in Erwägung <u>ziehen</u>* neben *erwägen*; *in Erfüllung <u>gehen</u>* neben *sich erfüllen*; *Beachtung <u>finden</u>, Verwendung <u>erfahren</u>, ins Reden <u>kommen</u>, zum Stehen <u>bringen</u>.*

Funktionswort: Wort mit rein grammatischer Funktion (Kennzeichnung syntaktischer Beziehungen zwischen anderen Wörtern) ohne direkten Bezug zur außersprachl. Wirklichkeit (↑Referenz); z. B.: Konjunktion, Präposition, Pronomen (↑Wortart). Auch ↑Leerwort, ↑Synsemantikum.

Futur, das (lat. futurum = künftig) [auch: Zukunft]: ↑Tempus vorausblickender Erwartung eines künftigen mit einem Verb bezeichneten Geschehens oder Seins aus Sicht des Sprechers (F.I); die Aktzeit liegt nach der Sprechzeit; z. B.: *Wir <u>werden</u> ihn <u>besuchen</u>.* F.II (Futurum exactum): selten gebrauchtes Tempus vorausblickender Erwartung eines dann bereits vollendeten Geschehens oder Seins, einer Vollendung in der Zukunft; die Betrachtzeit liegt nach der Aktzeit und beide nach der Sprechzeit; z. B.: *Ihr <u>werdet</u> bis dahin <u>zurückgekehrt sein</u>.*

Gammazismus, der (gr. gamma = dritter Buchstabe im gr. Alphabet): Fehlerhaftes Aussprechen von [g] und [k] als [d] und [t], bes. in Kindersprache, z. B. *<u>T</u>ind* statt *<u>K</u>ind, <u>d</u>ehen* statt *<u>g</u>ehen.*

Gapping, das (engl. gap = Lücke): „Lücken schaffende" Tilgung (↑Transformation) eines Verbs, das in parallel strukturierten Teilsätzen eines ↑komplexen Satzes mehrfach erscheint; z. B.: *Ich trinke Bier, Susanne trinkt ein Glas Wein, Wolfgang trinkt Apfelsaft.* ⇒ *Ich trinke Bier, Susanne_____ein Glas Wein, Wolfgang____ Apfelsaft.*

Gattungsname ↑Konkretum.

Gattungszahl ↑Numerale.

Gauner-Jargon, **Gaunersprache** ↑Jargon.

Gaunerzinken ↑Zinken.

Gebärdensprache: Für die Verständigung gehörloser Menschen entwickelte visuelle Zeichensprache unter Nutzung von Handform, Handstellung und Handbewegung. Vgl. ↑Fingeralphabet.

Gedächtnis: Fähigkeit zur Strukturierung und Speicherung von ↑Informationen über zurückliegende Ereignisse und Sachverhalte (↑Wissen), die das gegenwärtige Bewusstsein und Handeln beeinflussen; notwendig für verständnisvolles Aufnehmen, Einordnen und Verarbeiten neuer Wahrnehmungen und Erfahrungen, Voraussetzung für Lernprozesse: Teilprozesse der Aneignung (Einprägen), der Speicherung (Behalten) und der Erinnerung (Abrufen, Wiedergeben);

a) Kurzzeitgedächtnis (auch: operatives G.): begrenzt hinsichtlich Speicherkapazität und Speicherdauer, aber in wichtiger Funktion bei Sprachverarbeitung Satz für Satz (nach Verarbeitung wird syntaktische Form des Satzes vergessen, die Bedeutung des Satzes dagegen behalten);

b) Langzeitgedächtnis: Speicherdauer von Stunden, Tagen, Jahren durch Spurenbildung im Zentralnervensystem, die nicht verloren gehen, deren Abrufung freilich nicht immer störungsfrei gelingt.

gefüllte Pause ↑Pause.

Gegenwart ↑Zeitstufe.

Gegenwort/Gegensatzwort : Antonym (↑Antonymie).

Geheimsprache: Sondersprache, die nur Eingeweihte, nicht Außenstehende verstehen (sollen); z. B. Gauner-↑Zinken = graphische Zeichen des ↑Rotwelsch an Hauswänden als Warnung vor Gefahren u. a.; aber auch durch best. Verfremdung der Standardsprache geschaffene Schülersprache (etwa Buchstabenvertauschung) als Zeichen der Gruppenzugehörigkeit.

gehobene Stilebene ↑Stilebene.

Gelegenheitsbildung: ↑Augenblicksbildung.

Gelingen [auch: Glücken]: Die ↑konventionellen Regeln des Sprachgebrauchs erfüllender Verlauf von Sprechhandlungen, an dessen Ende die Absichten des Sprechers vom Hörer verstanden und akzeptiert worden sind; die zu beachtenden Regeln betreffen sprecher- und hörerseitige Voraussetzungen, Intentionen, Verstehens- und Akzeptierungsvorgänge sowie Verpflichtungen (= Konsequenzen) für das zukünftige Verhalten; z. B. muss ein Sprecher, der etwas verspricht, die Absicht haben, das Versprechen auch zu halten, der Hörer muss es verstehen und darf es nicht zurückweisen (weil er den Sprecher vielleicht für unfähig hält, das Versprechen einzulösen, oder weil er ihm Täuschungsabsicht unterstellt); ansonsten kommt es zum Misslingen der intendierten Sprechhandlung, denn eine der Anwendungsbedingungen (AUSTIN: happiness conditions / felicity conditions) ist nicht erfüllt.

Gemination, die (lat. geminatio = Verdoppelung): Verdoppelung von Konsonanten (in Aussprache nur von längerer Dauer) in ↑Orthographie zur Bez. von kurzem (offenem) vorausgehendem Vokal; z. B.: ahd. *kus* oder *kuss* (expressive G.), *bitten* (westgerm. ↑Konsonantengemination).

General Semantics ↑Semantik.

generalisiert ↑P-Marker.

Generative Grammatik (lat. generare = erzeugen): Auf CHOMSKY zurückgehende Richtung in der strukturalistischen Sprachwissenschaft, die nicht wie der ↑taxonomische Strukturalismus das Regelsystem eines statischen sprachl. ↑Korpus beschreibt (Strukturbeschreibung aller Sätze, die in dem Korpus vorkommen; ↑I-C-Analyse), sondern das vom Sprecher (unbewusst) beherrschte Regelsystem, das es ihm erlaubt, mit Hilfe einer endlichen Zahl von Regeln unendlich viele Sätze zu erzeugen und zu verstehen (Beschreibung der Entstehung von Sätzen und der Strukturbeziehungen zwischen verschiedenen Sätzen); Untersuchungsgegenstand der G. G. also: Fähigkeit eines idealen Sprechers/Hörers, grammatische Ausdrücke zu erzeugen (↑Kompetenz). Mit Hilfe formalisierter Strukturbeschreibung wird angestrebt, in Formationsteil und Transformationsteil (↑Transformationsgrammatik) grammatisch ↑akzeptable, der Sprachnorm entsprechende Sätze bzw. Satztypen einer Sprache aus einem Anfangssymbol S (= Satz) abzuleiten (↑Oberflächenstruktur, ↑Tiefenstruktur).

Generative Semantik: In kritischer Auseinandersetzung mit CHOMSKYS Generativer Transformationsgrammatik entstandene Grammatik-Theorie, in der statt der ↑Syntax die ↑Semantik generative Komponente und Basis der Satzbildung ist (LAKOFF, MACCAWLEY, POSTAL); Verringerung der Zahl grammatischer Kategorien auf S, NP und V (in Anlehnung an ↑Prädikatenlogik: V = Prädikat; NP = Argument;

Zerlegung einzelner ↑Lexeme in semantische Merkmale (↑Dekomposition) und Durchführung von ↑Transformationen bereits vor Einsetzung der Lexeme in den Stammbaum (= prälexikalische Transformationen), z. B. *töten* > bewirken + sterben; sterben > in Zustand geraten + tot sein; tot sein > nicht + lebendig sein. Auch ↑Prädikatanhebung, ↑Subjektanhebung.

Generative Transformationsgrammatik ↑Transformationelle Grammatik, ↑Generative Grammatik.

generisch (lat. genus = Geschlecht) [auch: geschlechtsneutral]: 1. In ↑Semantik Eigenschaft subst. Ausdrücke, die nicht konkrete Einzelobjekte, sondern Gattungen bezeichnen; z. B.: *Der Hund ist ein nützliches Haustier.* 2. In ↑feministischer Linguistik Eigenschaft von Personenbezeichnungen, bei denen vom natürlichen Geschlecht bezeichneter Personen abstrahiert wird; z. B.: *Mensch, Person, Kind.* Kritisiert wird der häufige g. Gebrauch maskuliner Personenbezeichnungen als im Blick auf das natürliche Geschlecht unmarkierter übergeordneter Begriffe, bei dem weibliche Personen „mitgemeint“ sind; z. B.: *Die Stadt hat etwa 20000 Einwohner. – Der Besitzer des Hauses ist eine Frau.* Auch ↑Genus.

generische Lesart/Aussage (engl. generic = allgemein): Sprachl. Ausdruck (Wort, Wortgruppe oder Satz), der in best. ↑Kontext auf eine ganze Klasse von Erscheinungen der außersprachlichen Wirklichkeit (↑Referent) bezogen ist; z. B.: *Nahrungsmittel* und *der Mensch* sowie der Satz *Der Mensch braucht Nahrungsmittel.* Im Ggs. zu g. L./A. bezieht sich derselbe Ausdruck bei spezifischer Lesart/Aussage in einem anderen Kontext auf eine ganz best. Erscheinung aus der Klasse; z. B.: *Der Mensch kauft seine Nahrungsmittel immer im Supermarkt an der Ecke.* Entsprechend kann mit *Karl singt* ein einmaliges, vorübergehendes Ereignis gemeint sein (spezifisch), aber ebenso die Zuordnung einer Eigenschaft im Sinne von <Karl ist ein Sänger> (generisch). Je nach Äußerungszusammenhang kann mit *Der Lottogewinn verändert Ihr Leben* eine auf jedermann zutreffende Feststellung getroffen werden, oder einem best. Gewinner wird seine Zukunft vorausgesagt.

Genfer Schule: Linguistenkreis, der aus SAUSSURES Schülern und Genfer Amtsnachfolgern (vor allem BALLY und SECHEHAYE, den Herausgebern der posthum erschienenen „Cours de linguistique générale") bestand und seine Hauptaufgabe darin sah, die von SAUSSURE entwickelten Grundbegriffe zu präzisieren und Missverständnisse zu beseitigen.

Genitiv, der (lat. genitivum = angeboren) [auch: Wesfall]: ↑Kasus des subst. Attributs (z. B.: *Der Frack des Kellners hängt im Schrank*) und des G.-↑Objekts (z. B.: *Er bedarf der Ermunterung*);

a) G. possessivus (Zugehörigkeit, Besitz), z. B.: *das Buch des Freundes*;
b) G. subiectivus (bei verbalsubst. Bezugswort Subj. des verbalen Geschehens), z. B.: *die Heimkehr der Kriegsgefangenen* <die Kriegsgefangenen kehren heim>;
c) G. obiectivus (bei verbalsubst. Bezugswort Obj. des verbalen Geschehens), z. B.: *der Abbruch des Hauses* <die Arbeiter brechen das Haus ab>;
d) G. partitivus (umfassenderes Ganzes oder seine Art, von dem das Bezugswort eine Teilmenge bezeichnet), z. B.: *die Hälfte der Zeit, eine Gruppe (fröhlicher) Studenten*;
e) G. qualitatis (Eigenschaft oder Beschaffenheit), z. B.: *ein Mann mittlerer Größe*;
f) G. definitivus/explicativus [auch: G. der Identität] (Eingrenzung, nähere Angabe), z. B.: *die Kunst des Schreibens* <das Schreiben ist eine Kunst>; *das Glück der Zufriedenheit* <die Zufriedenheit ist ein Glück>.

Genus, das (lat. genus = Art): 1. Grammatisches Geschlecht bei ↑Nomen und Pronomen:

a) Maskulinum (männl.): *der Bach*;
b) Femininum (weibl.): *die Wand*;
c) Neutrum (sächl.): *das Haus.*

Grammatisches Geschlecht und natürliches Geschlecht (Sexus des ↑Referenten) stimmen nicht in allen Fällen überein: *das Mädchen* (sächl. – weibl.); *das Weib.*

2. Betrachtungsweise des Sprechers hinsichtlich eines verbalen Geschehens (G. verbi):

a) ↑Aktiv (z. B.: *schlägt*);
b) ↑Passiv (z. B.: *wird geschlagen; ist geschlossen*).

Genus proximum: ↑Definition.

Genusschwankung: Bei einigen Substantiven (bes. bei ↑Entlehnungen) anzutreffendes Schwanken zwischen zwei Genera; z. B.: *der/das Bonbon, der/das Barock, der/das Biotop, der/das Joghurt.* Vgl. ↑Genusvariante.

Genusvariante, die: Bei einigen mehrdeutigen Substantiven (↑Polysemie) anzutreffende Zuweisung unterschiedlicher Genera (↑Genus) zu den jeweiligen Lesarten/Bedeutungen; z. B.: *der Bauer* <Landwirt> – *das Bauer* <Vogelkäfig>, *der Kiefer* <Kinnlade> – *die Kiefer* <Baumart>, *der Verdienst* <Einkommen> – *das Verdienst* <anerkennenswerte Tat>. Vgl. ↑Genusschwankung.

Genus verbi ↑Genus.

Germanisch [auch: Urgermanisch, Gemeingermanisch]: Aus dem ↑Indogermanischen durch die 1. oder Germanische ↑Lautverschiebung und die Festlegung des idg. freien Wortakzentes auf die Stammsilbe hervorgegangener Sprachzweig, gegliedert in:
a) Nord-G. (Dänisch, Schwedisch, Norwegisch, Isländisch);
b) Ost-G.: heute nicht mehr vorhanden (Gotisch, Burgundisch);
c) West-G.: aus ihm sind über das Angelsächsische das Englische, aber auch das Friesische, Niederländische und das ↑Deutsche hervorgegangen.

Germanisches Spirantengesetz ↑Dentalangleichung.

Germanismus, der: Sprachl. Ausdruck, der aus dem Deutschen (oder einer sonstigen germanischen Sprache) in eine andere Sprache übernommen worden ist; z. B.: engl. *kindergarten.* Vgl. ↑Anglizismus.

Germanistik, die [auch: Germanische Philologie, Deutsche Philologie]: 1. Wissenschaft und Lehre von der dt. Sprache und ihren historischen Vorstufen; i. w. S. auch Wissenschaft von der dt.-sprachigen Literatur (unterteilt in Alt-G.: bis 16. Jh. und Neu-G.: vom 17. Jh. bis zur Gegenwart). 2. Erforschung der Kultur, Religion, des Rechts und der Sprache der Germanen.

Germersheimer Linie [auch: appel/apfel-Linie]: In Mundartforschung (↑Mundart) Grenzlinie zwischen den mitteldeutschen und den oberdeutschen Mundarten (*appel* – *apfel*); verläuft vom Oberlauf der Saar nach Nordosten über Speyer, Germersheim, Heidelberg, Würzburg, Meiningen und Plauen bis zur tschechischen Grenze. Vgl. ↑Benrather Linie, ↑Uerdinger Linie.

Geschlecht ↑Genus.

Geschlechtsabstraktion ↑Geschlechtsspezifikation.

Geschlechtsspezifikation, die (lat. specificare = näher bestimmen): In ↑feministischer Linguistik geforderte Bezeichnung von Personen unter formaler Kennzeichnung ihres Sexus (↑Genus); morphologisch (↑Wortbildung) durch Ableitungssuffixe wie /er/, /ing/, /in/, /euse/; lexikalisch durch Verwendung von Lexemen wie *Amtsfrau* (statt *Amtmann*), *Kauffrau*, *Hausmann* und Splitting wie *Lehrer und Lehrerinnen*; grammatisch durch Artikelzuweisung wie *der/die Studierende*, *der/die Angeklagte*); vermieden werden soll Geschlechtsabstraktion (= Gw.) wie bei *Mitglied*, *Gast*, *Flüchtling*, *Opfer*, (*Begleit*)-*person*, (*Lehr*)-*kraft* oder bei Pluralformen von Adj. und Part. (*die Deutschen*, *die Armen*, *alle Anwesende*, *viele Verfolgte*).

geschlossen ↑offen.

geschlossene Klasse ↑offene Klasse.

Gesprächsanalyse ↑Konversationsanalyse.

gesprochene Sprache: Von geschriebener/gedruckter Sprache nicht nur medial (phonetisch gegenüber graphisch), sondern strukturell unterschieden: spontan und weniger geplant; vorwiegend dialogisch bei situativer Anwesenheit des Partners; mit paralinguistischen Begleit- und Gliederungssignalen (z. B.: *wa*, *gell*, aber auch ↑Gestik, ↑Mimik, Lautstärke, Sprechtempo) sowie expressiv-affektiven Verstärkungen; Bevorzugung der ↑Parataxe gegenüber Hypotaxe, viele ↑Ellipsen, Wiederholungen, Abbrüche und Korrekturen (↑Anakoluth), ↑Ausklammerungen, viele *und*-Anschlüsse; geringe Variation in der Wortwahl („Allerweltswörter" wie *Ding*, *machen*); ↑Situationsentlastung, aber dennoch hohe ↑Redundanz; viele Verschleifungen und Nachlässigkeiten (z. B.: *ne* / *nö* statt *nein*; *Namd*! statt *Guten Abend*!). Auch ↑Mündlichkeit, ↑Diskurs, ↑Konversationsanalyse.

Gestik, die (lat. gestus = Haltung, Gebärden): Körperhaltungen und -bewegungen (bes. der Arme und Hände) mit (meist sprachbegleitender, auch sprachersetzender) kommunikativer Funktion; z. B.: Betonungsgesten, Ausdrucksgesten (Ärger, Freude), Zeigegesten (mit Finger), Drohgebärden (geballte Faust). Auch ↑Mimik.

Getrennt- und Zusammenschreibung ↑Zusammenschreibung.

Gleichgröße ↑Größe.

Gleichzeitigkeit ↑Tempusgebrauch.

Gleitlaut: Einführung eines die Aussprache erleichternden, zungenlösenden Lautes nach best. Konsonanten, bes. in der historischen Entwicklung des Dt.; z. B.: mhd. *mân/môn* > nhd. *Mond*; *namentlich* (< *Namen* + *lich*), *eigentlich* (< *eigen* + *lich*).

Gliedsatz [auch: Nebensatz]: Unselbstständiger, nicht isoliert vorkommender, sondern von einem übergeordneten Hauptsatz abhängiger Satz, der auch als ↑Satzglied oder Äquivalent eines Satzgliedes (und damit nach HERINGER als Ergänzungssatz, Angabesatz oder Attributsatz) angesehen werden kann. Je nach repräsentiertem Satzglied unterscheidet man:
a) Subjektsatz: *Wer wagt, gewinnt.* (vgl.: *Der Mutige gewinnt.*);
b) Objektsatz [auch: Ergänzungssatz]: *Er weiß, was er sagt.* (vgl.: *Er weiß etwas.*);
c) Prädikativsatz: *Ich bin, was ich bin.* (vgl.: *Ich bin ein Berliner.*);
d) Adverbialsatz: *Er kommt, sobald er Zeit hat.* (vgl.: *Er kommt morgen.*);
e) Attributsatz: *Auf den Feind, der gefährlich ist, achtet er.* (vgl.: *Auf den gefährlichen Feind achtet er.*).

Je nach Anschluss- oder Einleitewort unterscheidet man:
- Satz ohne Anschlusswort, z. B.: *Er sagte, er habe geschlafen.*
- Relativsatz (mit Relativ-Pron. oder Relativ-Adv.), z. B.: *Der Mann, der gestern angerufen hat, ist da. – Er fand den Schlüssel dort, wo er ihn versteckt hatte.*
- indirekter Fragesatz (Interrogativ-Pron. oder Interrogativ-Adv.), z. B.: *Er wollte wissen, wer ihm den Streich gespielt hatte. – Wann er kommen würde, wusste niemand.*
- Konjunktionalsatz (Konjunktion), z. B.: *Er schwieg, weil er Angst hatte.*

Adverbial- oder Umstandssätze sind je nach Art des ↑Adverbials zu differenzieren:
- Modalsatz (Art und Weise): *Er schreit, als steckte er am Spieß.*
- Temporalsatz (Zeit): *Er kam, als er mit seiner Arbeit fertig war.*
- Lokalsatz (Ort): *Er steht, wo man ihn so leicht nicht finden wird.*
- Kausalsatz (Grund): *Weil er eine Strafe befürchtet, läuft er fort.*
- Konditionalsatz (Bedingung): *Wenn du dir viel Mühe gibst, wird es gehen.*
- Konsekutivsatz (Folge): *Das Vorhaben gelang, sodass alle zufrieden waren.*

– Finalsatz (Zweck, Absicht): *Er reiste in den Kurort, um sich zu vergnügen.*
– Konzessivsatz (Einräumung): *Er schwieg, obwohl er sehr überrascht war.*
– Instrumentalsatz (Mittel): *Er grüßte, indem er den Hut zog.*

Glimpfsprache ↑Ammensprache.

Glossar, das (gr. glossa = Zunge, Äußerung, Worte): Wörterverzeichnis in alphabetischer, bisweilen in inhaltlich-systematischer Anordnung, zumeist mit Erklärungen oder Übersetzungen in eine andere Sprache.

Glosse, die (gr. glossa = Zunge, Sprache): In alte fremdsprachliche, handschriftlich abgefasste Texte eingetragene Übersetzung und Erläuterung eines Wortes; je nach Stellung unterschieden:
a) Interlinear-G. zwischen den Zeilen;
b) Marginal-G. am Rande;
c) Kontext-G. direkt in die fortlaufende Textzeile und gleichzeitig mit der Vorlage geschrieben.

Glossematik, die (gr. glossa = Sprache; Äußerung, Worte): Linguistische Theorie HJELMSLEVS und der sich um ihn versammelnden Kopenhagener Schule: Kombinatorik der Glosseme, der nicht weiter analysierbaren sprachl. Grundelemente (lautliche = ↑Keneme und inhaltliche Merkmale = ↑Plereme); als linguistisch relevant gilt an der Sprache nicht die Substanz (= universalsprachlicher Stoff = Substanz des Ausdrucks und des Inhalts: Sprachlaute [phonetisches Material] und Widerspiegelung der Sachverhalte außersprachl. Wirklichkeit; auf ihnen sind die Systeme der Einzelsprachen je verschieden aufgebaut: phonologische und semantische Ordnungen), sondern nur die Form des Ausdrucks (geistige Vorstellung von den Sprachlauten, die Art, wie sie im Kommunikationsprozess aufgenommen und angewendet werden) und die Form des Inhalts (geistige Vorstellung von der Wirklichkeit, die Art, wie diese durch die Sprache begriffen und gegliedert ist).

Glottal, der (gr. glottis = Stimmritze im Kehlkopf) [auch: Laryngal; gr. larynx = Kehlkopf]: ↑Konsonant, im Kehlkopf durch Verengung der Stimmritze gebildet; z. B.: [h] in *hier.*

Glottis, die [auch: Stimmritze]: Zwischen den Stimmbändern im Kehlkopf vorhandener Spalt, der offen (normale Atmung mit wenig Widerstand für den Luftstrom) oder geschlossen sein kann; bei mehr oder weniger weiter Öffnung entweichende Luft setzt Stimmbänder in Schwingung, erzeugt Schallwellen.

Glottogonie, die (gr. glotta = Sprache; gone = Erzeugung) [auch: Sprachursprung]: Theorie vom Ursprung, von der Entstehung menschlicher Sprache; alle Hypothesen spekulativ, da einigermaßen gesicherte Erkenntnisse über Sprache höchstens 6000 Jahre zurückreichen, die Menschheitsentwicklung aber schon eine Million Jahre andauert; These von einer einzigen „Ursprache" des Menschen (↑Monogenese) und Gegenthese mehrerer voneinander unabhängig entstandener Sprachen (Polygenese);

a) Nachahmungstheorie: Sprache zunächst Nachahmung von Tierlauten (z. B. *Kuckuck*) und Geräuschen (z. B. *plumps, platsch*);

b) Interjektionstheorie (auch: Naturlauttheorie): Sprache zunächst als Schreie, Ausrufe, als Ausdruck emotionaler Zustände ausgestoßen (z. B. ↑Interjektionen *au!, ah!*);

c) synergastische Theorie (gr. syn = zusammen mit; ergasia = Tun, Arbeit): Sprache entstand aus gemeinsamer Arbeitsplanung und Arbeitsbewältigung der Urmenschen.

Gotisch: Ostgerm. Dialekt mit historisch früher, umfangreicher schriftlicher Überlieferung (WULFILAS Bibelübersetzung aus dem 4. Jh.); wegen ostgerm. Besonderheiten nicht in allen Bereichen als Vorstufe des (aus dem Westgerm. entwickelten) Deutschen (Ahd.) anzusehen.

gotische Schrift: 1. Nach dem Vorbild der gr. Buchstaben unter Einfügung einiger germanischer Runen geschaffene Schriftart, in der die vom Bischof Wulfila im 4. Jh. ins ↑Gotische übersetzte Bibel geschrieben ist (auch: Ulfilasschrift). 2. Sammelbezeichnung für Schriftarten der got. Stilepoche (12. - 15. Jh.), die sich aus der karolingischen Minuskel (↑Graph) entwickelt hatten (Brechung der Buchstabenschäfte, Verschmelzung benachbarter Buchstaben); z. B.: Textura (Gutenbergschrift), Rotunda.

Gotische Buchschrift

Aus: König, W.: dtv-Atlas zur deutschen Sprache. München 1978. S. 32

GPK (= Graphem-Phonem-Korrespondenz) [auch: Phonem-Graphem-Korrespondenz]: Regelung der Beziehungen zwischen den ↑Phonemen der gesprochenen Sprache und den ↑Graphemen bzw. den Buchstaben der ↑Schrift; statt einer idealen Eins-zu-eins-Entsprechung von Lautklasse und Buchstabe (immer nur ein Buchstabe und immer derselbe für ein best. Phonem) historisch gewachsenes kompliziertes Regelsystem, in ↑Orthographie zusammengefasst, beim Schriftspracherwerb mühsam zu erlernen; im Dt. (z. B. ›i‹ ›ie‹ ›ih‹ oder ›ieh‹ für [iː] in *Igel, sie, ihn, Vieh*) komplizierter als z. B. im Italienischen und Finnischen, aber einfacher als im Englischen (z. B. für [uː]: *who, soon, blue, you, two, threw, through*) und Französischen (z. B.: ›eaux‹ für [oː] in *Bordeaux*).

Gradadverb (auch: Adverb des Maßes): ↑Adverb, das den Grad eines Merkmals bezeichnet, z. B.: *sehr, kaum, ganz* (*Er ist sehr groß.*).

Gradation ↑Komparation.

Gradpartikel, die [auch: Rangierpartikel, Fokuspartikel]: Gruppe von Partikeln (↑Wortart) wie *auch, sogar, nur, schon, genau*, die je nach Stellung im Satz fokussieren (↑Fokus) und skalierende (die Rangordnung festsetzende) und/oder quantifizierende Funktion besitzen; z. B.: *Sogar Heinz hat eine Eins im Zeugnis* gegenüber *Heinz hat sogar eine Eins im Zeugnis* und *Heinz hat eine Eins sogar im Zeugnis.*

graduierbar (lat. gradus = Stufe, Grad): Steigerungsfähig; Eigenschaft der meisten Adj. und Adv., neben der Grundform (z. B.: *hoch)* Vergleichsformen bilden zu können: Komparativ *höher* (als ein anderer) und Superlativ *höchst/am höchsten* (von mehreren). Einige Adj. nicht g., da ihre Bedeutung keine Gradunterschiede zulässt, z. B.: *schwanger (*schwangerer), halb, dreieckig, rabenschwarz, uralt, auswärtig.* Auch ↑Komparation, ↑Flexion.

Graduierung, die: Sprachl. Vorgang, mit dem Erscheinungen der außersprachlichen Wirklichkeit (↑Referent) Eigenschaften in unterschiedlichem Maße zugesprochen werden, entweder durch Steigerung von Adj. oder Adv. (↑Komparation, z. B.: *alt*, *älter*, *am ältesten*) oder durch Verwendung lexikalischer (*uralt*, *steinalt*) und syntaktischer Mittel (*nicht gerade jung*).

Grammatik, die (gr. gramma = Buchstabe, grammatike = Sprachlehre): 1. Beschreibung des Baus und der Funktion einer Sprache als Wissenschaft oder ihr Resultat im Lehrbuch der Sprachlehre; urspr. dreiteilig: Lautlehre, Formenlehre, Satzlehre (aber nicht Wortsemantik);

a) deskriptive G.: beschreibt synchron den Sprachstand einer best. Zeit, vornehmlich den der Gegenwart;
b) historische G.: betreibt geschichtliche Untersuchung des Sprachbaus.
2. System von Regeln, das im Gehirn des kompetenten Sprechers einer Sprache (↑Kompetenz) gespeichert ist (vom Linguisten ins Bewusstsein gerufen wird), nach dem sprachl. Elemente aus kleinen Bestandteilen aufgebaut und miteinander zu größeren Einheiten kombiniert werden, nach dem alle ↑akzeptablen Sätze einer Sprache erzeugt werden (↑Generative Grammatik). Gw. ↑Lexikon.
3. Sprachtheorie im Sinne der Gesamtheit aller wissenschaftlichen Annahmen, die Grundlage einer Sprachbeschreibung sind.
4. Lernbereich im Sprachunterricht der Schulen, in dem über Sprache reflektiert wird und Regelwissen vermittelt bzw. bewusst gemacht wird (normative G., pädagogische Schul-G. mit verbindlichen Regeln).

Grammatikalität [auch: Grammatizität]: Eigenschaft ↑grammatischer Ausdrücke; korrekte, den Regeln der ↑Grammatik entsprechende Bau- und Bildungsweise.

Grammatikterminologie: Gesamtheit der im ↑Grammatikunterricht verwendeten Fachbegriffe zur Bezeichnung sprachl. Erscheinungen; aus verschiedenen Sprachtheorien stammend (traditionelle lat. Grammatik mit fremdsprachlich undurchsichtigen Bezeichnungen, ↑Inhaltbezogene Grammatik mit vielen durchsichtigen „sprechenden“ Bezeichnungen, neuere strukturalistische Syntaxtheorien) und deshalb nicht immer untereinander verträglich (z. B. „Subjektergänzung“); Vereinheitlichungsversuch durch die Kultusministerkonferenz 1982 („Verzeichnis grundlegender grammatischer Fachtermini“) ist umstritten und inzwischen teilweise überholt.

Grammatikunterricht [auch: Reflexion über Sprache, Sprachreflexion, Sprachbetrachtung]: In ↑Sprachdidaktik neben der Förderung rezeptiver und produktiver Sprachhandlungskompetenz (Hören, Sprechen, Lesen, Schreiben) zentraler Bereich des Sprachunterrichts, in dem Wissen vermittelt (Kenntnisse über Regelsystem der Sprache und über kommunikatives Handeln), Sprachbewusstsein geschaffen und zur Metakommunikation befähigt werden soll; umstritten ist, in welchem Ausmaß und in welcher Weise sprachl. Wissen das sprachl. Können verbessert; der Gefahr des Formalismus (nur an den sprachl. Formen orientierte Untersuchungen münden in bloße Terminologielehre) soll methodisch durch funktionalen (↑Funktionale Grammatik), an Kommunikationssituationen ausgerichteten, textorientierten, handlungsorientiert-experimentierenden Unterricht („Grammatikwerkstatt“) begegnet werden.

grammatisch (gr. grammatikos = des Lesens und Schreibens kundig) [auch: grammatikalisch]: 1. Die ↑Grammatik betreffend. 2. Eigenschaft eines Ausdrucks, der den Regeln der Grammatik entspricht, nach diesen Regeln korrekt gebildet ist (Gw. ungrammatisch bei Notation mit vorangestelltem Stern*); zwischen voll g. und ungrammatisch Zwischenstufen, Hierarchie von Grammatikalitätsgraden; z. B.: *Der Mann vererbt sein Haus nicht. – ?Der Mann sein Haus nicht vererbt. – *?Nicht der Mann sein Haus vererbt. – *Der Mann vererbt nicht. – **Nicht Mann der vererbt.* Auch ↑akzeptabel.

Grammatischer Wechsel: Auf die historischen Lautveränderungen der ↑Lautverschiebungen, des ↑VERNER'schen Gesetzes und des ↑Rhotazismus zurückzuführender Wechsel von ›f‹ und ›b‹, ›d‹ und ›t‹, ›h‹ und ›g‹, ›s‹ und ›r‹ in den ahd./mhd. Stammformen etymologisch verwandter Wörter und in verschiedenen Flexionsformen eines Wortes; im Nhd. durch Ausgleich meist beseitigt; z. B.: mhd. *heven* <heben> – *huoben* <hoben>; nhd. *dürfen – darben;* mhd. *snîden* <schneiden> – *sniten* <schnitten>; mhd. *sweher* <Schwiegervater> – *swâger* <Schwager>; nhd.; *ziehen – zog, gezogen;* mhd. *verliusen* <verlieren> – *verlurn* <verloren>; nhd. *gewesen – waren.*

Grammem, das (gr. gramma = das Schreiben): Nach ZIERER kleinstes sprachl. ↑Zeichen auf der Ebene der ↑Grammatik (im Unterschied zum ↑Lexem, dem kleinsten Zeichen auf der Ebene des ↑Lexikons), bestehend aus Episem (= Inhalt, Bedeutung) und Tagmem (äußere Form).

Graph, das (gr. graphein = schreiben): Konkretes Schriftzeichen, kleinste informative Einheit in schriftlichen Sprachäußerungen (Text) im Unterschied zu einem bloßen Strich ohne Mitteilungswert; Produkt der Segmentierung von Geschriebenem, aber im Unterschied zum ↑Graphem noch nicht klassifiziert.

a) Majuskel: alphabetischer Großbuchstabe, alle Exemplare mit gleicher Höhe (Zweilinienschema); z. B.: ›A‹ ›B‹ ›C‹;

b) Minuskel: alphabetischer Kleinbuchstabe, Schäfte mit unterschiedlicher Länge, mit oder ohne Unter- und Oberlängen (Vierlinienschema); z. B.: ›a‹ ›b‹ ›q‹; seit karolingischer M. *(Abb. siehe Seite 111 oben!)* im 8. Jh. Hauptform europäischer Schriften.

Auch ↑Allograph, ↑Antiqua.

Karolingische Minuskel

Iuo búah quad uuéizent· thaz mán ouh góta heizent·
giuuisso ságen ih iz iú· thaz man sie nennit thar zi thiu
Nu thie zi gote sint ginánt· thie buent hiar thiz uuorold
then gotes uuort gizáltun· uuaz sie iú ió ságen scoltun·
Ouh mán niheín ni lougnit· thaz giscrib iú thar giquit
mit allo uuorolt frísti· si ió filu festi·

Aus: König, W.: dtv-Atlas zur deutschen Sprache.
München 1978. S. 32

Graphem, das (gr. graphein = schreiben): Buchstabe oder Buchstabenkombination (zwei- oder dreigliedriges G. wie ›ei‹ und ›sch‹); Klasse aller Schriftzeichen (↑Graph) mit gleicher distinktiver Funktion, visuelle Entsprechung zum ↑Phonem; Notation in spitzwinkligen (Spitze nach innen gerichtet) Klammern: ›...‹; z. B.: in *Schal* repräsentiert ›sch‹ das Phonem /ʃ/ (↑Opposition *Schal* – *Wal*), besteht aber aus drei Buchstaben ›s‹ wie in *so,* ›c‹ wie in *Creme,* ›h‹ wie in *hoch*; in *Wal* und *kahl* wird das eine Phonem /aː/ einmal durch ein eingliedriges G. ›a‹, einmal durch ein zweigliedriges G. repräsentiert: ›ah‹. Auch ↑Allograph, ↑GPK.

Graphemik, die: Lehre von den Schriftzeichen (↑Graphem) unter dem Aspekt ihrer ↑distinktiven Merkmale und ihrer Stellung im System (Alphabet).

Graphem-Phonem-Korrespondenz ↑GPK.

Graphetik, die: Lehre von den materiellen Elementen, die visuelle Sprach-↑Kommunikation ermöglichen, unter dem Aspekt der Art der Verschriftung; vier Haupttypen graphischer Elemente:

a) Piktogramm (lat. pictus = gemalt, abgebildet): Bildzeichen, z. B. frühe Hieroglyphen oder gekreuztes Essbesteck als internationaler Hinweis auf <Restaurant> oder <Speisewagen>;
b) Ideogramm (lat. idea = Idee): Begriffszeichen ohne bildliche Assoziation des Referenzobjekts; z. B. manche Verkehrszeichen wie <Halteverbot> und <Vorfahrtstraße>;
c) Logogramm (gr. logos = Wort): Wortzeichen wie z. B. einfache Ziffern als Zahlzeichen (3) oder € für *Euro*, § für *Paragraph*, % für *Prozent*, + für *plus*;
d) Phonogramm (gr. phone = Stimme): Lautzeichen mit Entsprechungen zwischen ↑Phonem und ↑Graphem. Alphabetschriften stellen von Zufälligkeiten und Widersprüchlichkeiten der ↑Orthographie beeinträchtigte Phonographien

dar, im Unterschied zu den reinen Phonem-Transskriptionen, z. B. *sehr* [zeːr] mit vier Buchstaben, aber nur drei Phonemen.

Graphologie, die (gr. graphein = schreiben; logos = Ausdruck, Kunde): Im Unterschied zur ↑Graphemik Lehre von den persönlichkeitsabhängigen Merkmalen einer Handschrift; bes. Form-, Raum-, Bewegungsmerkmale, Tempuszeichen und Schreibdruck werden als Ausdruck individueller Persönlichkeit gedeutet.

Grenzsymbol, das: Zeichen für Satzgrenze in ↑Generativer Grammatik; Notation: #

Grimm'sches Gesetz ↑Lautverschiebung.

Größe: Deklinierbares, fallbestimmtes ↑Satzglied bei GLINZ;
a) Grund-G. (Subjekts-Nom.): *Der Knabe lacht.*
b) Gleich-G. (↑Prädikativum im Nom. oder Akk.): *Er ist Fischer. – Ihr nennt ihn einen Lügner.*
c) Ziel-G. (Objekts-Akk.): *Er holt das Buch.*
d) Zuwend-G. (Objekts-Dat.): *Er glaubt dem Knaben.*
e) Anteil-G. (Objekts-Gen.): *Er erinnert sich des Vorfalls.*
f) Lage-G. (Präpositionalkasus): *Er sitzt auf dem Stuhl.*
Auch ↑Angabe.

größenbezügliches Formwort ↑Pronomen.

Groß- und Kleinschreibung: In ↑Orthographie neben der Kleinschreibung als Normalfall die Hervorhebung best. Wörter durch Großschreibung des ersten Buchstabens (Majuskel, ↑Graph): erstes Wort eines Satzes, einer Überschrift, Namen, Titel, Anredepronomen, Substantive (viele Zweifelsfälle, bes. bei ↑Nominalisierungen, z. B.: *Ich bin es leid* gegenüber *Es tut mir Leid*). Leser nutzen Großschreibung als optisches Gliederungssignal im Text.

Grundform ↑infinit.

Grundgröße ↑Größe.

Grundmorphem ↑Morphem.

Grundstufe ↑Komparation.

Grundwort ↑Determinativkompositum.

Grundwortschatz: Teil des ↑Wortschatzes einer Sprache (z. B. Grunddeutsch) mit dem höchsten Gebrauchswert, der sich aus der statistischen Häufigkeit des Wortgebrauchs (↑Häufigkeitswörterbuch) und der Verfügbarkeit von Wörtern zur Bewältigung wichtiger ↑Kommunikationssituationen (↑Disponibilität), dem Vorkommen in unterschiedlichen ↑Textsorten (Streuung) und der Produktivität in der ↑Wortbildung (häufiges Element in ↑Komposita, ↑Derivaten, ↑Präfixbildungen) ergibt. Die 1000 häufigsten Wörter machen etwa 80 % eines Durchschnittstextes aus, 4000 Wörter etwa 95 %. Der durchschnittliche Sprecher der dt. Sprache verwendet von den 5-10 Millionen dt. Wörtern nur 6000-10000, Goethe gebrauchte in seinen Schriften etwa 20000.

Grundwortstellung: Satzbaumuster mit ausdrucksneutraler Grundreihenfolge der Satzglieder, im dt. (Aussage-)Satz mit Zweitstellung des Verbs (nach DRACH im „Mittelfeld" des Satzes; ↑Achsenstellung), mit dem ↑Subjekt im „Vorfeld" und eventuellen weiteren Satzgliedern im „Nachfeld" (kann auch unbesetzt sein), mit ↑„Satzklammer" bei mehrgliedrigem Prädikat; z. B.: *Kim / <u>schenkt</u> / Britta ein Buch. – Britta / <u>hat</u> das Buch <u>gelesen</u>.* Vgl. dagegen ↑Topikalisierung. Auch ↑Stellungsfeld.

Gruppensprache ↑Sprache.

Grußformel: Stark konventionalisiertes sprachl. Mittel zu Beginn und am Ende eines kommunikativen Kontaktes zwischen Personen; oft von nichtsprachlichen Handlungen begleitet (Verbeugung, Händeschütteln, Hut abnehmen); aus teilweise verdunkelten (↑Idiomatisierung) Erkundigungen (*Wie geht's? Wohin des Wegs?*) und guten Wünschen (*Guten Tag! Guten Appetit! Mahlzeit! Moin < Guten Morgen! Grüß Gott! Ade! < Adieu! Tschüs ! < Adios*) hervorgegangen, teils auch nur inhaltsleere Rufe (*Hallo!*).

Guttural, der (lat. guttur = Gurgel) [auch: Gaumenlaut, Kehllaut]: ↑Konsonant, mit Hilfe von Zunge und Gaumen gebildet;

a) palatal: Annäherung der Zunge an den harten vorderen Gaumen (lat. palatum); z. B. [j] in *<u>j</u>a*;
b) velar: Zunge gegen weichen hinteren Gaumen, das Gaumensegel (lat. velum = Segel), gerichtet; z. B. [g] in *<u>g</u>anz*.

Häufigkeitswörterbuch [auch: Frequenzwörterbuch]: Wörterbuch, das Auskunft über die Auftretenshäufigkeit von ↑Lexemen in mündlichen oder schriftlichen Texten gibt; es kann sich um Texte einer Person (z. B.: Goethe-Wörterbuch), einer ↑Varietät, einer sprachgeschichtlichen Epoche oder einer Nationalsprache handeln; die häufigsten Wörter im heutigen Dt. sind: *die*, *der*, *und*, *in*, *zu*, *den*. H. sind wichtige Grundlage für die Zusammenstellung von ↑Grundwortschätzen für den ↑Spracherwerb.

Häufung ↑Cluster.

Halbkonsonant ↑Halbvokal.

Halbpräfix [auch: Präfixoid]: Wortbildungselement, das zwischen freiem ↑Morphem und gebundenem Morphem schwankt, auch als selbstständiges Wort (z. B.: *auf, weg, über, Haupt*) vorkommt, aber wie ein ↑Präfix reihenbildend auftritt (z. B.: *aufzählen, aufräumen, auftischen, aufessen, aufsetzen* ...; *Hauptsache, Hauptstadt, Hauptfach, Hauptgebäude, Hauptdarsteller, Hauptgewinn, Hauptstraße* ...) und sich dabei durch Verblassen der Bedeutung vom freien Morphem entfernt.

Halbsuffix [auch: Suffixoid]: Wortbildungselement, das zwischen freiem ↑Morphem und gebundenem Morphem schwankt, auch als selbstständiges Wort vorkommt (z. B.: *frei, Zeug, Gut*), aber wie ein ↑Suffix in Ableitungen reihenbildend auftritt (z. B.: *zollfrei, schulfrei, vogelfrei, schwindelfrei, straffrei, jugendfrei, staubfrei, rostfrei, mietfrei ...; Fahrzeug, Werkzeug, Flugzeug, Badezeug, Nähzeug, Verbandzeug, Sattelzeug, Grünzeug, Feuerzeug* ...; *Gefahrgut, Steingut, Strandgut, Streugut, Erbgut, Diebesgut, Saatgut, Heiratsgut* ...).

Halbvokal: 1. [auch: Halbkonsonant]: Laut, der je nach Position im Wort als ↑Vokal oder ↑Konsonant erscheint; z. B.: germ. [j] und [w] im Ahd. als [i] und [u] / [o], wenn sie im absoluten ↑Auslaut erscheinen (ahd. *seo̲* <See> mit dem Genitiv *sew̲es* <des Sees>). 2. Im Nhd. die klangvollen Laute [l], [m], [n], [r], die von ↑Artikulation und ↑Akustik her eher Vokale sind (Geräuschhaftigkeit und relative Offenheit des Rachen-, Mund- und Nasenraumes), aber wie Konsonanten nicht als Silbenträger auftreten können.

Handlungssatz ↑Satz.

Handlungsverb ↑Verb.

Handschrift: 1. Individuell gestaltete ↑Schreibschrift. 2. Schriftstück, handgeschriebenes Buch (auf Pergament oder Papier geschrieben), Überlieferungsträger antiker und mittelalterlicher Literatur.

Hapax legomenon, das (gr. hapax = einmal; legein = sagen): Wort, das nur ein einziges Mal belegt ist; z. B. in der altnordischen Dichtung EDDA das Verb *hlóa* = <brüllen, tosen>.

Haplographie, die (gr. haploos = einfach; graphein = schreiben): Auslassung eines/einer von zwei aufeinander folgenden gleichen Buchstaben oder Silben, wo eigentlich Doppelschreibung erforderlich ist; z. B.: *Leinenbettuch* (alte Rechtschreibung) statt *Leinenbetttuch*. Gw. ↑Dittographie.

Haplologie, die (gr. haploos = einfach; logos = Wort) [auch: Silbenschichtung]: Vereinfachung zweier gleich oder ähnlich klingender Laute oder Silben, die unmittelbar aufeinander folgen und so die Aussprache erschweren; z. B. *Zauberin < Zaubererin; Ruderinnen > Rudererinnen.* Gw. ↑Dittologie.

Hardware, die (engl. hardware = Eisenwaren): In ↑EDV die mechanischen und elektronischen Bauteile eines ↑Computers und seiner Zusatzgeräte als materielle Voraussetzung für die Arbeitsprozesse (z. B.: Maus, Tastatur, Prozessor, Diskettenlaufwerk, Monitor, Drucker ...) im Ggs. zur Software (eigentlich = weiche Ware), den nichtapparativen Bestandteilen, die sich nicht anfassen lassen, die aus den per Leitung übertragbaren ↑Daten bestehen (z. B.: Betriebssysteme, Anwendungsprogramme).

Hauptsatz ↑Satz.

Heischeform: ↑Konjunktiv, sofern mit ihm zu einer Handlung aufgefordert wird, z. B.: *Gelobt sei der Herr! Er gebe dir Frieden!*

Heischesatz: Zusammenfassung verschiedener Satztypen, in denen unterschiedliche Grade des Begehrens ausgedrückt werden (z. B. Bitte, Wunsch, Empfehlung, Forderung, Befehl):
a) mit Imperativ: *Gib mir das Buch!*
b) mit Konjunktiv I: *Man höre auf seine Worte!*
c) mit Konjunktiv II: *Könnte ich mich doch nur an ihm rächen!*
d) mit Indikativ: *Du machst erst deine Schularbeiten!*
e) mit infiniter Verbform (Infinitiv oder Partizip) : *Alles aufstehen! – Stillgestanden!*

hell ↑dunkel.

herunterladen (nach engl. download): Übertragen einer ↑Datei von einem fremden ↑Computer auf den eigenen.

Hesitationsphänomen ↑Verzögerungsphänomen.

Heterographie, die (gr. heteros = verschieden; graphein = schreiben): 1. Unterschiedliche Schreibung gleich klingender Wörter oder Morpheme mit verschiedener Bedeutung (↑Homophon), Unterscheidungsschreibung; z. B.: *Lerche – Lärche, Moor – Mohr.* Gw. ↑Homographie. 2. Unterschiedliche Schreibung ein und desselben Wortes; z. B.: *Café – Kaffee, Sauce – Soße.*

Heteronymie, die (gr. heteros = verschieden; onoma = Name): Auftreten von Ausdrücken gleicher inhaltlicher Dimension (oft Wortpaare, die sich nur durch ein ↑semantisches Merkmal unterscheiden) mit verschiedenen Wortstämmen/Grundmorphemen (↑Morphem); z. B.: *Samstag – Sonnabend; Vetter – Base* (aber nicht: *Cousin – Cousine).* Gw. ↑Homonymie.

Heterophonie, die (gr. heteros = verschieden; phone = Stimme): Unterschiedliche Aussprache gleich geschriebener Wörter oder Morpheme; z. B.: *Montage* <die ersten Tage der Woche> – *Montage* <Zusammenbau>.

Hiat, der (lat. hiatus = das Schnappen): Unmittelbares Zusammentreffen zweier Vokale in zwei aufeinander folgenden Silben ohne verbindenden, die Aussprache glättenden Konsonanten; z. B.: *Europäer, liebe_Eltern*; in ↑ Wortbildung oft durch Einfügen eines Zwischenkonsonanten vermieden, z. B.: *Amerika-n-er, Tokio-t-er.*

High-Varietät ↑Diglossie.

Hilfsverb: Verb, das nicht allein, sondern nur zusammen mit einem „Vollverb" die Funktion ↑Prädikat ausüben kann; wird zur Bildung ↑analytischer Flexionsformen (z. B. mehrteiliges Präd. im Perfekt) herangezogen und büßt dabei seinen lexikalischen Inhalt ein: *sein, haben, werden* (die es alle drei auch als Vollverben gibt, z. B. in *Ich habe ein Haus.*); z. B.: *Ich bin gelaufen. – Ich habe gewonnen. – Ich werde aussagen.*

Historiolinguistik: Erforschung und Beschreibung geschichtlicher Sprachveränderungen, des ↑Sprachwandels, seiner Ursachen und Tendenzen.

Historische Grammatik ↑Grammatik.

Historische Semantik: Untersuchung des ↑Bedeutungswandels sprachl. Ausdrücke im Laufe der Sprachgeschichte; Beschreibung einer „Begriffsgeschichte“ (z. B. Begriffe *Freiheit, Heimat, Seele*) bei Veränderung der bezeichneten Erscheinung, mit Herausarbeitung der Unterschiede zwischen älterer und gegenwärtiger Verwendung und Erforschung der Ursachen für den Wandel. Auch ↑Etymologie.

Hochdeutsch: 1. Teilbereich des ↑Deutschen, der im Ggs. zum Niederdeutschen die 2. Lautverschiebung mitgemacht hat; gegliedert in Oberdeutsch (Dialekte südlich der „Speyerer Linie“: Alemannisch, Bairisch, Ostfränkisch) und Mitteldeutsch (Dialekte nördlich der „Speyerer Linie“: Mittel- und Rheinfränkisch, Hessisch, Thüringisch, Obersächsisch, Schlesisch). 2. Gegenwärtige überregionale dt. ↑Standardsprache.

Hochsprache ↑Sprache, ↑Standardsprache.

Holophrase, die (gr. holos = ganz; phrasis = Äußerung) [auch: Einwortsatz]: Aus einem einzigen Wort bestehende Äußerung im Rahmen des kindlichen ↑Spracherwerbs, der die Bedeutung eines ganzen Satzes zukommt, z. B.: *Mama* = <Mama, komm her!>, <Mama, spiel mit mir!>, <Wo ist Mama?> u. a.

Homepage [auch: Startseite]: Erste Seite oder Ausgangspunkt eines Dienstes oder Anbieters im ↑WWW, von der ↑Hyperlinks zu anderen Seiten führen.

Homographie, die (gr. homos = gleich; graphein = schreiben): Übereinstimmende Schreibung zweier Wörter oder Wortformen bei unterschiedlicher Lautstruktur; z. B.: *Tenor*: [tenóːr] <hohe Männerstimme> – [téːnɔr] <Inhalt, Wortlaut>. Gw. ↑Heterographie; auch ↑Homonymie.

Homonymie, die (gr. homos = gleich; onoma = Name): Übereinstimmung der Signifikanten (Lautgestalt/Schriftbild) mehrerer sprachl. ↑Zeichen bei Verschiedenheit der Signifikate (Inhalte/Bedeutungen):

a) bei gleichem Klang und verschiedener Schreibweise (↑Homophonie), z. B.: [leːrə]: *Lehre* und *Leere*;
b) bei gleicher Schreibweise und verschiedenem Klang (↑Homographie), z. B.: *modern* [móːdərn] <faulen, verwesen> – [moːdɛ́rn] <neuartig, auf der Höhe der Zeit>;

c) bei gleichem Klang und gleicher Schreibweise, z. B.: *Kiefer* [kiːfər] <Baumart> – <Schädelknochen>; *Ball* [bal] <runder Körper> – <Tanzfest>.

Bei rein ↑synchronischer Betrachtung (ohne Berücksichtigung der Etymologie) wären auch *Schloss*$_1$ <Gebäude> und *Schloss*$_2$ <Vorrichtung zum Schließen> wegen starker Auseinanderentwicklung der Bedeutungen des Wortes Homonyme. H. mehrerer ↑Morpheme: z. B. /er/ in *Lehrer* (Nomen agentis: <einer, der etwas tut>), *Kinder* (Plur.), *älter* (Komparativ: <mehr ... als>).

„Von wegen Wachskerzen! Kleiner werden sie, immer kleiner!“

Aus: Quick 50/1970

Homophonie, die (gr. homos = gleich; phone = Laut, Klang): Lautliche Übereinstimmung verschiedener sprachl. Zeichen bei unterschiedlicher Schreibung; z. B.: *mahlen – malen* [maːlən]; *Chor – Korps* [koːr]; *Lerche – Lärche* [lɛrçə]. Auch ↑Homonymie.

Hüllwort ↑Euphemismus.

Hybridbildung, die (lat. hybrida = Mischling) [auch: Hybridform, Adoptivform]: 1. Zusammengesetztes, abgeleitetes oder präfigiertes Wort (↑Kompositum, ↑Derivat, ↑Präfixbildung), dessen Konstituenten aus verschiedenen Sprachen stammen; z. B.: *Auto - mobil* (gr. + lat.), *Büro - kratie* (franz.+ gr.), *Star - anwalt* (engl. + dt.). 2. Durch mundartliche (↑Mundart) Mischung entstandener ↑Hyperkorrektismus (auch: Bastardform), z. B.: *Gung* für *Junge* in Gegenden, wo [j] und [g] anlautend nicht richtig auseinandergehalten werden.

hybrides Wort: ↑Komplexes Wort, aus ↑Morphemen verschiedener Sprachen gebildet; z. B.: *Auto-mobil* (gr. + lat.).

Hybridfrage ↑Fragesatz.

Hyperkorrektismus, der (gr. hyper = über ... hinaus; lat. correctum = verbessert, berichtigt): Abweichender, fehlerhafter sprachl. Ausdruck, der gerade aus dem Bemühen des Sprechers entstanden ist, die Regeln der Sprache zu beachten, vermeintliche Nachlässigkeiten zu korrigieren; bes. Überanpassung des Sprechers einer Gruppensprache an das Regelsystem einer anderen, gesellschaftlich mit höherem Prestige ausgestatteten Gruppensprache oder einer Standardsprache: die Regeln der Zielsprache werden auch in Fällen angewandt, in denen sie dort gar nicht gelten; z. B. bildet der die Präteritalformen starker Verben meidende Schwabe (*i han gfragt* für *ich fragte*) im Gespräch mit einem Norddeutschen die „hyperkorrekte" Form *ich frug* in Analogie zu *tragen, trug,* obwohl *fragen* im Hdt. heute schwach flektiert.

Hyperlink (gr. hyper = über; engl. link = Verbindung): In ↑EDV, insbesondere in Dokumenten des ↑Internet vorhandener Querverweis, hervorgehobene Textstelle oder Bild, der bei Anklicken als Bindeglied funktioniert, als „Sprungverbindung" zu einer anderen Textstelle oder einem ganz anderen Text führt; über mehrere benutzte H. werden ganz verschiedene Teile von Dokumenten zu einem (oft ↑multimedialen) ↑Hypertext zusammengeschlossen.

Hypersatz (gr. hyper = über): Metakommunikativer (↑kommunikative Kompetenz) Ausdruck in Satzform, der die kommunikative Absicht (↑Intention) des Sprechers/Schreibers eines Satzes oder ↑Textes angibt, meist unter Verwendung sprechaktbezeichnender (↑Sprechakt) Verben; z. B.: *Max behauptet, die Wahrheit gesagt zu haben.*

Hypertext (gr. hyper = über): 1. Über dem einzelnen ↑Text liegendes Gesamtwerk eines Autors, das dem Einzeltext eine best. Position verleiht und seinen

Inhalt mitbestimmt. 2. In ↑EDV nicht-lineare Organisation eines Textes, der multilinear „in Sprüngen“ zugleich gelesen und hergestellt wird, auf vom Leser/Verfasser selbst gewählten Pfaden, freilich auch nur mit geringer formaler ↑Kohäsion und inhaltlicher ↑Kohärenz der Textteile ausgestattet ist und oft ohne ↑thematische Progression.

Hyperthema ↑thematische Progression.

Hyperonymie, die (gr. hyper = über; onoma = Name) [auch: Superordination]: Beziehung eines übergeordneten Oberbegriffs (↑Archilexem) zu seinen Unterbegriffen im ↑Wortfeld; z. B.: *Obst* gegenüber *Apfel, Birne, Kirsche, Pflaume ...* Gw. ↑Hyponymie.

Hyponymie, die (gr. hypo = unter, dabei; onoma = Name) [auch: Subordination]: Sonderfall partieller (teilweiser) ↑Synonymie: Inklusion (↑Distribution), Einschluss einer Bedeutung in die andere mit weiterem Umfang; z. B. ist <Tier> als semantische Komponente in <Vogel>, <Fliege>, <Hund> enthalten; *Veilchen, Tulpe, Rose* sind Hyponyme von *Blume* (im Verhältnis untereinander: Kohyponyme), *Blume* ist ihnen superordiniert; totale Synonymie (die es kaum gibt) wäre eine wechselseitige H. Gw. ↑Hyperonymie.

H. ist hierarchisches Aufbauprinzip des ↑Lexikons:

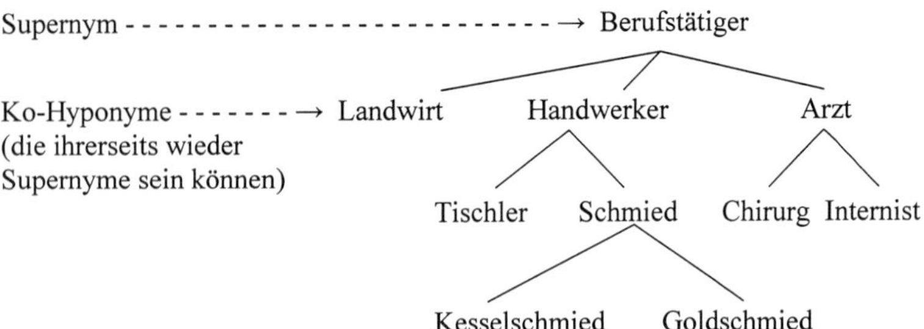

Hypostase, die (gr. hypostasis = Substanz): Verselbstständigung eines sprachl. Ausdrucks durch nachträgliche durchgängige ↑Flexion urspr. adverbialer oder kasueller (↑Kasus) Formen; z. B.: *zu Frieden > zufrieden > zufriedener; (des) Mittags > mittags.*

Hypostasierung, die (gr. hypostasis = Standhaftigkeit): Wortartwechsel, bei dem im Unterschied zur ↑Konversion und ↑Ableitung das Ausgangswort in flektierter Form verwendet wird; z. B. *des Rechts* > *rechts*; *des Flugs* > *flugs*; *ich schweige* > *geschweige*.

Hypotaxe, die (gr. hypotaxis = Unterordnung): Subordinierendes Gefüge von Satzgliedern oder Sätzen (Satzgefüge), bei dem mehrfache (durch Konj. inhaltlich spezifizierte) Unterordnung (↑Gliedsatz 1., 2., 3. Grades) und Überordnung (Abhängigkeit vom Hauptsatz oder nächsthöheren Gliedsatz) vorliegen kann; z. B.: [*Ich glaube,*$]_{HS}$ [*dass er erkannt hat,*$]_{GS1}$ [*wie man es anfangen muss,*$]_{GS2}$ [*wenn man es im Leben zu etwas bringen will.*$]_{GS3}$. Gw. ↑Parataxe.

I-C-Analyse, die (I-C-A = Immediate Constituent Analysis = unmittelbare Konstituentenanalyse): Auflösung einer komplexen sprachl. Einheit in ihre Bestandteile (↑Konstituenten) und Beschreibung der Anordnung der Konstituenten (Konstituentenstruktur, auch Phrasenstruktur); Schritt für Schritt (stufenweise) werden zunächst die unmittelbaren Konstituenten der größeren Einheit festgestellt, dann auch sie in ihre Bestandteile zerlegt bis hinab zu den kleinsten Einheiten (vom Satz bis zu den ↑Morphemen oder gar den ↑Phonemen); Notation in Stammbaumskizze (↑Stemma) oder Klammerung; z. B.:
a) I-C-A eines Satzes: *Der Hund beißt den Fremden.*

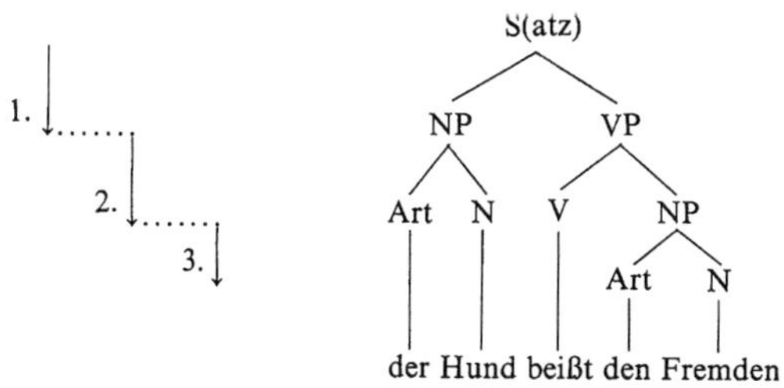

[[[der] + [Hund]] + [[beißt] + [[den] + [Fremden]]]]

$[[[\text{der}]_{Art} + [\text{Hund}]_{N}]_{NP} + [[\text{beißt}]_{V} + [[\text{den}]_{Art} + [\text{Fremden}]_{N}]_{NP}]_{VP}]_{S}]$

b) I-C-A eines Wortes: *unverkäuflich*

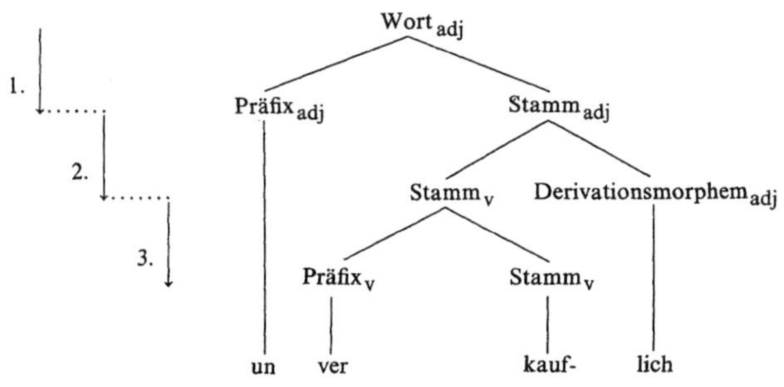

$[[\text{un}]_{\text{Präfix}_{\text{adj}}} + [[[\text{ver}]_{\text{Präfix}_{\text{v}}} + [\text{kauf-}]_{\text{Stamm}_{\text{v}}}]_{\text{Stamm}_{\text{v}}} + [\text{lich}]_{\text{Deriv.}_{\text{adj}}}]_{\text{Stamm}_{\text{adj}}}]_{\text{Wort}_{\text{adj}}}$

Ich-jetzt-hier-Ursprung (lat. ego-nunc-hic-origo): Als Grundlage jedes Kommunikationsaktes notwendiges Selbstbewusstsein des Kommunizierenden, in dem das Ich des Sprechers/Hörers sich seiner Position gegenüber anderen vergewissert (und Intentionen ihnen gegenüber entwickelt) und den temporalen und lokalen Kommunikationsraum gegenüber anderen (realen und möglichen/vorgestellten) abgrenzt (häufig explizit ↑deiktisch, z. B. durch Verwendung von *ihr, gestern, gleich, dort*).

Ich-Laut ↑Ach-Laut.

Icon ↑Zeichen.

idealisieren: Von Mängeln und Abweichungen in der Wirklichkeit absehend etwas einer abstrakten Idee, seinem Idealtypus annähern; z. B. ist Sprach-↑Kompetenz der ↑Generativen Grammatik eine Abstraktion, die auf Annahme eines idealisierten Sprechers/Hörers basiert, den es als Realität (z. B. ohne Wortschatzlücken) gar nicht gibt.

Ideogramm ↑Graphetik.

Idiolekt ↑Sprache.

Idiom ↑Lexem, ↑Phraseologismus, ↑Mundart.

Idiomatik ↑Phraseologie.

idiomatisch: Eigenschaft der Idiome; ↑Lexem, ↑Phraseologismus.

Idiomatisierung, die (gr. idios = allein, besonders) [auch: Demotivierung, ↑Lexikalisierung]: Verdunklung oder Verlust der morphologischen Durchsichtigkeit (↑Motivation) eines komplexen Wortes oder einer Wortgruppe, sodass der Gesamtausdruck nicht mehr oder nur noch schwer als Konstruktion aus seinen semantisch-morphologischen Einzelelementen erkennbar ist; es gibt verschiedene Grade der Motivation bzw. ihrer Beseitigung durch historische I. mit allmählichen Übergängen; z. B. ist *Messer* heute synchron gesehen ein unmotiviertes einfaches Wort (↑Simplex), geht aber diachron gesehen auf westgerm. *mati-sahs* = <Speise-Schwert> zurück, war also einmal motivierte Zusammensetzung; *Augenblick* ist heute noch morphologisch-strukturell motiviert als Zusammensetzung aus *Auge* und *Blick*, hat sich aber inhaltlich von seinen Bestandteilen gelöst, semantisch idiomatisiert: <kurze Zeiteinheit>; *Kirchturm* ist vollständig motiviert: <Turm als Teil einer Kirche>.

idiosynkratisch (gr. idios = selbst, synkrasis = Vermischung): Eigenschaft eines Wortes/↑Lexems, die nicht auf Grund struktureller Regeln vorausgesagt werden kann; z. B.: Bedeutungen komplexer Wörter, die nicht oder nur in geringem Maße auf die Bedeutungen ihrer Bestandteile zurückgeführt werden können (*Augenblick*, *blaumachen*). Auch ↑Idiomatisierung.

Ikon ↑Zeichen.

Idiotikon, das (gr. idiotikos = gewöhnlich): Mundarten-Lexikon als Ergebnis lexikologischer Dialektforschung; Zusammenstellung von Idiotismen, den nur regional gebräuchlichen, nicht standardsprachlichen Ausdrücken; z. B. Schwäbisches, Schlesisches, Hamburger Wörterbuch.

Idiotismus ↑Idiotikon.

Illokution, **illokutiv** ↑Satzsemantik, ↑Sprechakt.

illokutiver Indikator (lat. illoqui = zu jemandem sprechen; indicatum = angegeben, angezeigt): Partikelwort oder Kurzphrase mit der Funktion, einen sonst kommunikativ vieldeutigen Satz zu vereindeutigen; z. B.: *bitte, doch, he, ja, nanu, nicht wahr?, ja oder nein?* in: *Du kannst jetzt <u>bitte</u> gehen.* (Kennzeichnung des Aufforderungscharakters) – *Du kannst <u>ja</u> jetzt gehen.* (Ratschlag) – *Du kannst jetzt <u>bestimmt</u> gehen.* (Überzeugungsversuch von Fähigkeit oder Erlaubnis).

Immediate Constituent Analysis ↑I-C-Analyse.

Imperativ, der (lat. imperare = befehlen) [auch: Befehlsform]: ↑Modus des Verbs, in dem der Sprecher seinen Wunsch nach Realisierung eines bezeichneten Geschehens oder Seins zum Ausdruck bringt, zu etwas auffordert; z. B.: *Komm! Denkt nach!* Vgl. ↑Heischesatz.

Imperfekt ↑Präteritum.

Impersonalia, die (lat. personalis = persönlich) [auch: unpersönliche Verben]: Nur in der 3. Pers. Sg. verwendete Verben, bei denen an die Stelle eines expliziten „persönlichen“ Handlungs- oder Geschehensträgers in Subjektposition das unpersönliche Pronomen *es* tritt; z. B.: Witterungsverben (*es regnet, schneit, stürmt, donnert ...*), Befindlichkeitsverben (*es freut mich, hungert mich, friert mich ...* neben *mich hungert, mich friert ...*), best. Ereignisverben (*es geschieht, es stinkt ...*).

Implikation, die (lat. implicatio = Verflechtung): 1. Konsequenz, semantische Schlussfolgerung, die mit einer Äußerung notwendig gekoppelt, mitgegeben ist; z. B.: *Der Arzt heilte das Kind.* (I. = Ein krankes Kind wurde gesund.) – *Nur mit Mühe gelang es der Firma, den gesetzten Liefertermin einzuhalten.* (I. = Die Firma hat rechtzeitig geliefert.) Gelegentlich ergeben sich sprachl. Suggestivschlüsse bei nahe liegender, aber tatsächlich nicht zwingender, nicht vorhandener I.; z. B.: *Der Hausherr hat nicht dafür gesorgt, dass alle etwas zu trinken hatten.* (Scheinbare I.: Es hatten nicht alle genug zu trinken. – Tatsächlich kann die Hausfrau alle versorgt haben.) – *Sie hatte den Mut, ihm ihre Meinung zu sagen.* (Suggerierte, aber logisch nicht notwendige I.: Sie hat ihm ihre Meinung gesagt.) 2. Spezialfall der ↑lexikalischen Solidarität.

implikativ (lat. implicatum = enthalten): Eigenschaft best. ↑Verben mit abhängiger Infinitivkonstruktion, bei deren Gebrauch der übergeordnete Teilsatz die Aussage der abhängigen Infinitivkonstruktion einschließt (impliziert), sodass die ↑Negation des einen auch die Negation des anderen mit sich bringt (dagegen ↑faktiv); z. B.: *Sie ließ sich herab, ihm zu verzeihen* (= <Sie verzieh ihm.>). – *Sie ließ sich nicht herab, ihm zu verzeihen* (= <Sie verzieh ihm nicht.>).

implizit (lat. implicite = verbunden, verknüpft): Eigenschaft einer Aussage, in einer anderen enthalten zu sein, ohne ausdrücklich erwähnt, ohne durch einen eigenen Ausdruck repräsentiert zu sein; kann expliziert (Gw. explizit), d. h. durch einen eigenen Ausdruck verdeutlicht werden; z. B. *Der Hund ist vor 10*

Minuten verendet. (I. Aussage: Er hat vor 20 Minuten noch gelebt.) – *Du sprichst zu laut.* (I. Aufforderung: Sprich leiser!) – *Hans kommt gleich.* (Explizierung der ↑illokutiven Beziehung: *Ich versichere / warne / verspreche euch: Hans kommt gleich.*).

inchoativ ↑Aspekt, ↑Aktionsart.

Indefinitpronomen ↑Pronomen.

Index ↑Zeichen.

Indikativ, der (lat. indicare = anzeigen) [auch: Wirklichkeitsform]: ↑Modus des Verbs; allgemeingültige, neutrale Aussageweise ohne besondere modale Differenzierung; der bezeichnete Sachverhalt wird als gegeben dargestellt; z. B.: *Er denkt nach. – Hans hat gelogen.*

indirekte Rede ↑Rede.

indirekter Fragesatz ↑Gliedsatz.

Individuativum, das (lat. individuum = unteilbar): Gegenstandsname; Subst., das im Ggs. zum ↑Kontinuativum ein Einzelding benennt; z. B.: *Haus, Fuchs.* Vgl. ↑Eigenname.

Indoeuropäisch ↑Indogermanisch.

Indogermanisch [auch: Indoeuropäisch]: Durch Sprachvergleich (↑Sprachverwandtschaft) rekonstruierte prähistorische Vorstufe einer Gruppe verwandter Sprachen im europ. und vorderasiatischen Raum etwa im 3. Jht. v. Chr. (Indisch, Iranisch, Armenisch, Albanisch, Illyrisch, Griechisch, Italisch, Keltisch, Baltisch, Slawisch, Germanisch).

Induktion ↑Inferenz.

Inferenz, die (lat. inferre = hineintragen, folgern): 1. Schlussfolgerung, bei der sich von best. Aussagen her (= Wissensbasis) andere (Hypothesen, Urteile) ergeben; in Logik (↑logischer Schluss) verschiedene Formen der I.:

a) Deduktion (lat. deducere = herleiten): Ableitung einer notwendigen Folgerung (Konklusion mit Wahrheitswert) aus gültigen Voraussetzungen (Prämissen); vom Allgemeinen zum Besonderen; z. B.: *Alle Menschen sind sterblich. → Auch der hundertjährige Karl Meier wird sterben.*

b) Induktion (lat. inducere = einführen, hinleiten): Ableitung einer allg. Aussage (Konklusion), die logisch nicht notwendig ist (Wahrscheinlichkeitswert), aus Einzelaussagen zum selben Gegenstandsbereich (Prämissen); vom Besonderen zum Allgemeinen; z. B.: *Alle bisher beobachteten Igel haben Stacheln. → Alle Igel haben Stacheln.*

c) Abduktion (lat. abducere = wegführen): Ableitung einer Einzelaussage (Hypothese) aus einer allgemeingültigen Aussage und einer Einzelaussage; z. B.: *Alle Menschen sind sterblich. Jesus von Nazareth war ein Mensch. → Jesus von Nazareth ist gestorben.*

2. In ↑Textlinguistik die Möglichkeit des Textrezipienten (↑Emittent), aus ↑Texten etwas auf seine Lebensverhältnisse zu übertragen, den Textinhalt zu den eigenen ↑Erfahrungen in Beziehung zu setzen und die expliziten Textaussagen mit Hilfe seines ↑Weltwissens zu ergänzen; z. B.: *Er radelte langsam bis zur Dorfkirche und musste dabei kräftig in die Pedalen treten. Dann sauste er ohne Anstrengung an den Häusern vorbei.* I. des Wissens <nach der Dorfkirche ging es abwärts weiter>.

infinit (lat. infinitum = unbestimmt, allgemein): Eigenschaft einiger Wortformen des Verbs, keine Angaben über Person und Numerus zu enthalten;

a) Infinitiv [auch: Grundform, Nennform]: Grundform des Verbs; einfache Nennung eines Geschehens oder Seins (Morphem /en/); z. B.: *singen, regnen, denken, sich ärgern*;

b) Partizip (lat. participere = teilnehmen; hier: an den Eigenschaften des Nomens und des Verbs: ↑Deklination, Ableitung vom Verb) [auch: Mittelwort]: Part. I (Mittelwort der Gegenwart) drückt gegenwärtigen Ablauf eines Geschehens, Andauern eines Zustands/Seins aus; z. B.: *singend, sich erholend, trauernd, hängend;* Part. II (Mittelwort der Vergangenheit) drückt Vollzug, Vollendung eines Geschehens oder Seins aus; z. B.: *gesungen, geregnet, geglänzt.*

Infinitiv ↑infinit.

Infinitivsatz ↑satzwertig.

Infix, das (lat. infigere = hineinheften): Gebundenes ↑Morphem, das bei ↑Wortbildung in ein Grundmorphem eingefügt oder zwischen Grundmorpheme gesetzt wird; z. B.: *sinken* geht auf ahd. *si-n-kan* zurück, das neben wurzelverwandtem ahd. *sigan* <tröpfelnd fallen> steht (vgl. ↑Fugenelement). Auch ↑Affix, ↑Präfix, ↑Suffix.

Informant, der (lat. informare = bilden, unterrichten): Sprecher einer natürlichen Erstsprache (Muttersprache), der dem Linguisten bei synchronischen Untersuchungen ↑Informationen über die Sprache liefert (Native speaker) oder der als Linguist sich selbst befragt und informiert, ob eine Äußerung in der Sprache möglich ist oder nicht und ob zwei Äußerungen identisch sind oder verschieden. Auch ↑Kompetenz, ↑introspektiv.

Information, die (lat. informatio = Vorstellung): Nachricht, Mitteilung eines dem Empfänger noch nicht bekannten Sachverhalts (mit Hilfe von Zeichen); Einheit für Informationswert einer Nachricht: ↑Bit.

Informations- und Kommunikationstechnologie: Gesamtheit der technischen Prozesse optimaler Speicherung, Übertragung und Verarbeitung von ↑Informationen; bes. im Bereich elektronischer Datenverarbeitung (↑EDV) mit Hilfe von ↑Computern.

ingressiv ↑Aspekt, ↑Aktionsart.

inhärent (lat. inhaerere = drinstecken): Eigenschaft kontextfreier, vom Kontext unabhängiger Merkmale eines sprachl. Elements; z. B.: <+ V>, aber nicht <+ Prät.> in *sie* <u>*sang*</u>. Auch ↑kontextsensitiv.

Inhalt: ↑Bedeutung; neben der Lautgestalt die zweite Seite des sprachlichen ↑Zeichens (Signifié oder Signifikat) oder einer Zeichenfolge (Morphem-I., Wort-I., Satz-I.).

inhaltbezogen: Eigenschaft einer Sprachbetrachtung, die nicht die lautliche Seite der Sprache zum konstanten Ausgangspunkt ihrer Untersuchungen macht (lautbezogen) und ihr dann „Bedeutungen" zuordnet, sondern Sprachinhalte an den Anfang und in die Mitte jeder Sprachanalyse stellt.

Inhaltbezogene Grammatik [auch: Sprachinhaltsforschung]: Unter Rückgriff auf HUMBOLDTS Sprachphilosophie von WEISGERBER, TRIER und PORZIG begründete und vor allem in der Germanistik der Bundesrepublik Deutschland verbreitete ↑energetische Sprachwissenschaft, die durch laut-, inhalt-, leistung- und wirkungsbezogene Untersuchungen den geistigen Aneignungs- und Anverwandlungsprozess außersprachl. Wirklichkeit mit den Mitteln der Sprache (↑Zwischenwelt), im „Worten der Welt" durch die Sprachgemeinschaft beschreibt, mit deren Sprache die nachwachsende Generation zugleich ein ganzes ↑„Weltbild" der Sprache übernimmt.

Inhaltsfigur ↑semantisches Merkmal.

Inhaltskomponente ↑Komponente, ↑semantisches Merkmal.

Inhaltswort ↑Autosemantikum.

Initialsymbol ↑Stemma.

Initialwort ↑Kürzung.

Inklusion ↑Distribution.

Inkompatibilität ↑Kompatibilität.

Inkonymie, die (lat. in- = nicht; con = zusammen; gr. onoma = Name) [auch: Heteronymie, Diahyponymie]: Gegensatzverhältnis zwischen Unterbegriffen/ Ko-Hyponymen (↑Hyponymie), die sich in einem best. semantischen Merkmal unterscheiden und miteinander unverträglich sind (↑Kompatibilität); z. B.: *Schimmel, Rappe, Fuchs* <Farbe> – *Berhardiner, Schäferhund, Dackel, Pudel* <Rasse> – *aufblühen, verblühen – hinauf, hinunter.*

Inlaut: Laut oder Lautgruppe im Innern eines Wortes; z. B.: *Wille*. Auch ↑Anlaut, ↑Auslaut.

Innatismus, der (engl. innate = angeboren): Rationalistische Theorie des ↑Spracherwerbs, die sprachl. Grundfähigkeiten als bereits angeboren, nicht als erst durch Erfahrung und Lernen erworben betrachtet.

innensyntaktisch: Eigenschaft der ↑Funktion eines Beziehungsmittels im Satz (↑Syntax), die Beziehungen der ↑Satzglieder innerhalb des Satzes zu kennzeichnen (z. B.: Kasus oder Wortstellung); außensyntaktische Beziehungen (z. B. Numerus, Tempus, ↑Aktionsart) der Satzglieder zielen dagegen auf die Verhältnisse der außersprachl. Wirklichkeit (z. B. ob der ↑Referent von *Frau/en* ein oder mehrere Wesen darstellt).

innere Sprache: Bei WYGOTSKI nicht die äußere Sprache, mit der man sich an andere wendet, sondern die verinnerlichte, abgesunkene, verkürzte und verdichtete Sprache für den Sprechenden selbst, die er als Instrument des Denkens, d. h. des inneren Problemlösens verwendet.

innere Sprachform: Von HUMBOLDT begründete sprachphilosophische Anschauung, nach der jede Einzelsprache (neben der äußeren, materiell realisierten Sprachform) eine besondere „Weltansicht" darstellt: die Strukturen der Sprache prägen die Art des Denkens der Sprachgemeinschaft. Auch ↑Weltbild der Sprache.

Input ↑Black-box.

Insertion ↑Addition.

Instruktionsstruktur ↑Anweisungsstruktur.

instrumental ↑Adverbial.

Instrumentalsatz ↑Gliedsatz.

Integration ↑Interferenz.

Intension, die (lat. intendere = richten auf) [auch: Begriffsinhalt]: Bestimmung eines Begriffs durch Bedeutungsmerkmale (↑semantisches Merkmal) im Ggs. zur Extension, der Begriffsbestimmung durch Aufzählung der bezeichneten Objekte/Sachverhalte; z. B. sind *Orange* und *Apfelsine* intensional identisch, da die Wörter die gleichen Bedeutungsmerkmale aufweisen, *Abendstern* und *Morgenstern* dagegen intensional verschieden (obwohl beide die Venus bezeichnen), da die ↑konnotativen Merkmale sich unterscheiden; extensional sind auch *Abendstern* und *Morgenstern* identisch, da sie sich auf die gleichen ↑Referenzobjekte beziehen. Auch ↑Definition.

intensiv ↑Aktionsart.

Intensivbildung: In ↑Wortbildung ↑deverbatives Verb, das inhaltlich eine Verstärkung des im Grundwort Gemeinten zum Ausdruck bringt; z. B.: *zerbrechen* <entzwei brechen>, *nachprüfen, umändern.*

Intention, die (lat. intentio = Absicht): Absicht, die ein Sprecher/Schreiber mit seiner Mitteilung an seine(n) Hörer/Leser verfolgt; Redeabsicht, Redezweck; z. B. Information, Belehrung, Aufklärung, Unterhaltung, Vermittlung ästhetischen Genusses, Erbauung, Bewusstseinsveränderung, Verhaltensänderung.

Interaktion, die (lat. inter = zwischen, actio = Handeln): Gegenseitiges Aufeinandereinwirken mehrerer Kräfte oder Individuen; Miteinanderhandeln von Sprecher und Hörer bzw. Schreiber und Leser bei sprachl. ↑Kommunikation, die nur gelingen kann, wenn beide Partner ihren Teil dazu beitragen.

Interdental ↑Dental.

Interdependenzrelation, die (lat. inter = zwischen, untereinander; dependere = abhängen): Gegenseitiges Abhängigkeitsverhältnis mindestens zweier Satzteile, die nicht allein, sondern nur zusammen in einem Satz vorkommen können (X_1 + X_2); z. B. Verb und Ergänzungen in: *Es regnet. – Die Bauarbeiter frühstücken. – Die Maschine braucht Öl.* ↑Auch Dependenzrelation.

Interferenz, die (lat. inter = zwischen; ferre = tragen)**:** 1. Verletzung einer sprachl. Norm durch Beeinflussung, durch Einwirken von sprachl. Elementen einer Sprache auf (laut-, bedeutungs- oder schriftähnliche) Elemente einer anderen Sprache, aber auch auf Elemente derselben Sprache:
a) phonetische I.: „deutsche“ Aussprache von engl. *thing* <Sache> wie engl. *sing* <singen>, da es im Dt. keinen dentalen Spiranten [θ] gibt;
b) grammatische I.: fehlerhafte morphologische oder syntaktische Übertragung, z. B. der dt. Satzgliedfolge: *Er kommt immer rechtzeitig.* > **He comes always in time.*
c) semantische I.: engl. *to realise* (in der Bedeutung <bemerken>) darf nicht mit dt. *realisieren* übersetzt werden [auch ↑Faux amis = „falsche Freunde“ genannt].
2. Vorgang und Ergebnis jedes Kontaktes zwischen verschiedenen Sprachen mit gegenseitiger Beeinflussung:
a) Transferenz: Übertragung einer Erscheinung der Sprache A (= Fremdsprache) in das System der Sprache B (= Muttersprache), z. B. lexikalische T. vom Dt. ins Engl.: *autobahn, kindergarten, ablaut*; in umgekehrter Richtung *Striptease, Quiz, Babysitter*;
b) Integration: Eingliederung einer Erscheinung der Sprache A (= Fremdsprache) in das System der Sprache B (= Muttersprache), z. B. graphemische I.: Großschreibung engl. Substantive im Dt. (*der Boom, Swimmingpool*); lexikalische I.: *Ticket* anders als im Engl. im Dt. vornehmlich für Flugverkehr gegenüber *Fahrkarte, Fahrschein, Billet.*
Auch ↑Fremdwort, ↑Entlehnung.

Interjektion, die (lat. interiectio = Zwischenruf) [auch: Ausrufewort, Ausdruckswort, Empfindungswort]: Kein Wort im eigentlichen Sinne (des sprachl. ↑Zeichens), also mit selbstständiger lexikalischer Bedeutung, sondern expressives Lautgebilde zum unmittelbaren Ausdruck innerer Zustände, Empfindungen (z. B. Überraschung, Schmerz, Freude); spontan in Sprechsituation entstanden, wenn auch bis zu einem gewissen Grade konventionalisiert; Stellung außerhalb des Satzes oder wie eine ↑Parenthese in ihn hinein-/„dazwischengeworfen"; z. B.: *oh!, au!, ah! brr!*; – *Oh, das gefällt mir.* – *Und schon naht, ach! das Unheil.*

Interjektionstheorie ↑Glottogonie.

Interlinearglosse ↑Glosse.

Interlinearversion, die (lat. inter = zwischen; linea = Zeile): In alte fremdsprachliche, handschriftlich verfasste Texte fortlaufend zwischen die Zeilen geschriebene Wort-für-Wort-Übersetzung; z. B. ahd. I. der Benediktinerregel. Auch ↑Glosse.

intermittierend ↑Liquid.

Internalisierung, die (engl. internal = innerlich): Beim ↑Spracherwerb Aufbau eines sprachl. Regelsystems im „Inneren" des Kindes durch Übernahme der Regeln aus der gehörten Sprache.

Internationales Phonetisches Alphabet (IPA) ↑Lautschrift.

Internationalismus, der (lat. inter = zwischen; natio = Volk): Wort, das in vielen Nationalsprachen, international gebräuchlich, das ohne Übersetzung verständlich ist; bei der engen Verflechtung der modernen Staaten in Wissenschaft, Technik, Wirtschaft und Politik werden mit best. Erscheinungen und Theorien auch die entsprechenden Termini technici (Fachausdrücke) übernommen; z. B.: *Atom, Radio, Taxi, Oekonomie, Republik.*

Internet, das (lat. inter = zwischen; engl. net = Netz): Internationales Netzwerk miteinander verbundener ↑Computer mit all ihren gespeicherten Informationen in Form von Texten, Bildern, Tönen, die mit großer Geschwindigkeit gesendet und empfangen werden können („Datenautobahn"); wichtigstes Teilsystem WWW (= World Wide Web); ermöglicht Informationsbeschaffung durch den Client („Kunde") beim Host („Wirt"/„Versorger") mit jeweils eigener Adresse für ihren Computer, der URL (Uniform Resource Locator); Computersprache der Webdokumente: HTML (↑Hypertext Markup Language).

Interpolation, die (lat. interpolatio = Veränderung): 1. In ↑Textlinguistik gedankliche Ergänzung eines ↑Textes um sprachl. Elemente durch Hörer/Leser (Rezipient) aufgrund seiner ↑Erfahrung (Vorwissen) oder mit Hilfe von Informationen des ↑Kontextes, zur Herstellung einer annehmbaren ↑Textkohärenz; z. B.: *Er wurde sofort ins Krankenhaus gebracht. Eine Schwester* (zu interpolieren: *Kranken-* oder *des Krankenhauses*) *holte den diensttuenden Arzt.* 2. In ↑Textkritik Ergänzung/Veränderung eines Textes (z. B. einer mittelalterlichen Handschrift) durch Eintragungen eines (Ab-)Schreibers, die vom Herausgeber einer kritischen Textausgabe im Bemühen um die Wiederherstellung der ursprünglichen Textfassung getilgt/rückgängig gemacht wird.

Interpretation, die (lat. interpretatio = Auslegung): In ↑Generativer Grammatik Zuordnung der beiden ↑Komponenten ↑Phonologie und ↑Semantik zur zentralen Komponente ↑Syntax;

a) phonologische I.: lautliche und graphische Realisierung syntaktischer Strukturen;
b) semantische I.: Zuordnung von Bedeutungsstrukturen und syntaktischen Strukturen.

interpretative Semantik: Beschreibung der Bedeutung sprachl. ↑Zeichen, bes. von Sätzen, im Rahmen des Modells der ↑Generativen Grammatik, mit ↑Syntax als zentraler generativer Komponente und ↑Semantik als interpretativer Komponente; Satzinhaltsinterpretation durch Vereinigung der Merkmale einzelner ↑Formative zur Gesamtbedeutung des Satzes mit Hilfe von ↑Projektionsregeln. Dagegen ↑Generative Semantik.

interpretierbar: Eigenschaft grammatisch abweichender Sätze (↑grammatisch), trotz der Verstöße gegen sprachl. Regeln verstehbar zu sein; z. B.: **Du war gestern in das Disko.* Nicht i. wäre dagegen z. B.: ***Du jeder Datum nein hast groß die Hund.* Vgl. ↑akzeptabel.

Interpunktion, die (lat. interpunctum = durch Punkte abgetrennt) [auch: Zeichensetzung]: Optische Gliederung geschriebener/gedruckter Sprache unter grammatischen wie auch semantischen Gesichtspunkten mit Hilfe nichtalphabetischer I.-Zeichen, Satzzeichen (Punkt, Fragezeichen, Ausrufungszeichen, Semikolon, Komma, Doppelpunkt, ↑Anführungszeichen, Klammern, Gedankenstrich) oder Wortzeichen (↑Bindestrich, ↑Apostroph, Auslassungszeichen); historisch hervorgegangen aus Markierungen von Atempausen für den Textvortrag (vgl. ↑Virgel).

Interrogativpronomen ↑Pronomen.

Intonation, die (lat. intonare = ertönen): Verlauf des Stimmtonhöhenwechsels bei Artikulation eines Wortes/Satzes/Textes mit auf- und absteigender Kurve und Tonhöhenbrüchen; z. B. Markierung einer Behauptung/Bestätigung durch sinkende, einer Frage durch steigende Tonhöhe am Satzende: *Du sagst die Wahrheit.*↓ aber: *Du sagst die Wahrheit?*↑.

Intonationsmuster (intonation marker): Tonfall sprachl. Äußerungen, der semantisch interpretierbar ist; bereits bei Einwortsätzen des Kleinkindes zu unterscheiden (↑Spracherwerb):
a) feststellender Tonfall: *Mami.* = <Da ist die Mami.>;
b) fragender Tonfall: *Mami?* = <Wo ist die Mami? – Kommt die Mami?>;
c) auffordernder oder expressiv-betont feststellender Tonfall: *Mami!* = <Mami soll kommen! – Da ist die Mami! ...>.

intransitiv (lat. in- = nicht; transitio Übergang) [auch: nichtzielend]: Eigenschaft best. Verben, die kein direktes ↑Objekt, Akk.-Obj., nach sich ziehen können und kein persönliches Passiv bilden; z. B.: *schimpfen* in den Sätzen *Die Mutter schimpft* – **Die Mutter schimpft den Knaben* – **Der Knabe wird von der Mutter geschimpft* im Unterschied zu ↑transitivem *ausschimpfen* in *Die Mutter schimpft den Knaben aus.*

introspektiv (lat. introspicere = hineinsehen): In sich hineinschauend; Eigenschaft einer Untersuchungsweise, bei der ein Linguist sein eigener ↑Informant ist, seine eigene Sprachkompetenz analysiert (Gefahr subjektiver, schwer nachprüfbarer Aussagen und Spekulationen; vom ↑Behaviorismus deshalb abgelehnt).

Inventar, das (lat. inventum = angetroffen, gefunden): Bestand an Sprachelementen, den das System einer Sprache aufweist; jede Sprache hat z. B. ein begrenztes Phonem-I., d. h. eine best. Anzahl von Phonemen (zwischen 30 und 60), dagegen ein unbegrenztes Lexem-I. mit unendlich vielen, durch Wortbildung ständig zu vermehrenden Wörtern:
a) geschlossenes I.: Anzahl der Elemente ist begrenzt, genau festgelegt, nicht vermehrbar; z. B. Phonem-I.;
b) offenes I.: Elemente sind vermehrbar; z. B. Lexem-I.

Inversion, die (lat. invertere = umdrehen): Umkehrung der als „normal" angesehenen Abfolge der Satzglieder ↑Subjekt und ↑Prädikat (z. B.: *Sie deckt den*

Tisch.) zur Folge: zuerst finites Verb des Präd., danach das Subj., wenn ein anderes Glied als das Subj. an der Spitze des Satzes steht (z. B.: *Schnell deckt sie den Tisch.*); auch bei Spitzenstellung des Verbs im Fragesatz ohne Fragewort, z. B.: *Deckt sie den Tisch?*

Ironie, die (gr. eironeia = Verstellung): Ausdruck des Gegenteils dessen, was eigentlich gemeint ist; durch Tonfall, Wortwahl (Homonyme, Antonyme) und/oder ↑Abtönungspartikel wird eine Unverträglichkeit zwischen wörtlicher Bedeutung des Ausdrucks und sprachl. oder situativem ↑Kontext signalisiert; z. B.: *Du bist vielleicht ein Könner!* also: <Nichtkönner>.

irreal ↑Konjunktiv.

irrelevant: Unwichtig; für die Unterscheidung sprachl. Elemente nach ↑distinktiven Merkmalen nicht zu beachtendes Merkmal; z. B. Artikulationsweise des Phonems /r/ als Zungen- oder Zäpfchen-R.

Isoglosse, die (gr. isos = gleich; glossa = Äußerung): 1. Linie auf Karte eines Sprachatlas, die das Verbreitungsgebiet eines Wortes begrenzt. 2. Verbreitungsgebiet sprachl. Erscheinungen, Gebiet mit gleichen Spracherscheinungen. Auch ↑Areallinguistik.

isomorph (gr. isos = gleich; morphe = Gestalt): Eigenschaft sprachl. Elemente gleicher Struktur, gleicher Bauweise (gleiche Anzahl von Konstituenten, diese jeweils mit gleichen Beziehungen zueinander); z. B. morphologisch i.: *unverzeihlich, unausstehlich, unbeschreiblich, unvergesslich, unerklärlich.*

Isotopie eines Textes, die (gr. isos = gleich; topos = Rang) [auch: ↑Semrekurrenz]: In strukturalistischer Darstellung der Bedeutungsstrukturen von ↑Texten bei GREIMAS das wiederkehrende Auftreten (↑Rekurrenz) eines ↑semantischen Merkmals (↑Sem) in den Wörtern eines Textes als wichtige Bedingung für ↑Textkohärenz; Arrangement mehrerer Wortbedeutungen auch über Satzgrenzen eines Textes hinaus zu inhaltlichen Komplexen auf der Grundlage teilweiser semantischer Übereinstimmung und Differenz der Wortbedeutungen und/oder auf der Grundlage erfahrener Zusammenhänge zwischen Erscheinungen und Sachverhalten (z. B.: *Zwei Musikkritiker treffen sich nach dem Konzert. Einer hat die Sängerin hinter der Bühne gesprochen ...*). I. ist auf einer einzigen Ebene möglich oder auf mehreren I.-Ebenen, von denen dann aber eine dominant sein muss (um für Hörer/Leser den „roten Faden“ für das Textverständnis abzugeben). Bei „komplexer I.“ können sich zwei verschiedene I.-Ebenen in einem mehrdeutigen Ausdruck (↑Polysemie, ↑Monosemierung) überschneiden (z. B. *Nummer* im Witz: *Am Telefon. „Hier Schuhhaus Tritt!“ – „Oh, ich fürchte, ich habe die falsche Nummer gewählt.“ – „Macht nichts, wir tauschen um.“*).

Item-and-Arrangement-Grammar: Grammatik, die sprachl. Strukturelemente (engl. items) und deren Anordnung (engl. arrangement) beschreibt (HOCKETT), indem sie ein ↑Korpus von Äußerungen analysiert (↑taxonomischer Strukturalismus): im Unterschied zur Item-and-Process-Grammar (Strukturelement-und-Prozess-Grammatik), die Sprache nicht als etwas Statisches, sondern Dynamisches beschreibt (Erzeugungsprozess der ↑Generativen Grammatik).

Iteration, die (lat. iterativus = wiederholend) [auch: Wortverdoppelung]: Verdoppelung eines Wortes zum Zweck größeren Nachdrucks: *neinnein, bittebitte;* zur Lautmalerei (↑onomatopoetisch): *Kuckuck;* in der Kindersprache: *eiei, auau, Wehweh*; gelegentlich mit ↑Ablaut: *Singsang, Ticktack.*

iterativ ↑Aktionsart.

Iterativbildung (lat. iteratum = wiederholt): In ↑Wortbildung ↑deverbatives Verb, das inhaltlich eine Häufigkeit/Wiederholung des im Grundwort Gemeinten zum Ausdruck bringt; z. B.: *streicheln* = <häufig (und zart) streichen>; *sticheln* = <wiederholt stechen>; *tänzeln.*

Iterativum ↑Numerale.

Jargon, der (franz. jargon = Ausdrucksweise best. Klassen oder Berufe): Soziale oder berufliche Gruppensprache mit Sonderwortschatz, aber mit Grammatik und Grundwortschatz der Gemeinsprache (Nationalsprache); sie soll bewusst nicht allgemeinverständlich sein; z. B.: Berufs-J. der Ärzte (*impaktierter Weisheitszahn, erblich progressive Arthro-Ophthalmopathie*), Juristen (*Ersatznacherbe, Einrede, Strafklageverbrauch*) oder Soziologen (*Entinnerlichung der Familie, Identitätsdiffusion, Feldhandeln*) oder ↑Rotwelsch (rot = Bettler; welsch = fremdartig), auch Gauner-J. genannt, dessen aus dem Jiddischen (Sprache der osteurop. Juden; mhd. Elemente, hebr. und slaw. beeinflusst), der Sprache der Zigeuner, dem Franz. und Ital. stammendes, mit mancherlei umschreibenden oder verhüllenden Neubildungen durchsetztes Lexeminventar z. T. Bestandteil der nhd. Umgangssprache geworden ist; z. B.: *Stromer* <Landstreicher>, *blechen* <Geld geben>, *schwänzen* <herumschlendern, versäumen>.

Jenisch ↑Rotwelsch.

Jiddisch ↑Jargon.

Jugendsprache: Altersmundart bzw. Gruppensprache (↑Varietät) Jugendlicher mit gemeinsamem soziokulturellen Hintergrund (Jugendkultur), die nach innen verbindet und zugehörig macht (solidarisierende Funktion), nach außen abgrenzt (Distanzierung gegenüber Erwachsenen und anderen Jugendlichen); vor allem lexikalische (↑Lexikon) und stilistische Merkmale wie Metaphorik (*Mach 'ne Fliege!*), Emotionalität (*Mann, da kannste doch total abkotzen.*), provozierende Derbheit (*Eh, du Arsch!*) und Übersteigerung (*oberaffengeil*).

Junggrammatiker: Leipziger Schule von Sprachwissenschaftlern (wie H. PAUL, W. BRAUNE, E. SIEVERS, O. BEHAGHEL, F. DE SAUSSURE in seiner frühesten Phase), die Ende des 19. Jhs. in Anlehnung an naturwissenschaftliche Methoden historische Sprachwissenschaft betrieben (vor allem den Lautwandel mit angeblich ausnahmslos wirkenden ↑Lautgesetzen beschrieben); Ergebnis z. B. die noch heute benutzten Grammatiken des Got., Ahd., Mhd. von PAUL und BRAUNE; Abkehr von Methoden der J. beim späteren SAUSSURE und dem Strukturalismus (Betonung der Synchronie, der Gegenwartssprache, des Systemcharakters der Sprache) sowie bei der inhaltbezogenen Sprachwissenschaft (statt lautbezogener inhaltbezogene Untersuchungen).

Junktion, die (lat. iunctum = verbunden): Syntaktische Relation in der ↑Dependenzgrammatik (HERINGER) zwischen durch Junktiv (z. B. *und*) oder ohne Junktiv koordinierten, nicht einander unter- bzw. übergeordneten Einheiten des Satzes; z. B.: *Das Wasser dampft, kocht, brodelt, zischt.* Verbindung von gleichberechtigten Knoten im ↑Stemma; z. B.: *Menschen und Tiere sind Lebewesen.*

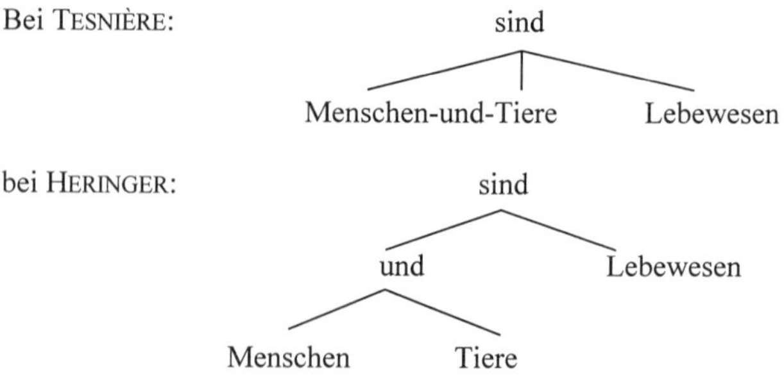

a) totale J.: Mehrere Sätze sind in einem einzigen vereint; z. B.: *Menschen sind Lebewesen. + Tiere sind Lebewesen. > Menschen und Tiere sind Lebewesen. – Schwalben fangen Mücken. + Schwalben fangen Fliegen. + Schwalben fressen Mücken. + Schwalben fressen Fliegen. + Spinnen fangen Mücken. + Spinnen fangen Fliegen. + Spinnen fressen Mücken. + Spinnen fressen Fliegen. > Schwalben und Spinnen fangen und fressen Mücken und Fliegen.*

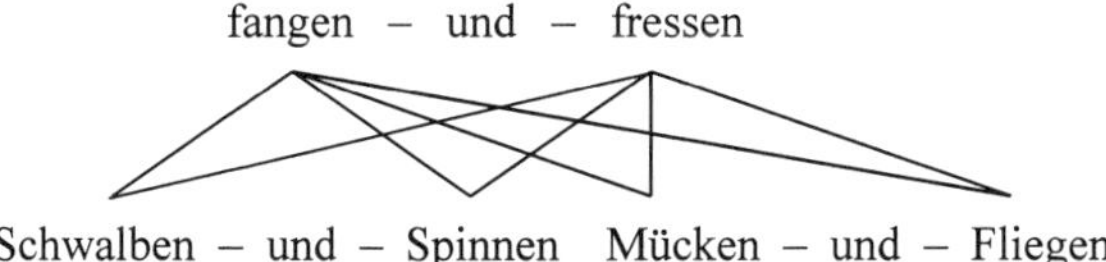

b) partielle J.: Mehrere Sätze treffen sich nur in einem Element, sind sonst voneinander verschieden; z. B.: *Der Mann trinkt Bier. + Der Mann fährt Auto. > Der Mann trinkt Bier und fährt Auto.*

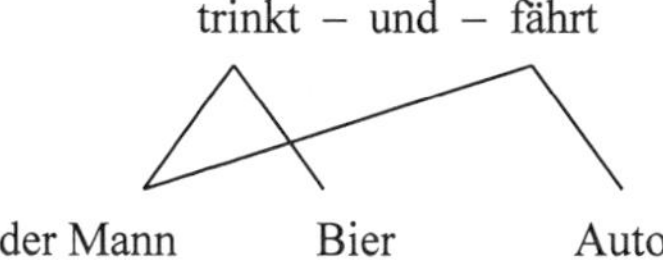

Junktiv ↑Junktion.

Junktur, die (engl. juncture von lat. iunctura = Verbindungsstelle, Fuge): Grenze zwischen aufeinander folgenden (linearen) sprachl. Einheiten, die sich als Sprechpause niederschlägt; z. B. J. zweier ↑Phoneme /l/ und /e/ in *lebendig* und *beliebt*; J. verschiedener ↑Morpheme in *(Sie holte) Spargel, der (gekocht werden sollte.)* und *(Sie holte) Spar-gelder (von der Bank.)*; *Nach-teile,* aber *Nacht-eile*; *Ver-sehen,* aber *Vers-ehen.*

Juxtaposition, die (lat. iuxta = dicht daneben; ponere = setzen): In ↑Wortbildung die historisch ältere Zusammensetzung (↑Komposition) freier ↑Morpheme ohne Flexionselement (z. B. *Meerenge)* im Ggs. zu den jüngeren Zusammensetzungen mit flektiertem ersten Glied (z. B. *Meeresbrandung).*

Kante ↑Stemma.

Kardinalzahl ↑Numerale.

Kasus, der (lat. casus = Fall): 1. Wortform bei der Flexion von Nomen, Adj. und Pron. (↑Deklination) zur Kennzeichnung syntaktischer Beziehungen (Einordnung einer Einzelvorstellung in den Sinnbezug einer Gesamtäußerung):
a) ↑Nominativ (wer?): *Der Vogel pfeift.*
b) ↑Akkusativ (wen oder was?): *Er baut einen Tisch.*
c) ↑Dativ (wem?): *Er begegnet dem Freund.*
d) ↑Genitiv (wessen?): *Er hat den Gang eines Seemannes.*
Casus rectus (gerader Fall) heißt der Nom., Casus obliquus (schiefer Fall) heißen Akk., Dat. oder Gen.; Markierung der K. in formalisierter Notation mit Hilfe von Indizes in genannter Reihenfolge a-f, nach Spalte A oder nach B:

	A	B
a) Nomen im Nom.	N_1	N_0
b) Nomen im Akk.	N_2	N_1
c) Nomen im Dat.	N_3	N_2
d) Nomen im Gen.	N_4	N_3
e) Nomen im Präp.-K.	N_5	$N_{präp}$
f) Nomen im Gleichsetzungs-K.	N_6	

2. Abstrakte logisch-semantische Relation zwischen NP und V bei FILLMORE (↑Kasusgrammatik).

Kasusgrammatik: Grammatiktheorie FILLMOREs, in der Satzstrukturen auf folgendes Grundmuster zurückgeführt werden: Verb (= Prädikat) + eine oder mehrere ↑Nominalphrasen (= Argumente), die jeweils durch eine best. logische Kasusrelation an Verb (in seiner jeweiligen Bedeutung) gebunden sind; Kasus ist dabei Terminus für eine semantisch-syntaktische Beziehung in der ↑Tiefenstruktur des Satzes, von FILLMORE nach Zahl und Art als universell (↑Universalien) angesehen, nicht zu verwechseln mit ↑Kasus als nominaler Flexionsform (traditionelle grammatische Relationen wie ‚Subjekt', ‚Objekt' gehören zur Oberflächenstruktur):
a) Agent [auch: ↑Agens, Agentiv] (engl.: wirkende Kraft): NP bezeichnet den (meist belebten) Verursacher eines Geschehens, den Auslöser einer Handlung; z. B.: *Hans liest das Buch. – Das Buch wird von Hans gelesen.*
b) Experiencer (engl. to experience = erfahren, erleiden): NP bezeichnet Lebewesen, das eine Erfahrung macht, als Ergebnis eines Geschehens einen psy-

chologischen Vorgang erfährt; z. B.: *Er friert in dem ungeheizten Zimmer. – Er ist durstig. – Er bemerkt den heißen Tee.* (Er hat Wahrnehmungserlebnisse.)

c) Instrument [auch: Instrumental] (engl. Werkzeug, Vorrichtung): NP bezeichnet Mittel, Ursache oder Stimulus eines Geschehens; z. B.: *Er heizt das Zimmer mit einem Elektroofen. – Der Elektroofen heizt das Zimmer.*

d) Object [auch: Objectiv, ↑Patiens] (engl.: Gegenstand, Objekt): von NP Bezeichnetes erfährt eine Veränderung; z. B.: *Er heizt das Zimmer. – Das Zimmer erwärmt sich. – Das Zimmer wird erwärmt.*

e) Source (engl.: Quelle, Ursprung): von NP Bezeichnetes ist Ausgangspunkt eines Geschehens; z. B.: *Er geht aus dem Zimmer. – Er erhält vom Briefträger seine Post. – Dessen Mantel trieft vor Nässe.* (= Nässe trieft von dessen Mantel.)

f) Goal (engl.: Ziel): NP bezeichnet Zielpunkt eines Geschehens; z. B.: *Er geht in die Küche.*

g) Place [auch: Location] (engl. place = Platz, Ort; location = Lage): NP bezeichnet Ort eines Geschehens; z. B.: *In der Küche kocht er Tee.*

h) Time (engl.: Zeit): NP bezeichnet Zeitpunkt oder Dauer eines Geschehens; z. B.: *Um 16 Uhr trifft er seine Freundin Helga.*

i) Result [auch: Faktitiv](engl. result = Ergebnis, Folge; factitive = bewirkend): NP bezeichnet etwas, das als Ergebnis eines Geschehens erst durch dieses entsteht; z. B.: *Helga näht sich ein Kleid. – Sie schneidet ein Loch in das Muster.*

Katapher ↑Proform.

Kategorialsymbol: Graphisches Symbol für syntaktische ↑Kategorie in ↑I-C-Analyse (↑Stemma); z. B.: S = Satz, NP = Nominalphrase, VP = Verbalphrase, N = Nomen, V = Verb, Adj = Adjektiv, Art = Artikel, Pron = Pronomen, Präp = Präposition, Konj = Konjunktion.

Kategorie, die (gr. kategorein = aussagen): Klasse oder Gruppe, der mehrere sprachl. Elemente auf Grund gemeinsamer ↑Merkmale angehören, zugeordnet werden; Einteilungsbegriff (z. B.: K. der ↑Wortart oder des Sing.). Auch ↑Funktion.

kausal ↑Adverbial.

Kausalsatz ↑Gliedsatz.

kausativ ↑Aktionsart.

Kenem, das (= leere Einheit): Bei HJELMSLEV kleinste Einheit auf der Ebene der Form des Ausdrucks, ohne Inhalt. Auch ↑Plerem, ↑Glossematik.

Kern ↑Morphem.

Kernsatz: 1. Bei GLINZ Satzbautypus mit ↑finitem Verb an zweiter Stelle (*Es war ein Sonntag. – Weil er schwitzte, öffnete er das Fenster.*); im Unterschied zum Stirnsatz mit finitem Verb an erster Stelle (*Gib mir die Hand! – Frierst du?*) und Spannsatz mit finitem Verb an letzter Stelle, aber Fügteil an erster Stelle (*Ich weiß, dass dort immer noch ein unbewohntes Haus steht.*). 2. In älterer Fassung der ↑Generativen Grammatik minimaler, einfach strukturierter Aussage-Satz, der nicht weiter reduzierbar ist, ohne dass der selbstständige Satzinhalt zerstört wird; wird nur mit Konstituentenstruktur-Regeln und ausschl. ↑obligatorischen (keinen ↑fakultativen) Transformationsregeln erzeugt; aus ihm können durch weitere Transformationen andere Sätze abgeleitet werden (derived sentences); K. darf nicht mit ↑Tiefenstruktur verwechselt werden; z. B.: *Es schneit. – Der Weg ist breit. – Die Puppe trägt ein Kleid.*

Kindersprache: In jedem Stadium des kindlichen ↑Spracherwerbs eigenständige ↑Sprache, die nicht einfach als noch unfertige Erwachsenensprache verstanden werden darf, sondern ein eigenes Regelsystem besitzt; z. B. kann der „Einwortsatz" weder dem Wort noch dem Satz der Standardsprache der Erwachsenen zugeordnet werden.

Kinesik, die (gr. kinema = Bewegung): Untersuchung von Mimik und Gestik als nichtsprachlichen oder ↑parasprachlichen visuellen Formen der ↑Kommunikation: Gesichtsausdruck, Blickrichtung, Körperbewegungen, Distanz zum Gesprächspartner als Ausdruck von Freude, Überraschung, Angst, Trauer, Ärger, Interesse usw.

Klammerform: 1. ↑Satzklammer. 2. In ↑Wortbildung Aussparung eines mittleren Bauelements, sodass die beiden äußeren Glieder eine Klammer bilden, z. B.: *Apfelblüte < Apfelbaumblüte; Fernamt < Fernsprechamt.* Auch ↑Kürzung.

Klammerfügung: Syntaktische Konstruktion mit Auslassung einer mehrfach vorkommenden Konstituente; z. B.: *Getrennt- und Zusammenschreibung, Wareneinkauf und -verkauf.*

Klassem, das: Bei HERINGER intentionales Merkmal einer ↑Leerstelle; das Gemeinsame aller möglichen Füller einer Leerstelle; Teil der Bedeutungsbeschreibung eines ↑Plerems; z. B. Adj. in *Der* ... *Turm stürzt ein.*

Klassenkalkül ↑Klassenlogik.

Klassenlogik [Auch: Klassenkalkül]: Während ↑Prädikatenlogik Begriffe, Bestandteile von ↑Aussagen in ihrem Inhalt (als Prädikatoren) betrachtet, untersucht K. deren Umfang. Dabei können zwei Klassen zusammen nach unterschiedlichen Mustern eine neue Klasse bilden:

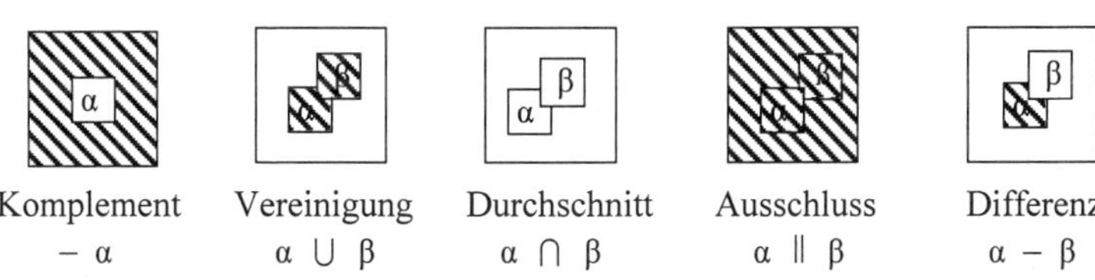

Komplement	Vereinigung	Durchschnitt	Ausschluss	Differenz
− α	α ∪ β	α ∩ β	α ∥ β	α − β

Klassifikation, die [auch: Klassifizierung]: Zweite der beiden Grundoperationen ↑taxonomisch-strukturalistischer Linguistik: nach Zerlegung (↑Segmentierung) einer sprachl. Einheit werden die gewonnenen Segmente best. Klassen zugeordnet, deren Angehörige durch gemeinsame Merkmale miteinander verbunden und von Angehörigen anderer Klassen abgehoben sind; z. B.: *Der Student lacht.*: Morphem /lach/ erscheint in Kombination mit Konjugationsmorphem /t/ (vgl. *spricht, denkt, arbeitet*), gehört deshalb wie /sprech/ oder /denk/, aber im Unterschied zu /der/, zur Klasse der Verben; Lexem *Student* erscheint im Satz mit vorangestelltem Art. (gehört wie *Wald,* aber im Unterschied zu *dumm* zur Klasse der Subst.) und zusammen mit dem Verb *lachen* (gehört nach semantischer Verträglichkeit wie *Mädchen,* aber im Unterschied zu *Tisch* oder *Katze* zur Klasse der Subst. mit dem semantischen Merkmal <menschlich>).

Kleinschreibung ↑Groß- und Kleinschreibung.

Knacklaut: Bei ruckartiger Öffnung der geschlossenen Stimmlippen durch plötzliches Freiwerden angestauter Luft entstehender Laut; im Dt. stets vor vokalischem Wort- oder Silbenanlaut gesprochen, aber graphisch nicht repräsentiert; als Kennzeichen der Silbenabgrenzung im zusammengesetzten Wort *Spiegelei* <gebratenes Ei> Unterscheidungsmerkmal gegenüber dem abgeleiteten Wort *Spiegelei* <Tätigkeit des Spiegelns> ohne K.

Knoten: Schnittpunkt der von unmittelbaren ↑Konstituenten im ↑Stemma ausgehenden Linien (Äste); Platz für ein ↑Kategorialsymbol, das die Konstituenten am anderen Ende der Äste und die durch sie gebildete horizontale Kette ↑dominiert; z. B.:

Kode, der (engl. code = Chiffrierschlüssel): Vereinbartes Zeicheninventar und Regelsystem zur Zeichenverknüpfung als Grundlage einer Vorstellungs- und Nachrichtenübermittlung (↑Kommunikation); ein Sprach-K. besteht aus drei Komponenten:

a) semantischer K.: Inventar der Zeichen, die den Vorstellungen des Sprechers inhaltlich entsprechen (z. B.: *Wasser, koch-...*);
b) syntaktischer K.: Regeln zur Kombination der Zeichen (↑Morpheme), zur Fügung ihrer Inhalte zu Satzinhalten (z. B.: *Das Wasser kocht.*);
c) phonologischer K.: Regeln zur Kombination von Lauten zu ↑Phonem-Ketten, welche die Redeinhalte, Satzinhalte repräsentieren (z. B.: [d + a + s + v + a + s + s + ə + r + k + ɔ+ x + t]). Auch ↑kodieren.

Kode-Wechsel (code-switching): Überwechseln von einem ↑Kode in einen anderen (z. B. von Muttersprache zu Fremdsprache, von Dialekt zu Standardsprache, von gesprochener zu geschriebener Sprache, von einer schichtenspezifischen Strategie verbaler Planung und Handlung (↑Sprachbarriere, ↑verbale Deprivation) in eine andere.

Kodex ↑Kodifizierung.

kodieren (engl. to code = chiffrieren) [auch: enkodieren]: Verschlüsseln (Gw. entschlüsseln = dekodieren) als Tätigkeit des Sprechers (bzw. Hörers) beim Sprechvorgang: aus dem Inventar konventioneller sprachl. ↑Zeichen wählt er diejenigen, welche seinen mitzuteilenden Vorstellungen entsprechen, von denen er annimmt, dass sie beim Hörer (Gesprächspartner) die gleichen Vorstellungen wecken wie bei ihm selbst. Tatsächlich sind ↑Kodes zweier Sprecher einer Spra-

Aus: Brösel: Werner, normal, ja! © 1987 Achterbahn AG, Buch-, Musik und Filmverlag, Kiel. www.werner.de

che immer nur partiell deckungsgleich, sodass den Zeichen und Zeichenkombinationen unterschiedliche Bedeutungen und Nebenbedeutungen zugeordnet werden können. Dadurch kann Dekodierung zu anderen Vorstellungen beim Hörer führen, als der Sprecher es bei der Kodierung beabsichtigt hat, kann die ↑Kommunikation also gestört sein.

Kodifizierung, die: Schriftliche Erfassung des Grundbestandes der Formen einer ↑Standardsprache in Grammatiken und Wörterbüchern (↑Lexikon); Ergebnis: (zumeist als normativ angesehener) linguistischer Kodex dieser Sprache.

Körpersprache: Sprachbegleitende und sprachersetzende kommunikative Signale (↑Zeichen) wie ↑Mimik, ↑Gestik, Körperhaltung, Blickverhalten, aber auch Kleidung, Schmuck, Haartracht; teils bewusst eingesetzte Zeichen (z. B. Kopfschütteln, Ehering), teils unbewusste Anzeichen (z. B. Erröten).

Kognition, die (lat. cognitio = Erkenntnis): Kenntnis, Erkenntnis; Sprache übernimmt auf dem Weg über Begriffsbildung (Benennung, Ordnung und Speicherung von Erfahrungen) und syntaktischen Regelerwerb Stütz- und Steuerungsfunktion für das Denken (↑Psycholinguistik); während des ↑Spracherwerbs verbinden sich kognitive (= erkenntnismäßige) und sprachl. Prozesse untrennbar miteinander; Denkprozesse können angesehen werden als inneres, vorwegnehmendes Probehandeln mit sprachl. repräsentierten äußeren Erscheinungen und Vorgängen. In ↑kognitiver Psychologie Menge aller Strukturen und Prozesse menschlichen ↑Wissens (Wahrnehmung, Ordnung, Ergänzung, Speicherung, Erinnerung, Verwendung beim Denken ...), menschlicher Erkenntnis, der Erfahrungs- und Informationsverarbeitung; neben prozessorientiertem auch produktorientierter Gebrauch des Begriffes: Wissen als Ergebnis.

Kognitionswissenschaft: Interdisziplinäre (Anthropologie, Neurophysiologie, Psychologie, Linguistik u.a.) Erforschung des menschlichen Geistes (oft in Analogie zu Strukturen und Prozessen des ↑Computers als „künstlicher Intelligenz“: Gehirn als ↑Hardware, Geist als ↑Software), also der Wahrnehmung, der Entwicklung von Vorstellungen, der Begriffsbildung, des Lernens, des Wissenserwerbs, der Speicherung im ↑Gedächtnis, des Denkens als Problemlösen, des Planens, des ↑Spracherwerbs, des Sprachverstehens, der Sprachproduktion usw.

kognitiv ↑Kognition, ↑kognitive Psychologie, ↑kognitive Linguistik, ↑Funktion.

kognitive Linguistik: Sprachwissenschaft, die sich bei der Beschreibung mentaler Sprachstrukturen und Sprachprozesse auf das Konzept der ↑kognitiven Psychologie stützt und nicht so sehr konkretes sprachl. Verhalten und einen Korpus sprachl. Daten (↑Performanz) untersuchen will, sondern das zugrunde liegende verinnerlichte ↑Wissen und Kenntnissystem (↑Kompetenz), das als durch Gehirnstrukturen und -funktionen determiniert gilt; im Mittelpunkt stehende Fragestellungen: Was konstituiert Sprachfähigkeit? Wie wird sprachl. Wissen erworben? In welcher Beziehung stehen mentale Kenntnissysteme und mentale Verarbeitungssysteme zueinander?

kognitive Psychologie: Zusammenfassung von Wahrnehmungs-, Lern-, Sprach- und Gedächtnispsychologie unter einem einheitlichen Ansatz, der im Ggs. zur behavioristischen Psychologie (↑Behaviorismus) die komplexen geistigen (mentalen) Fähigkeiten des Menschen untersuchen und beschreiben will; dabei stehen dem Menschen best. angeborene kognitive Dispositionen zur Verfügung.

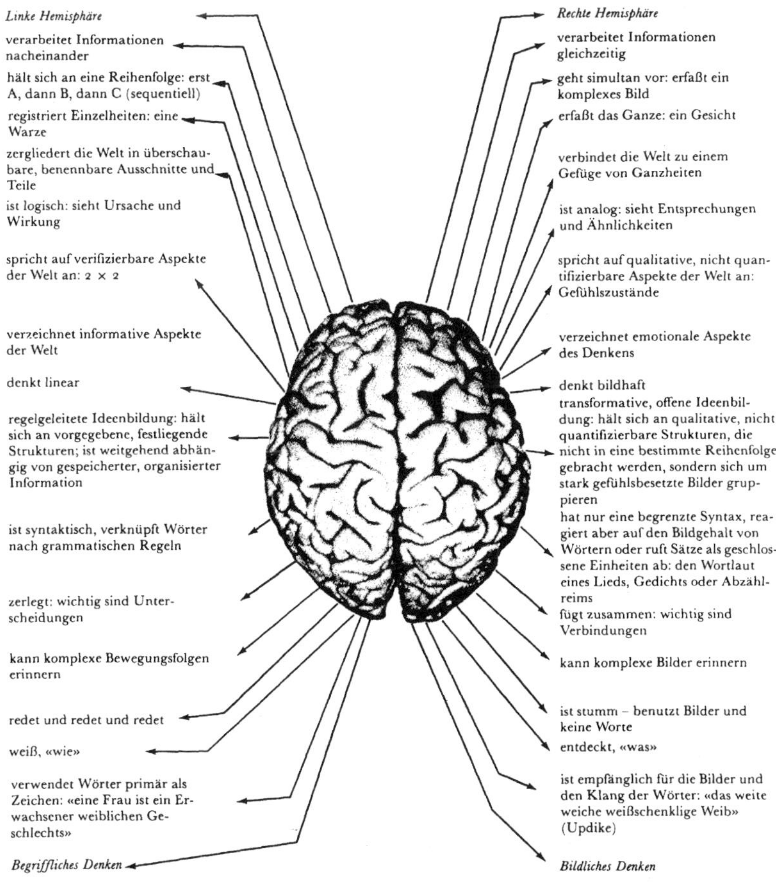

Aus: Rico, G. L.: Garantiert schreiben lernen. Deutsch von H. Kober u. a. Rowohlt, Reinbek 1984. S. 70

Kognomen ↑Beiname.

Kohärenz, die (lat. cohaerentia = Zusammenhang): Semantische und pragmatische (↑Pragmatik) Verknüpfung von Aussagen im ↑Text, die bei Vergleich des Textrezipienten mit dessen Sprach- und Weltwissen miteinander verträglich sind und keine Widersprüche bilden, sodass sie zusammen „Sinn“ ergeben. Auch ↑Textkohärenz, ↑Kohäsion.

Kohärenzverstoß: Verstoß gegen die Forderung nach ↑Kohärenz im Text, der das sinnverstehende Hören/Lesen stört, erschwert oder gar unmöglich macht; z. B.: stilistische oder lexikalisch begründete Widersprüche (*Der Ritter bestieg seinen Gaul. – Vor ihm stand ein leeres, halbvolles Glas.*).

Kohäsion, die (lat cohaerere = zusammenhängen): Grammatische Verknüpfung der Wörter, Sätze, Satzfolgen im ↑Text, z. B. durch ↑Proformen, Konjunktionen, gleiches Tempus. Vgl. Kohärenz.

Kohyponym ↑Hyponymie.

Kollektivum, das (lat. colligere = zusammenfassen): Nominale Sammelbez., in der eine Mehrzahl von Einzelerscheinungen als Einheit gesehen wird; z. B.: *Gebirge* <Gesamtheit mehrerer Berge>, *Christenheit* <Gesamtheit der Christen>, *Obst* <Gesamtheit genießbarer Früchte von Bäumen, Sträuchern, Blattgewächsen>, *Turnzeug* <Gesamtheit von Hose, Hemd, Schuhen>.

Kollokation, die (lat. collocatio = Zusammenstellung): Wiederkehrende assoziative (↑Assoziation) Wortverbindung/Wortpartnerschaft auf Grund sehr häufigen gemeinsamen Auftretens in Redeteilen; zu erwartendes gemeinsames Vorkommen; z. B.: *Nacht* und *dunkel* in *dunkle Nacht*; *eingefleischt* und *Junggeselle*; *Raucher* und *stark* (*starker Raucher* gegenüber engl. *heavy smoker*/**schwerer Raucher* und franz. *grand fumeur*/**großer Raucher*), *Kaffee* und *kochen* (gegenüber engl. *make coffee,* nicht **boil coffee*). Auch ↑wesenhafte Bedeutungsbeziehungen, ↑lexikalische Solidarität.

Kollokationstest: Untersuchung der Bedeutungen sprachl. Einheiten durch Erprobung des Vorkommens in unterschiedlichen ↑Kontexten; z. B. Aktualisierung verschiedener Bedeutungen von *stark* in: *starker Arm, starkes Stück, starker Raucher, starker Kaffee, starkes Geschlecht, starkes Verb* u. a. sowie Unverträglichkeit mit Kontext in: **starke Suppe* (*kräftige*), **starke Angst* (*mächtige*), **starke Liebe* (*große*) usw.

Kombination ↑Wortbildung.

kombinatorisch (lat. combinatio = Vereinigung von je zwei Größen): Stellungsbedingt, unter Einfluss der sprachl. Umgebung, des ↑Kontextes;
a) kombinatorische Variante: ↑Allophon oder ↑Allomorph, die nur in best. Umgebung erscheinen, dort als einzige erscheinen können; phonologisch z. B. [ç] nach hellem, [x] nach dunklem Vokal wie in *ich* und *ach;* morphologisch z. B. umgelauteter Vokal vor ›i‹ der Folgesilbe (↑Umlaut): also: /nord/ – /nörd/ wie in *Norden* und *nördlich*;
b) kombinatorischer Lautwandel: gegenseitige artikulatorische Beeinflussung benachbarter Laute bei ↑diachronischer Betrachtung (z. B. ↑Dentalangleichung: germ. [b] wird vor [t] zu [f] wie in *graben – Gruft*) im Unterschied zum kontextunabhängigen Lautwandel (z. B.: idg. [d] zu germ. [t] wie in lat. duo – engl. two).

Kombinierbarkeit ↑Kompatibilität.

Komma, das (gr. komma = Abschnitt) [auch: Beistrich]: Satzzeichen (↑Interpunktion) vor allem bei Aufzählung/Reihung gleichgeordneter Wörter, Satzglieder, Gliedsätze (z. B.: *Er kam, sah, siegte.*), bei Unterordnung von Teilsätzen und satzwertigen Ausdrücken (z. B.: *Er lachte, obwohl er den Witz, den sie machte, schon kannte.*) und bei Herausstellungen im Satz (z. B.: *Das soll ihm schlecht bekommen, dem Schuft!*); hervorgegangen ist K. aus der ↑Virgel, die als längerer Schrägstrich bis ins 18. Jh. Grenzen von Sprechtakten beim Textvortrag markierte.

Kommissiva ↑Sprechaktklassifikation.

Kommunikation, die (lat. communicare = sich besprechen): 1. Nachrichtentechnisch der Übertragungsprozess von „Informationen", die aus einer „Quelle" stammen und von einem „Sender" als „Signale" über einen „Kanal" an einen „Empfänger" geschickt werden, an das „Bestimmungsziel" der „Nachricht"; von Shannon und Weaver auf sprachl. K. übertragenes Modell. 2. Zwischenmenschliche Verständigung durch Verbindungsaufnahme und Informationsaustausch (vor allem mit den Mitteln der Sprache); Form absichtsvollen (↑Intention) sozialen Handelns, ↑Interaktion mit den Rollen Sender/Sprecher (S) und Empfänger/Hörer (H) sowie dem Träger der übermittelten Nachricht, der sprachl. Zeichenkette (Medium: M) sowie eventueller begleitender nichtsprachl. Verständigungsmittel (Gestik, Mimik); K.-Modell (stark vereinfacht):

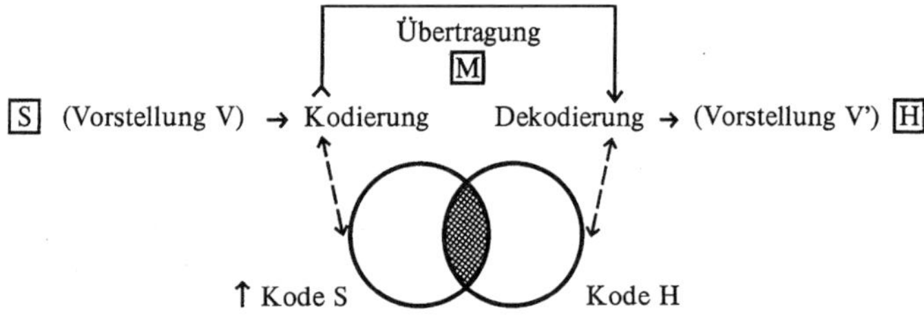

Auch ↑Lasswell'sche Formel.

Kommunikationsmodell ↑Modell.

Kommunikationssituation: Außersprachl. Bedingungen, die sprachl. ↑Kommunikation ermöglichen und bestimmen; nach WUNDERLICH u. a.: Person des Sprechers, angesprochene Person(en), Zeit, Ort, außersprachl. Mitteilungen und begleitende Handlungen, Intuition des Sprechers, vom Sprecher mitgebrachte Voraussetzungen (Wissen, Fähigkeiten, Motivation, Annahmen, Erwartungen, Situationsverständnis, Gefühlslage, Ermüdungszustand usw.) und Absichten, von Angesprochenen gehegte Erwartungen. Auch ↑symmetrisch.

kommunikativ: Eigenschaft best. Wahrnehmungen, die für den Empfänger von Bedeutung sind und sein weiteres Handeln beeinflussen (relevant sind) und vom Sender mit best. Bedeutung als verstehbar intendiert (↑Intention), vom Empfänger als so intendiert verstehbar sind; z. B. ist der Versprecher im Schlusswort des Angeklagten: *Ich schließe mich den Ausreden* (statt: *Ausführungen*) *des Herrn Verteidigers an* für den Hörer mit psychologischen Elementarkenntnissen bedeutungsvoll und aufschlussreich, vom Angeklagten aber nicht intendiert und deshalb nicht k.

kommunikative Kompetenz: Dem engeren Begriff der linguistischen ↑Kompetenz (bei CHOMSKY) gegenübergestellte umfassendere Sprachhandlungsfähigkeit, die psychische, soziale und linguistische Faktoren wechselnder ↑Kommunikationssituationen berücksichtigt. Nach HABERMAS Fähigkeit, linguistische ↑Kompetenz zur Kommunikation zu gebrauchen, sprachl. Interaktionen durchzuführen, sich mit Gesprächspartnern dialogisch zu verständigen.

Teilfähigkeiten der k. K. (nach WUNDERLICH): Jeder Kommunizierende muss
a) einen Begriff von Realität und aus ihr ableitbaren Welten haben;
b) Kontakt herstellen und kontrollieren können;
c) Wahrnehmungs-, Erinnerungs- und Antizipationsvermögen besitzen;
d) ein Bewusstsein seines ↑Ich-jetzt-hier-Ursprungs haben;
e) soziale Rollen eingehen und soziale Beziehungen neu herstellen können;
f) Metakommunikation (= Kommunikation über Kommunikationsvorgänge) durchführen können;
g) linguistische Kompetenz besitzen;
h) parasprachliche und außersprachliche Kommunikationsmittel einsetzen und verstehen können.

Kommutation, die (lat. commutatio = Veränderung, Wechsel): In ↑Dependenzgrammatik Austausch eines Satzteils durch einen anderen, zu dem er in paradigmatischer ↑Relation steht; z. B. kommutieren die ↑Syntagmen *der Mutige* und *wer wagt* in *Der Mutige gewinnt. – Wer wagt, gewinnt.* Auch ↑Substitution.

Komparation, die (lat. comparare = vergleichen) [auch: Gradation, Steigerung]: Steigerung des Adj. oder Adv., also der Merkmalbez., beim Vergleich sprachl. Vorstellungen bzw. ihrer ↑Referenten mit gleichen Merkmalen;
a) Positiv (Grundstufe), z. B.: *Der Baum ist hoch / so hoch wie jener. – Peter lacht oft.*
b) Komparativ (Vergleichsstufe I): höherer Grad einer Eigenschaft (Suffix: /er/), z. B.: *Der Baum ist höher als das Haus. – Peter lacht häufiger als Paul.*
c) Superlativ (Vergleichsstufe II = Höchststufe): höchster Grad einer Eigenschaft (Suffix: /est/st/), z. B.: *Der Baum ist der höchste. – Peter lacht am häufigsten.*
d) Elativ (inhaltlich bestimmbare Sonderform eines absoluten Superlativs): formale Übereinstimmung mit Superlativ, aber nicht den höchsten, sondern allgemeiner einen sehr hohen Grad bezeichnend (ohne Vergleichsglied), z. B.: *Ich habe es mit größtem Bedauern vernommen. – Ich bin zutiefst empört.*

Auch ↑Flexion, ↑graduierbar.

Komparativ ↑Komparation.

Komparative Linguistik ↑Kontrastive Linguistik.

Komparativsatz (lat. comparare = vergleichen) [auch: Vergleichssatz]: Modaler Gliedsatz, der Art und Weise durch einen Vergleich bestimmt, mit *als* oder *wie* eingeleitet wird; z. B.: *Der Schüler ist jetzt fleißiger, als er es vor einem Jahr gewesen ist. – Er ging so leise, wie ein Einbrecher durch das Haus schleicht.* Weitere einleitende Konjunktionen: *als ob, wie wenn, je.*

Kompatibilität, die (franz. compatible = vereinbar) [auch: Verträglichkeit]: Syntaktisch-semantische Anschließbarkeit einzelner Lexeme im Syntagma oder Satz; z. B.: *helfen + suchen* in *Er hilft ihm beim Suchen*; *blond + Bart* in *Er trägt einen blonden Bart.* Gw. Inkompatibilität: Unverträglichkeit, z. B.: *helfen + gesucht werden* in **Er hilft ihm beim Gesuchtwerden*; *blond + Kleid* in **Sie trägt ein blondes Kleid.* Auch ↑Selektion.

kompensatorische Spracherziehung ↑verbale Deprivation.

Kompetenz, die (lat. competere = zu etwas fähig sein): Fähigkeit des Sprechers/Hörers einer Sprache, mit Hilfe einer begrenzten Anzahl von Elementen und Regeln eine unbegrenzte Anzahl von Sätzen dieser Sprache zu verstehen und zu bilden (Beherrschung von Satzerzeugungsregeln), indem er einer unbegrenzten Menge von Bedeutungsstrukturen eine unbegrenzte Menge von Lautstrukturen zuordnet; Grundbegriff der ↑Generativen Grammatik-Theorie (CHOMSKY)); Sprachbeherrschung des kompetenten Sprechers schließt Fähigkeit zur Entscheidung über Identität zweier Äußerungen ein (*Roland steht vor dem Bremer Rathaus*: Satz bleibt derselbe, ob mit Zäpfchen-R oder Zungen-R gesprochen), über Zugehörigkeit eines Ausdrucks zur eigenen Sprache (*Der Knabe lacht*; aber nicht: ***De rama brit* oder: *He jumps over the wall*), über den Grad der Abweichung (↑akzeptabel, ↑grammatisch) eines Ausdrucks vom Regelsystem, über Fähigkeit zum Urteil über Mehrdeutigkeit (↑Polysemie) und über inhaltliche oder formale Gleichheit oder Ähnlichkeit von Ausdrücken (inhaltlich gleich: *Ich sang das Lied – Das Lied wurde von mir gesungen*; inhaltlich davon verschieden: *Das Lied von mir wurde gesungen,* aber doch noch ähnlicher als: *Man sang viele schöne Lieder*; formal-strukturell gleich: *Die Mutter backt einen Kuchen – Der Nachbar baut eine Garage*; *Ein Vater liebt seine Kinder* ist formal ähnlicher als: *Hans schenkt Grete einen Blumenstrauß*). Gw. ↑Performanz. Auch ↑kommunikative Kompetenz.

Komplement, das (lat. complementum = Ergänzung): ↑Obligatorische ↑Konstituente der ↑Verbalphrase, mit Ausnahme des Verbs selbst; ↑Ergänzungsbestimmung, syntaktisch zur „Vervollständigung“ des Verbs im Satz notwendig; z. B.: *Er schreibt einen Brief.* Gw. ↑Adjunkt. Auch ↑Klassenlogik.

komplementär ↑Distribution, ↑symmetrisch, ↑Antonymie.

Komplementärform ↑Suppletivform.

komplexer Satz (lat. complexum = umfassend, umschließend): Satz, der aus Teilsätzen, aus einem Matrixsatz und mindestens einem Konstituentensatz (↑Einbettung) besteht; z. B.: *Ich habe den Geschäftsfreund, der uns vor zwei Wochen ein Angebot machte, das uns annehmbar erschien, heute angerufen.* Auch ↑einfacher Satz, ↑zusammengesetzter Satz.

komplexes Symbol, das (lat. complexum = umfassend; gr. symbolon = Erkennungszeichen): Merkmalmenge (↑inhärent und ↑kontextsensitiv), die bei ↑Subkategorisierung der ↑Lexeme einem ↑Kategorialsymbol im ↑Stemma zugeordnet wird (Notation in eckigen Klammern, jedes Merkmal mit ± je nach An- oder Abwesenheit).

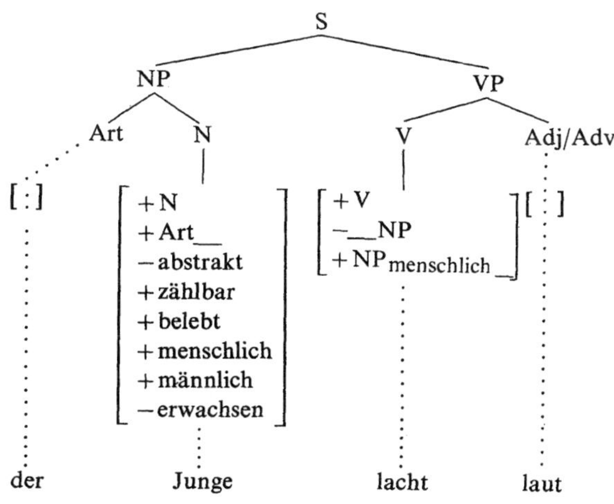

Vor- oder nachgesetztes __ bezeichnet vorangehende oder folgende Umgebung einer Einheit; z. B.: +NP$_{menschlich}$__ ist zu lesen: Es geht eine NP mit dem semantischen Merkmal <menschlich> voraus; −__NP ist zu lesen: Es folgt keine NP.).

komplexes Wort: Aus mehr als einem wortbildenden ↑Morphem bestehendes Wort, im Unterschied zum einmorphemigen einfachen Wort (↑Simplex); z. B.: *Hut-krempe, Un-dank, könig-lich, aus-lachen.* ↑Wortbildung.

Komponente, die (lat. componere = zusammensetzen, bilden): 1. Bestandteil eines größeren Ganzen, einer sprachl. Einheit; bes. Inhaltskomponente: Teil der Bedeutung eines ↑Zeichens, auch ↑semantisches Merkmal (semantic marker), das auf die kognitiven (die Erkenntnis betreffenden) Fähigkeiten des sprechenden Menschen verweist und auf die für ihn (auf Grund seiner Lebenserfahrung) relevanten Aspekte eines Umwelt-↑Referenten; z. B.: <± abstrakt>, <± zählbar>, <± belebt>, <± menschlich>, <± männlich> u. a. 2. Teilsystem der Sprachbeschreibung in der ↑Generativen Grammatik; z. B. syntaktische K., semantische K. (↑Ebene).

Komponentenanalyse, die (lat. componere = zusammensetzen; gr. analysis = Auflösung): Beschreibung der Bestandteile (↑Komponenten) einer sprachl. Einheit und der durch ihre Kombination gebildeten Struktur; bes. auf semantischer Ebene (Beschreibung der semantischen Merkmale eines sprachl. ↑Zeichens), z. B.:

Mädchen

[< + belebt>
< + menschlich>
< + weiblich>
< – erwachsen>]

Statt Reihenfolge vom allg. zum besonderen Merkmal wäre Nennung denkbar, die Gewicht und Stärke eines Merkmals im jeweiligen Lexem berücksichtigt; z. B. ist in *Frau* das Merkmal <+weiblich> wohl zentraler als das auch vorhandene Merkmal <+erwachsen>, in *Gattin* <+ verheiratet> zentraler als <+ belebt>, in *Mutter* <+ leibliche Nachkommen ersten Grades habend> zentraler als <+ erwachsen>; durch ↑Redundanz-Regeln ließe sich Nennung eines Merkmals, das in einem anderen notwendig vorausgesetzt ist, vermeiden; z. B. schließt <+ menschlich> immer <+ belebt> ein. Auch ↑komplexes Symbol.

Komposition, die (lat. componere = zusammensetzen): Zusammensetzung als Vorgang oder Art der ↑Wortbildung: zwei oder mehr freie ↑Morpheme (gelegentlich auch ein ↑unikales Morphem) werden zu einem Wort zusammengefügt (↑Kompositum).

Kompositionsfuge: Stelle zwischen erster und zweiter Konstituente eines ↑Kompositums, die durch ein ↑Fugenelement besetzt sein kann (z. B.: *Tag-es-zeit, Sonne-n-schein*), aber nicht muss (z. B.: *Tag-traum*).

Kompositum, das (lat. componere = zusammensetzen): Produkt der ↑Komposition: aus zwei oder mehr freien Morphemen oder Morphemkonstruktionen zusammengesetztes Wort; z. B.: *Ofen-rohr, Faust-handschuh, blau-weiß-rot*; mit Fugenelement: *Tag-es-zeit, Wirt-s-haus, Beamt-en-bestechung*. Historische Wortbildungslehre bezeichnet K. ohne Fugenelement (Nomina in reiner Stammform) als eigentliche oder echte Zusammensetzungen, dagegen K. mit alter Flexionsendung, die dem syntaktischen Verhältnis des voranstehenden zum folgenden Morphem entspricht, als uneigentliche oder unechte Zusammensetzungen. Nach inhaltlichen Gesichtspunkten (semantisches Verhältnis der Konstituenten zueinander) gliedert man in:
a) ↑Determinativ-K., z. B.: *Sommerhitze* = <Hitze des Sommers>;
b) ↑Possessiv-K., z. B.: *Dickkopf*= <einer, der einen „dicken" Kopf hat>;
c) ↑Kopulativ-K., z. B.: *Hemdhose* = <Hemd und Hose zugleich>.

konativ ↑Funktion.

Kondensation ↑Univerbierung.

kondensieren ↑Textverarbeitung.

konditional ↑Adverbial.

Konditionalsatz ↑Gliedsatz.

Konfiguration, die (engl. configuration = Gestalt): Bei WEINREICH geordnete Menge semantischer Merkmale (im Unterschied zum ↑Cluster): $(X_1 \rightarrow X_2) \neq (X_2 \rightarrow X_1)$; z. B.: <Möbel> und <sitzen> als Teilmerkmalmengen in der Gesamtmenge der Bedeutung von *Stuhl,* da beide nicht einfach addiert werden, sondern kompliziertere Beziehung miteinander eingehen: <Möbel zum Darauf-Sitzen>.

Konfrontative Linguistik ↑Kontrastive Linguistik.

Kongruenz, die (lat. congruens = übereinstimmend): 1. Übereinstimmung der Nominalflexion des Subj. und der Verbalflexion des Präd. eines Satzes in ↑Person und ↑Numerus; z. B.: *Du schreibst einen Brief.* (2. Pers. Sing.) – *Feuerwehrmänner retteten sie.* (3. Pers. Plur.). 2. Übereinstimmung der Flexion syntaktisch zusammengehöriger Nomina, Art., Attribute und Pron. nach ↑Genus,

↑Kasus, Numerus und Pers.; z. B.: *Der kleine Junge hat seine Peitschen verloren.* (NP_1 = Mask., Nom., 3. Pers., Sing.), (NP_2 = Fem., Akk., 3. Pers., Plur.). Auch ↑semantische Kongruenz.

Konjugation, die (lat. coniugatio = Verknüpfung): ↑Flexion des ↑Verbs; sein Formenwechsel (Flexionsmorpheme) unter Einfluss des jeweiligen Geschehensträgers (Pers. und Numerus), der Zeit (↑Tempus) und der Aussageweise des Sprechers (↑Genus verbi und ↑Modus). Gw. ↑Deklination.

Konjunkt, das (lat. coniungere = verknüpfen): Bei HERINGER ↑Position, die zu einer anderen in syntaktischer ↑Relation steht, mit ihr zusammen (formalisiert durch + verbunden) im Satz erscheinen kann; z. B. die beiden Positionen ↑Attribut und ↑Nomen im Syntagma *hohe Bäume* (Attr. + N). Auch ↑Adjunkt.

Konjunktion, die (lat. coniunctio = Verknüpfung) [auch: Bindewort]: Wortart, die als Bindeglied beim Zusammenfügen einzelner Satzglieder oder Sätze zu Satzkonstruktionen dient und dabei das Verhältnis der Glieder oder Teilsätze zueinander kennzeichnet; eingliedrig (z. B.: *dass, weil*) oder zweigliedrig (z. B.: *weder ... noch, sowohl ... als auch*);
a) koordinierende K. (beiordnend, nebenordnend):
- kopulativ (anreihend) wie *und* in *Er kam und ging.*
- disjunktiv (ausschließend) wie *oder* in *Weinst oder lachst du?*
- adversativ (entgegensetzend) wie *aber* in *Er feiert selten, aber dann auch richtig.*
- kausal (begründend) wie *denn* in *Ich komme morgen, denn heute passt es schlecht.*

b) subordinierende K. (unterordnend):
- adversativ wie *während* in *Die einen gingen zur Arbeit, während die anderen faulenzten.*
- temporal (zeitlich) wie *als* in *Er stand auf, als der Wecker klingelte.*
- modal (Art und Weise) wie *indem* in *Er grüßte, indem er den Hut zog und sich verbeugte.*

↑Satzreihe ist eine koordinierende Verbindung von Teilsätzen, ↑Satzgefüge eine subordinierende (aus Haupt- und Gliedsätzen bestehende). Auch ↑Parataxe, Hypotaxe.

Konjunktionaladverb: ↑Adverb, das in der Funktion den ↑Konjunktionen gleicht und manchmal fälschlich zu ihnen gerechnet wird, syntaktisch aber wie andere Adverbien als ↑Adverbiale Satzglied sein und seine Position ändern kann: *deshalb, darum, daher, allerdings, folglich, trotzdem*; z. B.: *Ich habe Hunger, deshalb gehe ich jetzt essen / ich gehe deshalb jetzt essen.*

Konjunktionalsatz ↑Gliedsatz.

Konjunktiv, der (lat. coniunctivus = abhängig): Historisch im Dt. mit dem ↑Optativ verschmolzener ↑Modus des Verbs, in dem der Sprecher ausgesagtes Geschehen oder Sein als möglich, aber nicht erwiesen (Potentialis), oder als wünschenswert einschätzt; Modus, in dem der Sprecher zur Realisierung eines Geschehens auffordert; Modus, in dem der Sprecher ein Geschehen oder Sein als „referiert" kenntlich macht (indirekte ↑Rede); z. B.: *Er habe nun gelogen oder nicht, wir müssen die Aussage überprüfen. – Man beachte dieses Zeichen! – Man sagt, er habe viel Geld geerbt.* Im Unterschied zum K. I (K. Präsens) bezeichnet K.II (K. Präteritum) hypothetische Setzungen, in denen der Sprecher ausgesagtes Geschehen oder Sein als irreal (nicht wirklich, nur denkbar) einschätzt (daneben wie K.I Kennzeichnung des Referierten in indirekter Rede); z. B.: *Hätte er Zeit gehabt, wäre er gekommen. – Wenn du die Reifeprüfung bestanden hättest, könntest du jetzt studieren. – Sie sagten, sie bedauerten den Zwischenfall sehr.*

Konklusion ↑logischer Schluss, ↑Argumentation.

konkrete Dichtung (lat. concretum = verdichtet) [auch: abstrakte Dichtung, materiale Dichtung]: Moderne Literatur, die mit dem konkreten Material der Sprache (Laute, Buchstaben, Silben, Wörter) experimentiert und dabei die üblichen syntaktischen und semantischen Regeln weitgehend bewusst missachtet;

a) akustische Dichtung: stützt sich auf die Klanggestalt der Sprache, lehnt sich z. B. in JANDLS „Lautgedichten" mit Sprachlauten an Umweltgeräusche an;

b) visuelle Dichtung: stützt sich auf das Schriftbild von Wörtern, das Layout von Texten und schafft Beziehungen zur Bedeutung des Ausdrucks, z. B. in DÖHLS „Apfel" mit „Wurm".

Vgl. ↑Graphetik.

Konkretum, das (lat. concretum = körperlich): ↑Nomen, das im Ggs. zum ↑Abstraktum sinnlich wahrnehmbare Erscheinungen bezeichnet;

a) Stoffname: *Wasser, Milch, Mehl*;

b) Eigenname: *Egon, Ostsee, Alpen*;

c) Gattungsname: *Fisch, Maler, Wolke.*

Konnektor, der (engl. to connect = verbinden; von lat. connexus = Verbindung): Sprachl. Element, das Sätze miteinander verknüpft, Beziehungen zwischen ihnen herstellt, sie zum ↑Text macht;

a) morphologischer K., z. B.: *Es wurde dunkel. Deshalb schaltete er das Licht an.*

b) semantischer K., z. B.: *Es wurde dunkel. Er schaltete das Licht an.*

Konnexion, die (franz. connexion = Verknüpfung): In ↑Dependenzgrammatik hinter der linearen Wortfolge der Rede verborgene, abstrakte Beziehung zwischen den einzelnen Konstituenten des Satzes: Abhängigkeitsrelation im hierarchischen Aufbau der nur oberflächlich linearen Redekette; graphische Darstellung im ↑Stemma (Dependency-tree, bei dem Kanten/Äste im Unterschied zum ↑P-Marker der ↑Generativen Grammatik K. markieren); z. B.: *Er lacht.* = Satz aus drei Elementen: *er, lacht* und der K. der beiden, graphisch dargestellt:

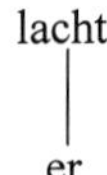

Daneben sind auch zwei- oder mehrfache Gabelungen möglich:

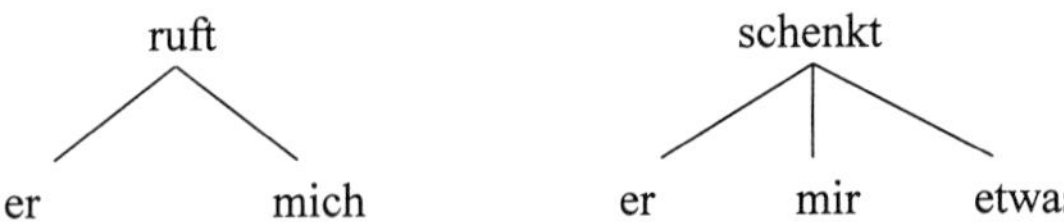

K. besteht nicht nur zwischen Verb und Aktant oder Umstand (↑Dependenzgrammatik), sondern auch zwischen diesen und den ihnen untergeordneten Gliedern, denen wiederum andere untergeordnet sein können:

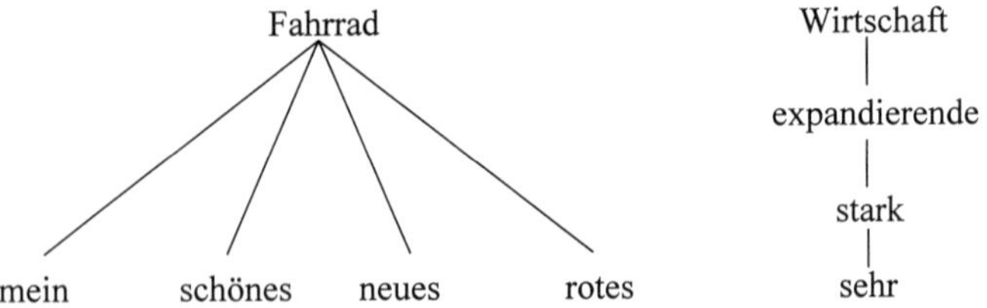

Der Satz *Unser Mannschaftsführer überreichte seinem ersten Spielpartner unseren neuen, blau gestreiften Vereinswimpel* sieht im Stemma folgendermaßen aus:

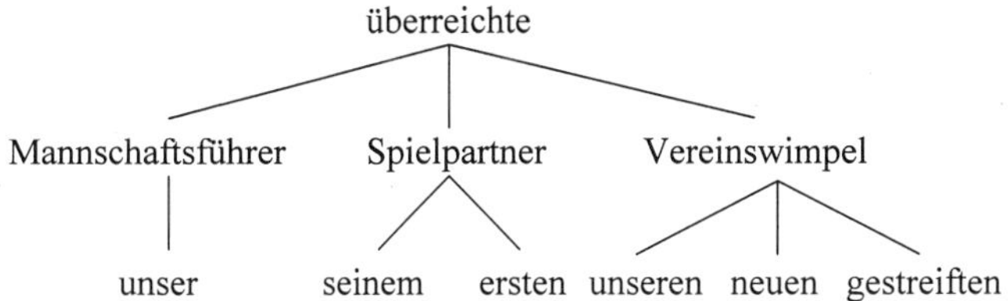

Auch ↑Dependenzrelation, ↑Interdependenzrelation.

Konnexionsanweisung ↑Anweisungsstruktur.

Konnotat, das (lat. connotare = mit bezeichnen): Wortinhalt neben dem rein begrifflichen Inhalt (↑Denotat); Komplex z. B. emotionaler Begleitvorstellungen die ein Wort hervorruft; z. B. ist *Krebs* nicht nur medizinischer Terminus für eine Krankheit mit objektiv und nüchtern feststellbaren Symptomen, sondern Schreckenswort für viele Menschen, von dessen Komponenten <plötzlich und überraschend auftretend>, <meist unheilbar>, <sehr schmerzhaft>, <häufige Todesursache> Bedrohung ausgeht. Auch ↑konnotativ.

konnotativ: Im Ggs. zu ↑denotativ nicht den begrifflichen Inhalt (Bedeutungskern, Bez. eines bloßen Sachverhalts), sondern die im sprachl. Zeichen mit enthaltenen inhaltlichen Nebenkomponenten, Bedeutungsnuancen betreffend; z. B. beziehen sich *Ehemann* und *Gemahl* auf das gleiche ↑Denotat <Ehepartner + männlich>, k. zeigen sich Unterschiede: *Gemahl* gehört gehobener Sprache mit feierlichem Ton an, drückt Verehrung für die (sozial hochgestellte) gemeinte Person aus; *Ehemann* ist nüchterne „Sachbezeichnung". Auch ↑Konnotat.

konsekutiv ↑Adverbial.

Konsekutivsatz ↑Gliedsatz.

Konsequenzanweisung ↑Anweisungsstruktur.

Konsonant, der (lat. consonare = zusammen ertönen) [auch: Mitlaut oder Geräuschlaut]: Ohne Hilfe eines mitgesprochenen ↑Vokals schwer wahrzunehmen-

der Laut; beim Ausatmen durch zeitweilige Hemmung, Einengung des Luftstroms auf best. Art, an best. Ort gebildet (↑Artikulatorische Phonetik);
a) ↑stimmlos (bei Ruhestellung der Stimmbänder), z. B. [p];
b) ↑stimmhaft (bei Mitschwingen der Stimmbänder), z. B. [b].
Einteilung nach Artikulationsart (↑Affrikate, ↑Explosivum, ↑Liquid, ↑Nasal, ↑Spirant) sowie nach Artikulationsstellung und dem bei der Bildung dominierenden Organ (↑Dental, ↑Glottal, ↑Guttural, ↑Labial, ↑Uvular). Schematische Darstellung in einer Matrix (mit ↑Lautschrift des ↑Internationalen Phonetischen Alphabets, IPA):

					Gutturale							
	Labiale stimm-		Dentale stimm-		Palatale stimm-		Velare stimm-		Uvular stimm-		Glottal stimm-	
	haft	los	haft	los	haft	los	haft	los	haft	los	haft	los
Explosiva	[b]	[p]	[d]	[t]			[g]	[k]				
Spiranten/Frikativa	[v]	[f]	[z]	[s]	[j]	[ʃ] [ç]		[x]				[h]
Nasale	[m]		[n]				[ŋ]					
Liquide – Lateral			[l]									
Liquide – Vibranten			[r]						[R]			
Affrikatae		[pf]		[ts]				[kch]				

Beispiele: [v] in *Wasser,* [z] in *Vase,* [s] in *Hass,* [ʃ] in *schade,* [ç] in *ich,* [x] in *Dach,* [ŋ] in *bang,* [ts] in *Katze.*

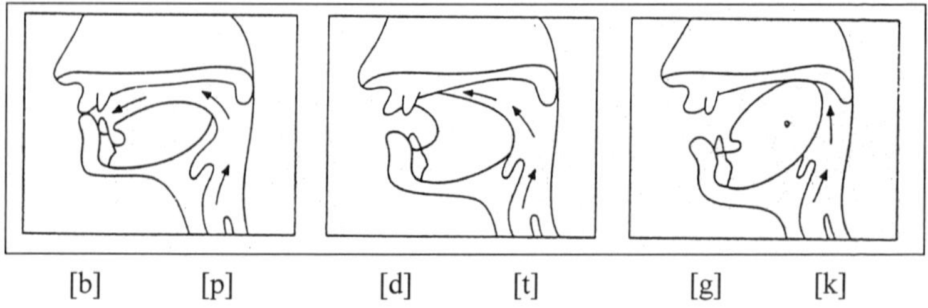

[b] [p] [d] [t] [g] [k]

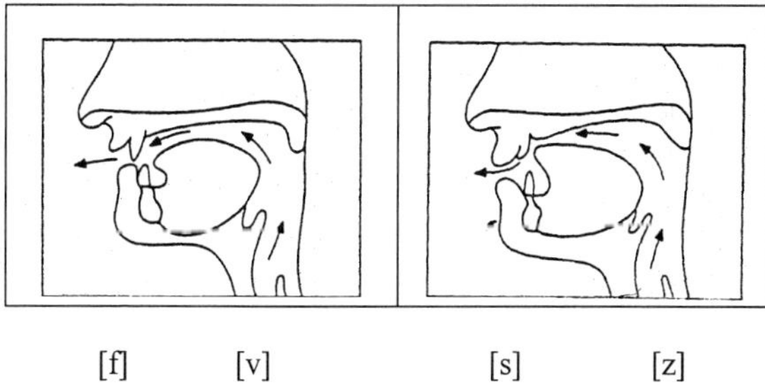

Konsonantengemination, die (lat. consonare = zusammen ertönen; geminatio = Verdoppelung): Historische Lautveränderung im Westgerm.: Verdoppelung (↑Gemination) der inlautenden Konsonanten(buchstaben) außer ›r‹ bei unmittelbar folgendem ›j‹ (seltener: ›r‹, ›l‹, ›m‹, ›n‹); z. B.: got. *bidjan* – westgerm. *biddjan* – ahd. *bitten* (2. Lautverschiebung: ›dd‹ > ›tt‹).

Konsoziation, die (lat. consociare = verbinden): Verhältnis gegenseitiger Bedingtheit bei Wörtern, die stets gemeinsam, als Paar auftreten; z. B.: *mit Mann und Maus, über Stock und Stein, nie und nimmer*. Auch ↑Zwillingsformel.

Konstituente, die (lat. constituere = gemeinsam aufstellen): Morphem, Morphemkonstruktion, Wort, Syntagma, Teilsatz, sofern sie als Bestandteil einer größeren Einheit, einer ↑Konstruktion angesehen werden;

a) unmittelbare K.: K., in die sich eine Konstruktion direkt zerlegen, in einem Schritt segmentieren lässt; z. B.: *verehrungswürdig* in *Verehrung* und *würdig* (daneben Fugen-s);
b) mittelbare K.: K., die bei weiterer Segmentierung einer komplexen Konstruktion erscheinen; z. B.: *verehrungswürdig* in einem zweiten Schritt in *verehren* und *-ung,* in einem dritten in *ver-* und *ehren.*

Auch ↑I-C-Analyse.

Konstituentenanalyse ↑I-C-Analyse.

Konstituentensatz ↑Einbettung.

Konstituentenstruktur ↑I-C-Analyse.

Konstituenz, die (lat. constituere = gemeinsam aufstellen) [auch: Kontiguität]: Grundlegendes Strukturierungsprinzip der Elemente eines ↑Satzes oder einer ↑Konstruktion: Relation der schrittweisen hierarchischen Gliederung des Satzes in Konstituenten (Konstituentenstruktur-Grammatik, ↑I-C-Analyse); zwischen zwei Elementen besteht K., wenn sie gemeinsam von einem dritten Element dominiert werden (↑dominieren); z. B. besteht in *Er schält Kartoffeln* K. zwischen *schält* (V) und *Kartoffeln* (N), die beide von VP dominiert werden.

konstitutive Regel: Bei SEARLE Regel, die eine Verhaltensform schafft und definiert, überhaupt erst deren Existenz sichert (z. B. Regeln des Schachspiels), im Ggs. zur regulativen Regel, die Verhaltensformen regelt, welche auch unabhängig von ihr bestehen (z. B. Regeln der Begrüßung durch Händeschütteln).

Konstruktion, die (lat. constructio = Zusammenfügung): Größere sprachl. Einheit, die aus unmittelbaren (immediate constituents) und mittelbaren ↑Konstituenten (bis hin zu den letzten, nicht weiter segmentierbaren (ultimate constituents) besteht, im ↑Stemma als Knoten, der zwei oder mehr Konstituenten am anderen Ende der Kanten/Äste dominiert. Auch ↑I-C-Analyse.

Konstruktivismus, der (lat. constructum = das Erbaute): Theorie der ↑kognitiven Psychologie, nach welcher der Mensch als erkennendes Wesen sich seine Welt aktiv und stets nach Maßgabe des bereits erworbenen ↑Wissens (sowie durch dieses gesteuert) aufbaut („konstruiert"); das ↑Gedächtnis fungiert dabei nicht als passiver Rezeptionsspeicher, sondern als Organ aktiver Analyse und Strukturbildung: Lenkung der Sinneswahrnehmung durch Signalentdeckung, Aufmerksamkeitsselektion, Mustererkennung ... Auch ↑Kognition.

Kontaktsignal: Gesprächsstützendes sprachl. (*hm, ja, genau, ach!, wirklich? ...*) und nichtsprachl. Mittel (Kopfnicken, Kopfschütteln, ↑Körpersprache) der ↑Kommunikation, mit dem vor allem der Hörer, aber auch der Sprecher (*gell? nicht wahr?*) sich vergewissert, ob der Kontakt aufrechterhalten wird, weitere Gesprächsbereitschaft bekundet und Äußerungen kurz kommentiert.

Kontaktstellung ↑Distanzstellung.

Kontamination, die (lat. contaminatio = Berührung, Verunreinigung) [auch: Wortkreuzung, Blending, Portmanteau-Wort]: Sonderform der ↑Wortbildung; (meist scherzhaft oder polemisch verwendete) Zusammenziehung zweier Wörter, von denen der Anfangsteil des einen mit dem Schlussteil des anderen lautlich zusammenfällt (z. B.: *Kurlaub* < *Kur* und *Urlaub, Sparschweinerei* < *Sparschwein* und *Schweinerei*) oder andere Wortteile bei tatsächlicher oder scheinbarer Analogie miteinander verschmolzen werden (z. B.: *Stagflation* < *Stagnation* und *Inflation, Demokratur* < *Demokratie* und *Diktatur, Phrasenmäher* < *Phrase* und *Rasenmäher*).

Kontext, der (lat. contextus = Verwebung): Umgebung einer sprachl. Einheit, ihr Zusammenhang mit:
a) gesprochener oder geschriebener Rede (Parole): sprachl. K.;
b) der Gesprächslage, den Handlungen der beteiligten Personen und den Begleitumständen der Rede: Situations-K.;
c) dem gesamten kulturellen Hintergrund der Rede: kultureller K. (OTTO);
d) der Intonation, Tonstärke und dem Tempo der Rede: emotionaler K. (AMMER).

kontextbeschränkt ↑kontextsensitiv.

Kontextglosse ↑Glosse.

kontextsensitiv (lat. contextus = Verwebung; sensus = Empfindung) [auch: kontextbeschränkt]: Eigenschaft best. ↑Formationsregeln (meist sind sie dagegen kontextunabhängig) in der älteren ↑Generativen Grammatik, die Ersetzung der Kategorialsymbole nur in best. Umgebung zulassen: a → b in Umgebung x + __ + y; oder bei Notation mit Schrägstrichen (gelesen: „wenn"): a → b/x + __ + y; z. B.:

$$\text{Art} \rightarrow \left\{ \begin{array}{l} \text{der/0\_\_ N + Nominativ, Maskulinum} \\ \text{den/0\_\_ N + Akkusativ, Maskulinum} \end{array} \right\}$$

(0 = Symbol für beliebigen Kontext).

Kontiguität, die (lat. contingere = berühren): 1. Eigenschaft zweier Elemente eines sprachl. Ausdrucks, die darin besteht, dass das eine dem andern unmittelbar folgt. 2. = ↑Konstituenz. 3. In ↑Semantik inhaltliche Beziehung der „begrifflichen Nähe“ zwischen Wörtern in einem ↑Text, die sich außersprachlich (logisch, kulturell, situativ) bedingt nahe stehen und zur ↑Textkohärenz beitragen; z. B.: *Fahrrad, bremsen, Lenker, klingeln, Luftpumpe, flicken, Radweg* ...

Kontinuativum, das (lat. continuus = zusammenhängend): 1. Stoffname; nominale Bez. für nicht zählbare Stoffe; deshalb ohne Plur.-Bildung und nicht mit unbest. Art. zu gebrauchen; die bezeichnete Stoffmasse wird nur als Einheit gesehen, nicht als Summe isolierbarer Teile; z. B.: *Milch, Butter; *eine Milch, *mehrere Butter.* Auch ↑Individuativum. 2. ↑Verb der Dauer, bei Perfektbildung mit *haben*; z. B.: *Er hat drei Stunden gelesen*; im Unterschied zum Verb der Veränderung (= Diskontinuativum), bei Perfektbildung mit *sein*; z. B.: *Er ist über die Straße gelaufen.*

kontradiktorisch ↑Antonymie.

konträr ↑Antonymie.

kontrafaktisch (lat. contra = gegen, factum = Tatsache): Eigenschaft einer Aussage, die in dem Bewusstsein gemacht wird, dass der gemeinte Sachverhalt nicht zutrifft; z. B. Konditionalsatz mit Konjunktiv II: *Wenn du gelogen hättest, wäre ich jetzt sehr enttäuscht* <du hast nicht gelogen>.

Kontraktion, die (lat. contrahere = zusammenziehen): Zusammenziehung zweier benachbarter Vokale zu einem Vokal oder ↑Diphthong; z. B. die im Mhd. häufige K. über (schwindenden) Medien (↑Explosivum) (b, d, g): *hân* neben *haben*, *gereit* neben *geredet*, *lît* neben *liget* (= nhd. *liegt).* Auch ↑Synalöphe.

Kontrast, der (lat. contra = gegenüber, gegen): 1. Syntagmatische ↑Relation eines ↑Phons zu anderen (Abgrenzung von seiner Umgebung); z. B. in *Narbe* kontrastieren [n] und [a], [r] und [b], [b] und [ə].
2. Paradigmatische ↑Relation zwischen Sprachelementen (bei LYONS im Unterschied zur syntagmatischen „Kombination“, der Verbindbarkeit zu Gruppen und Komplexen); Glieder von Oppositionspaaren kontrastieren miteinander; z. B. heben sich /m/ und /h/ in *Mut* und *Hut* gegenseitig voneinander ab, /lich/ und /isch/ in *kindlich* und *kindisch, blau* und *grün* in *Sie kaufte ein blaues Kleid* und *Sie kaufte ein grünes Kleid.* Auch ↑Relation, ↑Opposition.

kontrastiv ↑Distribution.

Kontrastive Linguistik (contrastive linguistics) [auch: Komparative oder Konfrontative L.]: Vergleich zweier oder mehrerer Sprachen auf allen ↑Ebenen mit Hilfe desselben Grammatikmodells, im Hinblick auf strukturelle Gemeinsamkeiten und Unterschiede. Auch ↑Interferenz.

Kontraststellung ↑Topikalisierung.

Kontrolle: Festlegung der ↑Referenz einer eingebetteten (↑Einbettung) subjektlosen Infinitivkonstruktion („leeres" Subjekt) durch einen nominalen Ausdruck des Matrixsatzes; z. B.: *Lydia verspricht Günter zu telefonieren* (K. durch das Subjekt: Lydia wird telefonieren). – *Lydia überredet Günter zu telefonieren* (K. durch das Objekt: Günter wird telefonieren).

konventionell (lat. conventio = Übereinkunft, Verabredung): Eigenschaft sprachl. Regeln (lexikalischer, grammatischer und pragmatischer Regeln), nicht auf naturgegebene Weise festzuliegen, sondern durch Vereinbarung der Sprecher zustande gekommen zu sein und dadurch Geltung zu haben; z. B.: Zuordnung von Signifikant und Signifikat im sprachl. ↑Zeichen; kommunikative Handlungsmuster wie das Grüßen, Versprechen etc. (bei Verhaltensplanung werden die Handlungen der Partner gedanklich vorweggenommen, bei tatsächlicher Erfüllung der Reaktionserwartung erfolgt Verstärkung der Erwartung zukünftigen Handelns unter ähnlichen Umständen; so werden Regularitäten allmählich zu Konventionen, mit deren Einhaltung durch den Partner man rechnen darf).

konvers ↑Antonymie.

Konversation , die (lat. se convertere = sich an jemand wenden): 1. Gesprochene Sprache (im Ggs. zur geschriebenen) als Untersuchungsgegenstand der ↑Konversationsanalyse.
2. Lockere Form der sprachl. Unterhaltung.

Konversationsanalyse, die [auch: Gesprächsanalyse, Diskursanalyse]: Untersuchung gesprochener Sprache (↑Diskurs) innerhalb natürlicher Alltagsgespräche mit Hilfe von Transkription (Verschriftlichung) im Blick auf Beginn und Ende von Gesprächen, Sprecherwechsel (↑Turn), Typen und Sequenzen von Äußerungen.

Konversationsmaxime, die [auch: Konversationspostulat, Konversationsregel]: Vier von GRICE aufgestellte Forderungen, die sich aus dem grundlegenden Kooperationsprinzip der ↑Konversation (Gestalte deinen Kommunikationsbeitrag so, wie es an dieser Stelle im Blick auf den akzeptierten Zweck und die Richtung der Rede erforderlich ist!) ergeben und deren Beachtung das Gelingen von Verständigung sichert, deren Missachtung zum Scheitern der ↑Kommunikation führen kann:

a) Maxime der Quantität: Mache deinen Gesprächsbeitrag so informativ wie für den jeweiligen Zweck nötig (auch nicht informativer als nötig)!
b) Maxime der Qualität: Halte dich an die Wahrheit! Behaupte nichts, wofür du keine Beweise hast bzw. von dessen Wahrheit du nicht überzeugt bist!
c) Maxime der Relation: Äußere nur etwas, was auch relevant ist!
d) Maxime der Modalität: Drücke dich klar und eindeutig aus! Vermeide Unklarheit, Mehrdeutigkeit, Weitschweifigkeit, Ungeordnetheit!

Konverse, die (lat. conversum = umgekehrt, umgewendet): Bez. für das ↑Passiv als Produkt einer Vertauschungsaktion aus dem Aktiv-Satz: Subjekt des Aktiv-Satzes erscheint im Passiv-Satz in Form eines Präpositional-Ausdrucks, direktes Objekt des Aktiv-Satzes im Passiv-Satz in Subjekt-Funktion (= Akkusativkonverse); z. B.: *Die Mutter ruft Hans. > Hans wird von der Mutter gerufen.* Daneben bei best. Verben auch Dativkonverse; z. B.: *Die Mutter kämmt Hans die Haare. > Hans bekommt/kriegt die Haare gekämmt.*

Konversion, die (lat. convertere = sich umwenden, umkehren): Sonderform der ↑Wortbildung; Wechsel von einer ↑Wortart in die andere, aber im Unterschied zur ↑Derivation ohne formale, morphologische Veränderung; z. B.: *treffen* (Verb > *das Treffen* (Subst.); *tief* (Adj.) > *das* Tief (Subst.).

konvertieren (lat. convertere = umdrehen): In ↑EDV das ↑Format einer ↑Datei in ein anderes verwandeln, um Informationen aus einem Anwendungsprogramm einem anderen Programm zugänglich zu machen.

Konzept, das (lat. concipere = sich etwas vorstellen): Allgemeine inhaltlich-referenzielle (↑Referenz) Vorstellung, die im Bewusstsein/Gedächtnis eines Menschen mit einem Wort, einem sprachl. Ausdruck verbunden ist; mentale (↑mentales Lexikon) Informationseinheit zur Speicherung von Weltwissen. K. bilden sich bereits während des kindlichen ↑Spracherwerbs (aufgrund angeborener Anlagen des Menschen und der sprachl. Äußerungen der Bezugspersonen) und verändern sich laufend, passen sich zunehmend den K. der erwachsenen Bezugspersonen an. Sie repräsentieren die reale Erfahrungswelt als:

a) Type-Konzepte: Entdeckung der gemeinsamen Merkmale einer Klasse von Objekten bei Außerachtlassung individueller Merkmale (*Vogel* ist ein Tier, kann fliegen, legt Eier ...), sodass nach dem Äquivalenzprinzip diesem K. *Meise, Sperling, Amsel* zugeordnet werden können;
b) Token-Konzepte (auch: Individualkonzepte): Einordnung eines individuellen Objekts (z. B. des Wellensittichs *Hansi*) nach dem Identitätsprinzip.
Auch ↑Begriff.

konzessiv ↑Adverbial.

Konzessivsatz ↑Gliedsatz.

Kookkurrenz, die (lat. cooccurrere = sich zugleich einfinden): Zusammenvorkommen, gemeinsames Auftreten mehrerer sprachl. Elemente in einer Äußerung / einem Satz; z. B.: Temporal-Adv. der Zukunft und temporales Flexionsmorphem Futur: *Morgen werden wir in Urlaub gehen.* K. best. Elemente kann ungrammatisch (↑grammatisch) sein, z. B. Temporal-Adv. der Vergangenheit und temporales Flexionsmorphem Futur: **Gestern werden wir in Urlaub gehen.*

Koordination, die (lat. coordinare = nebenordnen) [auch: Beiordnung, Nebenordnung, Parataxe]: Syntaktische Aneinanderreihung mehrerer gleichberechtigter, die gleiche syntaktische Rolle spielender Ausdrücke (Wörter, Satzglieder, Teilsätze); entweder mit Bindewort (syndetische Reihung; ↑Konjunktion) oder unverbunden (asyndetische Reihung); z. B. *Er kam und sah und siegte. – Er kam, sah, siegte.* Gw. Subordination/Hypotaxe = Unterordnung von Ausdrücken gegenüber anderen. K. von Sätzen ergibt eine Satzreihe/Satzverbindung (z. B.: *Er erschien, er begrüßte mich und forderte mich zum Reden auf*), Subordination von Sätzen ergibt ein Satzgefüge aus übergeordnetem Haupt- und untergeordneten Nebensätzen/Gliedsätzen (z. B.: *Es kam so, wie es kommen muss, wenn man zu leichtsinnig ist*).

Kopenhagener Schule ↑Glossematik.

Kopfwort ↑Kurzwort.

Kopula, die (lat. copula = Band): 1. Das Verbum *sein* mit seinen finiten Formen; kann als Teil des ↑Prädikativums, als Bindeglied mit bes. großer Fügungspotenz (↑Valenz) vielerlei Aussagen zur Bez. eines Daseins oder Soseins mit einem Subj. verknüpfen;
a) identifizierend (gleichsetzend): *Diese Frau ist meine Tante.*

b) attributiv (charakterisierend oder einordnend): *Der Hund ist hungrig. – Der Hund ist ein Haustier.*
c) lokativ*: Die Bushaltestelle ist vor der Verkehrsampel.*
Von vielen Linguisten wird K. dagegen nur als Quasi-Symbol, rein grammatisches Quasi-Verb = inhaltsleerer Träger für Tempus-, Modus-, Aspekt-, Person- und Numerusangabe verstanden. Außerdem erscheint *sein* aber auch nicht-kopulativ als „Vollverb" in existentieller Funktion (das Sein aussagend), z. B.: *Gott ist!*
2. Die beiordnende ↑Konjunktion *und.*

kopulativ ↑Konjunktion, ↑Kopula.

Kopulativkompositum, das (lat. copulatio = Verknüpfung) [auch: Dvandva = „Paar", Additionswort, Reihenwort]: Aus zwei oder mehr freien ↑Morphemen bzw. Wörtern zusammengesetztes Wort (↑Kompositum), dessen Konstituenten einander gleichgeordnet sind; ihre Inhalte erscheinen in der Bedeutung des K. summiert; z. B.: *Strumpfhose* = <Strumpf und Hose zugleich>; *Strichpunkt* = <Einheit von Strich und Punkt: Semikolon>; *Gottmensch* = <Christus als Mensch und Gott zugleich>.

Ko-Referenz, die (lat. co- = zusammen, zugleich; referre = auf etwas beziehen) [auch: Referenzidentität]: Bezug zweier oder mehrerer ↑Konstituenten eines ↑Textes auf dasselbe ↑Referenz-Objekt in der außersprachl. Wirklichkeit; z. B.: *Meiers haben sich einen Hund angeschafft. Das Tier ist noch sehr jung, ein Dackel, glaube ich. Er tollt gern im Garten herum.* Auch ↑Proform.

Korpus, das (lat. corpus = geordnetes Ganzes; Gesamtheit): Klar abgegrenzte und danach nicht mehr erweiterte oder gekürzte Menge unveränderter mündlicher oder schriftlicher Äußerungen, die in traditioneller Sprachwissenschaft und im taxonomischen ↑Strukturalismus, nicht aber in der ↑Generativen Grammatik (↑Transformation), als Untersuchungsmaterial zur Grundlage der Sprachbeschreibung gemacht wird.

Korrelat, das (lat. con- = zusammen, zugleich; relatio = Zurücktragung, Gegenüberstellung): 1. Sprachl. Ausdruck in einem Matrixsatz (↑Einbettung), der auf einen anderen Ausdruck bezogen ist und so auf einen Ergänzungssatz vor- oder rückverweist; z. B.: *Ich rechne damit, dass du kommst. – Es ist wunderbar, dass du gekommen bist.* 2. Wort, das mit einem anderen in syntagmatischer Wechselbeziehung steht; beide Partner eines korrelativen Paares fordern sich wechselseitig, setzen einander voraus; z. B.: *alles, was* (nicht etwa: **alles, das*); *darum, weil* (nicht: **darum, damit*); *insofern, als.*

Korrelation, die (lat. correlatio = Wechselbeziehung): Verhältnis zwischen zwei Reihen von ↑Phonemen, die paarweise in bezug auf das gleiche ↑distinktive Merkmal einander gegenübergestellt werden, z. B.: stimmhafte /b/, /d/, /g/ gegenüber stimmlosen /p/, /t/, /k/. Auch ↑Opposition.

Korrespondenz, die (lat. correspondere = sich entsprechen): Verhältnis gegenseitiger Entsprechung zweier sprachl Elemente auf Grund gemeinsamer Merkmale; z. B. phonetisch-phonologische K. von /b/ und /d/ mit Merkmal <stimmhaft>, von /b/ und /p/ mit Merkmal <labial>. Vgl. auch ↑GPK = Phonem-Graphem-Korrespondenz.

Kreativität, die (lat. creatum = erschaffen, erzeugt): Schöpferische Kraft; Fähigkeit des sprachl. Handelnden, mit Hilfe einer endlichen Menge von Ausdrücken (↑Lexikon) und Regeln zur Verknüpfung dieser Ausdrücke (↑Grammatik) eine unbegrenzte Menge von Äußerungen hervorzubringen und zu verstehen (↑Kompetenz); nach CHOMSKY zu unterscheiden:

a) regelgeleitete K.: Nutzung der im System der Sprache vorhandenen Regeln; z. B. Analogiebildungen in der Wortbildung wie *Klettverschluss* nach dem Muster *Keilverschluss, Plombenverschluss, Lamellenverschluss, Reißverschluss, Schlitzverschluss* und *Klette* <mit Widerhaken anhaftende Samenkapsel>;
b) regelverändernde K.: Eingriff in das System geltender Regeln; z. B. Großschreibung im Wortinnern wie *LehrerInnen* <Lehrer und Lehrerinnen zusammen>.

Kreuzklassifikation ↑Subkategorisierung.

künstliche Intelligenz [auch: maschinelle Intelligenz]: Versuch einer Übertragung menschlichen kognitiven (↑Kognition), intelligenten Verhaltens (Wahrnehmung, Informationsverarbeitung, Speicherung, Problemlösung ...) auf elektronisch gesteuerte Systeme (↑EDV, ↑Computer); Grundlage der Mensch-Maschine-Kommunikation, z. B. bei maschineller Übersetzung.

künstliche Sprache [auch: Kunstsprache, formale Sprache]: Im Ggs. zu natürlicher Sprache ein Zeichensystem, das die Mehrdeutigkeit (↑Polysemie) und Unschärfe (↑Vagheit) der Ausdrücke zu beseitigen versucht und deshalb nur mit definierten Symbolen arbeitet; z. B. Fachsprachen, Programmiersprachen.

Kürzung: Neben Kombination und ↑Konversion dritter Typ der ↑Wortbildung, bei der aus der Vollform eines Wortes durch Tilgung von Phonemen/ Graphemen eine Kurzform entsteht:

a) ↑Kurzwort: Anfang bzw. Ende der Vollform oder Kombination aus beiden; z. B.: *Uni* (< *Universität*), *Bus* (< *Omnibus*), *Bierdeckel* (< *Bierglasdeckel*);

b) Initialwort: Kürzung auf die Anfangsbuchstaben der Morpheme der Vollform, entweder mit Aussprache nach Buchstabennamen, z. B.: *LKW* (< *Lastkraftwagen*), *CDU* (< *Christlich-Demokratische Union*), oder mit Aussprache ihres zusammengezogenen Lautwertes, z. B.: *Flak* (< *Fliegerabwehrkanone*), *UNO* (< *United Nations Organization*),

c) Abkürzung (↑Abbreviation): nur in geschriebener Sprache gekürzt (zumeist mit Abkürzungspunkt), als Vollwort ausgesprochen; z. B.: *g* (< *Gramm*), *Dr.* (< *Doktor*), *bzw.* (< *beziehungsweise*), *z. B.* (< *zum Beispiel*).

Kurrentschrift (lat. currere = laufen): Schrift mit miteinander verbundenen Buchstaben, zum Zweck eines raschen Schreibens (↑„Schreibschrift"), im Ggs. zur Druckschrift. Vgl. ↑Kursive.

Kursive, die (lat. cursus = das Laufen) [auch: Kursivschrift]: Bereits im Altertum entwickelte Gebrauchs- und Alltagsschrift (zumeist in Urkunden), bei der sich durch die Erhöhung der Schreibgeschwindigkeit die Gestalt der Buchstaben verändert hat: Vereinfachung, schräge Rechtsneigung, ↑Ligatur; über verschiedene historische Entwicklungen hin bis heute gebräuchlich, vor allem zur Auszeichnung objektsprachlicher Beispiele (z. B.: *geschriebener Brief*) oder fremdsprachlicher Begriffe (z. B.: *Lingua franca*). Vgl. ↑Schreibschrift.

Kurzzeitgedächtnis ↑Gedächtnis.

Kundgabefunktion ↑Sprache.

Kunstwort: Nicht aus lebender Sprache übernommenes, sondern künstlich gebildetes Wort, bes. in Wissenschaft und Technik (auch Warennamen); häufig aus gr. und lat. ↑Morphemen bestehend (z. B.: *Telegramm, Penicillin, Neutron*) oder an diese angelehnt (*Gas* nach gr. *chaos*), häufig auch ↑Kürzung (*Fewa* < *Feinwaschmittel*; *Leica* < *Leitz-Camera*).

Kurzwort: In ↑Wortbildung ↑Kürzung der Vollform eines Wortes, bei der nur der Anfang oder das Ende erhalten bleibt (Kopfwort wie *Kilo* < *Kilogramm*, *Ober* < *Oberkellner*; Schwanzwort wie *Cello* < *Violoncello*, *Bahn* < *Eisenbahn*), eine Zusammensetzung der Anfänge mehrerer Morpheme (*Kripo* < *Kri-*

minalpolizei, *Fewa* < *Feinwaschmittel*) oder eine Kombination von Anfang und Ende, Kopf und Schwanz (*Motel* < *Motorhotel*, *Autobus* < *Automobilomnibus* *Krad* < *Kraftrad*) erfolgt.

Labial, der (lat. labium = Lippe): ↑Konsonant, mit Hilfe der Lippen gebildet;
a) bilabial: Zusammenpressen von Unter- und Oberlippe; z. B.: [p] in *Park*;
b) labiodental: Unterlippe wird gegen obere Schneidezähne gedrückt; z. B.: [f] in *faul*.

Labialisierung ↑Rundung.

labiodental ↑Labial.

Lagegröße ↑Größe.

Landkarte ↑mentale Landkarte.

Langage, die (franz. langage = Ausdrucksweise, Sprache) [genauer: faculté du langage]: Nach Terminologie SAUSSUREs: Sprachfähigkeit, (physiologisches und intellektuelles) Vermögen des Menschen, Sprache zu erlernen und zu gebrauchen. Auch ↑Sprache.

Language acquisition ↑Spracherwerb.

Language acquisition device ↑Spracherwerbsmechanismus.

Langue ↑Sprache.

Langzeitgedächtnis ↑Gedächtnis.

Laryngal ↑Glottal.

Lasswell'sche Formel: In ↑Pragmatik und ↑Texttheorie übernommene (variierte, erweiterte) Fragestellung von HAROLD. D. LASSWELL (Analysator politischer Rede) zur Untersuchung sprachl. Handelns in ↑Kommunikationssituationen: Who says what in which channel to whom with what effect? = Wer sagt was über welchen Kanal zu wem mit welcher Wirkung? (meist variiert zu: Wer spricht zu wem, in welcher Sprachvariante, wann, wo, über welche Themen, mit welcher Absicht, mit welchen sozialen Konsequenzen?).

lateinische Ausgangsschrift: Aus der ↑Antiqua-Druckschrift über die ↑Kursive entwickelte ↑Schreibschrift, die nach Ablösung der ↑Sütterlinschrift seit 1941 als „deutsche Normalschrift" verbindliche Ausgangsschrift für das Schreibenlernen in den dt. Schulen war und erst seit wenigen Jahren Konkurrenz durch die ↑vereinfachte Ausgangsschrift erfahren hat:

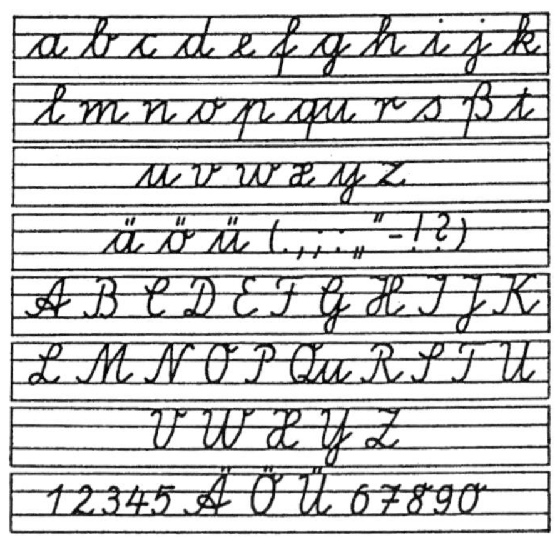

lateinische Schrift ↑Schreibschrift.

lateral ↑Liquid.

Laut: Akustisch wahrnehmbare Erscheinung unterschiedlicher Qualität; bei Ausatmung entstehender Luftstrom wird durch Hindernisse auf seinem Weg in Schwingungen versetzt und mit Hilfe der Artikulationsorgane (↑Artikulation) ausgeformt. Auch ↑Phon, ↑Konsonant, ↑Vokal.

Lautgesetz: Vor allem von den ↑Junggrammatikern postulierte Beschreibungsform für historische Lautveränderungen = nach „ausnahmslos" wirkenden Gesetzmäßigkeiten (positivistische Sprachwissenschaft; Historismus) verlaufende Vorgänge; z. B. ↑VERNER'sches Gesetz oder Entwicklung einzelner Laute vom Idg. bis zum Nhd. in historischen Grammatiken.

Lautlehre ↑Phonologie, ↑Phonetik.

Lautmalerei/Lautsymbolik ↑onomatopoetisch.

Lautschrift (auch: Transskription): Genaue schriftliche Wiedergabe der gesprochenen Sprache in ihrer lautlichen Erscheinung (↑Phonetik); jedes ↑Phon bzw. jedes ↑Phonem wird möglichst eindeutig durch ein Schriftzeichen bezeichnet; gebräuchlichste L. ist das Internationale Phonetische Alphabet (IPA):

Zeichen der API	Bezeichnung des Lautes und der Lautqualität	Beispiele mit Umschrift
(1) Vokale und Diphthonge		
[ɑ]	dunkler *A*-Laut	*Wahl* [vɑ:l], *mühsam* ['my:zɑ:m], *Statik* ['ʃɑ:tɪk]; *Bagatelle* [bɑgɑ'tɛlə]
[a]	heller *A*-Laut	*Wall* [val], *aufwachsen* ['aofvaksən], *kompakt* [kəm'pakt]; *Cäsar* ['tsɛ:zar]
[e]	geschlossener *E*-Laut	*Ehre* ['e:rə], *Urheber* ['u:rhe:bər], *Halogen* [halo'ge:n]; *Legion* [le'gɪo:n]
[ɛ]	offener *E*-Laut	*Ähre* ['ɛ:rə]; *Fontäne* [fən'tɛ:nə]; *abwärts* ['apvɛrts], *heftig* ['hɛftɪç]; *Prospekt* [pro'spɛkt]; *Exil* [ɛ'ksi:l]
[ə]	schwachtoniger *E*-Laut	*Kavallerie* [kɑvalə'ri:]; *Rabe* ['rɑ:bə]
[i]	geschlossener *I*-Laut	*Stiel* [ʃti:l], *wieso* [vi:'zo:]; *probieren* [pro'bi:rən]; *Finale* [fi'nɑ:lə]
[ɪ]	offener *I*-Laut	*still* ʃtɪl]; *ranzig* ['rantsɪç]; *Solist* [zo'lɪst]; *Insekt* [ɪn'zɛkt]
[ĭ]	nichtsilbischer *I*-Laut	*Produktion* [prodʊk'tsĭo:n]
[o]	geschlossener *O*-Laut	*Robe* ['ro:bə]; *abholen* ['apho:lən]; *Zone* ['tso:nə]; *Moment* [mo:'mɛnt]
[ɔ]	offener *O*-Laut	*Robbe* ['rɔbə]; *ausgenommen* ['aosgənɔmən]; *Song* [sɔŋ]; *korrekt* [kɔ'rɛkt]
[ø]	geschlossener *Ö*-Laut	*nötig* ['nø:tɪç], *aussöhnen* ['aoszø:nən] *monströs* [mən'strø:s]; *möbilieren* [mø'bli:rən]
[œ]	offener *Ö*-Laut	*plötzlich* ['plœtslɪç]; *Streichhölzer* ['ʃtraeçhœltsər]
[u]	geschlossener *U*-Laut	*klug* [klu:k]; *Eigentum* ['aegəntu:m]; *Statur* [ʃta'tu:r]; *numerieren* [nume'ri:rən]
[ʊ]	offener *U*-Laut	*lustig* ['lustɪç]; *aufrunden* ['aofrʊndən]; *korrupt* [kɔ'rʊpt]; *Ultimatum* [ʊlti'mɑ:tʊm]
[y]	geschlossener *Ü*-Laut	*Güte* ['gy:tə]; *ausglühen* ['aosgly:ən]; *Vestibül* [vɛsti'by:l]; *Type* ['ty:pə], *Pyramide* [pyrɑ'mi:də]
[ʏ]	offener *Ü*-Laut	*Brücke* ['brʏkə]; *unmündig* ['ʊnmʏndɪç]; *Ypsilon* ['ʏpsilən]; *Symbol* [zʏm'bo:l]
[ae] oder [ae̯]	Diphthong *ei* (*ai*)	*Leib* [laep]; *abstreifen* ['apʃtraefən]; *Eidechse* ['aedɛksə]; *Eidophor* [aedo'fo:r]; *Main* [maen]; *Anrainer* ['anraenər]
[ao] oder [ao̯]	Diphthong *au*	*brauen* ['braoən]; *Brauerei* [braoə'rae]; *Fauna* ['faonɑ]; *Mausoleum* [maozo'le:ʊm]
[əø] oder [əø̯]	Diphthong *eu* (*äu*)	*scheu* [ʃəø]; *überschäumen*; ['y:bərʃəømən]; *Euphrat* ['əøfrat]; *Europa* [əø'ro:pɑ]

Zeichen der API	Bezeichnung des Lautes und der Lautqualität	Beispiele mit Umschrift
(2) Konsonanten		
[m]	Nasallaut *m*	*Mond* [mo:nt]; *zahm* [tsɑ:m]; *Motto* ['mɔtoˑ]; *Verbum* ['vɛrbʊm]
[n]	Nasallaut *n*	*nach* [nɑ:x]; *Bein* [baen]; *Note* ['no:tə]; *Ozon* [o'tso:n]
[ŋ]	Nasallaut *ng*	*Schwung* [ʃvʊŋ]; *Angora* [aŋ'go:rɑ]
[l]	Stimmhafter seitlicher Engelaut *l*	*Last* [last]; *Nebel* ['ne:bəl]; *Libelle* [li'bɛlə]; *Lokal lokal* [lo'kɑ:l]
[r]	*R*-Laut	*Rille* ['rɪlə]; *Geschirr* [gə'ʃɪr]; *Region* [re-'gĭo:n]; *Archiv* [ar'çi:f]
[f]	stimmloser Reibelaut *f*	*falten* ['faltən]; *reif* [raef]; *Figur* [fi'gu:r]; *Oktav* [ɔk'tɑ:f]
[v]	stimmhafter Reibelaut *w*	*walten* ['valtən]; *Violine* [vio'li:nə]
[s]	stimmloser Reibelaut *s*	*stoßen* ['ʃto:sən]; *Spaß* [ʃpɑ:s]; *Skelett* [ske-'lɛt]; *konfus* [kən'fu:s]
[z]	stimmhafter Reibelaut *s*	*versenden* [fɛr'zɛndən]; *Sekunde* [ze'kʊndə]
[ʃ]	stimmloser Reibelaut *sch*	*schleichen* ['ʃlaeçen]; *morsch* [mɔrʃ]; *Strapaze* [ʃtra'pɑ:tsə]; *musisch* ['mu:ʒɪʃ]
[ʒ]	stimmhafter Reibelaut *sch*	*Regie* [re'ʒi:]; *Etage* [e'tɑ:ʒə]
[ç]	stimmloser vorderer Reibelaut *ch* (sogenannter „*Ich*-Laut")	*reichen* ['raeçən]; *Verzicht* [fɛr'tsɪçt]; *wendig* ['vɛndɪç]; *Chemiker* ['çe:mikər]; *Ichthyosaurus* [ɪçtyo'zaorʊs]
[j]	stimmhafter vorderer Reibelaut *j*	*jubeln* ['ju:bəln]; *Jura* ['ju:rɑˑ]
[x]	stimmloser hinterer Reibelaut *ch* (sogenannter „*Ach*-Laut")	*Kuchen* ['ku:xən]; *Koch* [kɔx]; *Achat* [ɑ'xɑ:t]; *Epoche* [e'pɔxə]
[h]	Hauchlaut *h*	*Hauch* [haox]; *Hotel* [ho'tɛl]
[p]	stimmloser Verschlußlaut *p*	*prüfen* ['pry:fən]; *hopp* [hɔp]; *Laub* [laop]; *Pokal* [po'kɑ:l]; *Reptil* [rɛp'ti:l]; *Bob* [bɔp]
[b]	Stimmhafter Verschlußlaut *b*	*bleiben* ['blaebən]; *Bombast* [bɔm'bast]
[t]	stimmloser Verschlußlaut *t*	*teilen* ['taelən]; *Welt* [vɛlt]; *Feld* [fɛlt]; *Tenor* [te'no:r]; *violett* [vio'lɛt]; *Summand* [zʊ'mant]
[d]	stimmhafter Verschlußlaut *d*	*dulden* ['dʊldən]; *Diät* [di'ɛ:t]
[k]	stimmloser Verschlußlaut *k*	*Kiefer* ['ki:fər]; *Geschenk* [gə'ʃɛŋk]; *Teig* [taek]; *klassisch* ['kla'sɪʃ]; *Tank* [taŋk]; *Katalog* [katɑ'lo:k]
[g]	stimmhafter Verschlußlaut *g*	*beglaubigen* [bə'glaobɪgən]; *Geograph* [geo-'grɑ:f]

ˑ nach Vokalen zur Kennzeichnung der reduzierten (halben) Vokallänge, z.B. *Jena* ['je:nɑˑ]
(Kennzeichnung der Vokalkürze: kein besonderes Zeichen, z.B. *Fall* [fal])
˘ über nichtsilbischen Vokalen, z.B. *Region* [re'gĭo:n]

˜ über nasalierten Vokalen, z.B. *Autun* [o'tœ̃ˑ]
' Hauptakzent vor der betonten Silbe, z.B. *Energie* [enɛr'gi:]
ˌ Nebenakzent vor der betonten Silbe, z.B. *Elektroenergie* [e'lɛktroenɛrgˌi:]

Lautverschiebung: Historische Veränderung des Konsonantensystems:

a) 1. oder Germanische L. [auch: Grimm'sches Gesetz]: Bei Ausgliederung des Germ. aus dem Idg. sind die aspirierten (behauchten) Tenues (↑Explosivum) idg. ph, th, kh und die einfachen Tenues idg. p, t, k zu den stimmlosen ↑Spiranten germ. f, Þ, χ (h) geworden wie in lat. *pater* > engl. *father* / nhd. *Vater*; lat. *tres* > engl. *three*; lat. *centum* > nhd. *hundert*; die aspirierten Mediae (↑Explosivum) idg. bh, dh, gh wurden zu den stimmhaften Spiranten germ. ƀ, đ, g (später > b, d, g) wie in idg. **bhrater* >got. *broÞar* / nhd. *Bruder*; idg. **dhur-* > engl. *door*; idg. **ghostis* / lat. *hostis* > got. *gasts*; die Mediae idg. b, d, g wurden zu Tenues germ. p, t, k wie in lat. *labi* > engl. *to sleep*; lat. *decem* > engl. *ten*; lat. *genu* > nhd. *Knie.*

b) 2. oder Hochdeutsche L.: Bei Ausgliederung des Dt. aus dem Gemeingerm., jedoch nur im Hdt., nicht in Ndt. ergaben sich folgende Veränderungen: Tenues p, t, k wurden stellungsbedingt entweder (nämlich im Anlaut, im Inlaut nach Konsonant, in der ↑Gemination = Verdoppelung) zu den ↑Affrikaten pf, tz/z, kch/ch wie in engl. *plant* / nhd. *Pflanze*; engl. *heart* / nhd. *Herz*; engl. *to drink* / ahd. (alem. und bair.) *trinkhan* oder (nämlich in vokalischer Nachbarschaft) zu den Doppelspiranten ff, ss, hh/ch wie in engl. *open* / nhd. *offen*; engl. *to eat* / nhd. *essen*; engl. *to make* / nhd. *machen*; die Mediae b, d, g wurden (mit unterschiedlicher Durchsetzungskraft) zu den Tenues p, t k wie in got. *sibja* / nhd. *Sippe*; engl. *daughter* / nhd. *Tochter*; engl. *to give* / ahd (alem.) *keban.*

Lautzuwachs ↑Akzession.

Leerstelle: 1. Spatium, Leerzeichen = Lücke zwischen geschriebenen/gedruckten Sprachzeichen, die zu Wortabständen, zur Getrenntschreibung von Wörtern führt und damit ein grundlegendes Strukturierungsmittel graphischer Texte darstellt. 2. Slot = Komponente eines ↑Tagmems. 3. Freier Platz, den in der Theorie der ↑Dependenzgrammatik die Verben (je nach ↑Valenz einen oder mehrere) gleichsam um sich eröffnen und der durch best. syntaktische Funktionsträger besetzt werden muss (notwendige ↑Ergänzungsbestimmungen), wenn ein ↑akzeptabler Satz entstehen soll [auch: Planstelle]; z. B.:

	verurteilt	
Der Richter	*verurteilt*	*den Gesetzesbrecher.*

Leerwort (mots vide): Bei TESNIÈRE Funktionswort: ↑Translativ oder Junktiv (↑Junktion), das im Unterschied zu Vollwörtern wie Substantiven, Verben, Adjektiven, Adverbien keinen referenzsemantischen (↑Referenz-Semantik) Wert hat, sondern nur grammatischen. Auch ↑Synsemantikum.

Legasthenie, die (gr. legein = lesen; astheneia = Kraftlosigkeit, Schwäche) [auch: Lese-Rechtschreib-Schwäche, Dyslexie]: Störung im Aufbau der Lese- und Schreibfähigkeit bei sonst intakter und relativ guter Intelligenz und Lernleistung; typische (umstritten!) Merkmale: Reversion = seitenverkehrtes Schreiben und Lesen von Buchstaben und Zahlen (z. B.: *b – d*; *ei – ie*), Inversion = gestürztes Schreiben (z. B.: *M – W*; *u – n*), Umstellungen (z. *B. ist – tsi*; *die – dei*; *und – dun*), Zusammenschreibungen (z. B.: *bistu* < *bist du; geter* < *geht er*), Auslassungen (z. B.: *banf* < *Bahnhof*); multikonditionale Verursachung aus Vererbung, Reifungsverzögerung, Milieueinfluss, Hirnschaden; Ergebnis: Raumlage-Labilität, Gestaltgliederungs- und Differenzierungsschwäche, Wortbild-Speicherungsschwäche;
a) literale L.: Unfähigkeit, die Beziehung zwischen sprachl. Laut und graphischem Lautzeichen herzustellen (= schwere Form der L.);
b) verbale L.: Schwierigkeiten beim Umsetzen von Lautfolgen in Buchstabenfolgen eines Wortes und umgekehrt (zeitliches Nacheinander von ↑Phonemen gegenüber räumlichem Nebeneinander von ↑Graphemen) sowie beim Speichern von Silben- und Wortbildern (= leichtere Form der L.).

Lehnbedeutung, **-bildung**, **-schöpfung**, **-übersetzung**, **-übertragung**, **-wendung**, **-wort** ↑Entlehnung.

Lekt, der (gr. legein = sprechen): Eine mehrerer möglicher sprachl. ↑Varietäten, die grundlegende syntaktische und/oder phonologische Ähnlichkeiten miteinander aufweisen (und deshalb als Teile eines übergeordneten sprachl. Systems angesehen werden können), sich andererseits durch best. Merkmale deutlich voneinander unterscheiden:
a) Dialekt (↑Mundart): mit best. geographischer Verbreitung in einem Kultur- und Sprachraum; z. B. Schwäbisch;
b) Soziolekt (↑Sprache): von Personengruppe mit best. Position, mit best. Status innerhalb einer gesellschaftlichen Organisation gesprochen; z. B. Soldatensprache;
c) Chronolekt: an best. Punkt ihrer historischen Entwicklung gesprochene Sprache (vgl. ↑Sprachperiode); z. B. Gegenwartsdeutsch.

Lemma, das (gr. lemma = das Herausgenommene) [auch: Stichwort]: Einleitender (meist graphisch hervorgehobener) Bestandteil eines Artikels in einem Wörterbuch oder einem Kommentar; aus laufendem Text herausgenommenes und zur weiteren Erläuterung nach vorn gesetztes ↑Lexem in Grundform, zu dem innerhalb des Artikels Informationen folgen; z. B.: *Lexem, lesen, grammatisch.*

Lenis ↑Aspiration, ↑Opposition.

Lentoform ↑Allegroform.

Lesart: Eine best. inhaltliche Repräsentation (↑Semantik), eine best. ↑Bedeutung bzw. Interpretation eines ↑Morphems, Wortes, ↑Satzgliedes, Satzes;
a) lexikalische L.: Menge der ↑semantischen Merkmale + Menge der Selektionsbeschränkungen (↑Selektion) eines sprachl. Elementes;
b) abgeleitete L.: durch Anwendung von ↑Projektionsregeln aus zwei oder mehr lexikalischen L. entstanden.
Auch ↑Polysemie.

„Das soll ein Ameisenhaufen sein? Glaube ich nie, dass so kleine Tierchen so große Haufen machen.!“
Aus:Quick 23/1971

Lesen: Rezipieren geschriebener bzw. gedruckter Sprache (↑Schrift) durch Wahrnehmung über Augenbewegungen (↑Fixation), semantisch-syntaktische Mustererkennung, Informationsverarbeitung und Sinnkonstruktion (unter Nutzung bereits vorhandenen ↑Wissens und von diesem mitgesteuert); komplexer analytisch-synthetischer Prozess (bottom-up und top-down, ↑Textverstehen).

Lesenlernen ↑Schriftspracherwerb.

Lese-Rechtschreib-Schwäche ↑Legasthenie.

Level ↑Ebene.

Lexem, das (gr. lexis = Wort): Freies ↑Morphem (kann allein, ohne Verknüpfung mit einem anderen Morphem als Wort erscheinen), das kontextunabhängig auf best. Gegenstände und Erscheinungen der außersprachl. Wirklichkeit bezogen ist, oder entsprechende Morphemkonstruktion, sofern sie eine nicht auflösbare semantische Einheit bildet; Bauelement des Wortschatzes, Einheit des ↑Lexikons z. B.: *Haus, Freude, lachen, spaßig, Turmuhr, unaufhörlich, stets, auf, der, oder*; neben Einzelwortlexemen auch Wortgruppenlexeme (semantisch unauflösbare, lexikalisierte Wortgruppen wie *Weißes Haus* = <Regierungsgebäude in Washington>) und Idiome (lexikalisierte feste Wortverbindungen und Redewendungen wie *auf die Palme bringen* oder *Maulaffen feilhalten*), deren Inhalt nicht durch Syntax-Regeln aus den Inhalten ihrer Bestandteile ableitbar ist.

Lexik, die: ↑Lexikon, ↑Wortschatz einer Sprache.

lexikalische Bedeutung: 1. Im ↑Lexikon erfasste ↑semantische Merkmale eines ↑Lexems, die zusammen mit seinen grammatischen Merkmalen (wie Kasus, Numerus, Tempus, Modus, Komparativ) die Gesamtbedeutung eines sprachl. Ausdrucks ausmachen. 2. Summe aller potentiellen Verwendungsmöglichkeiten/Bedeutungen eines Lexems in der ↑Langue, von denen eine (bei Mehrdeutigkeit mehrere) Lesart(en) in der konkreten ↑Parole aktualisiert wird (werden): Gw. aktuelle Bedeutung.

lexikalische Dekomposition (lat. de = von ... weg; compositio = Zusammensetzung) [auch: lexikalische Zerlegung]: In ↑Generativer Semantik Verfahren zur Beschreibung der Bedeutung von ↑Lexemen, bei dem auf ein elementares universelles Grundinventar von semantischen Einheiten (atomare Prädikate) zurückgegriffen wird; bes. am Beispiel von kausativen Verben (↑Aktionsart) demonstriert; z. B.: *töten* → <X tötet Y> wird „zerlegt“ in <X macht, dass es dazu kommt, dass es nicht der Fall ist, dass Y lebt>.

lexikalische Solidarität, die (franz. solidarité = Übereinstimmung): Bei COSERIU syntagmatische Bedeutungsbeziehung (↑Relation) zwischen ↑Lexemen (vgl. PORZIGS ↑wesenhafte Bedeutungsbeziehungen), bei der zwischen einem determinierenden und einem determinierten Ausdruck unterschieden wird und die Bedeutung des ersten (z. B.: *bellen*) die des zweiten (z. B.: *Hund*) enthält;

a) Affinität (lat. affinitas = Verschwägerung): Verbindung durch ein klassenbildendes ↑semantisches Merkmal; z. B. legen *fressen* und *saufen* über <tierisch> die Vorstellungen *Hund, Katze* ... nahe;
b) Selektion (lat. selectio = Auswahl): Beschränkung der benachbarten Ausdrücke durch ein übergreifendes Merkmal; z. B. legt *fahren* als Fortbewegungsmittel Fahrzeuge (vgl. ↑Archilexem) wie *Auto, Fahrrad, Zug, Bus, Schiff* nahe, nicht etwa *Flugzeug*;
c) Implikation (lat. implicatio = Verflechtung): determinierendes Lexem schließt das determinierte als ganzes ein; z. B. legt *falb* ausschließlich *Pferd* nahe, *eingefleischt* nur *Junggeselle*.

lexikalische Zerlegung ↑lexikalische Dekomposition.

Lexikalisierung: Verwandlung eines (mehrgliedrigen) sprachl. Elementes in ein Einzelwort oder ein Element, das als Entsprechung (↑Äquivalenz) eines einzelnen Wortes fungiert, nicht als freies ↑Syntagma (↑Phraseologismus): Aufnahme eines sprachl. Ausdrucks in das ↑Lexikon einer Sprache, als fester Bestandteil des konventionellen lexikalischen, begrifflich inhaltlichen Inventars sprachl. Zeichen (↑Lexem); z. B.: *silberner Löffel* > *Silberlöffel*; aber nicht: **Golduhr*; *sich etwas hinter die Ohren schreiben* <sich etw. gut merken>, aber nicht: *sich etwas hinter die Ohren kleben, sich etwas auf die Stirn schreiben*. L. geht als geschichtlicher Prozess im Ergebnis oft mit Verlust an ↑Motivation einher (↑Idiomatisierung); z. B.: *Schornstein*; *Maulaffen feilhalten*.

Lexikographie ↑Lexikon.

Lexikologie [auch: Wortkunde, Wortlehre]: Untersuchung und Beschreibung des Wortschatzes (↑Lexikon) einer Sprache, bes. seiner semantischen Strukturen, d. h. der Bedeutungen der einzelnen ↑Lexeme und ihrer Beziehungen untereinander (z. B. ↑Synonymie, ↑Antonymie, ↑Hyponymie), aber auch ihrer Bildungsweise (↑Wortbildung) und etymologischen Verwandtschaft (↑Wortfamilie), ihrer Zugehörigkeit zur Standardsprache oder zu ↑Varietäten, zum Erbwortschatz oder zu den Übernahmen aus Fremdsprachen.

Lexikon, das (gr. lexis = Wort): 1. Inventar der überkommenen ↑Lexeme einer Sprache (↑Wortschatz als überindividuelles L.); Untersuchungsgegenstand der ↑Lexikologie oder (in schriftlicher Darstellung) Produkt der Lexikographie (Herstellung von ↑Wörterbüchern). 2. Internalisiertes Wissen des kompetenten Sprechers einer Sprache, soweit es sich auf das Wort-Inventar und auf die semantisch-syntaktischen Merkmale der Lexeme bezieht; individuell beherrschter Wortschatz (= ↑mentales oder inneres L.).

Lexikoneintrag, der (dictionary entry): Wörterbuchangaben; enthalten für jedes Stichwort = ↑Lexem:

a) phonologische Information (Artikulationsweise in Lautschrift und orthographische Repräsentation);
b) grammatische Information (Wortart, syntaktische Subkategorien [↑Subkategorisierung], morphologische Eigenschaften, wie z. B. Flexionsklasse, ↑Umlaut in best. Flexionsformen);
c) semantische Information (Bedeutung = Anzahl und Formation der inhaltlichen Merkmale/Komponenten; nach KATZ/FODOR: semantic markers und semantic distinguishers);
d) Information über ↑Selektions-Beschränkungen (selection restrictions); grammatische (z. B. Unverträglichkeit von intransitivem Verb und Akk. Obj.) und lexikalisch-semantische Restriktionen (z. B. Unverträglichkeit eines Verbs mit dem Merkmal <Subj.: +belebt> und eines Nomens in Subj.-Stellung mit dem Merkmal <– belebt> wie in *Die Säge stirbt*).

Ligatur, die (lat. ligatum = vereinigt) [auch Buchstabenverbindung]: Verschmelzung zweier Buchstaben/↑Graphe zu einer Einheit; z. B.: *ß* (<sz).

linear (lat. linea = Linie, Richtschnur): Eindimensional-geradlinig und kontinuierlich verlaufend; von ihrem lautlichen Charakter herrührende Eigenschaft der Sprache (nach SAUSSURE die zweite Grundeigenschaft neben ↑arbiträr): zeitliche (mündlich) oder räumliche (schriftlich) Abfolge der Einheiten mit jeweils nur einem vorausgehenden und einem folgenden Nachbarn; aus Linearität der Sprache folgt distinktiver Wert der Reihenfolge sprachl. Einheiten: *Neger* [ne:gər] und *Regen* [re:gən] wie auch *Mal* [ma:l] und *lahm* [la:m] besitzen jeweils die gleichen Phoneme, der Bedeutungsunterschied der Lexeme beruht auf jeweils anderer Reihenfolge der Phoneme.

Linguistik, die (lat. lingua = Sprache): 1. Wissenschaft und Lehre von der Sprache, allgemein: Sprachwissenschaft. 2. Moderne Sprachwissenschaft (des 20. Jhs.), die als ↑Systemlinguistik direkt oder indirekt auf SAUSSURE zurückzuführen ist und Sprache als ein ↑Inventar von ↑Zeichen, ↑Strukturen und Erzeugungsmechanismen ansieht, die aber seit den 70er Jahren in Anlehnung an die Sozialwissenschaften die mündlichen und schriftlichen Erscheinungsformen im weiteren Zusammenhang von ↑Kommunikation und Interaktion (Sprache als soziales Handeln) untersucht, dabei nachweisbare, intersubjektiv gültige Ergebnisse anstrebt (empirische, exakte Wissenschaft) und deskriptiv, nicht präskriptiv-normativ verfährt (dagegen: ↑Sprachkritik, ↑Sprachdidaktik). Auch ↑Angewandte Linguistik.

linguistische Datenverarbeitung ↑Angewandte Linguistik.

Link ↑Hyperlink.

Linksversetzung ↑Prolepsis, ↑Rechtsversetzung.

Liquid, der (lat. liquidus = fließend, ausströmend): Volltönender, ↑stimmhafter ↑Konsonant, bei dessen Bildung die Luft schwingend und kontinuierlich dem Mund entströmt;

a) lateral (Seitenlaut): Zunge verschließt Mitte des Mundes, Luft entweicht auf einer Seite oder auf beiden Seiten; z. B.: [l] in *Liebe*;

b) vibrierend (Vibrant = Schwinglaut): Zungenspitze oder Zäpfchen zittert, flattert (intermittierend = regelmäßig unterbrochener Luftstrom); z. B.: Zungen-spitzen-R [r] und Zäpfchen-R [R].

Lispeln ↑Dyslalie.

Literalität ↑Mündlichkeit.

logischer Schluss [auch: Schließen, Schlussfolgerung]: In Logik an best. Regeln (Schlussregeln) gebundene Ableitung von ↑Aussagen (Konklusion = Schlussfolgerung, Schluss) aus anderen, vorgegebenen Aussagen (Prämisse = Voraussetzung). Bei wahren (↑Wahrheit) Prämissen enthält l. Sch. Kraft eines Beweises; z. B.:

(gegebene) 1. Prämisse: *Karl ist größer als Gerd.*
(gegebene) 2. Prämisse: *Gerd ist größer als Fritz.*
(erschlossene) Konklusion: *Karl ist größer als Fritz.*
Auch ↑Inferenz.

Logogramm ↑Graphetik.

Logopädie, die (gr. logos = Wort; paideia = Erziehung): Sprachheilkunde, Lehre von der Behandlung Sprachgehemmter und Sprachgestörter (↑Sprachpathologie).

lokal ↑Adverbial.

lokale Deixis ↑Deixis.

Lokalsatz ↑Gliedsatz.

lokutiv ↑Sprechakt.

loser Anschluss ↑Silbenschnitt.

Low-Varietät ↑Diglossie.

Lücke: 1. Jede im Sprachsystem, bes. im ↑Lexikon vorhandene Leerstelle, für die keine Besetzung vorhanden ist; z. B. gibt es für das ↑Lexem *durstig* kein Gegenwort (↑Antonymie) wie bei *hungrig* (*satt*). 2. An sich mögliche, aber (meist wegen schon vorhandener Homonyme; ↑Homonymie) nicht lexikalisierte (↑Lexikalisierung) ↑Wortbildung; z. B.: *Stehler* (wohl wegen *Dieb*), bis vor einigen Jahren auch der sich allmählich durchsetzende *Lerner* (wohl wegen *Schüler*).

Majuskel ↑Graph.

Makrolinguistik, die (gr. makros = groß): Nicht nur ↑Sprache i. e. S. untersuchende, sondern ↑Kommunikationssituationen und Kommunikationspartner in die Untersuchung einbeziehende ↑Linguistik; umfassende Kommunikationswissenschaft mit den Teilbereichen ↑Prälinguistik, ↑Mikrolinguistik, ↑Metalinguistik.

Makrostruktur, die [auch: Texttiefenstruktur]: Nach VAN DIJK semantische Tiefenstruktur von ↑Texten mit dem ↑Textthema an der Spitze und Makro-↑Propositionen darunter, die durch Zusammenfassung von Propositionen des Oberflächentextes gewonnen werden: Verdichtung durch Auslassen, Auswählen, Verallgemeinern, Eingliedern u. a.

Makrosyntax, die (gr. makros = groß; syntaxis = Anordnung) [auch: Hypersyntax, Supersyntax, Textsyntax]: In ↑Textlinguistik die das Ganze eines ↑Textes erfassende ↑Syntax, bei der ↑Satz nicht als größte (Gw. Mikrosyntax), sondern als kleinste relativ selbständige sprachl. Einheit erscheint, in der Verknüpfungsarten von Textteilen untersucht werden, z. B. durch pronominale Verkettung, Vor- und Rückverweise im Text u. a. (↑Textgrammatik, ↑Textverweisung, ↑Textkohärenz).

Malapropismus, der (franz. mal à propos = unpassend, zur Unzeit): Versehentlich (Verwechslung) oder absichtlich (↑Sprachspiel) falsch verwendetes Fremdwort; z. B.: *Privatpatienten werden nach der Adgo liquidiert.*

Marginalglosse ↑Glosse.

Marker, der (engl. to mark = kennzeichnen): 1. Merkmal eines sprachl. Elements; Notation bei Vorhandensein des M. +, bei Fehlen –; z. B. syntaktische M. in *schön*: <+Adj., +graduierbar> oder semantische M. in *Vogel*: <+konkret, +zählbar, +belebt, –menschlich>;

a) inhärenter M.: kommt in allen Erscheinungsformen des betreffenden ↑Elements gleichermaßen vor; z. B.: <+ mask.> in *Vogel*;

b) adjungierter M.: wechselt je nach ↑Kontext des Elements; z. B.: <+Sing.>, <+Gen.> in *die Flügel des Vogels,* aber <+Plur>, <+Dat.> in *Helft den Vögeln!*

2. In ↑Generativer Transformationsgrammatik Angabe der in einem Satz vorhandenen Kategorien und ihres syntaktischen Gefüges im Strukturbaum (↑P-Marker) oder Angabe der für Bildung eines abgeleiteten Satzes notwendigen Transformationsoperationen (↑T-Marker).

markiert [auch: merkmalhaft]: Eigenschaft eines sprachl. Elements, das durch ein positiv vorhandenes Merkmal in ↑Opposition mit einem anderen, „neutralen", unmarkierten (merkmallosen) Element steht; z. B. ist *Pferd* im Hinblick auf das Geschlecht semantisch unmarkiert, dagegen sind *Hengst* und *Stute* m.: <+männlich> bzw. <+weiblich>; *Pferd* mit <–Geschlecht> negativ zu markieren wäre ein sekundäres, erst aus der Opposition mit *Hengst* und *Stute* abgeleitetes Verfahren.

Maskulinum ↑Genus.

Massenkommunikation: Im Unterschied zum interaktiven Begriff der ↑Kommunikation die technische Speicherung (Druck, Tonträger, Videobänder, Film) und massenhafte Verbreitung von ↑Informationen über Sprache, Bild und Ton, vor allem durch Zeitung, Zeitschrift, Rundfunk, Fernsehen, aber auch durch Postwurfsendungen, Plakate, Gebrauchsanweisungen, Audio- und Videobänder, CD-ROM, Internet.

Matrix, die (lat. matrix = Mutterstamm): Rechteckig angeordnetes Schema mit horizontalen Zeilen und vertikalen Spalten zur systematischen Ordnung zusammengehöriger Elemente.

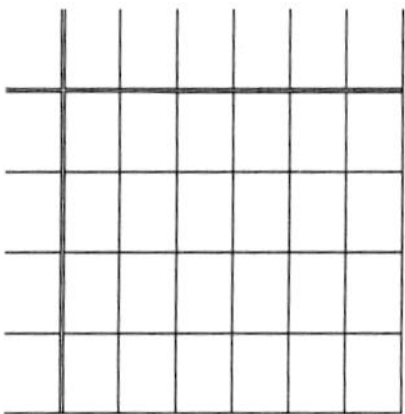

Matrixsatz ↑Einbettung.

Media ↑Explosivum.

mediales Verb (lat. medium = Mitte) [auch: pseudotransitives Verb]: Verb, das weder als ↑transitiv noch als ↑intransitiv gilt, das ein Akk.-Obj. nach sich ziehen, aber kein Passiv bilden kann; z. B.: *erhalten, kosten, meinen, wiegen* (*Er erhält reichen Lohn. – *Von ihm wird reicher Lohn erhalten.*).

Mehrdeutigkeit ↑Polysemie, ↑Ambiguität.

meinen: Intentionale Beziehung zwischen Sprecher und außersprachl. Wirklichkeit über das Medium sprachl. Zeichen; z. B. meint der Sprecher einen physikalischen, mit den Sinnen wahrzunehmenden Gegenstand und dessen Eigenschaften, wenn er sagt *Der Stein ist schwer.* Vgl. ↑bezeichnen, ↑bedeuten, ↑Referent.

meißnisches Deutsch: Ostmitteldeutsche Ausgleichssprache, die im mittelalterlichen Kolonialgebiet der Mark Meißen durch Vermischung von Siedlern aus dem Norden, Westen und Süden Deutschlands entstand; MARTIN LUTHER bediente sich dieser Ausgleichs- und Geschäftssprache, dadurch wurde sie zur Grundlage der neuhochdeutschen Nationalsprache.

meliorativ ↑pejorativ.

Menge: Zusammenfassung wohl unterschiedener Objekte der Anschauung und des Denkens, der Elemente der M., zu einem Ganzen; Notation: x∈M = x ist Element der Menge M; z. B.: die Buchstaben des dt. Alphabets: {a, b ... z}. Extensionale ↑Definition einer M. erfolgt durch Aufzählung der Elemente, intensionale Definition mit Hilfe einer Satzform mit einer freien Variablen P(x); zur Opposition offene M. – geschlossene M. vgl. ↑offene Klasse.

mentale Landkarte: In ↑kognitiver Psychologie netzwerkartig strukturierte Vorstellung von einem Thema oder Themenkomplex, bei der die wichtigsten sachlogischen Gesichtspunkte und Beziehungen zwischen ihnen berücksichtigt sind; übersichtliche graphische Darstellung des Netzwerkes; z. B.: Abbildung einer didaktischen Landkarte des Lesen- und Schreibenlernens. Bei Rezeption von ↑Texten unterstützt der Aufbau einer m. L. das Herausarbeiten und Behalten der Hauptgedanken.

mentales Lexikon (lat. mens = Verstand, Geist) [auch: inneres ↑Lexikon]: Im inneren Speicher eines Menschen (↑Gedächtnis) vorhandene Informationen zum Wortschatz; psychische Repräsentation des individuellen strukturierten Inventars an ↑Lexemen; erforscht werden insbesondere: Strukturen des m. L., sein Auf- und Ausbau, Zugriffsweisen beim Sprachhandeln, das Verhältnis zum Weltwissen und zur mentalen ↑Grammatik. Auch ↑Konzept.

mentalistisch (lat. mens = Vorstellung, Meinung): Eigenschaft einer Sprachbetrachtung, die Bewusstseinsinhalte und damit nicht streng objektivierbare Kategorien wie Vorstellung, Mitteilungsabsicht, Emotion u. a. in die Sprachbeschreibung einbezieht; von behavioristisch geprägter Linguistik in den USA (BLOOMFIELD, SKINNER) abgelehnt und durch mechanistisch-physikalische Verfahrensweisen ersetzt (These: jede ernst zu nehmende wissenschaftliche, nicht bloß philosophisch-spekulative Feststellung sei „made in physical terms“; deshalb könne die Bedeutung = meaning vorläufig nicht Gegenstand sprachwissenschaftlicher Forschung sein).

Menü, das (engl. menu = Speisekarte, Karte): Auf Benutzeroberfläche eines ↑Computers erscheinendes Bedienungselement in Anwendungsprogrammen, über das verschiedene Befehle und Funktionen (wie auf „Speisekarte“) zur Auswahl angeboten werden.

Merkmal: Eigenschaft einer sprachl. Erscheinung, die diese systematisch vergleichbar macht: mit Erscheinungen, die dieses M. ebenfalls aufweisen, und solchen, die das nicht tun; z. B. <stimmlos> als ein M. von best. ↑Phonemen, <be-

tont> als M. von Sprechsilben, <belebt> als M. von ↑Morphemen/Wörtern, <komplex> als M. von Sätzen, <appellativ> als M. von Texten. Linguistische ↑Kategorien können als Merkmalbündel verstanden werden, z. B. das Phonem /k/ als Bündel <guttural+stimmlos+Verschlusslaut+Konsonant>. Auch ↑distinktives Merkmal, ↑semantisches Merkmal, ↑Marker.

Merkmaldominanz: Stärkeres Hervortreten derjenigen ↑semantischen Merkmale eines sprachl. Ausdrucks (↑Lexem), die im ↑Text wiederholt auftreten (also auch in anderen Bestandteilen des Textes; vgl. ↑Isotopie), gegenüber solchen, die nur an einen Ausdruck gebunden sind; z. B. M. von <geizig> gegenüber <Bewohner eines Landes> beim Textelement *Schotte* im Witz: *Warum kaufen Schotten keine Kühlschränke? Sie glauben nicht, dass das Licht ausgeht, wenn die Kühlschranktür geschlossen wird.*

merkmalhaft ↑markiert.

Metakommunikation (gr. meta = über): Kommunikation über Kommunikation; in ihr verständigt man sich nicht über irgendetwas, sondern über die sprachl. wie nichtsprachliche Verständigung selbst, bes. wenn ihr Gelingen gefährdet ist, z. B. durch metakommunikative Kommentare bei drohendem Nichtverstehen oder Missverstehen (*Wie meinst du das? – Ich will damit Folgendes sagen ...* – Augenzwinkern als nonverbales Zeichen für Ironie); Fähigkeit zur M. ist wichtiger Teil der ↑kommunikativen Kompetenz. Auch ↑Metasprache.

Metalinguistik (gr. meta- = über ... hinaus; hinterher): Lehre von den Beziehungen der Sprache zu Erscheinungen der außersprachl. Wirklichkeit, wie etwa zum Denken und Verhalten von Sprecher und Hörer, zur Kultur, zur Gesellschaft; z. B.: Hypothese, Sprache determiniere die Art, wie Wirklichkeit gesehen wird (WHORF); Menschen verschiedener Muttersprachen lebten danach in verschiedenen „worlds of reality".

Metapher, die (gr. metaphora = das Anderswohintragen) [auch: sprachl. Bild, bildhafter Ausdruck]: Auf einer Ähnlichkeitsbeziehung zwischen zwei Erscheinungen oder Begriffen (Tertium comparationis) basierende Übertragung eines sprachl. Ausdrucks in einen anderen Sinnbereich (mit *so ... wie* explizierter Vergleich z. B. *Hände wie Pranken* wird verkürzt, erscheint als impliziter Vergleich, als M.: *er legte ihm seine Pranke auf die Schulter*) und ihr Ergebnis: eine uneigentliche Bedeutung, ein bildlicher, anschaulicher Ausdruck für Gegenstände, Abstraktes, Ereignisse, Eigenschaften; z. B.: *Flussarm* (Formähnlichkeit), *süßer Ton* (angenehme Sinneswahrnehmung), *spitze Bemerkung* (Verletzung), *sich zügeln* (Zurückhaltung), *ein Auge zudrücken* (nicht so genau hinsehen). Auch ↑Bildfeld; vgl. ↑Metonymie.

Metaplasmus, der (gr. metaplasmos = Umbildung): Veränderung der Lautgestalt eines Wortes aus Gründen des Wohlklangs, die häufig zu Doppelformen führt; z. B.: *golden* neben *gülden, Hilfe* neben *Hülfe* (veraltet).

Metasprache (gr. meta = über) [auch: Beschreibungssprache]: ↑Sprache über Sprache; mit ihr werden nicht Erscheinungen der außersprachlichen Wirklichkeit bezeichnet, sondern Elemente der Sprache (Objektsprache) selbst bzw. Formen und Bestandteile des Sprechens (vgl. ↑Metakommunikation); z. B.: *„Buchstabe“ und „Graphem“ sind keine bedeutungsgleichen Begriffe. – Das ist ein Missverständnis!*

metasprachlich ↑Funktion.

Metathese, die (gr. metathesis = Umstellung) [auch: Transposition]: Stellungswechsel eines Konsonanten innerhalb eines Wortes oder eines Morphems, oft bei /r/ und /l/: sie stehen in etymologisch verwandten Wörtern mal vor, mal hinter einem Vokal, z. B.: *Bernstein – Brennstein; Born –- Bronnen/Brunnen; Rudolf – Rudloff.*

Metonymie, die (gr. metonomazein = umbenennen): Ersetzung eines sprachl. Ausdrucks durch einen anderen, der in einer best. sachlichen oder geistigen Beziehung zu ihm steht, in räumlichem, zeitlichem, ursächlichem, logischem oder erfahrungsmäßigem Zusammenhang (aber nicht wie bei ↑Metapher durch verkürzten Vergleich in einen anderen Sinnbereich übertragen); z. B.: Erzeuger für Erzeugnis (*vom Bauern leben*), Erfinder für Produkt (*einen Porsche kaufen*), Autor für Werk (*Goethe lesen*), Material für Gegenstand (*das Eisen in die Brust stoßen*), Besitzer für Besitz (*unser Nachbar ist abgebrannt*), Gebäude für Institution (*die Schule hat Schuld*), Gefäß für Inhalt (*noch einen Teller essen*), Land für Bewohner (*England erwartet ...*); unscharfe Abgrenzung gegenüber Synekdoche (gr. synekdoche = Mitverstehen) mit fließenden Übergängen: Ersetzung eines Ausdrucks durch einen engeren oder weiteren Begriff desselben Bedeutungsfeldes, z. B. Teil für das Ganze (Pars pro toto) wie bei *Gemeinde mit 4000 Seelen*, die Art für die Gattung wie in *unser täglich Brot*, der Singular für den Plural wie in *der Deutsche ist fleißig*. Lexikalisierte M. bei historischem Bedeutungswandel; z. B.: *Kragen* ursprünglich <Hals> (wie noch in der Redewendung *Kopf und Kragen riskieren*), dann <Teil eines Kleidungsstückes, der den Hals umschließt>.

Mikrolinguistik, die (gr. mikros = klein) [auch: interne Linguistik, innere Sprachwissenschaft, Systemlinguistik]: Sprachwissenschaft im engeren Sinne; im Unterschied zur ↑Makrolinguistik gegenstandsimmanente Untersuchung und Beschreibung des ↑Systems sprachl. ↑Zeichen (langue) und seiner (Fein-) Strukturen; im ↑Strukturalismus unterteilt in ↑Phonologie, Grammatik/↑Syntax, ↑Semantik.

Mikrosyntax ↑Makrosyntax.

Mimik, die (gr. mimos = Schauspieler): Bewegung der Gesichtsmuskeln, Gesichtsausdruck mit (meist sprachbegleitender) kommunikativer Funktion; neben ↑Gestik und Augenkommunikation wichtigstes nichtsprachl. Verständigungsmittel; Ausdruck von Gefühlen (z. B.: Lächeln), Aufrechterhaltung des Partnerkontaktes (z. B.: Stirnrunzeln zum Zeichen der Überraschung), Ausdruck der Einstellung diesem gegenüber (z. B.: Zähne zeigen), Modifikation oder Kommentierung des Aussageinhalts.

Minimalpaar (lat. minimum = am kleinsten): Zwei sprachl. Einheiten im System (Langue, ↑Sprache) mit sonst gleichen Merkmalen, aber einem sie unterscheidenden Merkmal (distinctive feature), das den Bedeutungsunterschied bewirkt und durch Gegenüberstellung gewonnen wird, z. B.: *Wal* [vaːl] und *Wall* [val], distinktives Merkmal: Länge – Kürze (des Vokals), ↑Phoneme /aː/ und /a/. Auch ↑Opposition.

Minuskel ↑Graph.

Mischsprache ↑Xenolekt.

Misslingen ↑Gelingen.

Mitspieler ↑Dependenzgrammatik.

mittelbare Konstituente ↑Konstituente.

Mittelfeld ↑Stellungsfeld, ↑Grundwortstellung.

Mitteldeutsch ↑Hochdeutsch.

Mittelhochdeutsch ↑Sprachperiode.

Mittelphase ↑Artikulation.

Mittelwort ↑infinit.

modal ↑Adverbial.

Modalfeld ↑Modus.

Modalpartikel, die [auch: Füllwort, Würzwort]: Gruppe der ↑Partikeln, die dazu dienen, die Beziehung des Sprechers/Schreibers zum Adressaten zu modifizieren oder zu verstärken; z. B.: *Hast du etwa unsere Verabredung vergessen? – Nun mach schon! – Soll ich etwa nachhelfen?* Auch ↑Abtönungspartikel.

Modalsatz ↑Gliedsatz.

Modalverb: Verb, das (neben den Modusmorphemen der Verbalflexion) die Modalitäten (Bedingungen für die Realisierung) des verbalen Geschehens ausdrückt, ↑analytisch, in syntaktischer Verbindung mit dem Inf. eines Vollverbs, das den lexikalischen Inhalt der Äußerung trägt: *wollen, sollen, können, müssen, dürfen, mögen*; z. B. in: *Ich soll arbeiten.*

Modalwort ↑Adverb.

Modell, das (ital. modello = Muster): Idealisierende (= Vereinfachung zugunsten größerer Deutlichkeit und Anschaulichkeit) Abbildung eines Teils einer komplexen Realität im Analogieverfahren (Abstraktion von Einzelheiten, aber gleiche ↑Struktur wie das Original); in Anlehnung an BÜHLERS M. der Sprache als eines Organons (Werkzeug, Instrument zur Mitteilung einer Nachricht über etwas durch einen Sender an einen Empfänger, mit Ausdrucks-, Appell- und Darstellungsfunktion; ↑Sprache) sind zahlreiche Sprachmodelle entstanden, die den Prozess sprachl. ↑Kommunikation nachbilden (Kommunikations-M.); zum Zeichen-M. ↑Zeichen.

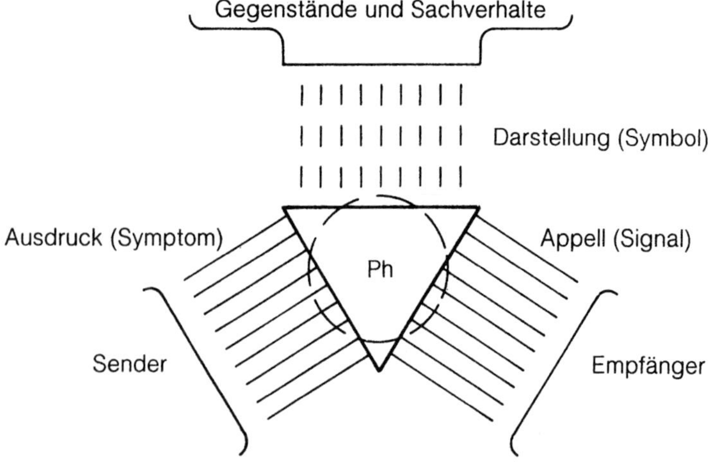

Aus: Schuster, K. (nach Karl Bühler): Einführung in die Fachdidaktik Deutsch. Hohengehren [2]1993. S. 47

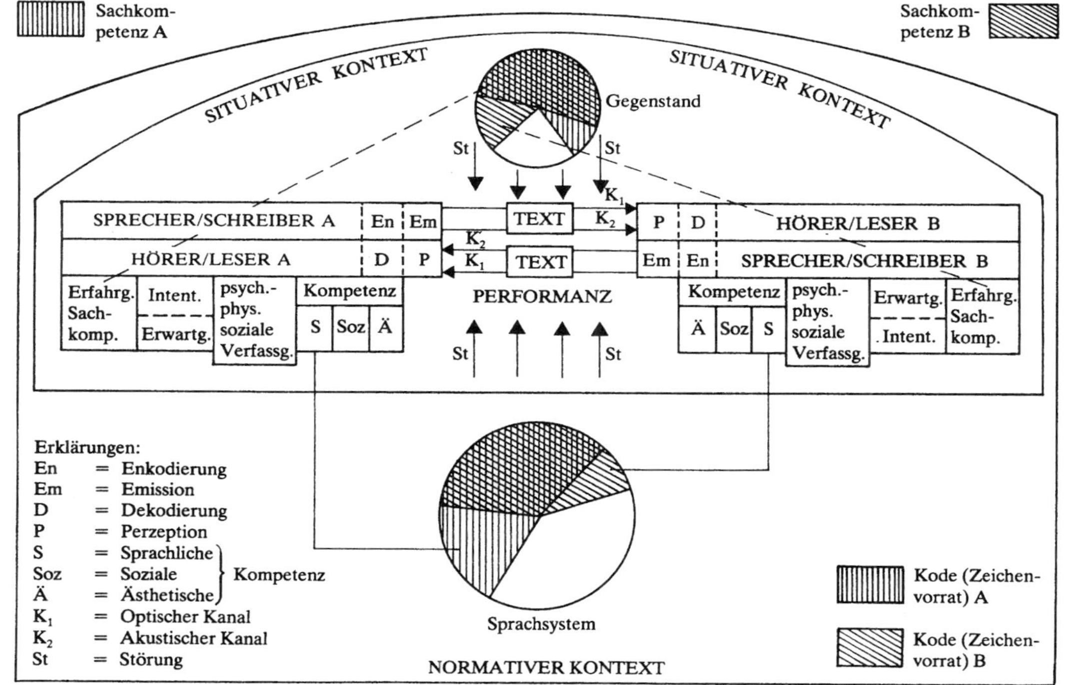

Aus: Beisbart, O./Marenbach, D.: Einführung in die Didaktik der deutschen Sprache und Literatur. Auer, Donauwörth 1990. S. 85

Modifikation, die (lat. modificatio = Umformung) [auch: Modifizierung]: 1. Nähere semantische Bestimmung der Kern-↑Konstituenten (= head, Kopf) einer ↑subordinierenden ↑endozentrischen ↑Konstruktion durch Modifikatoren (modifier), durch andere Konstituenten, z. B. die Kategorien attributives Adj. oder Präpositionalphrase (*eine <u>lesbare</u> Einführung*; *eine Einführung <u>in die Linguistik</u>*); die abhängigen Konstituenten „modifizieren" den „Kopf", indem sie seine Geltung/Extension (↑Intension) eingrenzen. 2. In ↑Wortbildung inhaltliche Differenzierung der Bedeutung des Basis-↑Morphems durch Präfixe/Präfixoide und Suffixe bei Gleichbleiben der Wortartzugehörigkeit (vgl. dagegen ↑Transposition); z. B.: *glühen > erglühen, verglühen; Mensch > Unmensch, Übermensch; Hund > Hündin, Hündchen; braun > bräunlich.*

Modus, der (lat. modus = Art, Weise) [auch: Aussageweise]: In Flexionsformen des Verbs enthaltene Bez. der Aussageweise, in welcher der Sprecher den Bezug des verbalen Geschehens oder Seins zur Realität subjektiv einschätzt (Wirklichkeitsgehalt), zur Geltung einer Äußerung Stellung nimmt;
a) ↑Indikativ (Grund-, Normalform der Aussageweise ohne besondere Kennzeichnung einer Modalität);
b) ↑Konjunktiv („Möglichkeitsform");
c) ↑Imperativ (Befehlsform).
Weitere Modi werden im Dt. nicht durch Flexionsmorpheme des Verbs, sondern durch syntaktische Konstruktion mit modalen Hilfsverben (↑Modalverben) und Verwendung von Modal-↑Adverbien ausgedrückt (insges.: Modalfeld); z. B.: *Ich <u>kann</u> gewinnen. – <u>Vielleicht</u> schaffst du es.*

Monem, das (gr. monos = allein): 1. Kleinstes sprachl. ↑Zeichen als bedeutungstragende Phonemfolge (↑Morphem) in der Terminologie MARTINETS; ein freies M. nennt er ↑Lexem, ein gebundenes M. Morphem (aber abweichend vom sonst üblichen Gebrauch eben nur das gebundene). 2. Kleinste bedeutungstragende Einheit der Sprache (MEIER). 3. Lautkörper (Ausdruck) des ↑Plerems (HERINGER).

Monogenese, die (gr. monos = allein, genesis = Entstehung, Abstammung): These, dass menschliche Sprache nur einmal zu best. Zeit an best. Ort entstanden ist und alle Sprachen der Welt auf diese „Ursprache" zurückgehen, also miteinander verwandt sind; Gegenthese Polygenese mit voneinander unabhängigem Entstehen mehrerer Sprachen. Auch ↑Glottogonie.

Monophthongierung, die (gr. monos = einzig; phthongos = Ton, Laut): Historischer Lautwandel, bei dem ein ↑Diphthong zum Monophthong, zum einfachen

Vokal wird. Neuhochdeutsche M. bildet (neben nhd. ↑Diphthongierung) wichtige Veränderung vom mhd. zum nhd. Lautbestand; begann im 11./12. Jh. im Westmitteldt. und breitete sich in den folgenden Jahrhunderten nach Osten, Norden und Süden aus (oberdt. Mundarten haben die alten Diphthonge bis heute bewahrt); es wurden: mhd. ›ie‹, ›uo‹, ›üe‹ zu nhd. ›ie‹ [iː], ›u‹, ›ü‹; z. B. *liep* > *lieb* (das ›e‹ des Diphthongs ist heute zum bloßen Längenzeichen für ›i‹ geworden), *muot* > *Mut, güete* > *Güte;* aber heute noch bair. *liab* und *pfüet di!*

Monosemierung, die (gr. monos = einzig; sema = Merkmal) [auch: Disambiguierung]: Vereindeutigung eines potentiell mehrdeutigen Ausdrucks (↑Polysemie, ↑Bedeutungspotential); in ↑Textlinguistik Eindeutigwerden der grundsätzlich als mehrdeutig angesehenen lexikalischen Einheiten (↑Lexem) / Wörter in konkreter ↑Kommunikation durch ↑Kontext und ↑Kommunikationssituation, indem an dieser Stelle nicht relevante ↑Lesarten ausgefiltert, die relevanten dagegen aktualisiert werden (↑Isotopie); z. B.: *Dreh die Mutter fest!* Auch ↑Projektionsregel.

Morph, das (gr. morphe = Gestalt): Kleinstes bedeutungstragendes formales Bauelement in der Rede (Parole; ↑Sprache); segmentiert, aber noch nicht klassifiziert, noch nicht im Hinblick auf den Inhalt beschrieben; z. B. besteht *Aus-geh-ver-bot-e* aus fünf M. Vgl. ↑Morphem.

Morphem, das (gr. morphe = Gestalt): Kleinste bedeutungstragende Einheit einer ↑Sprache (Langue) und damit kleinstes sprachl. ↑Zeichen; Klasse aller Morphe (↑Morph) mit gleicher distinktiver Funktion und äquivalenter oder komplementärer ↑Distribution; lautlich durch Phonemkette repräsentiert, Notation in Schrägstrichen /.../;

a) freies M. kann isoliert auftreten, d.h. ohne Verbindung mit anderen M. allein als Wort erscheinen (/tür/, /angst/, /froh/, Besonderheit bei Verben, die als Wörter stets eine Flexionsendung aufweisen: /sing/); gebundenes M. dagegen erscheint nur in einer mit einem anderen M. zusammen gebildeten Konstruktion (/bar/ in *hörbar,* /ab/ in *ablaufen*);
b) grammatisches M. ist (im Unterschied zum lexikalischen M. = ↑Lexem) zahlenmäßig beschränkt (begrenztes ↑Inventar) und bezeichnet syntaktische Beziehungen zwischen lexikalischen M. im Satz sowie einige inhaltliche Beziehungen, ist aber im lexikalischen Sinne inhaltsarm, wenn nicht inhaltsleer (z. B. Flexionsendungen wie Plur.-M., Ableitungssuffixe, Präp., Konj., Pron.);
c) wortbildendes M. (frei oder gebunden wie in *ängst-lich*) steht (wort-) formbildendem M. gegenüber (Flexions-M. wie in *Tür-en, größ-er, lach-t-en, ge-fress-en*).

Grundmorphem (auch ↑Basis oder Kern): freies M. einer M.-Konstruktion, ohne das kein Wort gebildet werden kann; es gibt mit seinen Inhaltskomponenten zumeist der Bedeutung des Gesamtwortes die Grundrichtung (/Frucht/ in *fruchtbar,* /alt/ in *uralt,* /Fisch/ in *fischen,* /geh/ in *begehbar*). Auch ↑Basis, ↑Morphologie, ↑unikales Morphem.

Morphemanalyse, die (gr. morphe = Gestalt; analysis = Auflösung): Zerlegung, Segmentierung von Wörtern und Syntagmen in ihre kleinsten bedeutungstragenden Bauelemente (↑Morpheme) und Beschreibung ihres Ordnungsgefüges; zunächst Diskriminierung (↑diskriminieren), Unterscheidung der Morpheme mit Hilfe von Oppositionspaaren: /haus/ und /lich/ = freies und gebundenes Morphem; /rind/ und /rind/ + /er/ = Pluralmorphem /er/; /lach/ + /e/ und /lach/ + /st/ = Personalmorpheme /e/ und /st/; dann auch Analyse der Konstituentenstruktur von komplexen Morphemkonstruktionen mit Hilfe einer Stammbaumskizze (↑Stemma) oder einer anderen Formalisierung: z. B.:

Geburtstagsgeschenk

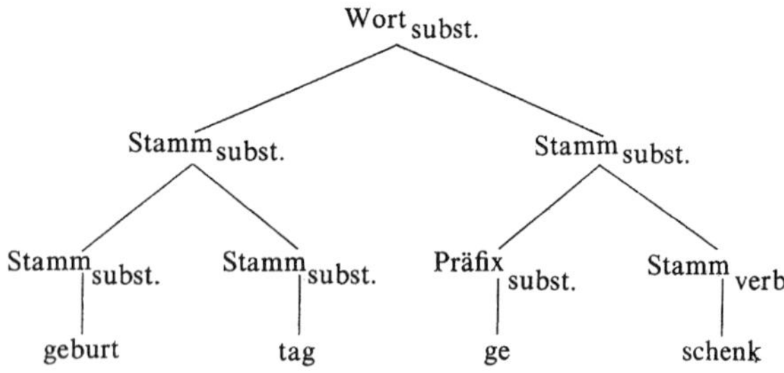

Morphematik ↑Morphologie.

Morphemik ↑Morphologie.

Morphemkonstanz, die (lat. constare = feststehen, bleiben): Orthographische (↑Orthographie) Konvention der Gleich- oder Ähnlichschreibung von ↑Morphemen, auch wenn sie in verschiedenen Umgebungen vorkommen (↑Kontext) und ihre Aussprache variiert; z. B. Außerachtlassen der ↑Auslautverhärtung (*Tag* und *täglich* wie *Tage*) oder ↑Umlaut (*kräftig* wie *Kraft*) oder Beibehaltung von Längenzeichen (*Gefährte* wie *fahren*); allerdings auch viele Abweichungen: *Eltern* statt **Ältern* wie *alt – Fuhrmann* und *ihr fuhrt*, aber die *Furt* statt **Fuhrt*. Vgl. ↑Allomorph.

Morphologie, die (gr. morphe = Gestalt) [auch: Morphematik, Morphemik]: l. Lehre von der Gestalt, der Struktur, den Bauformen sprachl. ↑Zeichen; Verzeichnis und Beschreibung der vorhanden Bildungs- und Formbildungselemente der Wörter; Zusammenfassung von ↑Flexion und ↑Wortbildung. 2. Wortbildung: Lehre von der Funktion der kleinsten sprachl. Zeichen (↑Morpheme) unter dem Aspekt ihres Vorkommens (↑Distribution) und ihrer Kombination bei der Wortbildung sowie ihrer Stellung im Sprachsystem (Langue); Beschreibung der Wortbildung als eines Prozesses oder eines Produkts dieses Prozesses („fertiges" Wort in seinen Bauelementen und seiner Baustruktur). 3. Flexion: grammatische Formenlehre (Beschreibung des Systems der Deklinations-, Konjugations- und Komparationsformen).

Morphophonem, das: Bei HARRIS Einheit, in der mehrere Phoneme zusammengefasst sind, die im gleichen Morphem an gleicher Stelle bei verschiedener Umgebung auftauchen; z. B.: *springen, sprang, gesprungen* = /i, a, u/; *das Gold, des Goldes* = /t, d/.

Morphosphäre ↑Nomosphäre.

Morphosyntax, die (gr. morphe = Gestalt; syntaxis = Anordnung): Zusammenschau von Formklasse und syntaktischer ↑Funktion sprachl. Elemente (z. B. keine strikte Trennung von Subst. und Subj. oder Obj.), die an die Stelle der als sprachfremd angesehenen Trennung von ↑Morphologie (mit der Kategorie ↑Wortart) und Syntax (mit der Kategorie ↑Satzglied oder Satzteil) treten soll.

Motion, die (lat. motio = Bewegung) [auch: Movierung]: ↑Ableitung einer Personen- oder Tierbezeichnung von einer solchen mit andersartigem Geschlecht (↑Genus);

a) movierte Femina: *Lehrerin < Lehrer, Bäuerin < Bauer, Sekretärin < Sekretär, Königin < König, Hündin < Hund, Stewardess < Steward*;
b) movierte Maskulina: *Witwer < Witwe, Ganter/Gänserich < Gans*.

Motivation, die (lat. motivum = antreibend; causa motiva = bewegende Ursache) [auch: Motiviertheit]: Durchsichtigkeit einer Wortbildung im Hinblick auf ihre Zusammensetzung (Konstituentenstruktur; ↑I-C-Analyse);

a) phonologische M.: direkte Beziehung zwischen Lautkörper eines Wortes und dem außersprachl. Gemeinten (↑Denotat) ist erkennbar (z. B. onomatopoetische Schallnachahmung wie in *Kuckuck,* engl. *cuckoo,* franz. *coucou*);
b) morphologische M.: sämtliche Morpheme eines Wortes sind durch Oppositionspaarvergleiche segmentierbar (z. B.: *hörbar* durch *hörig* und *fassbar*, *Dachfensterscheibe* durch *Dachfensterrahmen*, *Glasscheibe*, *Dachziegel, Giebelfenster*);
c) semantische M.: Morpheminhalte sind als Bestandteile des Wortinhalts erkennbar (z. B. *Erdbeere* = <Beere, die an der Erde wächst>, dagegen nicht *Himbeere*; *täglich* = <jeden Tag>, *ängstlich* = <Angst habend>, *schädlich* = <Schaden verursachend>, aber nicht *hässlich*; *Verdienst,* aber nicht *Vernunft*).

M. ist Terminus ↑synchronischer Sprachbetrachtung; ↑diachronisch betreibt die ↑Etymologie Rekonstruktion ehemaliger M., die im Laufe historischer Entwicklung (teilweise) verlorengegangen ist: *Himbeere* < mhd. *hintber* = <Hindenbeere, Beere der Hirschkuh>; *hässlich* von <Hass erregend> über <hassenswert> zu <ästhetisch unschön>; *Vernunft* von <Tätigkeit des Vernehmens, Erfahrens, Begreifens> über <Vorgang des Begreifens> zu <Fähigkeit des Begreifens>. Auch ↑Idiomatisierung, ↑Alternativkomposition.

movierte Femina ↑Motion.

movierte Maskulina ↑Motion.

Movierung ↑Motion.

Mündlichkeit [auch: Oralität]: Strukturelle Eigenschaft gesprochener Sprache im Unterschied zu geschriebener/gedruckter (Gw. Schriftlichkeit, auch: Literalität); nicht zu verwechseln mit gesprochener bzw. geschriebener Sprache selbst.

Multilingualismus, der (lat. multi = viele; lingua = Sprache): 1. Koexistenz mehrerer Sprachen in einem Land (Deutsch, Franz. und Italienisch in der Schweiz) oder einer Gesellschaft, bes. in multikulturellen Einwanderungsländern (Australien, Kanada). 2. Individuelle Mehrsprachigkeit nach gleichzeitiger und etwa gleich intensiver Erlernung mehrerer Sprachen in der frühen Kindheit. Auch ↑Bilingualismus.

multimedial: Eigenschaft von Dokumenten im ↑Internet und auf elektronischen Datenspeichern (CD-ROM), aus einer Verbindung von Texten, Bildern, bewegten Bilderfolgen und Tönen/Musik zu bestehen; möglich geworden durch die

Technik der ↑EDV, Informationen aus verschiedenen Zeichensystemen zu einer Einheit zu verknüpfen.

Multiplikativum ↑Numerale.

Mundart [auch: Dialekt, Idiom]: Landschaftlich gebundene Variante innerhalb einer Nationalsprache; durch Besonderheiten verschiedenster Art von anderen M. benachbarter Landschaften abgehoben; Aufgliederung des dt. Sprachgebietes nach 2. ↑Lautverschiebung:

Deutsch

- Hochdeutsch
  - *Oberdeutsch*
    - Bairisch
    - Alemannisch
    - Ostfränkisch
    - Südfränkisch
  - *Mitteldeutsch*
    - Rheinfränkisch
    - Mittelfränkisch
    - Thüringisch
- Niederdeutsch
  - Niedersächsisch
  - Niederfränkisch

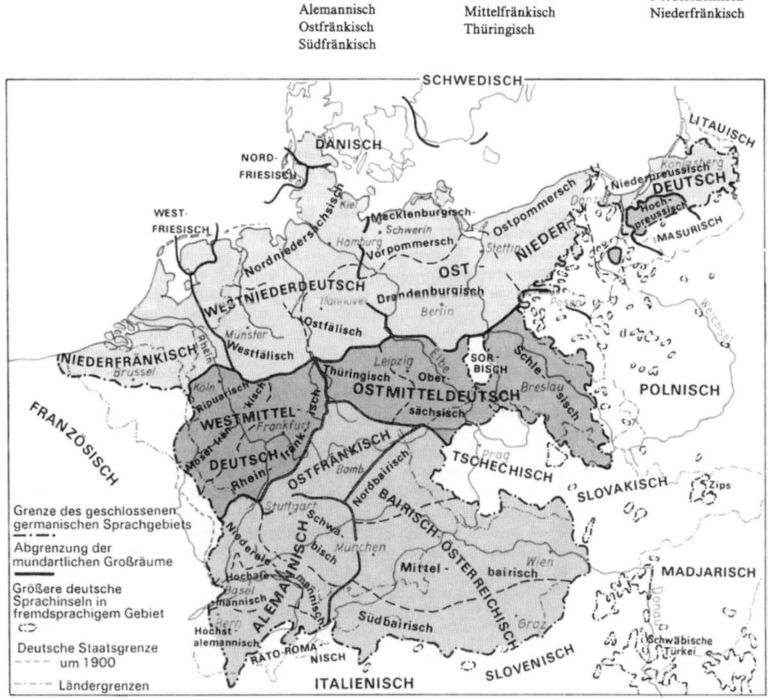

Die deutschen Mundarten um 1900 nach der traditionellen Einteilung

Die deutschen Mundarten um 1900 nach der traditionellen Einteilung. Aus: König, W. (Hg.): dtv-Atlas zur deutschen Sprache. Tafeln und Texte – Mit Mundartkarten. Deutscher Taschenbuchverlag, München 1978. S. 138 (= dtv 3025)

Mundartenwörterbuch ↑Idiotikon.

Muster ↑Frame.

Mutation, die (lat. mutatio = Veränderung): Abwandlung der Basis-↑Morpheme bei der ↑Wortbildung (↑Allomorph);
a) Vokalveränderung durch ↑Ablaut: z. B.: *springen – Sprung*;
b) Vokalveränderung durch ↑Umlaut; z. B.: *Hof – höflich*;
c) Konsonantenveränderung durch ↑Grammatischen Wechsel; z. B.: *verlieren – Verlust*.

Mutismus, der (lat. mutus = stumm) [auch: Stummheit]: Unfähigkeit zu Sprechen trotz Abschluss des ↑Spracherwerbs und intakter Sprechwerkzeuge (im Unterschied zu Gehörlosigkeit und Hörstummheit); psycho-neurotische Sprechverweigerung, z. B. bei Schizophrenie oder Depression.

Muttersprache [auch: Erstsprache]: Beim primären Spracherwerb des Kindes erlernte Sprache oder Sprachen (↑Bilinguismus) im Unterschied zu später hinzugelernten Fremdsprachen.

Nachahmungstheorie ↑Glottogonie.

Nachfeld ↑Stellungsfeld, ↑Grundwortstellung, ↑Achsenstellung.

Nachtext ↑Vortext.

Nachtrag: Nachträgliche Anfügung eines Ausdrucks an einen bereits abgeschlossenen Satz oder Sinnschritt, bes. mit *und zwar* angefügt; z. B.: *Ich habe dich doch angerufen, und zwar genau um 14 Uhr*.

Nachzeitigkeit ↑Tempusgebrauch.

Näseln ↑Rhinolalie.

Namenforschung [auch: Onomastik]: Untersuchung der ↑Eigennamen von Personen (↑Ruf-, ↑Vor- und ↑Familiennamen), Adelsgeschlechtern, Stämmen, Völkern sowie von geographischen Erscheinungen (Flüsse, Orte, Landschaften, Länder, Gebirge) im Hinblick auf Entstehung und historischen Wandel (oft im Zusammenhang mit kulturgeschichtlichen Einflüssen).

narrativ (lat. narrare = erzählen): Eigenschaft von Texten und ↑Textsorten, deren Struktur durch Erzählen bestimmt wird: in Rahmen (situativer Kontext) eingebettetes Ereignis, das aus Komplikation (von Normen und Erwartungen abweichendes Geschehen) und Resolution (auflösende Reaktion auf das Geschehen) besteht; deutlich unterschieden von deskriptiv-referentiellen und appellativen Textstrukturen.

Nasal, der (lat. nasus = Nase): ↑Konsonant, bei dessen Bildung der Mund geschlossen bleibt und die Luft durch die Nase entweicht; Nasenhöhle ist Resonanzraum (z. B. [m] in *Meile).* Gw. ↑Oral.

nasal: Eigenschaft von ↑Vokalen, die mit gesenktem Gaumensegel artikuliert werden; zusätzlich zur Resonanz im Mundraum entsteht dadurch Resonanz im Nasenraum; z. B. [ã] in *Chance.*

Nasalspirantengesetz ↑Ersatzdehnung.

Nationalsprache: 1. Sprache einer historisch gewachsenen und politisch definierten Sprachgemeinschaft „Nation" (oft in einem Staat zusammenlebend, z. B. Französisch in Frankreich, dagegen Deutsch in Deutschland, Österreich und der Schweiz) unter Einschluss aller gesprochenen und geschriebenen, regionalen, sozialen und funktionalen ↑Varietäten. 2. Gültige, verbindliche Amtssprache eines Staates; z. B. Kasachisch im heutigen Kasachstan gegenüber Russisch in der ehemaligen Sowjetrepublik Kasachstan.

Native Speaker ↑Informant.

Nativismus, der (engl. native = angeboren) [auch: Innatismus]: Hypothese, dass ↑Spracherwerb des Kindes aufgrund angeborener Prädispositionen (Anlagen; „innate ideas") für sprachl. Erfahrungen erfolge, die Verlauf und Ergebnis der Spracherlernung bestimmen, dass Umwelteinflüsse (im Ggs. zu Anschauungen des ↑Behaviorismus) und Erfahrungen des Kindes die angeborenen Mechanismen nur in Gang setzten.

natürliches Geschlecht: In ↑feministischer Linguistik Sexus in Gegenüberstellung zum ↑Genus; z. B. bei *Mädchen*: Femininum gegenüber Neutrum.

natürliche Sprache: Historisch „gewachsene", sich ständig verändernde ↑Sprache (z. B.: Deutsch, Englisch, Japanisch), die sich von künstlich-formalen Sprachen (z. B.: ↑Fachsprachen der Logik, Mathematik, Chemie) und Plansprachen (z. B.: ↑Esperanto) außer ihrer Wandelbarkeit auch durch ↑Vagheit sowie lexikalische und semantische ↑Polysemie unterscheidet.

Naturlauttheorie ↑Glottogonie.

Nebensatz ↑Gliedsatz.

Negation, die (lat. negatio = Verneinung) [auch: Negierung]: Ausdruck, mit dem ein Sachverhalt als nicht zutreffend bezeichnet, eine Handlung verweigert oder verboten wird; Verneinung der Aussage
a) eines ganzen Satzes; z. B.: *Ich glaube dir nicht. – Tu das niemals wieder!*
b) eines Wortes oder Syntagmas; z. B.: *Ich habe kein Geld. – Ich sammle keine alten Briefmarken aus Italien, ich sammle nur deutsche nach 1945.*
N. erfolgt mit Hilfe verschiedener sprachl. Mittel: Partikel (z. B.: *nicht* und *nie*), Präp. (z. B.: *ohne*), Pron. (z. B.: *kein, niemand*), Präfix (z. B.: *un-* und *miss-* in *unerlaubt* und *missachten*), Suffix (z. B. *-los* in *treulos*). HEINEMANN unterscheidet zwischen N. und „Negierung", der Verneinung in Sprechakten wie Ablehnen, Zurückweisen, Verbieten (z. B.: *„Papa, kauf mir ein Eis!" – „Es ist zu kalt für Eis."*). Doppelte N. gilt als Bejahung (z. B.: *Das kommt mir nicht ungelegen!*); in verneinender Funktion nur in älterer Sprache (*Er nimmt an nichts keinen Anteil.*) und in ↑Mundart (*I hoab ka Geld net.*).

negative Abfolge ↑Abfolge.

Nektion, die (lat. nectere = binden, verknüpfen): Bei HERINGER Verbindung mehrerer gleichartiger, kommutierender ↑Positionen, die an Stelle einer derartigen Position stehen, durch Nektive (koordinierende ↑Konjunktionen wie: *und, weder ... noch*), z. B.: *Katzen und Hunde (sind Haustiere).*

Neologismus (gr. neos = neu, logos = Wort): 1. ↑Neubildung. 2. Durch ↑Wortbildung mit dt. ↑Morphemen oder durch ↑Entlehnung oder durch Verbindung von beidem neu entstandenes sprachl. Zeichen, das noch nicht in das ↑Lexikon aufgenommen worden ist (z. B.: *Kollateralschaden* für unbeabsichtigte Zerstörung ziviler Einrichtungen im Golfkrieg oder *Seperatorenfleisch* für Fleisch, das mit speziellem Werkzeug von den Knochen geschlachteter Rinder abgeschabt wird.

Netiquette (engl. net = Netz; franz. étiquette = Umgangsform): Regeln für einen höflichen, rücksichtsvollen kommunikativen Umgang miteinander bei der technisierten und stark beschleunigten Verständigung im ↑Internet, insbesondere bei

„Gesprächen“ im ↑Chat-room und bei ↑E-Mail; die tatsächliche (Pseudonym) oder vermeintliche Anonymität verleitet ohne N. gelegentlich zu sehr spontanen, wenig kontrollierten emotionalen Äußerungen.

Netzwerk: System mehrerer verbundener (vernetzter) Computer bzw. ↑EDV-Bildschirmarbeitsplätze (Terminals), die gemeinsam lokal oder weltweit auf Datenbestände zugreifen, Daten austauschen und Geräte (z. B. Drucker) benutzen können; aufteilbar in Transportsystem (z. B. Leitungen) und Anwendersystem (z. B. Betriebssystem eines Rechners).

Neubildung [auch: Neologismus]: Bildung eines neuen, vorher nicht vorhandenen Wortes zur sprachl. Erfassung neuer Erscheinungen:
a) Neuwort: völlig neu aufgekommen, meist fremdsprachl. Entlehnung oder Kunstwort (z. B.: *campen*; *Dralon*);
b) Neuprägung: erstmalige Bildung aus in anderen Wörtern bereits vorhandenen ↑Morphemen (z. B.: *Wirtschaftswunder, Umweltschutz, Sprachlabor, Stammzellenforschung*).

Neuhochdeutsch ↑Sprachperiode.

neutrale Stilebene ↑Stilebene.

Neutralisation (lat. neutrum = keines von beiden): Beseitigung einer ↑Opposition durch Verlust der ↑distinktiven Merkmale bei einem Glied des Oppositionspaares; z. B. phonologische N. bei stellungsbedingter Variante eines Phonems (↑Allophon): bei Wörtern mit stimmhaftem Konsonant im Inlaut (*des Bundes*) und stimmlosem im Auslaut (*der Bund*) ist inhaltsdifferenzierender Lautunterschied [d] – [t] (*Männer des <u>Bundes</u> – <u>buntes</u> Papier*) in Fällen wie *Bund – bunt* aufgehoben: beide Wörter enden auf [t].

Neutrum ↑Genus.

Niederdeutsch [auch: Plattdeutsch]: Zusammenfassung der norddeutschen ↑Mundarten, welche die 2. oder Hochdeutsche ↑Lautverschiebung nicht oder kaum mitgemacht haben: vom Westfälischen über das Nordniederdeutsche, Mecklenburgische, Brandenburgische, Pommersche bis zum Niederpreußischen; Blütezeit als Schriftsprache der deutschen Hanse (lübisches Recht); nach der Reformation (Luthers Bibelübersetzung) vom Hochdeutschen verdrängt.

Noem, das (gr. noema = Gedanke): Bedeutungselement semantisch ↑distinktiver Merkmale (vgl. ↑Phonem = Bündel phonetisch distinktiver Merkmale) oder ↑Komponenten, aus denen die Bedeutungen/Inhalte sprachl. Zeichen aufgebaut sind (HJELMSLEV); bei MEIER (↑Noematik) Komponente des ↑Semems, einer Bedeutung der kleinsten bedeutungstragenden Einheit (↑Monem).

Noematik, die (gr. noema = Gedanke): Bei MEIER Lehre vom „semantischen" = außersprachl.-kommunikativen Effekt der sprachl. Mittel (erwartungsgemäß bei Kommunikation ausgelöste Effekte): ein ↑Semem, die Bedeutung der kleinsten bedeutungstragenden sprachl. Einheit (↑Modem), wird als Menge begrifflicher, sprachunabhängig definierter Elemente oder Merkmale (↑Noem) angesehen, die in einem best. sprachl. Element vorhanden, potentiell vorhanden oder nicht vorhanden sind; best. Noeme bedingen, ergänzen oder schließen einander aus; ihre Zahl wird festgestellt (MEIER: zwischen 400 und 1000), sie werden in einem Noematikum klassifiziert und im Lexikon zur Beschreibung von Wort- und Satzbedeutung verwendet.

Nomen, das (lat. nomen = Name): l. Im engeren Sinne = Subst.: ↑Wortart mit Kasusmorphemen (sowie Genus- und Numerusmorphemen), mit ↑Artikel (als „Begleiter") kombinierbar; zur Benennung von stofflich (Wesen oder Ding) und gedanklich Seiendem verwendet;

- ↑Konkretum: N. mit gegenständlich-stofflichem ↑Denotat; z. B.: *Stein, Tisch, Mensch, Nebel*;
- ↑Abstraktum: N. mit ungegenständlichem, begrifflichem Denotat; dient zur Bez. von Eigenschaften, Zuständen, Vorgängen, Verhältnissen, Beziehungen, Vorstellungen; z. B.: *Schönheit, Glück, Sprung, Friede, Verwandtschaft, Geist.*

Durch ↑Derivation (Ableitung) entstandene N. können nach inhaltlichen Gesichtspunkten klassifiziert werden:

a) N. actionis: Bez. für Vorgänge, Geschehnisse; z. B.: *Fahrt, Flucht, Teilung, Drängelei*;
b) N. acti: Zustand als Folge, Ergebnis eines Geschehens; z. B.: *Verzweiflung, Stimmung, Zuneigung, Anfrage, Stellungnahme*;
c) N. instrumenti: Mittel einer Tätigkeit; z. B.: *Bohrer, Schere, Kleidung, Gebiss, Akkumulator*;
d) N. agentis: Handelnder, Täter; z. B.: *Schlachter, Schmeichler, Redner, Flüchtling, Lieferant*;
e) N. patientis: Erleidender, an dem sich eine Handlung vollzieht; z. B.: *Prüfling, Findling, Liebling* <der geliebt wird>;
f) N. qualitatis: Eigenschaft; z. B.: *Größe, Klugheit*;

g) ↑Kollektivum: Sammelbez.; z. B.: *Gebirge, Gefolge, Gebüsch, Gezänk, Reiterei, Bürgertum, Mannschaft*;
h) ↑Diminutivum: Verkleinerungsbez.; z. B.: *Häschen, Ringlein.*
2. Im weiteren Sinne: Bez. für die Glieder aller kasusbestimmten Wortarten außer dem ↑Pronomen, also auch für ↑Adjektiv, im Unterschied zum tempusbestimmten ↑Verb und zu unflektierbaren Wörtern.
3. Name; sprachl. Benennung einer Erscheinung der außersprachl. Wirklichkeit;
a) N. appellativum (↑Appellativum): Gattungsname mit best. Bedeutung, mit best. Platz im semantischen System der Langue; z. B.: *Baum*;
b) N. proprium (↑Eigenname): Benennung einer Einzelerscheinung (best. Mensch, geographischer Bereich), die mit ihrem N. unmittelbar und vollständig zu identifizieren (primäre Funktion) ist; z. B.: *Konrad Adenauer, Schwarzwald.*

Nomen postverbalium ↑Rückbildung.

Nominalisierung [auch: Substantivierung]: 1. In ↑Wortbildung die Bildung eines Substantivs aus einem Wort einer anderen Wortart durch ↑Konversion oder Ableitung (↑Derivation); z. B.: *das Grün, das Rauchen, der Sprecher, die Größe, die Wohnung, die Schönheit, das Gerede, das Grab.* 2. Verwandlung eines Verbs, einer ↑Verbalphrase oder eines ganzen Satzes in ein Nomen oder eine ↑Nominalphrase; z. B.: *Sie singen. > Ihr Singen ... – Er erntet Kartoffeln. > Seine Kartoffelernte ... – Der Besuch reiste spät ab. > Die späte Abreise des Besuchs ...*

Nominalklammer [auch: nominale Klammer]: Durch Artikel und Bezugsnomen gebildete Klammer, die Attribute einschließt; z. B.: *der bereits im Winter davor durch Frostsprengung zu Schaden gekommene Apfelbaum.* Vgl. ↑Satzklammer.

Nominalphrase, die (engl. phrase = Ausdruck): Wortgruppe im Satz, die ein ↑Nomen, Pronomen oder einen Eigennamen als Kern aufweist; Nominalteil (NT neben NP) des Satzes; z. B.: *der bissige Hund des Nachbarn.* Auch ↑Verbalphrase.

Nominalstil [auch: Substantivstil]: ↑Stil, Ausdrucksweise mit Bevorzugung von Substantiven (bes. ↑Nominalisierungen, ↑Komposita, Genitivattributen, komplexen Präpositionalgefügen und ↑Funktionsverb-Gefügen) gegenüber Verben; verbreitet in amts- und verwaltungssprachlichen Texten, aber auch in fachsprachlichen Texten (↑Fachsprache); führt zur Verkürzung der Satzlänge, wird aber wegen der schlechteren Verständlichkeit und Lesbarkeit von Sprachpflege und Sprachkritik als „Papierstil" und „Hauptwörterseuche" abgelehnt; z. B.: *Die Errichtung des Hauptgebäudes soll wegen der zunehmenden Finanzknappheit der öffentlichen Hand bei Beachtung aller diesbezüglichen Vorschriften noch in diesem Jahr zur Durchführung kommen.*

Nomination, die (lat. nomịnatio = Benennung): Vorgang der Bezeichnung eines gemeinten Gegenstandes/Sachverhalts in der außersprachlichen Wirklichkeit (↑Referent) mit Hilfe eines bereits vorhandenen oder eines neu gebildeten sprachl. Ausdrucks, z. B. *keulen* als Bezeichnung für das massenhafte Töten erkrankter Rinder, Schweine, Schafe; durch N. macht der Sprecher dem Hörer den Gegenstand/Sachverhalt geistig zugänglich, kognitiv verfügbar.

Nominativ, der (lat. nominare = benennen) [auch: Werfall, Nennfall, Nullkasus]: ↑Kasus der allg. Nennung einer Erscheinung (z. B.: *Stadt, Ruhe*) sowie des ↑Subjekts (Urheber einer Handlung, Träger eines Zustandes, zentraler Gegenstand eines Vorganges) und des ↑Prädikativums im Satz; z. B.: *Der Junge ist ein Glückspilz.* Absoluter N.: Syntaktisch isolierter Ausdruck (außerhalb des eigentlichen Satzbauplanes befindlich), der den Inhalt eines ganzen Satzes wiedergibt; z. B.: *Er ging unvorbereitet in die Prüfung, ein starkes Stück! – Dieser Schlingel, wenn ich den erwische!*

Nominativus pendens (lat. pendere = hängen) [auch: absoluter Nominativ]: Ausdruck im ↑Nominativ, der einem Satz vorangestellt (↑Prolepsis) und im Satz pronominal wieder aufgenommen wird; z. B.: *Diese Hitze, man konnte ihr selbst am Strand kaum entgehen!*

Nomosphäre, die (gr. onoma = Name; sphaira = Himmelskugel; Bereich): Beim späteren GLINZ Inhaltsebene der Sprache (geltende Inhalte der Langue) im Unterschied zur Morphosphäre, der Ausdrucksebene (Bereich der Sprachkörper); Schichtenmodell soll die Beziehungen zwischen geistig-begrifflicher Seite der Sprache und den ↑Oberflächenstrukturen, den üblichen Formen und Reihenfolgen sprachl. Elemente in einer Äußerung beschreiben helfen.

nonverbale Kommunikation: Verwendung sprachbegleitender und sprachersetzender nichtsprachlicher (nicht etwa ↑parasprachlicher) Verständigungsmittel in zwischenmenschlicher ↑Kommunikation, von ↑Mimik und ↑Gestik über Körperhaltung bis zu Kleidung, Parfum und Schmuck, über die jeweils Informationen transportiert werden; z. B. Tragen eines Ringes <ich bin verheiratet>. Dabei ist zwischen absichtslosem „Verhalten" und intentionalem „Handeln" nicht immer klar zu unterscheiden (z. B. stark geschminkte Lippen). Auch ↑Körpersprache.

Norm, die (lat. norma = Richtschnur, Regel): 1. Verbindliche Regel, Vorschrift für „richtigen, korrekten" Sprachgebrauch (für die ↑Performanz); überwacht und (bei sogen. „Sprachverfall" zitiert von Sprachpflegern, Sprachkritikern, Sprachlehrern. Auch ↑präskriptiv, ↑deskriptiv. 2. In ↑Soziolinguistik untersuchte Verhaltensvorschrift zur internen Organisation gesellschaftlicher Gruppen; als sprachl. N. das Sprachhandeln regelnd (Verwendung best. ↑Variationen), wobei Regelverstöße negativ sanktioniert werden. Das gegenseitige Rollenverständnis der Kommunikationspartner lässt z. B. den Ortsansässigen sagen: *„Karl, noch 'n Bier!"*, den Fremden dagegen: *„Herr Wirt, ich hätte gern noch ein Bier."*

normativ ↑präskriptiv.

Notation, die (lat. notatio = Kennzeichnung) [auch: Notierung]: Aufzeichnung sprachl. Elemente, Beziehungen und Regeln mit Hilfe metasprachl. Symbole; z. B.: $\Rightarrow$ = „wird verwandelt in".

nuklear (lat. nucleus = Kern): Eigenschaft einer ↑Konstituente, die den Nukleus (Kern) der übergeordneten ↑Konstruktion bildet; z. B.: Subj. und Präd. als n. Konstituenten des Satzes (LYONS) im Unterschied zu extranuklearen wie Adverbialbestimmungen.

Nuklearsatz ↑Kernsatz.

Nukleus ↑nuklear.

Null-Artikel: Nicht mit einem ↑Artikel besetzte Position innerhalb einer ↑Nominalphrase im Plural, mit der generalisierenden Funktion des unbest. Artikels; z. B.: *Hier nistet der Vogel. Hier nistet ein Vogel. Hier nisten die Vögel. Hier nisten ∅ Vögel.*

Nullmorphem [auch: Nullelement, Zeroelement, Nullform, leeres Morphem]: Nicht besetzte Stelle (↑Leerstelle) am Ende eines Grundmorphems, an der in anderen Wortbildungen oder Wortformbildungen Wortbildungs- oder Flexionsmorpheme stehen; Notation: ∅; z. B.: /steig/ + /∅/ im Imperativ Sing. *steig,* dagegen: *steige, steigst, steigt, steigen*:

$$/steig/ + \left\{ \begin{matrix} e \\ st \\ t \\ en \end{matrix} \right\}$$

Numerale, das (lat. numerus = Zahl) [auch: Zahlwort]: ↑Wortart nicht i. e. S., da unter dem gruppenbildenden Faktor „Zahlangabe“ Wörter verschiedener Wortarten vereint werden;
a) Kardinalzahl (Grundzahl): *eins, zwei, drei*;
b) Ordinalzahl (Ordnungszahl): *erster, zweiter*;
c) Multiplikativum (Vervielfältigungszahl): *dreifach, vierfach*;
d) Iterativum (Wiederholungszahl): *einmal, zweimal*;
e) Partitivum (Bruchzahl): *drittel, viertel*;
f) Distributivum (Verteilungszahl): *je zwei, je drei*;
g) Spezialium (Gattungszahl): *zweierlei, dreierlei.*

Numerus, der (lat. numerus = Zahl): In Flexionsformen des Subst. und des Verbs ausgedrückte Anzahl genannter Erscheinungen (als Einheit oder Vielheit):
a) Singular (Einzahl): *das Buch*;
b) Plural (Mehrzahl): *die Bücher*;
c) Dual (Zweizahl); fehlt im Dt.; z. B.: im gr.: *he polis* = <die Stadt>, *hai poleis* = <die Städte>, *to polei* = <die beiden Städte>.

Oberdeutsch ↑Hochdeutsch.

Oberflächenstruktur: In ↑Generativer Transformationsgrammatik Form eines Ausdrucks, eines Satzes, wie sie in der konkreten Äußerung erscheint (ohne Berücksichtigung der ↑Artikulation); grammatisch wohlgeformte geordnete Kette korrekt gebildeter sprachl. ↑Zeichen; der Analyse unmittelbar zugängliche Ebene der syntaktischen Struktur; im Basis-↑P-Marker darstellbar; aus der ↑Tiefenstruktur abzuleiten. Z. B. gehen auf eine gemeinsame Tiefenstruktur folgende drei verschiedene O. zurück (Apposition, Relativsatz, Parenthese): *Fritz, ein begeisterter Sportler, ... – Fritz, der ein begeisterter Sportler ist, ... – Fritz, er ist ein begeisterte Sportler, (raucht nicht).*

Objekt, das (lat. obiectum = [dem Prädikat] entgegengeworfen) [auch: Satzergänzung, Ergänzung]: ↑Funktion des Nomens im Satz; ↑Satzglied, das den Bezugspunkt des verbalen Geschehens bezeichnet (ERBEN: Ziel-, Zuwend- und Be-

zugsgröße) und somit Ergänzung des Aussagekerns (↑Prädikat) ist; je nach ↑Valenz des Verbs nicht vorhanden, ↑fakultativ oder ↑obligatorisch vorhanden;
a) Akkusativ-O. [auch: direktes O.]; z. B.: *Er sieht den Mann.*
b) Dativ-O. [auch: indirektes O.]; z. B.: *Er gibt dem Bettler Geld.*
c) Genitiv-O.; z. B.: *Er erinnert sich der Bitte.*
d) Präpositional-O.; z. B.: *Er glaubt an das Gute im Menschen.*

Objektsatz ↑Gliedsatz.

Objektsprache: Sprache, deren Äußerungen sich auf außersprachl. Objekte beziehen, die mit Hilfe einer Metasprache (↑Sprache) beschrieben wird, die also selbst Beschreibungs-Obj. ist.

obligatorisch (lat. obligare = verpflichten): Verbindlich, notwendig; Eigenschaft eines sprachl. Elements oder einer Operation im Satz; z. B. o. ↑Transformation, die bei Ableitung einer ↑Oberflächenstruktur aus der ↑Tiefenstruktur durchgeführt werden muss, damit ein ↑akzeptabler Satz der Rede entsteht, etwa Einsetzung der erforderlichen Flexionsmorpheme (Formativ *sing-* + 3. Pers. Sing. Präs. Indikativ ⇒ *singt*), ↑Permutation unfester Partikelverben im Satz (*aufhören ⇒ hörte ... auf*), ↑Deletion/Tilgung des Pron. beim Imperativ (*lach- + ihr ⇒ lacht!*).

offen: In ↑Phonetik Eigenschaft
a) eines ↑Vokals mit relativ großem Öffnungsgrad des Ansatzrohres (Rachen-, Nasen-, Mundraum), z. B.: [ɛ] in *Bett;* im Ggs. zum geschlossenen [eː] in *Beet*; korreliert im Dt. meist mit Kürze bzw. Länge des Vokals (↑Qualität);
b) einer gesprochenen ↑Silbe, die mit einem Vokal endet, z. B. [zeː] *See*, [veː] in *Kopfweh*; im Ggs. zur geschlossenen Silbe, die mit einem oder mehreren ↑Konsonanten endet, z. B.: [taːl] *Tal*, [valt] in *Urwald.*

offene Klasse: Grammatische Kategorie mit einer unbeschränkten, unbegrenzt großen Zahl zugehöriger lexikalischer Elemente (Nomina, Verben, Adj. und Adv.) im Ggs. zur geschlossenen Klasse grammatischer Elemente, deren Zahl unveränderlich und relativ klein ist (z. B.: Personalpron., Präp., Genera, Tempora).

okkasionell (lat. occasio = Gelegenheit): Nur gelegentlich in best. Weise gebraucht/auftretend;
a) okkasionelle Wortbildung (auch: Gelegenheitsbildung): seltene bis einmalige, noch nicht lexikalisierte Wortbildung; z. B. *wellenatmend* in GOETHEs

„Fischer“ oder *schnecken* in einem Zeitungsartikel: *Der Zug schneckt durch die Landschaft.*

b) okkasionelle Bedeutung: semantisch ungewöhnliche bis einmalige, stark kontextabhängige Verwendung eines Wortes/Lexems; z. B.: *Treibhaus Erde* oder *Geburtswehen eines Wirtschaftsunternehmens.* Gw. usuelle Bedeutung.

Okklusivlaut ↑Explosivum.

Okkurenz ↑Distributionalismus.

Onomasiologie, die (gr. onoma = Name) [auch: Bezeichnungslehre]: Lehre von der Bez. vorhandener Erscheinungen, Vorgänge, Vorstellungen mit Namen; im Unterschied zur ↑Semantik (älterer Parallelbegriff: Semasiologie) sind Sachen, Wesen, Geschehnisse (also die außersprachl. ↑Referenten sprachl. Zeichen) fester Ausgangspunkt der Untersuchung, in der gefragt wird, wie jene zu best. Zeiten in best. Gegenden sprachl. bezeichnet werden; vorwiegend wortgeographische Forschung (z. B.: die eine „Sache“ Kinderspielzeug <Murmeln> und ihre verschiedenen Bez. im dt. Sprachraum: neben *Murmel* auch *Marmel, Klicker, Knicker, Schneller, Schusser, Ditscher*).

Onomastik ↑Namenforschung.

onomatopoetisch (gr. onomatopoein = mit Namen versehen, benennen) [auch: lautmalerisch, schallnachahmend, lautsymbolisch]: Lautmalend; durch Nachahmung von Geräuschen der außersprachl. Wirklichkeit gebildete Wörter, die also phonologisch motiviert (↑Motivation) sind; z. B.: *Wauwau*, *Kuckuck* oder *quaken*; umstritten dagegen: *klatschen, summen, brummen* u. a.

Ontogenese, die (gr. on = Sein, genesis = Abstammung): Beim ↑Spracherwerb die individuelle Aneignung der Muttersprache; im Ggs. zur Phylogenese, der menschheitsgeschichtlichen Entstehung von Sprache. Auch ↑Glottogonie.

Operation, die (lat. operatio = Verrichtung) [auch: operationales Verfahren, Systemerprobung]: Handlung an bzw. Veränderung von sprachl. Material auf den Ebenen von ↑Text, Satz oder Wort, durch welche in Wissenschaft und Unterricht ↑Strukturen sprachl. Einheiten oder ihre Beziehungen (↑Relationen) zu anderen Einheiten erhellt werden; klassische O. des ↑taxonomischen Strukturalismus sind ↑Segmentierung und ↑Klassifikation; weitere „Prozeduren“ (z. B.: discovery procedures = Entdeckungsprozeduren im ↑Distributionalismus) und in

↑Sprachdidaktik eingesetzte „Proben" (bei GLINZ zur Auffindung und Charakterisierung vor allem von Satzstrukturen):
a) ↑Transformation;
b) ↑Permutation [auch: Umstell- oder Verschiebeprobe];
c) ↑Substitution [auch: Austausch- oder Ersatzprobe];
d) ↑Addition [auch: Einfügung oder Ergänzungsprobe];
e) ↑Deletion [auch: Tilgung oder Weglassprobe].

operatives Gedächtnis ↑Gedächtnis.

Operator, der (lat. operari = arbeiten): Symbol für eine ↑Operation in der ↑Generativen Grammatik; z. B.: ∅ = wird getilgt; → = wird ersetzt durch; ⇒ = wird verwandelt in.

Opposition, die (lat. oppositum = entgegengestellt, gegenüberstehend): Paradigmatische ↑Relation eines Sprachelements zu einem anderen, gegen das es in gleicher Umgebung, im gleichen ↑Kontext ausgetauscht werden kann; Gegensatzverhältnis zweier sich durch ein ↑distinktives Merkmal voneinander unterscheidender Einheiten im Sprachsystem;
a) phonologische O.: im Oppositionspaar (TRUBETZKOY; bei HARRIS ↑Minimalpaar) *Rand – Rind* stehen die Phoneme /a/ und /i/ in O.;
b) morphologische O.: in *wunderbar, wundersam, wunderlich* stehen die ↑Morpheme /bar/, /sam/ und /lich/ in O.;
c) lexematische O.: in den Syntagmen *blondes Haar, braunes Haar, schwarzes Haar* stehen die Lexeme *blond, braun und schwarz* in O.
Gegenüberstellung der Einheiten dient Feststellung ihrer relevanten, der minimalen bedeutungsunterscheidenden Merkmale;
– mehrdimensionale/multilaterale O.: Die gegensätzlichen Elemente unterscheiden sich in mehrfacher Hinsicht voneinander, haben nur wenig oder fast nichts gemeinsam; z. B.: /k/ und /r/ in *kaum* und *Raum:* [k] ist stimmloser, guttural-velarer Explosivlaut (mit Zungenrücken und Gaumensegel gebildet), [r] dagegen stimmhafter, dentaler Vibrant (mit Zähnen und schwingendem Zäpfchen oder schwingender Zungenspitze gebildet).
– eindimensionale/bilaterale O.: Die gegensätzlichen Elemente unterscheiden sich nur in einem distinktiven Merkmal voneinander, haben im übrigen nur gemeinsame relevante Merkmale; z. B.: /k/ und /g/ in *Karten* und *Garten*: [g] ist wie [k] Explosivlaut, Guttural, Velar, aber im Ggs. zu [k] nicht stimmlos, sondern stimmhaft (bisweilen wird freilich Stimmhaftigkeit von [g] als ↑redundantes = zusätzliches, nicht bedeutungsunterscheidendes Merkmal angesehen und die unterschiedliche Intensität der Verschlussbildung für den

Bedeutungsunterschied verantwortlich gemacht: [k] = Fortis = starker, kräftiger Laut, [g] = Lenis = zarter Laut).
↑Binäre O.: Das eine Glied des O.-Paares (das merkmalhafte Glied) ist durch Vorhandensein, das andere (das merkmallose Glied) durch Fehlen desselben distinktiven Merkmals gekennzeichnet; z. B.: <+ Länge> gegen <–Länge> bei [a:] und [a] in *raten* und *Ratten.*
Auch ↑Relation, ↑Kontrast.

Oppositionspaar ↑Opposition.

Optativ, der (lat. optare = wünschen): ↑Modus des Wunsches (Wunschform); im Idg. auch formal vom ↑Konjunktiv unterschieden, im Nhd. nicht mehr, sondern mit ihm zusammengefallen.

optional ↑fakultativ.

Oral, der (lat. os = Mund) [auch: Orallaut]: Laut, der nur im Mundraum erzeugt wird (mit Gaumensegel geschlossener Nasenraum); z. B.: [b] (gegenüber [m]); im Unterschied zum ↑Nasal (mit Öffnung des Nasenraums erzeugt).

Oralität ↑Mündlichkeit.

Ordinalzahl ↑Numerale.

Organon ↑Modell.

Ornativbildung, die (lat. ornatum = ausgerüstet, versehen) [auch: Ornativum]: In ↑Wortbildung ↑komplexes Verb, das inhaltlich ein Ausstatten mit dem im Grundwort Gemeinten zum Ausdruck bringt; z. B.: *satteln* <mit einem Sattel versehen>, *fetten, bereifen, bekleiden, verminen, einölen, überzuckern.*

Orthoepie, die (gr. orthos = richtig; epos = Wort, Rede) [auch: Orthophonie, Rechtlautung]: Lehre von der richtigen, normgerechten Aussprache der Wörter einer (Standard-/Literatur-)Sprache.

Orthographie, die (gr. orthos = richtig; graphein = schreiben) [auch: Rechtschreibung]: Konventionelle Festlegung verbindlicher graphischer Repräsentation der ↑Lexeme einer Einzelsprache (Wortschreibung) vor allem nach phonetisch-phonologischen (↑GPK), etymologisch-historischen (↑Morphemkonstanz) und grammatikalischen (z. B. Großschreibung) Gesichtspunkten; doppelte Kodifizierung: allg. Regeln und Wörterverzeichnis. Auch ↑Rechtschreibreform, ↑Interpunktion.

Orthophonie ↑Orthoepie.

Output ↑Black-box.

Oxymoron, das (gr. oxys = scharf, moros = dumm) [auch: Falschkopplung]: Komplexer sprachl. Ausdruck, dessen Bestandteile gegensätzliche Bedeutung aufweisen; z. B.: *helldunkel, beredtes Schweigen, alter Knabe.*

Paarformel ↑Zwillingsformel.

Pädolinguistik, die (gr. pais, paidos = Kind): Interdisziplinäre Erforschung des ↑Spracherwerbs und der Sprache des Kindes vom 2. bis 7. Lebensjahr (bis zur Einschulung), des Zusammenhangs von verbaler und kognitiver Entwicklung unter psycholinguistischen (↑Psycholinguistik), biologischen, sozialen und kulturell-geistigen Bezügen.

palatal ↑Guttural.

Palindrom, das (gr. palindromos = zurücklaufend): Artistisches, früher auch rituell-magisches ↑Sprachspiel, bei dem Wörter, Wortgruppen, Sätze vorwärts und rückwärts gelesen werden können und denselben (oder einen anderen) Sinn ergeben; z. B.: *Uhu, Reittier, Alle necken Ella.*

Paradigma, das (gr. paradeigma = Beispiel): Muster einer best. Flexionsklasse, repräsentiert durch eine Reihe von ↑Wortformen mit gemeinsamem Grundmorphem (↑Basis) und gleichem Begriffsinhalt, aber wechselnden Flexionsmorphemen und grammatischen (Beziehungs-)Inhalten; z. B.: *Baum, Baumes, Baume, Baum ..., lache, lachst, lacht, lachtet ...*

paradigmatisch ↑Relation.

paralinguistisch ↑parasprachlich.

Paraphrase, die (gr. para = neben, phrasis = sprachl. Ausdruck): 1. Wiedergabe der Bedeutung eines sprachl. Ausdrucks durch einen anderen Ausdruck oder durch mehrere andere Ausdrücke derselben Sprache; z. B.: *Kaulquappe – im Wasser lebende, schwarze, kugelige, mit einem Schwanz ausgestattete Larve des*

Frosches. Sei still! – Ich möchte, dass du den Mund hältst. 2. Mit einem anderen Satz inhaltsgleicher Satz mit verschiedener ↑Oberflächenstruktur auf Grund:

a) synonymer Lexeme; z. B.: *Er versteckt den Gegenstand. – Er verbirgt den Gegenstand.*

b) verschiedener Lexemanordnung; z. B.: *Er gibt dem Hund Fleisch. – Dem Hund gibt er Fleisch.*

c) oberflächenmäßig verschiedener Lexemstruktur oder Syntagmastruktur; z. B.: *Er schenkt ihm unbegrenztes Vertrauen. – Er schenkt ihm grenzenloses Vertrauen. – Er schenkt ihm Vertrauen ohne Grenzen. – Er schenkt ihm Vertrauen, das nicht begrenzt ist.*

Paraphrasieren ↑Textverarbeitung.

parasprachlich (gr. para = neben) [auch: paralinguistisch]: Eigenschaft best. Ausdrucksqualitäten mündlicher Sprache, die durch das phonologische System nicht definiert sind, wohl aber intentional verwendet werden können und der Äußerung ihre physikalische Erscheinungsform geben; z. B.: Pausen, Lautstärke, Tonhöhe, Intonation, Akzentuierung, Geschwindigkeit, Geräuschzugaben.

Parataxe, die (gr. parataxis = Beiordnung): Koordinierende Satzgliedreihung oder Satzreihung, bei der die einzelnen Glieder einander gleichrangig bleiben; ↑asyndetisch oder syndetisch; z. B.: *Hans, Erich und Wolfgang holten ihre Reisepässe hervor, zeigten sie dem Zollbeamten und durften die Grenze passieren.* Gw. ↑Hypotaxe.

Parenthese, die (gr. parenthesis = daneben gestellt): Einschub eines Wortes, Syntagmas, Satzes in einen Satz ohne formal-grammatische Eingliederung, aber in inhaltlichem Zusammenhang mit ihm; z. B.: *Er legte die Zeitung – es war die vom vergangenen Tage – auf den Tisch und erhob sich.*

Parole ↑Sprache.

Paronymie, die (gr. para = bei, neben; onoma = Name): 1. In ↑Wortbildung das Nebeneinander von ähnlich klingenden, aber bedeutungsverschiedenen Wörtern, die von demselben Grundwort (↑Basis) abgeleitet sind und derselben ↑Wortart angehören; z. B.: *kindlich – kindisch, golden – goldig, Lehrer – Lehrling.* 2. Nebeneinander ähnlich klingender bedeutungsgleicher Wörter in verschiedenen Sprachen; z. B.: dt. *Sommer* – engl. *summer*; engl. *madam* – franz. *madame.*

Pars pro toto ↑Metonymie.

Partikel, die (lat. particula = kleiner Teil) [auch: Funktionswort, Formwort; bei GLINZ: Lagewort]: ↑Wortart; Sammelbez. für unflektierbare Wörter, also ↑Präposition, ↑Konjunktion, ↑Adverb, ↑Interjektion. Auch ↑Abtönungspartikel, ↑Modalpartikel.

Partikelverb [auch: Partikelkompositum, Distanzkompositum]: Zusammengesetztes Verb (↑Kompositum), dessen erste Konstituente eine als Präposition frei vorkommende ↑Partikel ist (auch: „Verbzusatz": *an-, ab-, aus-, vorfahren*); beide Bestandteile sind trennbar und bilden dann im Satz eine ↑Satzklammer; z. B.: *ablesen – Er liest seine Rede vom Blatt ab.* Zu unterscheiden von festen ↑Präfixbildungen (*Er fährt den Fußgänger um. – Er umfährt das Hindernis.*).

Partitivum ↑Numerale.

Partizip ↑infinit.

Partizipialsatz /Partizipialgruppe/Partizipialkonstruktion ↑satzwertig.

Partonymie, die (lat. pars = Teil, gr. onoma = Name) [auch: Pertinenzrelation, Teil-von-Beziehung]: Semantische Unterordnungsbeziehung zwischen ↑Lexemen, deren außersprachliche Referenzobjekte (↑Referent) im Verhältnis „Ganzes – Teil" zueinander stehen; z. B. zu *Baum*: *Stamm, Ast, Zweig, Wurzel, Blatt.* Zu unterscheiden von ↑Hyponymie (*Baum*: *Tanne, Fichte, Eiche, Buche, Erle, Weide*).

Passiv, das (lat. pati = erdulden) [auch: Leideform]: Neben dem ↑Aktiv die weitaus seltenere Kategorialform des Verbs (↑Genus verbi) zum Ausdruck der Sehweise des Sprechers; agensabgewandte (d. h. nicht auf den Urheber/Täter blickende) Sprechhaltung, dem Geschehen (und Obj. des Geschehens: dem Patiens) zugewandt; Geschehensträger kann verschwiegen werden; formale Bildung: *werden* oder *sein* + Part. II;

a) Vorgangs-P.: prozessual gesehen; Patiens wird ↑Thema des Satzes; z. B.: *Der Hund wird (von seinem Herrn) angeleint.*
b) Zustands-P.: nicht prozessual gesehen; z. B.: *Der Hund ist angeleint.*
c) unpersönliches P.: ganz geschehenszugewandt (das Rhema des Satzes bildend), an Stelle des Subj. nur unpersönliches *es;* z. B.: *Es wird gelacht.*
d) Rezipienten-P. (auch: Dativpassiv): mit den Hilfsverben *bekommen, erhalten, kriegen* gebildete Variante des P.; z. B.: *Er bekommt ein Buch geschenkt* als „Dativ-↑Konverse" (statt der Akkusativkonverse *Ihm wird ein Buch geschenkt*).

Gw. ↑Aktiv.

Patiens, das (lat. pati = erdulden, erleiden): In ↑Kasusgrammatik (an Stelle von Objectiv) verwendete Bez. für die tiefenstrukturelle Größe im Satz, die von der mit dem Verb bezeichneten Handlung betroffen ist, die auch die syntaktisch-semantische Rolle des betroffenen Elements übernimmt; z. B.: *Das Buch wird viel gekauft.* Im Unterschied zum ↑Agens, das den Urheber der Handlung, den Verursacher des Geschehens bezeichnet.

Patronym, das (gr. patroos = väterlich, onoma = Name) [auch: Patronymikon, Vatersname]: Familienname, gebildet nach dem Vornamen des Vaters; z. B.: *Peter, Jakobs Sohn > Peter Jakobsohn* (verkürzt zu: *Jakobson > Jakobsen > Jakobs > Jakob*).

Pattern, das (engl. pattern = Muster): Nach Fries musterhaftes Satzstrukturmodell ohne Berücksichtigung der lexikalischen Bedeutung der konkreten Syntagmen; nach einem Muster sind beliebig viele Sätze mit gleicher Struktur, aber bedeutungsverschiedenen Lexemen zu bilden; Pattern-Methode (pattern-practice) im Fremdsprachenunterricht: Automatisierung zu festen Sprechgewohnheiten (speech-habits) durch häufiges Wiederholen (pattern-drill) der Mustersätze, nicht durch ihre theoretische Erklärung; z. B.: *Der Schüler liest ein spannendes Buch. – Die Mutter strickt einen wollenen Schal. – Der Richter verurteilt einen geständigen Dieb.*

Pause: Unterbrechung des Sprachflusses zwischen aufeinander folgenden Lauten, ↑Silben, ↑Morphemen, Wörtern, ↑Syntagmen, Sätzen;

a) ungefüllte P.: Schweigen als echte Unterbrechung, die dem Hörer das Erkennen grammatischer Gruppierungen erleichtert;
b) gefüllte P.: lautliche Einschiebung wie *äh* oder *ehm* oder Wiederholungen von Silben/Wörtern als ↑Verzögerungsphänomen; wird für sprachl. Planung des Sprechers genutzt.

pejorativ (lat. peior = schlechter) [auch: deteriorativ]: Eigenschaft sprachl. Ausdrücke, deren Bedeutung abwertende ↑semantische Merkmale aufweist, abschätzige Konnotationen (↑Konnotat) auslöst; z. B.: *Penner, Ignorant, Gelaber*; Eigenschaft historischen ↑Bedeutungswandels (Bedeutungsverschlechterung), z. B.: *Dirne* von ursprünglich <Jungfrau> wie heute noch in niederdeutsch *Deern* und bayrisch *Dirndl* über <Dienerin, Magd> zu <Prostituierte>. Gw. meliorativ (Aufwertung z. B. bei *geil* in ↑Jugendsprache zu <hervorragend>).

Perfekt, das (lat. perfectum = vollendet) [auch: Vollendete Gegenwart, Vorgegenwart]: ↑Tempus rückblickender Feststellung der Abgeschlossenheit verbaler

Vorgänge oder Zustände in der Vergangenheit, die aber in die Gegenwart (↑Zeitstufe) hineinwirken; z. B.: *Ich habe das ausführlich mit ihm besprochen.* (gedanklich zu ergänzen: *und warte nun auf seine Reaktion*). Gelegentlich auch an Stelle von ↑Futur II: *Bis Freitag habe ich meine Arbeit geschafft.* Vgl. auch: ↑Tempusgebrauch.

perfektiv ↑Aspekt.

Perfekto-Präsens ↑Präterito-Präsens.

Performanz, die (engl. performance = Verrichtung, Tat): Aktuelle Sprachverwendung, konkrete Realisierung von Ausdrücken in best. Situation mit allen situationsbedingten Unzulänglichkeiten (wie Stottern, Versprechen, Unterbrechung, Gedächtnisschwäche, Redundanz u.a.) durch individuellen Sprecher; Anwendung der linguistischen ↑Kompetenz (= Gw. bei CHOMSKY), des Sprachkönnens, der internalisierten Langue-Regeln in der Rede (Parole).

Performanz-Bedingungen: Faktoren, deren Zusammenspiel die Art des aktuellen Sprachgebrauchs, der Rede in einer Sprechsituation bestimmt; neben den von CHOMSKY übernommenen: begrenztes Gedächtnis, Zerstreutheit und Verwirrung, Verschiebung in der Aufmerksamkeit und im Interesse, Fehler (zufällige und typische) nach WUNDERLICH außerdem: Geübtheit, Erfahrungshorizont, allg. Motivation, sozialpsychologisch determinierte Hemmungen wie Schüchternheit, Angst, Neid, Abneigung usw., Rollenerwartung in einer Gesprächssituation, Verstellung, Aggressions- oder Schutzverhalten, Zusammenwirken mit außerverbalen Ausdrucksmöglichkeiten und dem Handlungskontext.

performativ (engl. to perform = ausführen, vollziehen): Nach AUSTIN Eigenschaft best. Verben und Äußerungen, mit denen die bez. Handlung in der außersprachl. Wirklichkeit zugleich vollzogen wird bzw. ohne die der Vollzug nicht gegeben ist; Koinzidenz, Zusammenfall von Sprachhandeln und referentieller Aktion; formale Kennzeichen: Subj. in 1. Pers., direktes oder indirektes Obj. in 2. Pers., Verb im Präs.; z. B.: *Ich gratuliere dir zum Geburtstag. – Wir versprechen euch, dass wir pünktlich erscheinen werden. – Hiermit erkläre ich euch zu Mann und Frau.*

Periode ↑Satzperiode.

Periphrase, die (gr. periphrasis = Umschreibung): Umschreibender Ersatz der üblichen Bezeichnung einer Person, Sache, eines Vorgangs durch einen anderen

Ausdruck, der charakteristische Eigenschaften, Tätigkeiten, Wirkungen oder Ähnliches benennt; Zweck oft sprachl. Variation, aber auch Verhüllung, Anspielung, Konkretisierung; z. B.: *Elbflorenz* für *Dresden; Freund Hein* für *Tod; Auge des Gesetzes* für *Polizei/Polizist.* Vgl. auch ↑Euphemismus, ↑Metonymie.

Perlokution, perlokutiv ↑Sprechakt, ↑Satzsemantik.

Permutation, die (lat. permutatio = Wechsel, Tausch) [als heuristisches Verfahren auch: Umstellprobe; bei GLINZ: Verschiebeprobe]: Umstellung der in linearer Redekette aufeinander folgenden sprachl. Elemente bei Wahrung ihrer ↑Funktion im Satz; als Transformationsoperation (↑Transformation): $[X_1]_{X_2} + [X_3]_{X_4} \Rightarrow [X_3]_{X_4} + [X_1]_{X_2}$; z. B.: *Der Kaufmann baut einen Laden.* ⇒ *Einen Laden baut der Kaufmann.*: $[NP + VP]_s \Rightarrow [VP + NP]_s$; Strukturbaumveränderung:

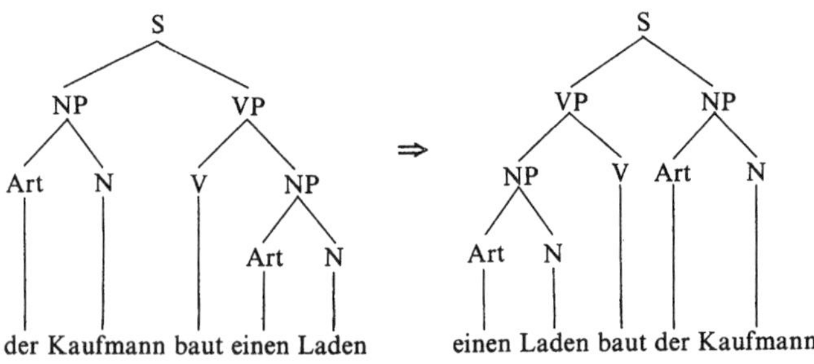

Person, die (lat. persona = Rolle): In Flexionsformen des Verbs und in Pron. ausgedrückte Zuordnung des Aussagegeschehens zur „handelnden“ Subj.-Größe (Agens) des Satzes; mit Verweis- oder Zeigefunktion aus der Perspektive des Sprechers;

a) sprechende P. (1. P.): Verweis des Sprechers auf sich selbst; z. B.: *Ich lese. – Wir lesen.*
b) angesprochene P. (2. P.): Verweis auf Gesprächspartner; z. B.: *Du schreibst. – Ihr schreibt.*
c) besprochene P. (3. P.): Verweis auf persönliche oder unpersönliche Gesprächsgegenstände; z. B.: *Die Mutter / sie ruft. – Winde wehen.*

personale Deixis ↑Deixis.

Personalpronomen ↑Pronomen.

Personenbezeichnung: Bezeichnung von Einzelmenschen oder Menschengruppen, die angibt, was diese tun, sind oder wie sie sich und andere einschätzen; z. B.: *Maurer, Student, Sportler, Ehefrau, Greis, Chor, Sieger, Held, Pechvogel, Dummkopf, Verbrecher, Bande.*

Personenname [auch: Anthroponym]: Vollständiger ↑Eigenname einer Person, bestehend aus individuellem/en ↑Vor- und Rufnamen und ererbtem ↑Familiennamen; z. B. *Johann Jakob Meier.* Bis ins Mittelalter genügte ein Rufname zur Identifikation einer Person: germanische zweigliedrige wie *Sieg-fried*, *Heinrich*, *Hilde-gard*, *Hart-mut*, solche nach biblischen Gestalten wie *Adam*, *Abraham*, *Daniel*, *Susanne*, *Maria*, nach Heiligen wie *Nikolaus*, *Martin*, *Michael*; am meisten verbreitet waren im Deutschen *Hans* (< *Johannes*) und *Grete* (< *Margarete*); später kamen solche aus Fremdsprachen wie *Louise*, *Willy*, *Harry*, *Björn*, *Ramona* hinzu.

Persuasion, die (lat. persuasio = Überredung, Überzeugung): Gebrauch sprachl. Mittel zum Zweck der Beeinflussung anderer hinsichtlich ihrer Meinung, Einstellung, ihres Verhaltens bis hin zur ↑Sprachmanipulation; Kommunikation mit geringem Informationswert, unter Ausnutzung der Affektgeladenheit von Wortbedeutungen (verbreitete Wörter mit verschwommener denotativer Bedeutung und intensivem konnotativen Gefühlswert; ↑Konnotat) und Satzbedeutungen (Parolen, Slogans mit verbreiteten Vorurteilen), z. B.: *Reaktionär, autoritär, Wohlstand für alle!, Kernkraft, nein danke!*

Perzeption, die (lat. percipere = wahrnehmen): Gesamtheit der sinnlichen Wahrnehmungsprozesse von Sprache (akustisch, visuell); nach neueren Erkenntnissen der ↑kognitiven Linguistik nicht von der Strukturierung und Verarbeitung der Informationen, also vom Verstehen der Sprache zu trennen (kein sequenzieller, sondern interaktiver Prozess) und deshalb auch nicht klar gegen Rezeption (↑Textrezeption) abzugrenzen.

PGK (= Phonem-Graphem-Korrespondenz) ↑GPK.

Pharyngal, der (gr. pharynx = Rachen, Schlund): ↑Konsonant, der in der Rachenhöhle gebildet wird; z. B.: [x] in *Dach*.

phatisch ↑Funktion.

phatischer Akt ↑Sprechakt.

Philologie, die (gr. philos = Freund; logos = Wort): Bez. für die wissenschaftliche Erforschung einer Sprache und ihrer Literatur (z. B. deutsche Sprache und Literatur) bei Betonung der Zusammengehörigkeit von Sprachwissenschaft und Literaturwissenschaft (Einheit bei wissenschaftlichem Lehramtsstudium im Blick auf ein einziges best. Schulfach, z. B.: Deutschunterricht, Englisch ...);

a) Altphilologie (Gräzistik und Latinistik);
b) Neuphilologie: moderne, lebende Sprachen und zugehörige Literatur (z. B.: Anglistik, Polonistik).

Phon, das (gr. phone = Stimme, Laut): Sprachlaut, kleinstes Segment des linearen hörbaren Kontinuums mündlicher Äußerungen (Parole), noch nicht im Hinblick auf Bedeutungsdifferenzierung klassifiziert (↑Phonem); Notation in ↑Lautschrift (des Internationalen Phonetischen Alphabets, IPA) und eckigen Klammern; z. B.: [t], [uː] und [x] in *Tuch.*

Phonem, das (gr. phonema = Laut): Kleinste lautliche Einheit der Sprache (Langue) mit bedeutungsunterscheidender Funktion im sprachl. ↑Zeichen, aber nicht selbst bedeutungstragend (/v/ in *V̲ase* und /n/ in *N̲ase* bewirken den Bedeutungsunterschied der Wörter beim Vergleich miteinander oder mit *Hase*: P. /h/); Klasse aller ↑Phone mit gleicher ↑distinktiver Funktion; Gesamtheit der phonologisch relevanten Merkmale eines Lautbildes (TRUBETZKOY); Bündel distinktiver Merkmale ↑binärer Struktur wie stimmhaft – stimmlos, vokalisch – konsonantisch, oral – nasal (JAKOBSEN); als Grundelement der ↑Phonologie zugleich zeichenbildend und zeichendifferenzierend (*Hut* ist gebildet aus drei P.: /h/, /uː/ und /t/, die der jeweiligen semantischen Unterscheidung von *Mut, Haut* und *Huf* mit den P. /m/, /ao/ und /f/ dienen); Bestandteil des geschlossenen P.-Inventars einer Sprache (im Nhd. 40 P.); Notation in Schrägstrichen unter Verwendung der Lautschriftsymbole (↑Phon). Auch ↑Graphem, ↑GPK.

Phonematik, die: In franz. Linguistik (MARTINET) gebräuchlich für ↑Phonologie.

Phonemik, die: In amerik. Linguistik (phonemics) gebräuchlich für ↑Phonologie, bisweilen auch in Deutschland (WERNER).

Phoneminventar ↑Phonem, Phonologie.

Phonetik, die (gr. phonetike = Laut) [auch: Lautlehre]: Lehre von Lautbildung und materieller Analyse der sprachl. Laute (Schallwellen) mit Hilfe naturwissenschaftlicher Messung und Beschreibung; keine Berücksichtigung der bedeutungsdifferenzierenden Funktion und des daraus resultierenden Systemcharakters (im Unterschied zur ↑Phonologie); Grundeinheit: ↑Phon;

a) artikulatorische P.: Beschreibung der Sprachlaute im Hinblick auf ihre Erzeugung durch den Sprecher (anatomische und physiologische Gesichtspunkte);
b) akustische P.: Beschreibung der Sprachlaute im Hinblick auf ihre physikalisch messbare Substanz: Luftschwingungen zwischen Sprecher und Hörer (Dauer, Frequenz, Intensität); auch ↑Sonagramm;
c) auditive P.: Beschreibung der Sprachlaute im Hinblick auf ihre Aufnahme durch den Hörer und ihre Wirkung.

phonetischer Akt ↑Sprechakt.

phonetische Umschrift ↑Lautschrift.

Phonogramm ↑Graphetik.

Phonologie, die (gr. phone = Laut; logos = Beschreibung) [auch: funktionale Phonetik, Phonemik, Phonematik]: Lehre von Sprachlauten unter den Aspekten ihrer Merkmale, ihres Vorkommens (↑Distribution), ihrer Kombinierbarkeit und ihrer Funktion im Sprachsystem (Langue); im Unterschied zur ↑Phonetik (Aspekt der messbaren Substanz); Grundeinheit ↑Phonem. Das Phoneminventar einer Sprache wird durch vielfachen Vergleich von Lautgegensätzen in inhaltlich verschiedenen, lautlich aber bis auf ein Phonem übereinstimmenden Wörtern (↑Opposition, ↑Minimalpaar) ermittelt, die einzelnen Phoneme werden klassifiziert. P. von TRUBETZKOY und Prager Schule (↑Funktionalismus) begründet, von JAKOBSEN in den USA (↑distinktive Merkmale) sowie HJELMSLEV und Kopenhagener Schule (↑Glossematik) fortgeführt; terminologische Unterschiede: in USA ist „Phonology" Oberbegriff für ↑Phonetik und ↑Phonemik (= P. im oben angegebenen Sinne); in Frankreich bezeichnet P. zumeist die diachronische Betrachtungsweise der Laute, P. im oben angegeb. Sinne heißt dagegen ↑Phonematik (MARTINET).

Phrase, die (gr. phrasis = Ausdruck): Syntaktisch zusammengehörige Wortfolge (ohne finite Verbform); Wortgruppe oder Satzteil von relativer Selbstständigkeit in ↑I-C-Analyse von Sätzen; z. B.: ↑Nominalphrase, ↑Verbalphrase.

Phrase-Marker ↑P-Marker.

Phrasenstruktur ↑I-C-Analyse.

Phraseologie, die [auch: Idiomatik]: 1. Menge aller ↑Phraseologismen einer Sprache. 2. Wissenschaftliche Untersuchung und Beschreibung von Phraseologismen.

Phraseologismus, der (gr. phrasis = Rede, logos = Wort) [auch: Redensart, Redewendung, idiomatische Wendung, Idiom, Wortgruppenlexem]: Aus mehreren fest miteinander verbundenen Wörtern bestehende Einheit des ↑Lexikons (↑Lexem), deren Bedeutung nicht einfach auf die Summe der Einzelwortbedeutungen (und auf die syntaktische Verbindung) zurückgeführt werden kann (↑Motivation), die als feste Formel verwendet wird; z. B.: *ins Gras beißen* <sterben>, *mit Kind und Kegel* <mit ehelichen und unehelichen Kindern>. Vgl. ↑Kollokation, ↑Lexikalisierung.

Aus: Münchner Merkur v. 19./20.6.1971

Phylogenese ↑Ontogenese.

physei (gr. physei = von Natur): Sprachphilosophische Hypothese (schon in Platos „Kratylos“ vertreten), dass jeder Erscheinung das ihm von Natur zukommende Wort zugeordnet sei und deshalb die Bezeichnung der Dinge in der Sprache „richtig“ sei; Gegenthese (heute allg. geteilte Überzeugung) und Gw. thesei (gr. thesei = durch Setzung): sprachl. ↑Zeichen sind vereinbart, den außersprachlichen Erscheinungen von der Sprachgemeinschaft willkürlich bzw. aus heute nicht mehr erkennbaren Gründen zugeordnet (↑arbiträr).

Piktogramm ↑Graphetik.

Pivot-Wörter (engl. pivot = Drehpunkt, Stützpfeiler): In strukturalistischer Grammatik (↑Strukturalismus) geschlossene Klasse von Wörtern auf früher Stufe des kindlichen ↑Spracherwerbs; Kennzeichen: kleine Zahl, positionsgebundenes Auftreten; z. B.: *noch* im Zweiwortsatz *noch Steine!* oder *mit* in *Teddy mit!*; in Abhebung von der ↑offenen Wortklasse der rasch zunehmenden Zahl nicht positionsgebundener Wörter wie *Steine, Teddy, haben* in *noch Steine!* (= Zweitstellung) oder *Steine haben!* (= Erststellung); Unterscheidung der beiden Klassen ist Grundlage der Pivot/Open class-Grammatik (BRAINE) zur Beschreibung der syntaktischen Struktur von Zweiwortsätzen; von ↑Generativer Transformationsgrammatik (CHOMSKY) als zu grobe Vereinfachung der syntaktischen Probleme abgelehnt.

Plansprache: Künstlich entwickelte Sprache, von einer Person (oder mehreren Personen) in Wortschatz und Grammatik erdachte Sprache; z. B. ↑Esperanto.

Platzhalter [auch: Dummy]: In älterer Form der ↑Generativen Grammatik sprachl. Element in einem Matrixsatz, an dessen Stelle bei ↑Einbettung der Konstituentensatz tritt, oder das, wenn es erhalten bleibt, auf den Konstituentensatz hinweist; z. B.: *Es empört uns. > Was du getan hast, empört uns. – Es empört uns, was du getan hast.*

Pleonasmus, der (gr. pleonasmos = Überfluss): Semantische Überfülle eines sprachl. Ausdrucks mit überflüssiger Häufung (↑Redundanz) gleicher oder ähnlicher Bedeutungsträger; z. B.: *weißer Schimmel, armer Bettler, uralter Greis.* Vgl. ↑Tautologie.

Plerem, das (gr. pleroma = Füllung, Sättigung): 1. Bei HERINGER (nach HJELMSLEV) kleinstes sprachl. ↑Zeichen (sonst ↑Morphem oder ↑Monem genannt), das aus Monem (Lautkörper, Ausdruck) und ↑Semem (Inhalt) besteht; freies, selbstständiges P. (mit offener paradigmatischer Liste) heißt ↑Lexem; gebundenes, nur mit anderen P. vorkommendes (mit geschlossener paradigmatischer Liste; vgl. ↑offene Klasse) heißt Morphem. 2. Bei HJELMSLEV Einheit (volle Einheit) auf der Ebene der Form des Inhalts, ohne Ausdruck; vgl. ↑Kenem, ↑Glossematik.

Pleremik, die (gr. pleroma = Füllung, Sättigung): Lehre von der Bildung kleinster (nicht als Kombination mehrerer ↑Zeichen beschreibbarer) Sprachzeichen.

Plural ↑Numerus.

Pluraletantum, das (lat. plures = mehrere; tantum = nur) [auch: Pluralwort]: Nur im Plural (↑Numerus) vorkommendes Subst.; z. B.: *Ferien, Eltern, Möbel, Ostern, Spesen.* Gw. ↑Singularetantum.

Pluralis modestiae ↑Autorenplural.

Plusquamperfekt, das (lat. plus quam perfectum = mehr als vollendet) [auch: Vollendete Vergangenheit, Vorvergangenheit]: ↑Tempus rückblickender Feststellung einer Abgeschlossenheit verbaler Vorgänge oder Zustände, einer Vollendung in der Vergangenheit; bes. zum Ausdruck einer Vorzeitigkeit (↑Tempusgebrauch) gegenüber eines im Prät. dargestellten Geschehens verwendet; z. B.: *Sie hatte in ihrer Jugend viel erlebt. – Nachdem er gespeist hatte, zahlte er und ging.*

P-Marker, der (engl. phrase-marker = Kennzeichner einer Ausdrucksformation) [auch: Formationsmarker]: ↑Stemma (Baumdiagramm) oder Klammerdarstellung (labelled-bracketing) zur Strukturbeschreibung eines Satzes im ↑Basis-Teil der ↑Generativen Grammatik; formale Entsprechung zur taxonomischen Strukturbeschreibung der ↑I-C-Analyse, im Unterschied zu dieser aber nicht nur ↑Segmentierung und ↑Klassifikation der Elemente eines Satzes, sondern Beschreibung wiederholt anwendbarer Regeln zur Erzeugung vieler Sätze (↑Formationsregeln); z. B.:

Der Junge pfeift eine Melodie.

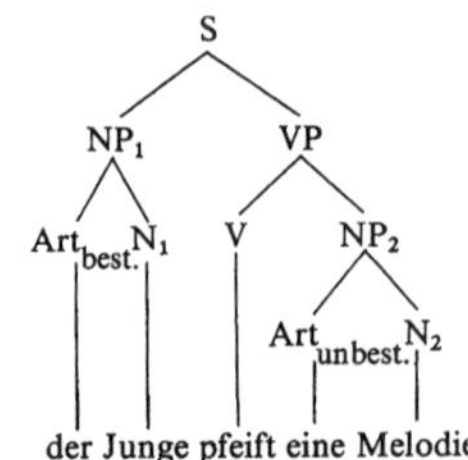

$$[[Art_{best.} + N_1]_{NP_1} + [V + [Art_{unbest.} + N_2]_{NP_2}]_{VP}]_S$$

Bei Einsetzung anderer ↑Formative aus dem Lexikon bei gleicher Struktur ergeben sich analoge Sätze: *Der Bauer pflügt ein Feld* oder: *Die Autorin schreibt ein Buch.* Neben Basis-P-Marker existiert in neuerer Generativer Grammatik auch ein generalisierter P-Marker, der im ↑Stemma mehrere Knoten mit dem Symbol S enthält, also mehrere Basis-P-Marker, und zusätzliche Angaben, an welchen Stellen und wie die Teilsatz-Strukturen ineinandergefügt sind (↑T-Marker ist also nicht mehr erforderlich); z. B.:

Ein Junge, der fröhlich ist, pfeift.

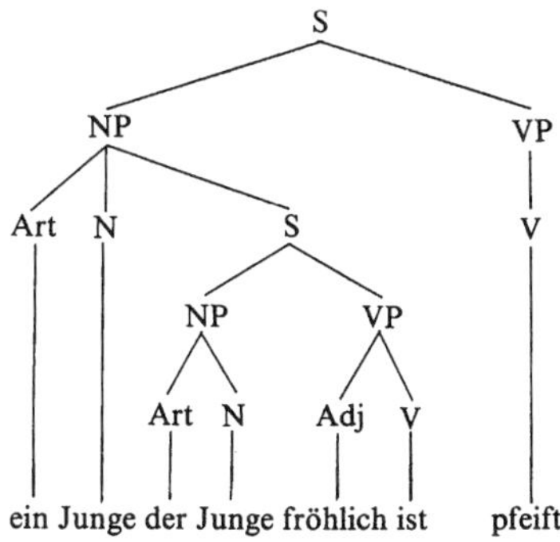

Zur ↑Deletion von *Junge* auch ↑Transformation.

poetisch ↑Funktion.

poetische Stilebene ↑Stilebene.

Polarität, die (gr. polos = Achse): 1. Semantische Beziehung der Gegensätzlichkeit zwischen Lexempaaren (↑Lexem) aller Wortarten; z. B.: *Himmel* und *Hölle, kommen* und *gehen, heiß* und *kalt, oben* und *unten, links* und *rechts, hin* und *her.* 2. Nach LYONS nur (zumeist adjektivische) Gegensatzpaare ohne Gleichberechtigung beider Glieder (↑Äquipollenz), dagegen mit einem unmarkierten „positiven Pluspol“ und einem ↑markierten „negativen Minuspol“, sodass das „positive“ Wort auch als unmarkiertes Supernym (↑Hyponymie) auf der ganzen Breite der Skala zwischen den Polen eingesetzt werden kann; z. B.: *Das Kind ist erst zwei Jahre alt* (nicht **jung*). – *Die Greisin ist fast hundert Jahre alt.*

a) Richtungs-P.: *oberhalb* und *unterhalb*;
b) Grad-P.: *breit* und *schmal*;
c) Wertungs-P.: *gut* und *schlecht.*

Poltern [auch: Tachysphemie, Battarismus]: ↑Sprachstörung; sehr schneller und unkontrollierter, überstürzter Redefluss mit Verstümmelung, Auslassung und Vertauschung von Lauten, Silben, Wörtern.

Polygenese ↑Monogenese.

Polyglott, der (gr. polys = viel, glotta = Sprache): Person, die mehrere Sprachen beherrscht.

Polysemie, die (gr. poly = viel; sema = Zeichen) [auch: Ambiguität]: Inhaltliche Mehrdeutigkeit eines Zeichens; seine unterschiedliche Verwendung in mehreren Bedeutungen (↑Lesart), deren Zusammenhang noch erkennbar ist (Einheit des Zeichens); Feststellung der jeweils aktualisierten Bedeutung mit Hilfe des ↑Kontextes möglich;

a) P. eines ↑Morphems: z. B.: /haft/ = <behaftet mit> wie in *vorteilhaft* – <in der Art von> wie in *mädchenhaft*;
b) P. eines ↑Lexems: z. B.: *Läufer* = <Teppich> wie in *Der handgeknüpfte Läufer liegt im Schlafzimmer.* – <Sportler> wie in *Im Endspurt wurde der Läufer Sieger.* – <Schachfigur> wie in *Er setzte den König mit dem Läufer matt.*
c) P. eines ↑Syntagmas: z. B.: *Die Liebe der Kinder* = <Liebe der Kinder zu ihren Eltern> wie in *Am Muttertag äußert sich die Liebe der Kinder in besonderer Hilfsbereitschaft.* – <Liebe der Eltern zu ihren Kindern> wie in *Die Liebe der Eltern ist dadurch zu erklären, dass Eltern in ihren Kindern einen Teil ihrer selbst sehen.*
d) P. eines Satzes: z. B.: *Ich grüße den Mann mit dem Hut.* = <Der Mann, den ich grüße, hat einen Hut auf dem Kopf> – <Ich grüße den Mann, indem ich meinen Hut abnehme>.

Auch↑ Homonymie, ↑Bedeutungswandel.

„Er kann besser riechen als wir,
aber meistens riecht er schlechter."

Hank Ketcham aus: Fromkin, V./ Rodman, R.: An Introduction to Language. Harcourt Brace Jovanowich. Orlando, ^{5}1993. S. 142

polysyndetisch ↑asyndetisch.

Portmanteau-Morphem (franz. portemanteau = Kleiderständer) [auch: Schachtelmorphem]: ↑Morphem, das sonst auf mehrere Morpheme verteilte Bedeutungen in seinem Inhalt vereint, ohne in inhalttragende Segmente aufteilbar zu sein, die als ↑Allomorphe der jeweiligen Morpheme gelten könnten; gleichzeitige Repräsentation verschiedener Morpheme durch ein Morphem; z. B.: *am* /am/ (= <an> + <dem>).

Portmanteau-Wort ↑Kontamination.

Position, die (lat. positio = Stellung): Menge gleichartiger, kommutierender (↑Kommutation) Satzteile oder Sätze (der Elemente einer P.), die Träger best. syntaktischer Funktion sind (repräsentiert z. B. durch ↑Plereme, ↑Syntagmen, ↑Gliedsätze, aber auch Null: ∅); z. B. Konstituentenklasse NP, die Menge aller Syntagmen, die als Konstituente der Konstruktion VP (mit dem Formativ *kaufen* für V) erscheinen und dort gegeneinander ausgetauscht werden können:

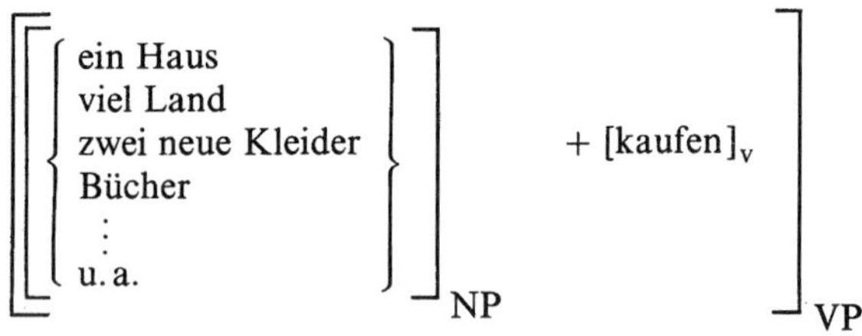

Positiv ↑Komparation.

positive Abfolge ↑Abfolge.

Possessivkompositum, das (lat. possessivum = besitzanzeigend) [auch: Bahuvrihi = altindisch „viel Reis (habend)“, exozentrisches Kompositum]: Aus zwei freien Morphemen oder Morphemkonstruktionen zusammengesetztes Wort (↑Kompositum), in der morphologischen Bauweise dem ↑Determinativkompositum gleichend (von FLEISCHER dazugerechnet), semantisch aber davon abweichend etwas bezeichnend, was in den Konstituenteninhalten als ganzes gar nicht erscheint, sondern nur in einem Teil (vollständiges ↑Denotat nicht explizit genannt); z. B.: *Dummkopf* = nicht <dummer Kopf>, sondern <Mensch, dessen Kopf dumm ist>; *Rotkehlchen* = <Vogel, dessen Kehle rot ist>; *Rumpelstilzchen* = <Wesen, dessen Stelze (Bein) rumpelt>; häufig metaphorisch: *Dickkopf* = <Mensch mit dickem Kopf = unnachgiebiger Mensch>.

Possessivpronomen ↑Pronomen.

Postposition, die (lat. postpositio = Nachstellung): Nachstellung von ↑Präpositionen gegenüber dem Bezugsnomen, z. B.: *der Nase nach* (< *nach der Nase*).

Potentialis ↑Konjunktiv.

Prädikat, das (lat. praedicatum = [über das Subj.] ausgesagt) [auch: Satzaussage]: 1. Bei Satzanalyse nach ↑Dependenzrelationen: ↑Funktion des Verbs im Satz; dominierendes Satzglied, das den verbalen Aussagekern oder Aussagerahmen (bei mehrteiligem P.) darstellt und in der ↑Dependenzgrammatik allein, in der traditionellen, der strukturellen Grammatik und der ↑Generativen Transformationsgrammatik zusammen mit dem ↑Subjekt (NP + VP) das obligatorische Grundgerüst des Satzes bildet; steht mit Subj. in ↑Kongruenz; z. B.: *Fritz schläft. – Er hat gestern gefehlt. – Er will wieder gesund werden. – Fritz schenkt seiner Freundin einen bunten Blumenstrauß.* Der ältere P.-Begriff der traditionellen Grammatik umfasst außer dem Verb auch das sogen. Prädikatsnomen (↑Prädikativum); z. B.: *Sie ist Studentin. – Sie ist fleißig.* 2. Bei Satzanalyse nach Struktur der ↑Konstituenten: komplexer Ausdruck (nicht nur Verb) im Satz (mit Einschluss von Objekten), durch den dem Gegenstand der Aussage (dem Subjektausdruck) best. Eigenschaften zu- oder abgesprochen werden; z. B.: *Fritz schenkt seiner Freundin einen bunten Blumenstrauß.* Auch ↑Prädikatenlogik.

Prädikatanhebung (predicate-raising): Prälexikalische ↑Transformation in der ↑Generativen Semantik, durch die im Stammbaum (↑Stemma) Prädikate zyklisch in den nächsthöheren Satz angehoben werden: das vom untersten Knoten dominierte Verb wird rechts neben das Prädikat des höheren Satzes gestellt, es folgt Tilgung des S-Knotens S_2, der keine Verzweigung mehr dominiert; z. B.:

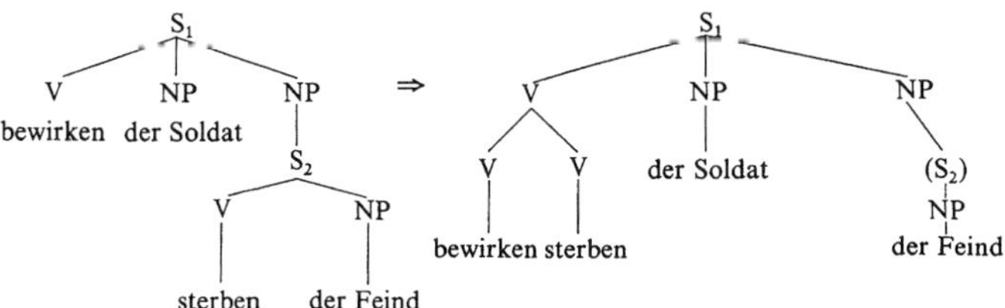

Die auf die gleiche Stufe gerückten Prädikate (im Beispiel: *bewirken* und *sterben*) werden durch das ihre Merkmale bündelnde Lexem *töten* ersetzt:

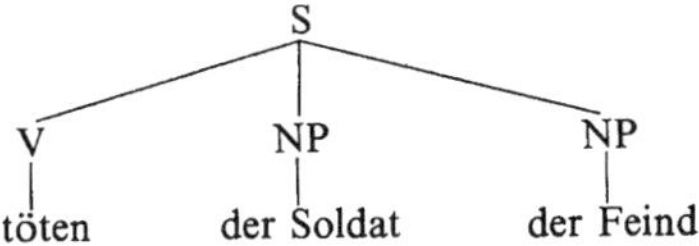

Zu lesen: Der Soldat bewirkt, dass der Feind stirbt. ⇒ Der Soldat bewirkt Sterben (in Bezug auf) den Feind. ⇒ Der Soldat tötet den Feind.
Auch ↑Subjektanhebung.

Prädikatenlogik [auch: Prädikatenkalkül]: Untersuchung der logischen Beziehungen zwischen den Bestandteilen von ↑Aussagen, zwischen einem ein-, zwei-, drei- oder mehrstelligen Prädikat und seinen Leerstellen für Argumente, z. B.: P(x) = Prädikat mit einem Argument (= Eigenschaft, die zugesprochen wird) wie z. B. in *singt (Karl)*; R (x, y) = Prädikat mit zwei Argumenten (= Relation, die zugesprochen wird) wie z. B. in *liebt (Karl, Eva).*

Prädikation, die (lat. praedicatio = Bekanntmachung): Zuteilung von Eigenschaften (Akzidentia) an Dinge (Substantia); Aussage über etwas, Bestimmung einer Substanz im Hinblick auf Seinsart, Stellung in Raum und Zeit, Qualität, Tätigkeit, Zustand, Verhältnis ... ; z. B.: *Das Rind ist ein Säugetier. – Das Rind ist mager. – Das Rind gibt Milch. – Das Rind steht auf der Wiese.* Zumeist wird der mit dem ↑Subjekt des Satzes bezeichneten Erscheinung die mit dem ↑Prädikat bezeichnete Eigenschaft zu- oder abgesprochen, aber auch nichtsatzförmige P.: *das magere Rind – das Rind auf der Wiese.*

Prädikativsatz ↑Gliedsatz.

Prädikativum, das (lat. praedicativum = das Auszusagende) [auch: Prädikatsnomen]: ↑Funktion im Satz; subst. (im Nom.) oder adj. (unflektiertes) Satzglied, das in traditioneller Grammatik als Bestandteil des ↑Prädikats angesehen wird, in Verknüpfung mit den kopulativen (↑Kopula) Verben *sein, werden, bleiben, scheinen, heißen* das Subjektsnomen charakterisiert; bei GLINZ Gleichgröße bzw. Artangabe; bei HELBIG/SCHENKEL obligatorische Ergänzungsbestimmung; z. B.: *Wir sind Studenten. – Wir sind lustig. – Es wird Tag.*

Prädikator ↑Klassenlogik.

Prädikatsnomen ↑Prädikativum.

Prädiktabilität ↑Entropie.

Präfigierung ↑Präfixbildung.

Präfix, das (lat. praefixum = vorn versehen mit): Gebundenes ↑Morphem, das reihenbildend vor Grundmorpheme tritt und dadurch neue Wörter (↑Präfixbildungen) oder Flexionsformen aufbaut; z. B.: /ver/ in *vergessen, verlieren, verschonen, verraten, verlaufen* u. a., /ge/ in *gesungen, gelacht, getanzt* u. a. Vgl. ↑Suffix, ↑Halbpräfix.

Präfixbildung, die [auch: Präfigierung]: Wortbildungsart und ihr Produkt: Konstruktion aus einem freien ↑Morphem und einem oder mehreren unfreien, gebundenen, die vor das Stammmorphem treten (↑Präfix); meistens Verb; bisweilen auch als Sonderform der ↑Derivation angesehen (weil Konstruktion aus freiem und gebundenem Morphem); z. B.: *erzählen, verwünschen, abschreiben, Untat, ungern, verabreden.*

Präfixoid ↑Halbpräfix.

Prälinguistik, die (lat. prae = vor): Teil der ↑Makrolinguistik; Untersuchung aller biologischen Voraussetzungen des ↑Sprechaktes und des Systems sprachl. ↑Zeichen.

Prämisse ↑logischer Schluss.

Präposition, die (lat. praepositio = Voranstellung) [auch: Verhältniswort, Fallfügeteil]: ↑Wortart, die als Bindeglied beim syntaktischen Zusammenfügen einzelner Wörter (Subst. mit Subst., Verben, Adj.) zu Wortgruppen (↑Syntagmen) dient und dabei das Verhältnis der Syntagmakonstituenten zueinander (z. B. lokal, temporal, kausal, modal) kennzeichnet; verlangt best. Kasus (↑Rektion); zahlenmäßig begrenzt (geschlossene Klasse); z. B.: *Die Katze auf / unter / vor / hinter / neben dem Ofen schnurrt. – Er glaubt an sein Glück. – Ich bin erfreut über den Erfolg.* Auch ↑Adposition.

Präpositionalobjekt, das: ↑Objekt, das nicht unmittelbar, sondern über ein syntaktisches Beziehungswort (↑Präposition) mit dem regierenden Verb eines Satzes verbunden ist; z. B.: statt *Er schreibt seinem Freunde* mit P.: *Er schreibt an seinen Freund*; zu unterscheiden von der Adverbialbestimmung (z. B.: *Er baut sich an der See ein Haus.*).

Präsens, das (lat. praesens = anwesend): ↑Tempus einer allgemeinen, eigentlich zeitindifferenten oder neutralen Aussage, die u. a. auch ein verbales Geschehen oder Sein als aus der Sicht des Sprechers gegenwärtig charakterisieren kann; in vielen Fällen wird die tatsächliche Zeitreferenz erst vom Kontext her spezifiziert;
a) gegenwärtig; z. B.: *Gerade erhalten wir neue Informationen.*

b) zeitlos-allgemeingültig (generelles P.); z. B.: *Die Erde dreht sich um die Sonne. – Der Hase zählt zu den Nagetieren.*
c) vergangen; z. B.: *Im Jahre 1914 bricht der 1. Weltkrieg aus. – Ich kam gerade aus dem Haus, da sehe ich plötzlich einen Mann aus dem Fenster steigen.*
d) zukünftig; z. B.: *Morgen gibt es Zeugnisse. – Du bestehst das Examen sicher.*

präskriptiv (lat. praescribere = vorschreiben): Eigenschaft einer Sprachwissenschaft, die Sprache nicht nur beschreiben (Gw. ↑deskriptiv), sondern auch verbindliche Normen für einen „richtigen“, „guten“ Sprachgebrauch setzen will.

Präsupposition, die (lat. prae = voraus; suppositum = untergeschoben): Voraussetzung, die der Sprecher bei einer Äußerung mitbehauptet und die der Hörer aus dem Aussageinhalt rekonstruieren kann; Annahme, unter der eine Äußerung in best. Kontext und in best. Situation überhaupt erst sinnvoll ist. Negationstest als Entdeckungsprozedur: P. ist, was auch bei Negation eines Satzes unnegiert bleibt (z. B.: *Emils Frau ist krank / ist nicht krank.* Daraus folgt P. = Emil hat eine Frau.). Gw. ↑Assertion. Zu unterscheiden sind folgende Arten von P.:
a) semantische P.: unausgesprochene Aussagen werden vom Sprecher mit seiner Äußerung ↑implizit unterstellt; z. B.: *Ist dein Bruder inzwischen eigentlich aus der Haft entlassen?* Es liegen zwei P. vor, eine existentielle P. (Existenzaussage = der Angesprochene hat einen Bruder) und eine faktische P. (vorausgesetzter Sachverhalt = der Bruder war in Haft).
b) pragmatische P.: best. Annahmen über den situativen ↑Kontext (Hörer, Ereignisse, Raum, Zeit) werden vom Sprecher in einer Sprechhandlung unterstellt; z. B. hat Antwort eine Frage zur Voraussetzung, Rechtfertigung einen Vorwurf (d. h. eine Sprechhandlung ist P. der anderen), Versprechen folgende verschiedene P.: es ist nicht sowieso klar, dass man das Versprochene tun wird (**Du weißt, dass ich Freitag Geburtstag feiere. Deshalb verspreche ich es dir.*), der Hörer wünscht, dass es getan wird (**Du willst nicht, dass ich eine große Feier veranstalte. Ich verspreche es dir aber.*), Sprecher ist grundsätzlich in der Lage, das Versprochene auszuführen (**Ich verspreche dir, ein Jahr lang keine Nahrung zu mir zu nehmen.*).

P. darf nicht mit ↑Implikation verwechselt werden. In dem Satz *Der Boxer schaffte es (nicht), seinen Gegner in der letzten Runde k. o. zu schlagen* ist die auch bei Negation unveränderte P.: *Der Boxer versuchte, den Gegner k. o. zu schlagen*, dagegen die bei Negation ebenfalls verneinte Implikation: *Der Boxer schlug seinen Gegner k. o.*

Präteritalausgleich: Vereinheitlichung der im Mhd. noch vorhandenen verschiedenen Stammvokale (und Konsonanten) im ↑Präteritum der starken/ablautenden Verben (↑Ablaut) zugunsten der Singular- oder der Pluralformen im Nhd.; z. B.: mhd. *half/hulfen* > nhd. *half/halfen*; mhd. *reit/riten* > nhd. *ritt/ritten*; mhd. *nam/nâmen* > nhd. *nahm/nahmen*; mhd. *was/wâren* > nhd. *war/waren*.

Präterito-Präsens, das [auch: Perfekto-Präsens]: Verb, das der Form nach aus idg. Perfekt erwachsen ist, aber Präsens-, Gegenwartsbedeutung angenommen hat (Bez. eines aus vollendeter Handlung hervorgegangenen Zustandes); z. B.: got. *wait,* nhd. *ich weiß* ist etymologisch verwandt mit gr. *eido* = <ich sehe> und gr. *oida* = <ich habe gesehen und ich weiß nun> wie auch mit lat. *vidi* = <ich habe gesehen → ich sehe>.

Präteritum, das (lat. praeteritum = vergangen) [auch: Imperfekt]: ↑Tempus der Nichtgegenwart; zur Bez. eines ablaufenden, länger andauernden Vorgangs in der Vergangenheit aus der Sicht des Sprechers (zum Zeitpunkt seiner Rede); typische Erzählzeit mit Distanz des Erzählers zum erzählten Geschehen (BRINKMANN: Tempus der Erinnerung); z. B.: *Das Feuer flackerte noch ein wenig und erlosch.*

praeterminal ↑terminal.

Prager Schule ↑Funktionalismus.

Pragmalinguistik ↑Pragmatik.

Pragmatik, die (gr. pragma = Handlung) [auch: Linguistische Pragmatik, Pragmalinguistik]: Im Unterschied zur ↑„Systemlinguistik" (Sprache beschrieben als ↑System kommunikativer ↑Zeichen) Untersuchung und Beschreibung der Sprache als Form sozialen Handelns, als ↑Interaktion zwischen Kommunikationspartnern in konkreten ↑Kommunikationssituationen. Der abstrakten linguistischen ↑Kompetenz eines idealisierten Sprechers/Hörers in der ↑Generativen Transformationsgrammatik wird als Beschreibungsobjekt die umfassendere ↑kommunikative Kompetenz des individuellen Sprechers/Hörers gegenübergestellt, ermittelt aus seinen sprachl. Äußerungen in best. Situation. Neben lexikalische und grammatische Regeln treten sprachl. Gebrauchsregeln; es genügt nicht, korrekte Sätze einer Sprache zu bilden, man muss wissen, unter welchen Umständen und mit welcher Absicht sie gebraucht werden. Mit jedem ↑Sprechakt (= kleinste Einheit der P.) wird nicht nur ein Inhalt übermittelt (Inhaltsaspekt), sondern auch eine best. illokutive Beziehung (Beziehungsaspekt) zwischen den Partnern hergestellt; z. B. enthält die Frage *Sind das echte Perlen?*

ein Ersuchen um Information über ein Objekt, zugleich bestimmt der Sprecher durch Ton, Gesichtsausdruck usw. seine Beziehung, Einstellung zum angesprochenen Besitzer der Perlen: wohlwollende Freundlichkeit, Neid, Bewunderung oder anderes. Analyse von Sprechaktfaktoren und Sprechaktsequenzen, ↑gelingender und misslingender, ↑symmetrischer und komplementärer Kommunikation. Auch ↑performatorisch, ↑Präsupposition, ↑Aufforderung.

Primärberührungseffekt ↑Dentalangleichung.

Privativbildung (lat. privatum = beraubt, befreit). In ↑Wortbildung ↑komplexes Verb, das inhaltlich ein Wegnehmen, Entfernen des im Grundwort Gemeinten zum Ausdruck bringt; z. B.: *köpfen* <Kopf abschlagen>, *schuppen* <Schuppen entfernen>, *entfesseln* <Fesseln abnehmen, von Fesseln befreien>, *entlausen, ausmisten.*

Probe ↑Operation.

produktiv (lat. producere = hervorbringen, erzeugen): Eigenschaft eines Wortbildungstyps, nach dessen Muster nicht nur in der Vergangenheit Wörter gebildet wurden (und der dann unproduktiv wurde wie das Ableitungssuffix /t/ bei ↑deverbativen Subst.; z. B.: *Fahrt* zu *fahren*, *Naht* zu *nähen*, *Saat* zu *säen*, aber nicht **Ölt* sondern *Ölung* zu *ölen*), sondern nach dessen Muster man auch heute Neubildungen vornehmen kann; ein gegenwärtig sehr p. Derivationssuffix ist /ung/: neben älteren Bildungen wie *Heilung, Warnung* auch neuere wie *Währungsumstellung, Verstädterung, Ankurbelung, Umfunktionierung.*

Proform, die (lat. pro = für, anstatt) [auch: Verweisform]: Textverweisender (↑Text) sprachl. Ausdruck, mit dem ein im vorangehenden oder (seltener) im folgenden ↑Kontext eingeführtes bzw. erwähntes ↑Referenz-Objekt in anderer Weise wiedererwähnt wird; z. B.: *Zwei Jungen standen vor dem Eingang der Schule. Sie hatten dort auf den gewartet, der als letzter das Gebäude verließ.*

a) Anapher: P. für vorher Eingeführtes, z. B.: *sie, dort, das Gebäude*;

b) Katapher: P. für nachher Eingeführtes, z. B.: *den.*

Auch ↑Textphorik.

Programm: In ↑EDV Menge von Arbeitsanweisungen für einen Computer, die ihn veranlassen, best. Tätigkeiten auszuführen;

a) System-P.: steuert die Rechenanlage und ist bei eingeschaltetem Rechner ständig aktiv; z. B. Betriebssystem (z. B. MS-DOS);

b) Anwender-P. (auch: Applikation): löst vom Benutzer der Rechenanlage gestellte Aufgaben und muss mit Befehl extra aufgerufen werden; z. B. Textverarbeitungs-P. (sehr verbreitet MS WORD), Tabellenkalkulations-P.

Programmiersprache: Formale Sprache (im Ggs. zu natürlichen Sprachen mit eindeutigen Symbolen und eindeutiger Syntax) zur Formulierung von Aufgaben/Arbeitsanweisungen, die ein Computer in der ↑EDV ausführen soll: formuliertes ↑Programm wird vom Computer gelesen, verstanden, umgesetzt; z. B.: FORTRAN (= Formula Translation System), BASIC (= Beginner's All Purpose Symbolic Instruction Code).

Projektionsregel (lat. proiectio = Vorauswerfen; engl. projection rule = Entwurfsregel): In Semantik bei KATZ/FODOR mit den tiefenstrukturell grammatischen Relationen zwischen Satzgliedern zusammenhängende Übertragungsweise von Lexeminhalten aus dem ↑Lexikon in die Satzbedeutung; dabei schrittweise Ausschaltung verschiedener Lesarten (↑Polysemie) eines Lexems von einem Knoten des ↑P-Markers zum nächsthöheren (↑Disambiguierung durch Amalgamierung = Verschmelzung aller semantischen Komponenten der in den Satz eingehenden Lexeme); neben dem Lexikon (Speicherung der semantischen Information der Einzellexeme, der usuellen Bedeutungen) zweiter Teil der Beschreibung von Satzbedeutungen (Verwendung der Wörterbuchinformation bei Interpretation syntaktischen Vorkommens der Lexeme); z. B.: *Der Schnitzer verziert den weißen Läufer.* Die drei Lesarten des Nomens *Läufer* bleiben bei attributiver Verwendung des Adj. *weiß* auch in der Nominalphrase *weißer Läufer* erhalten; in der Verbalphrase *weißen Läufer verzieren* lässt das Verb die Lesart 1 des Nomens ausscheiden (Selektionsbeschränkung [↑Selektion]: V fordert als direktes Obj. ein N mit dem Merkmal <–menschlich>, N hat aber das Merkmal <+menschlich>); das als Subj. fungierende Nomen *Schnitzer* lässt Lesart 2 ausscheiden (*Schnitzer* als Agens verlangt in Verbindung mit *verzieren* ein Obj. mit dem Merkmal <+aus festem, massiven Material>), sodass der Satz S mit Lesart 3 eindeutig (monosemantisch) ist.

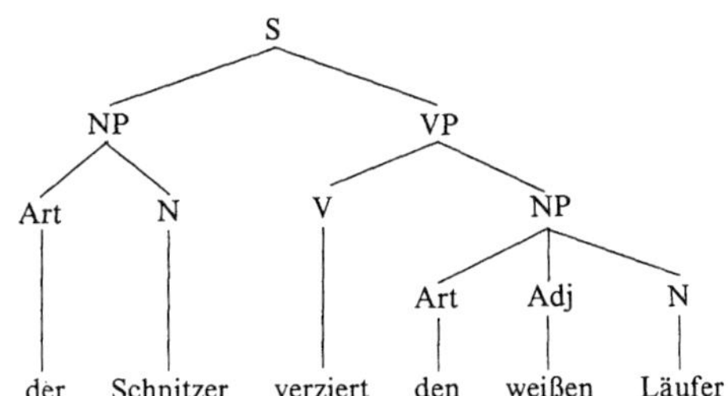

Graphische Darstellung der P.:

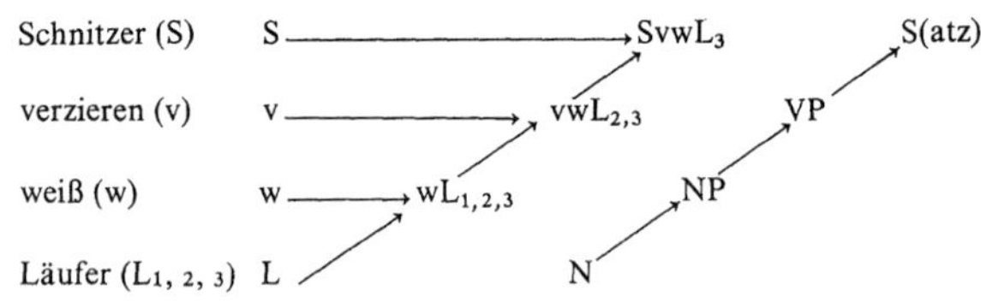

(Lesarten: L_1 = ⟨Sportler⟩, L_2 = ⟨Bodenbelag⟩, L_3 = ⟨Schachfigur⟩)

Auch ↑Monosemierung.

Proklise, die (gr. proklinein = vorwärts beugen): Verschmelzung eines unbetonten Wortes mit einem folgenden betonten; meist mit gleichzeitiger Lautschwächung und/oder mit Lautsubstanzverlust des unbetonten Wortes; z. B.: *draußen* < *dar außen; 'n Tisch* < *ein Tisch.* Gw. ↑Enklise.

Prolepsis, die (gr. prolepsis = Vorwegnahme) [auch: Prolepse, Linksversetzung, Neuansatz]: Satzbau, bei der ein Satzelement (meist das Subjekt, ↑Nominativus pendens) aus seiner Position herausgerückt und an den Anfang des Satzes (in das Vor-Vorfeld, ↑funktionale Satzperspektive) gestellt wird, pronominal oder adverbial im Satz wieder aufgenommen; z. B.: *Dem Erich, dem werd' ich's zeigen! – An der Bahnhofsuhr, da treffen wir uns wieder.* Auch ↑Rechtsversetzung.

Pronomen, das (lat. pro nomen = für das Subst.) [auch: Fürwort; bei GLINZ: Anzeigewort; ERBEN: größenbezügliches Formwort]: ↑Wortart, deren Angehörige als Vertreter an die Stelle eines Nomens treten können oder es (wie der ↑Artikel) begleiten;

a) in nennender Funktion: Personal-P. (persönliches Fürwort); z. B.: *ich, er, uns, euch*; *sich* (reflexiv = rückbezüglich wie in *Er freut sich* oder reziprok = wechselbezüglich wie in *Sie begrüßen sich*); Indefinit-P. (unbestimmtes Fürwort); z. B.: *irgend etwas, jeder, mancher, man*;
b) in hinweisender Funktion: Demonstrativ-P. (hinweisendes Fürwort); z. B.: *dieser, jene, solch*; Interrogativ-P. (fragendes Fürwort); z. B.: *wer, was, welche*;
c) in zuordnender Funktion: Possessiv-P. (besitzanzeigendes Fürwort); z. B.: *mein, unser, euer*; Relativ-P. (bezügliches Fürwort); z. B.: *der, welcher, was*.

Pronominalisierung: Mittel der Verkettung aufeinander folgender sprachl. Einheiten zu einem ↑Text: Wenn zwei oder mehr ↑Konstituenten eines Textes sich auf denselben ↑Referenten beziehen (↑Ko-Referenz), so kann die Wiederaufnahme durch einen pronominalen Ausdruck erfolgen, ein Ausdruck durch einen pronominalen ersetzt werden (↑Pronomen), der dann auf die Information des Bezugsausdruckes verweist; z. B.: *Die Frau liest einen Artikel. Er gefällt ihr.* statt: *Der Artikel gefällt der Frau.*

Proposition, die (lat. propositum = Äußerung, Vorgebrachtes) [auch: propositionaler Gehalt, Satzinhalt, Satzbegriff]: In einem ↑Satz ausgedrückter Gedanke, semantischer Kern, Inhalt eines Satzes (dessen „kanonische Instruktion", S. J. SCHMIDT) ohne Berücksichtigung seiner Form, seiner ↑Oberflächenstruktur, der modalen Angaben (wie ↑Assertion = Feststellung, ↑Negation = Verneinung, Quantifikation, ↑Modus), der illokutiven und perlokutiven (↑Sprechakt) Komponenten. Mit Hilfe solcher Angaben wird P. in Bezug zu best. Ebenen der Kommunikation (↑Kommunikationssituation) gebracht, aktualisiert. P. ist als solche nicht wahrheitswertig (↑Wahrheit), kann aber stets in der Form des Aussagesatzes als Behauptung eines Sachverhalts angesehen und dann als wahr oder falsch bezeichnet werden. Gemeinsame P. <Karl Tür öffnen > in allen folgenden Sätzen: *Karl öffnet die Tür. – Karl öffnet nicht die Tür. – Die Tür wird von Karl geöffnet. – Öffnet Karl die Tür? – Karl, öffne die Tür! – Wenn Karl doch die Tür öffnete! – Wenn Karl die Tür öffnet, (...).*

propositionale Einstellung [auch: Sprechereinstellung]: Einstellung des Sprechers zum Gewissheitsgrad/Wahrheitswert einer ↑Proposition (z. B. der Proposition *Tom kommt*), ausdrückbar durch einen modifizierenden „Vorsatz" (z. B.: *Ich bin sicher, / Ich halte es für wahrscheinlich, dass Tom kommt.*) oder durch best. Adverbien (z. B.: *Sicher / Vielleicht / Vermutlich kommt Tom.*).

propositionaler Akt ↑Sprechakt.

prosodisch (gr. prosodos = das Auftreten): Eigenschaft der Merkmale, die Dauer (Quantität) sowie Tonhöhe und Tonstärke (Qualität) bei sprachl. Lauten, Akzent und Rhythmus bei Lautfolgen festlegen.

Prototyp, der (gr. proti = von ... her, typos = Muster): In kognitiver ↑Semantik (↑kognitive Linguistik) ein besonders typischer Vertreter der Erscheinungen in der außersprachlichen Wirklichkeit, auf die ein sprachl. Ausdruck hinweist (↑Referent); sprachpsychologisches Bedeutungskonzept (Prototypen-Theorie), nach dem Wortinhalte im menschlichen Bewusstsein an ↑Referenten orientiert sind, die als die besten Repräsentanten ihrer Klasse gelten können, von Sprechern als beste Exemplare anerkannt werden; z. B. denkt man beim Wort *Vogel* an ein kleines Tier, das fliegen kann (etwa Rotkehlchen oder Sperling) und weniger an Huhn und Ente oder gar an ein großes flugunfähiges Tier wie den Emu oder Strauß (die also weniger prototypische Vertreter der Gattung „Vogel" sind). Im Gedächtnis der Mitglieder einer Sprachgemeinschaft existieren nach der Theorie relativ stabile und dauerhafte überindividuelle semantische Repräsentationen.

Aus: Richards, J. C./Platt, J./Platt, H.: Longman Dictionary of Language Teaching & Applied Linguistics. Longman, Essex ^{2}1992, S. 299

Nach P.-Theorie wird zumindest ein Teil des Wortschatzes (häufig angeführte Beispiele *Stuhl* und *Tasse*) so an typischen Referenzbeispielen erlernt und dann von diesen auf ähnliche Referenten übertragen; dabei können die prototypischen Merkmale empirisch bestätigt sein oder nicht (z. B. steckt der *Strauß* bei Gefahr keineswegs den Kopf in den Sand). Vgl. ↑Stereotyp, ↑Familienähnlichkeit.

Prozedur ↑Operation.

Pseudoetymologie ↑Volksetymologie.

Pseudonym, das (gr. pseudein = täuschen, onoma = Name) [auch: Deckname, Tarnname]: Von einer Person an Stelle ihres eigentlichen Namens verwendeter Name, der aber zusätzlich angenommen wird, nicht unter Aufgabe des eigentlichen Namens; z. B.: Schriftstellernamen wie Jean Paul (für: Johann Paul Friedrich Richter).

Pseudospaltsatz ↑Spaltsatz.

Psycholinguistik, die (gr. psyche = Seele) [auch: Sprachpsychologie]: Lehre von den seelischen Faktoren bei der Spracherlernung (↑Spracherwerb) und beim Sprachgebrauch (bei Produktion und Rezeption von Äußerungen) auf Seiten des ↑kodierenden Sprechers/Schreibers wie des dekodierenden, verstehenden Hörers/Lesers; Untersuchung der psychischen Komponente im Verhältnis Sprache und Denken. Einzuteilen in:

a) psychoanalytische P.: sprachl. Fehlleistungen; freie Assoziationen; Therapie von Neurosen; Zeichensprache der Traumlehre; Sprechen als Trieb-„Abfuhr“ und „Erledigung“;
b) experimentelle P.: in einen behavioristischen (↑Behaviorismus) Zweig und einen generativ-mentalistischen (↑Generative Grammatik) aufteilbar: Spracherwerb als Ausformung sprachl. Umwelterfahrung oder als Entfaltung von im Kind Angelegtem; psychische Realität oder psychische Korrelate linguistischer Einheiten; Gedächtnis und Speicherung sprachl. Einheiten; Messung syntaktischer Komplexität von Sätzen und Texten.

Punkt: Häufigstes Satzschlusszeichen in der ↑Interpunktion, aber auch Abkürzungszeichen (z. B.: *Dr.* für *Doktor*), Ordinalzahlzeichen (z. B.: *5.* für *fünftens* oder *der Fünfte*) und Markierung für Auslassungen im Text (z. B.: ... *montags, dienstags, mittwochs* ...).

Purismus, der (lat. purus = rein): Sprachreinigung; (übertriebenes) Streben nach Beseitigung/Vermeidung der ↑Fremdwörter in einer Sprache.

Putativ, das (lat. putare = glauben, vermuten): Modaler Aspekt (↑Modus) des Vermutens, der sich beim Verb *werden* mit der temporalen Bedeutung verbindet oder diese verdrängt, z. B.: *Er wird (wohl) inzwischen zu Hause sein. – Er wird krank sein.*

qualifizierend ↑Attribut.

Qualität, die (lat. qualitas = Eigenschaft): Gesamtheit aller akusto-artikulatorischen Eigenschaften (↑Akustik, ↑Artikulation) von Lauten, ohne Berücksichtigung ihrer Dauer (Quantität), der Kürze oder Länge; z. B.: ↑offen oder geschlossen bei ↑Vokalen, Klangfarbe usw.

Quantität ↑Qualität.

Quantor, der (lat. quantum = wie viel): Sprachl. Mengenbez.; z. B.: *alle, viel einige, manche, wenige, keine.* Auch ↑Allaussage.

Quasi-Symbol ↑Kopula.

Raffwort: Komplexes, aus mehreren ↑Morphemen bestehendes Wort (↑Wortbildung), dessen Bedeutung einen ganzen Satzinhalt zusammenfasst; z. B.: *Spitzenkandidat* (< *Kandidat, der an der Spitze einer Wahlliste steht*).

Rahmen ↑Frame.

Rauschen: Aus Nachrichtentechnik übernommene Bez. für Störungen bei Übertragung von Informationen; bei gesprochener Sprache Störung durch Umweltgeräusche, ungenaue ↑Artikulation, Zerstreutheit, Gedächtnislücken usw., bei geschriebener Sprache durch Schreibfehler, Entstellung der Schriftzeichen usw.

Reaktion ↑Behaviorismus.

Realisierung, die (lat. realiter = wirklich): Verwirklichung einer abstrakten Einheit des Sprachsystems, der Langue (↑Sprache), durch die entsprechende konkrete Einheit in der Rede, der Parole; während z. B. ↑Graphem und ↑Phonem Abstraktionen des Sprachwissenschaftlers von den materiell fassbaren Schriftzeichen (↑Graphen) und Lauten (↑Phonen) sind (Klassenbildungen unter Berücksichtigung nur der ↑distinktiven Merkmale), stellen die verschiedenen ↑Allographe und ↑Allophone mit ihren zusätzlichen irrelevanten Merkmalen die R. des Graphems oder Phonems in einer best. Äußerung dar.

Rearrangement, das (franz. arrangement = Anordnung; ré = wieder-, zurück): In ↑Textlinguistik bei WIENOLD Teil der ↑Textverarbeitung durch den Rezipienten (↑Emittent), der beim verstehenden Hören/Lesen eines ↑Textes dessen Teilinformationen in eine andere Reihenfolge bringt als in der Oberflächenstruktur des Textes vorgegeben. So muss der Rezipient eines Witzes z. B. von der überraschenden Schlusspointe her die vorausgegangenen Textinformationen neu ordnen, um den Witz zu verstehen.

Rechtschreibreform: Amtlich verordnete Veränderung der Rechtschreibnormen (↑Orthographie) zum Zweck leichterer Erlernbarkeit und besserer Beherrschbarkeit; in Deutschland zuletzt 1998 vorgenommen (z. B.: ›ß‹ nach Kurzvokal durch ›ss‹ ersetzt wie in *Fluss*; drei aufeinander treffende gleiche Buchstaben bleiben erhalten wie in *Stammmorphem*; ›st‹ wird nun getrennt, ›ck‹ dagegen nicht mehr: *Wes-te, ba-cken*).

Rechtschreibung ↑Orthographie.

Rechtsversetzung: Im Unterschied zur häufigeren Linksversetzung (↑Prolepsis) der Satzbau, bei dem ein Satzelement aus seiner normalen Position herausgerückt und an das Ende des Satzes gestellt wird, im Satz durch ein pronominales Element ersetzt; z. B.: *Ich habe ihm das doch schon drei Mal gesagt, dem Kerl!*

Rede: 1. Sprechakt / konkrete Äußerung in best. Sprachsituation (Parole) im Unterschied zum abstrakten Sprachsystem (Langue). Vgl. ↑Sprache. 2. Wiedergabe der Aussage eines Sprechenden; Darstellung von Äußerungen;
a) direkte/wörtliche R.: unmittelbare Wiedergabe einer Äußerung, so wie sie vom Sprecher formuliert worden ist; z. B.: *„Wohin gehst du?" fragte er. – „Wenn du zurückkommst", meinte sie, „so bring doch bitte die Zeitung mit."*
b) indirekte/abhängige R.: mittelbare, berichtartige Wiedergabe von Aussagen, Gedanken; z. B.: *Er versicherte, dass alles gut gehen werde. – Er glaubte, er habe sich verspätet.*
c) erlebte R. (innerer Monolog): Wiedergabe eines Selbstgesprächs oder nicht geäußerter Gedankengänge; steht zwischen direkter R. (Hauptsatz und Perspektive der handelnden Person) und indirekter (Darstellung in der 3. Pers., Erzählerdistanz zu sich selbst); z. B.: *Sollte er sich von Eva scheiden lassen?* (Statt: *„Soll ich mich von Eva scheiden lassen?"* oder *Er fragte sich, ob er sich von Eva scheiden lassen sollte.*).

Redeart: Typus der ↑Rede, ↑Textsorte, für deren ↑Klassifikation BRINKMANN von der Rollenverteilung zwischen den Kommunikationspartnern ausgeht, von der grundlegenden Unterscheidung zwischen linearen und alternierenden Satzfolgen:

a) lineare R. (vom Partner nicht unterbrochene Rede): empfängerbezogene Rede (Ansprache, Predigt, Referat, Vorlesung, Vortrag; Wahlrede, Propagandaschrift, Werbung); verbindliche Rede (Kommando, Arbeitsanweisung, Aufforderung, Verfügung, Verwaltungsvorschrift, Formular); urheberbestimmte Rede (Monolog, Notiz, Versprechen, Glaubensbekenntnis); inhaltbezogene Rede (Verzeichnis, Reiseführer, Gebrauchsanweisung, Sprache des Rechts, wissenschaftliche Rede, Essay, Beschreibung, Bericht, Schilderung, Erzählung, Nachricht, Reportage, Bekanntmachung, Leitartikel, Kommentar);
b) alternierende R. (Wechselrede zwischen Partnern): Kontaktgespräche (Unterhaltung, Begegnung, Besuch); (ziel)gerichtete Gespräche (Kaufgespräch, Auskunft, Verkehrsregelung; Sprechstunde, Vernehmung, Verhör, Prüfungsgespräch, Interview); pluralistische Gespräche (Meinungsaustausch, Diskussion, Konferenz, Debatte, Beratung, Verhandlung).

Redekonstellation, die (lat. constellatio = Stellung der Gestirne): Zusammentreffen von Umständen, Kombination von Merkmalen der ↑Kommunikationssituation, die den Aufbau und Ablauf einer Sprachhandlung bestimmen. R. werden typisiert, den R.-Typen dann best. ↑Textsorten zugeordnet. Wichtigste Merkmale der R.:
a) Sprecherzahl: ein Sprecher oder mehrere;
b) Rang der Gesprächspartner: gleicher Rang, Privilegierung, Unterordnung;
c) Öffentlichkeitsgrad: öffentlicher, halböffentlicher, nicht öffentlicher, privater Bereich;
d) Grad der Vorbereitetheit: unvorbereitet, routiniert, speziell vorbereitet;
e) Themafixierung: Thema vorher genau festgelegt, nicht festgelegt;
f) Modalität der Themenbehandlung: argumentativ, deskriptiv, assoziativ;
g) Verhältnis Sprecher – Hörer: Dialogsituation, Monologsituation, bei der Sprecher sich gar nicht an Hörer wendet oder Hörer stumm bleibt oder Hörer reagiert.

Redensart / Redewendung ↑Phraseologismus.

Reduktion, die (lat. reducere = zurückziehen): Sonderform der ↑Substitution: Ersetzung einer fungierenden Gruppe sprachl. Elemente durch eine andere, die mindestens ein Element weniger enthält, oder durch ein einziges Element, wobei die Funktion bewahrt bleibt; als Transformationsoperation (↑Transformation): $[X_1 + X_2]_{X_3} \Rightarrow [X_4]_{X_3}$; z. B.: *Der Reiter fluchte, als das Pferd den Reiter abwarf* ⇒ *Der Reiter fluchte, als das Pferd ihn abwarf*: $[[Art + N]_{NP} + V]_{VP} \Rightarrow [[Pron]_{NP} + V]_{VP}$;

Strukturbaumveränderung:

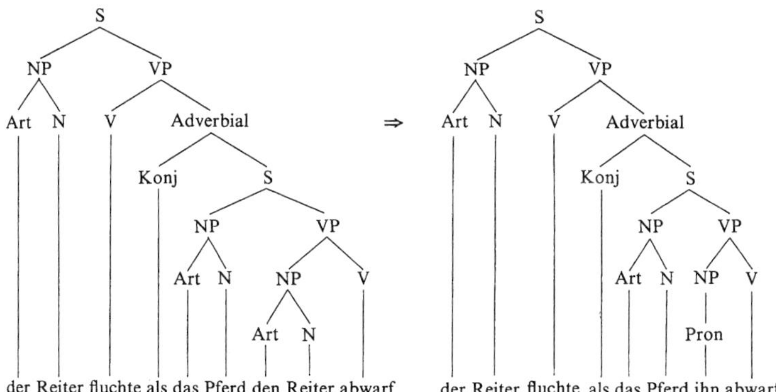

redundant (lat. redundare = im Überfluss vorhanden sein): Im Übermaß vorhanden; zusätzliche, überflüssige Informationen enthaltend, die zur Abgrenzung und Unterscheidung sprachl. Einheiten, für die Dekodierung sprachl. Äußerungen nicht notwendig erscheinen; z. B.: zur Unterscheidung der Grapheme ›n‹ und ›u‹ genügt in lat. Schrift das ↑distinktive Merkmal „Bogen nach oben gewölbt" bzw. „Bogen nach unten gewölbt"; das in Handschriften vielfach noch über das ›u‹ gesetzte Häkchen (ŭ) ist ein zusätzliches, streng genommen überflüssiges Unterscheidungsmerkmal, das ›ŭ‹ ist überbestimmt; oder: in der Flexionsform *Bälle* wird der Plur. (im Unterschied zu *Ball*) durch Suffix und zusätzlich durch ↑Umlaut (vgl. dagegen *Mutter – Mütter; Fisch – Fische*) gebildet, wobei unklar bleibt, welches der beiden Merkmale r. ist; im Lexem *Freude* schließt das inhärente Merkmal <+abstrakt> die Merkmale <–belebt>, <–menschlich> mit ein; beide wären bei ↑Subklassifizierung des Lexems r., eins brauchte nicht angeführt zu werden. Auch ↑Redundanz.

Redundanz, die (lat. redundantia = Überfülle): Im Sprachsystem angelegte Überbestimmung eines sprachl. Ausdrucks durch komplexe Zeichenkombination, durch mehrfache Markierung gleicher Bedeutung (im Unterschied zu nicht angelegter Tautologie und zum Pleonasmus etwa bei *immer und ewig*; *alter Greis*); wiederholte Nennung einer Information, die in einer bereits gegebenen schon enthalten ist; R. trägt zur Sicherung der Informationsübermittlung im Kommunikationsprozess bei (wenn einzelne Informationsträger z. B. durch

Sprachfehler des Sprechers oder durch starke situationsbedingte Geräuschkulisse verlorengehen); z. B. viermalige Pluralangabe durch komplexe Morphemverbindung im Satz: *Die schönen Tage gehen vorüber.* Auch ↑redundant. Gw. ↑Emporie.

Reduplikation, die (lat. re- = zurück; duplicare = verdoppeln): Sonderform der ↑Wortbildung, bei der einzelne Silben, Morpheme, Wörter doppelt gesetzt werden; z. B.: *Mama, Popo, Bonbon, Pinkepinke, Kuddelmuddel* (mit Reimbindung, aber Anlautwechsel), *Singsang* (mit ↑Ablaut).

Referent, der (lat. referre = wiederholen) [auch: Umweltreferent, Denotat, Designat]: Außersprachl. Erscheinung (Ding, Ereignis, Sachverhalt, Gedanke), auf die das sprachl. ↑Zeichen als auf Teile der menschlichen Welt verweist, die es gleichsam als sprachl. „Abbild widerspiegelt". Auch ↑Abbildfunktion, ↑Widerspiegelungstheorie.

referentiell ↑Funktion.

referentielle Bedeutung: Bloße Identifizierung eines existierenden und spezifizierten Referenzobjektes (↑Referent) im Ggs. zur attributiven Bedeutung, dem Bezug auf ein potentiell existierendes, nicht spezifiziertes Referenzobjekt, auf das die Beschreibung genau zutrifft; z. B. hat *Heiko will sich den Film ansehen, der heute im Kino gezeigt wird* zwei verschiedene ↑Lesarten: der Sprecher bezieht sich entweder auf einen best. Film (etwa „Titanic"), auch wenn der an dem Tag gar nicht wirklich gezeigt werden sollte (= r. B.), oder er bezieht sich auf den Film, den es an dem Tag im Kino tatsächlich gibt, welcher es auch immer sein mag (= attributive Bedeutung).

Referenz, die: Beziehung zwischen sprachl. Zeichen und ihren ↑Referenten in der außersprachl. Wirklichkeit; Bezug auf eine wahrgenommene, vorgestellte oder nur als möglich angenommene Welt, über die gesprochen/geschrieben wird.

Referenzanweisung ↑Anweisungsstruktur.

Referenzidentität ↑Ko-Referenz.

Referenzmittel: Sprachl. Ausdruck, mit dem der Sprecher sich auf wahrgenommene, erinnerte oder vorgestellte Welt bezieht; Träger der ↑Referenz, die auf einen Weltausschnitt als Objekt zeigt;

a) situationsabhängiges R.: zum vollen Verständnis der Rede ist Kenntnis von Zeit, Ort, Sprecher, Hörer, Gesprächsgegenstand, Intentionen notwendig; jeweiliges Referenzobjekt ist aus der Situation heraus klar lokalisierbar; z. B.: *Dort hat der eine es ihm neulich gesagt.* (↑Ich-jetzt-hier-Ursprung);
b) situationsunabhängiges R.: ohne Kenntnis der best. Verwendungssituation der Äußerung verstehbar; z. B.: *Vor dem Hamburger Hauptbahnhof hat ein Zeuge Jehovas dem Verteidigungsminister am 4. April 1975 gesagt, dass er den Wehrdienst ablehne.*

Referenz-Semantik [auch: Sigmatik]: Beschreibung der ↑Bedeutung sprachl. ↑Zeichen im Blick auf ihre ↑Referenten in außersprachlicher Wirklichkeit.

reflexiv (lat. reflexum = rückwärts gebogen): Auf etwas anderes rückbezüglich; Eigenschaft best. Verben, die mit einem Reflexiv-↑Pronomen im Akk. oder Dat. eine feste Verbindung eingegangen sind (die Handlung richtet sich auf den Träger des Geschehens zurück; Subj.- und Obj.-Referent sind identisch); z. B.: *Wir freuen uns sehr. – Schämen Sie sich denn nicht? – Du hast dir etwas angeeignet, worauf du kein Recht hast.*

Reflexivpronomen ↑Pronomen.

Refrainfrage ↑Fragesatz.

Regel: 1. Fachsprachl. zusammenfassende Formulierung der sich unter ähnlichen Bedingungen gleichförmig wiederholenden Vorgänge in der ↑Grammatik einer Sprache. 2. Anleitung, Anweisung zur Ausführung best. Operationen, z. B. zur Erzeugung (↑Generative Grammatik) ↑grammatischer Sätze oder zur ↑Transformation einer Zeichenkette in eine andere. Auch ↑Formationsregel, ↑Transformationsregel, ↑konstitutive Regel.

Register, das (lat. registrum = Vorschriftensammlung): In ↑Soziolinguistik eine Sprach-↑Varietät, die in sozialen Gruppen (vor allem unter Menschen mit demselben Beruf oder gleichen Interessen) Funktion besitzt (z. B. als ↑Fachsprache); im Unterschied zu ↑Dialekt und ↑Soziolekt kennzeichnet R. den Sprecher aber nicht dauerhaft, sondern prägt sein Sprachverhalten nur für eine best. Zeitdauer und in Zusammenhang mit einer best. sozialen Tätigkeit; Merkmale sind spezieller Wortschatz, verbunden mit Fachwissen, unterschiedliche Grade der Formalität und Besonderheiten in der Grammatik; z. B.: juristisches R. (*Mit der Zustellung der Klage wird die Rechtshängigkeit der Streitsache begründet.*), religiöses R. (*Der Herr segne dich!*), ↑Ammensprache / Baby talk (*Komm, fein*

Hapa-happa machen!), Schachspiel-R. (*Rochade, matt setzen, Patt*). Auch ↑Funktionalstil.

regulative Regel ↑konstitutive Regel.

Reibelaut ↑Spirant.

Reihenbildung: In ↑Wortbildung Produktion ganzer Serien ↑komplexer Wörter in Analogie zu einem vorhandenen Muster: speziell Bildung von ↑Determinativkomposita unter Beibehaltung des Grund- oder Bestimmungswortes; z. B.: *Unfallmeldung, Verkehrsmeldung, Nachrichtenmeldung, Polizeimeldung; Blitzzug, Blitzgespräch, Blitzpartie.*

Reihenwort ↑Kopulativkompositum.

Rektion, die (lat. rectio = Lenkung): Bestimmung, Festlegung des ↑Kasus eines Wortes durch ein syntaktisch übergeordnetes Wort; z. B. wird in *Er schreibt den Brief mit der Hand* der Akk. *Brief* vom Verb *schreiben* verlangt, Dat. *Hand* von Präp. *mit.*

Rekurrenz, die (lat. recurrere = zurücklaufen): Wiederholtes Vorkommen sprachl. Elemente (sprachl. Inhalts- und Ausdrucksformen) in einem ↑Text oder in verschiedenen Texten; z. B.: R. eines ↑semantischen Merkmals in verschiedenen ↑Lexemen eines Textes, durch die ↑Isotopie hergestellt wird, etwa <menschlich> in: *Er war ein sonderbarer Mensch. Seine Frau nannte ihn einen Feigling, seine Freunde sahen in ihm einen Versager ...*; R. eines Wortes, etwa: *Kiel ist Landeshauptstadt. Kiel ist Universitätsstadt. Kiel ist Hafenstadt. Kiel hat überhaupt eine Menge zu bieten ...*

rekursiv (lat. recurrere = auf etwas zurückkommen): Eigenschaft einer ↑Grammatik, mit der unendlich viele Sätze beschrieben und erzeugt werden können, weil zu jedem Satz mit n Konstituenten noch ein weiterer mit n + 1 Konstituenten gebildet werden kann (↑Generative Grammatik); Grund: bestimmte ↑Formationsregeln können mehrfach nacheinander, beliebig oft durchlaufen werden, ein Symbol kann durch das gleiche Symbol (wiederholt) ersetzt werden (zugleich links und rechts des Ersetzungspfeils erscheinen); z. B.: NP → Art + N (+ NP) = ersetze Symbol NP durch Symbolkette Art + N oder durch Symbolkette Art + N + NP. Bei wiederholter Anwendung dieser Regel sind folgende Sätze bildbar: *Das Haus gefällt mir. – Das Haus des Bürgermeisters ge-*

fällt mir. – Das Haus des Bürgermeisters einer Stadt der Provinz eines Landes... n-mal NP ... *gefällt mir.*

Relation, die (lat. relatio = Zurücktragung): Beziehung zwischen den verschiedenen Sprachelementen; seit SAUSSURE unterschieden nach zwei Arten:

a) syntagmatische R.: Beziehung eines Elements zu Elementen seiner Umgebung (horizontale Betrachtung in der linearen Redekette);

b) paradigmatische R.: Beziehung eines Elements zu Elementen, die es ersetzen, die an seine Stelle im ↑Kontext treten können und sich dort gegenseitig ausschließen (vertikale Betrachtung im Satz).

Schematische Darstellung eines Beispiels:

syntagmatische Beziehungen

paradigmatische Beziehungen

	u. a.		u. a.		u. a.
	⋮		⋮		⋮
	Vater				
	Maurer		-te		Schiff
der	Mann	bau	-t	ein	Haus
dieser		kauf		sein	
ein		schmück		kein	
mancher		⋮		⋮	
⋮		u. a.		u. a.	
u. a.					

Syntagmatisch also z. B.: Beziehung zwischen Subj. und Präd. oder zwischen Art. und Nomen; paradigmatisch z. B.: Beziehung zwischen best. Art. und Demonstrativpron. oder zwischen Konjugationsmorphemen im Präs. und im Prät. Auch ↑Kontrast, ↑Opposition.

Relationswort ↑Relator.

relativ (lat. relatum = bezogen auf): Eigenschaft eines ↑Pronomens oder Gliedsatzes, die sich auf ein vorher im Satz genanntes Wort oder ↑Syntagma beziehen; z. B.: *Er hat den Schlüssel wiedergefunden, den er verloren hatte. – Er pries das Leben auf dem Lande, welches das Leben verlängere.*

relativer Tempusgebrauch ↑Tempusgebrauch.

relatives Verb ↑absolutes Verb.

Relativität ↑Weltbild der Sprache.

Relativpronomen ↑Pronomen.

Relativsatz (lat. relatum = bezogen auf): ↑Gliedsatz, subordiniert, in ↑Matrixsatz eingebettet, einen nominalen Ausdruck durch zusätzliche ↑Prädikation näher bestimmend, meist gekennzeichnet durch einleitendes Relativpronomen;

a) explikativer, appositiver R.: erläuternd, entbehrlich, da zum Verständnis des Matrixsatzes nicht notwendig; z. B.: *Hunde, die vom Wolf abstammen, sind seit langer Zeit Haustiere.*

b) restriktiver R.: einschränkend, die Referenz-Möglichkeiten des nominalen Ausdrucks einengend; zum Verständnis des Matrixsatzes notwendige Ergänzung; z. B.: *Hunde, die bellen, beißen nicht.*

Relator, der [auch: Relationswort oder Beziehungswort]: Oberbegriff für ↑Konjunktion und ↑Präposition, die vor allem syntaktische, aber auch ein wenig referenzsemantische Information enthalten (z. B.: <lokal> in *Die Katze liegt auf/vor/neben dem Ofen.*); davon zu unterscheiden die bloßen Beziehungsmittel, die ausschl. syntaktische Information liefern (z. B. Flexionsmorpheme für ↑Kasus, ↑Numerus, ↑Tempus).

relevant (lat. relevare = offenbaren, erschließen): Wesentlich; Eigenschaft sprachl. Merkmale, die zur Identifizierung und Unterscheidung sprachl. Einheiten, der Merkmalträger dienen; diese besitzen daneben meist auch noch für ihr Funktionieren nicht wesentliche (irrelevante) Merkmale; z. B.: im Wortpaar *reisen – reißen* sind in gesprochener Sprache die ↑Phoneme /z/ und /s/, in geschriebener die ↑Grapheme ›s‹ und ›ß‹ für den Bedeutungsunterschied verantwortlich; die für die Unterscheidung r. Merkmale der beiden Phoneme sind „stimmhaft (+ lenis)“ und „stimmlos (+ fortis)“; nicht r. wäre im Dt. etwa das Merkmal „apikal“ (mit der Zungenspitze gebildet) bei einem lispelnden Sprecher, da es im Dt. keine ↑Opposition eines Wortpaares mit [z] - [ð] oder [s] - [θ] gibt.

Repräsentativa ↑Sprechaktklassifikation.

Repräsentation, die (lat. repraesentatio = Darstellung, Abbildung): Beziehung zwischen sprachl. ↑Zeichen (Symbol) und Weltwissen (↑Konzept), manchmal auch zwischen Zeichen und außersprachlichem/außermentalem Sachverhalt (↑Referent).

Response ↑Behaviorismus.

Restriktion ↑Lexikoneintrag.

restriktiv ↑Attribut, ↑Relativsatz.

restringiert ↑Sprachbarriere, ↑verbale Deprivation.

Restumlaut ↑Umlaut.

resultativ ↑Aspekt.

retroflexe Artikulation (lat. retro = zurück; flexum = gebogen, gekrümmt): Lautbildung mit zurückgebogener Zungenspitze.

Rezeption ↑Textrezeption.

Rezipient ↑Adressat, ↑Emittent, ↑Textrezeption.

Rezipientenpassiv ↑Passiv.

reziprok ↑Pronomen.

Rhema, das (gr. rhema = Äußerung, Ausspruch): Im Rahmen der ↑Funktionalen Satzperspektive der Mitteilungskern; das, was über das ↑Thema ausgesagt wird; die unbekannte, neue, nicht aus dem Vorausgehenden ableitbare Information z. B.: *Ich gehe heute ins Theater.*

rhetischer Akt ↑Sprechakt.

Rhetorik, die (gr. techne rhetorike = Redekunst): Lehre von der wirkungsvollen, kunstvollen Rede (Gerichtsrede, politische Rede, Festrede), in dem ein Standpunkt überzeugend vertreten wird und andere in ihrem Denken und Handeln beeinflusst werden sollen; seit Antike gelehrte Kunst der Beeinflussung und

Wirkung durch Sprache; heute der ↑Pragmatik zuzurechnen. In Antike Unterscheidung von fünf Phasen:

a) Inventio: Sammlung von Gedanken/Redestoff;
b) Dispositio: Auswahl und Anordnung der Argumente;
c) Elocutio: klare und wirkungsvolle Ausformulierung der Gedanken;
d) Memoria: Auswendiglernen der Rede;
e) Pronuntiatio: durch Gestik und Stimmführung wirkungsvoll gestalteter Vortrag.

rhetorische Figur: Zur Steigerung der Wirkung der Rede (↑Rhetorik) in der Antike entwickelte Stilfigur (Wortfigur oder Gedankenfigur) als sprachl. Ausdrucksweise, mit der ästhetischen Bedürfnissen entsprochen (Redeschmuck), veranschaulicht, verdeutlicht werden soll; z. B.: Anapher (↑Proform), ↑Ellipse, ↑Metapher.

rhetorische Frage ↑Fragesatz.

Rhinolalie, die (gr. rhis = Nase; lalia = Rede): Sprechstörung mit Klangveränderung der sprachl. Ausdrücke durch näselnde ↑Artikulation bei mangelhaftem Abschluss des Nasenraums vom Mundraum.

Rhotazismus, der (gr. rho = Buchstabe ›r‹): Historischer Lautwandel: urgerm. stimmhaftes [z] wurde im Nord- und Westgerm. (nicht im Ostgerm., Got.) zu [r] z. B.: urgerm. **hauzjan* (got. *hausjan*) > ahd. *horan*, nhd. *hören*.

Rotwelsch, das (zigeunersprachl. rot = falsch, dt. welsch = romanisch, unverständlich) [auch: Gaunersprache, Jenisch, Argot]: 1. Bereits im 13. Jh. belegte gemeineuropäische Sprache der untersten Sozialschichten (Gauner- und Bettlersprache) als eine Außenstehenden unverständliche Geheimsprache; mit Dt. als Grundlage, aber vielen Sonderbedeutungen bekannter Wörter (z. B.: *Flätterling* für <Vogel>, *windig* für <unsicher, nicht geheuer>) und vielen Metaphern (z. B.: *Kuttengeier* für <Geistlicher>), dazu zahlreichen Anleihen aus dem Hebräischen/Jiddischen (z. B.: *Kies* und *Moos* für <Geld>) und aus Zigeunersprachen (z. B.: *Zaster*). Auch ↑Jargon.

Rückbildung [auch: inverse Ableitung, Subtraktionsbildung]: Sonderform der ↑Wortbildung bei diachronischer Betrachtung: retrograde Ableitung; wenn bei einem Nebeneinander zweier Wörter, von denen eines eine Ableitung vom anderen sein könnte (nach dem morphologischen Bestand zu urteilen), das längere Wort (die vermeintliche Ableitung) älter als das kürzere (das vermeintliche

Grundmorphem) ist, so ist das kürzere sekundär aus der Morphemkonstruktion zurückgebildet worden; z. B.:

a) Nomina postverbalia (erst nach den Verben gebildete Nomina) wie *Ärger* < *ärgern, Taumel* < *taumeln, Hauch* < *hauchen, Verputz* < *verputzen*;

b) Analogiebildungen: nach dem Vorbild *Hochmut* und der Ableitung *hochmütig* wurden zu einer Vielzahl von Adj. auf *-mütig* nachträglich Pseudo-„Grundwörter" gebildet wie *Freimut, Missmut, Wehmut.*

Rückmeldung [auch: Rückkopplung]: Sprachl. und nichtsprachliche Handlungen des Hörers im Gespräch, mit denen er vor allem Aufmerksamkeit und Zuhörbereitschaft signalisieren will, aber auch Zustimmung bzw. Ablehnung; z. B.: *Hm, richtig, genau, na so was*; Vervollständigen vom Sprecher begonnener Sätze, metakommunikative Kommentare (*Wie meinst du das?*), Kopfnicken oder Kopfschütteln.

Rückumlaut: Von J. GRIMM falsch benannte, weil falsch erklärte Erscheinung in der historischen Lautlehre des Dt.: ein in den Präsensformen des Verbs ↑Umlaut bewirkendes ›j/i‹ ist bei best. Verben in den Präteritalformen noch vor möglichem Eintreten des Umlauts geschwunden, sodass es dort nie einen Umlaut gegeben hat (der hätte „rückumgelautet" werden können); Resultat: Wechsel zwischen umgelautetem Vokal in Präsens- und unumgelautetem Vokal in Präteritalformen; z. B.: *brennen – brannte*; ahd. *welzen – walzta*; mhd. *hoeren – hôrte.*

Rufname: Einer (meist der erste) von mehreren ↑Vornamen einer Person (↑Eigenname), zu denen noch der ↑Familienname hinzukommt (Gesamtpersonenname); z. B.: *Horst Paul Günther Krause.*

Rundung [auch: Labialisierung]: Aussprache der Vokale *e, i* und des Diphthongs *ei* unter Rundung der Lippen als *ö, ü, eu* unter Einfluss best. umgebender Konsonanten (Erklärung historischen und mundartlichen Wechsels in der Schreibweise, z. B.: mhd. *ergetzen* > nhd. *ergötzen;* mhd. *helle* > nhd. *Hölle*); umgekehrt wird bei Entrundung die Lippenbeteiligung an der Artikulation aufgegeben: *ö* > *e, ü* > *i, eu* > *ei;* z. B.: mhd. *küssen* > nhd. *Kissen.*

Rune, die: Alphabetisches Schriftzeichen der Germanen nach griechischen, lat. oder etruskisch-norditalienischen Vorbildern (strittig); vermutlich mit Begriffswert und Zahlenwert ausgestattet; so genannter „Futhark" mit zuerst 24, später 16 Zeichen.

Sachfeld: Menge von partiell synonymen (↑Synonymie) Wörtern, deren Referenzobjekte (↑Referent) in der außersprachlichen Wirklichkeit (die gemeinten „Sachen“) gleichgeartet oder gleichfunktional sind; z. B.: S. <Sitzmöbel>: *Stuhl, Hocker, Sessel, Schemel, Sitz, Bank, Sofa, Schaukelstuhl, Thron, Fauteuil*; <Trinkgefäß>: *Glas, Becher, Tasse, Schale, Kelch, Krug, Pokal, Römer, Seidel*. Vgl. ↑Wortfeld.

saloppe Stilebene ↑Stilebene.

Sapir-Whorf-Hypothese: Annahme, dass die erlernte (Mutter-)Sprache die Erfahrung, das Denken und Handeln der Menschen determiniere, jede Sprache eine spezifische Weltansicht vermittle. Auch ↑Weltbild der Sprache.

Satz: Kleinste (im Blick auf Inhalt, Struktur und Intonation) relativ selbstständige und vollständige sprachl. Äußerung als Element der Langue (↑Sprache; dagegen ↑„Äußerung“ im Sinn von „utterance“ = konkretes Element der Parole); semantisch bestimmt als ↑Prädikation, bei der einer Erscheinung eine Eigenschaft zugesprochen wird (vgl. ↑Proposition); lange Zeit als größte grammatisch zu beschreibende Einheit der Sprache angesehen (heute dagegen: ↑Text); durch ↑suprasegmentale Mittel (vor allem Intonationskurve) in der linearen Redekette begrenzt; komplexe syntaktische Einheit (in der Regel) mehrerer sprachl. Zeichen, die zeitlich nacheinander geäußert werden, doch gleichzeitig gelten sollen (nach ↑Satzbauplänen strukturierte Wortkette als Sinneinheit); „sprachliche Gestaltung eines Geschehens oder Seins, das als Zustand, Vorgang oder Handlung gesehen und dargestellt wird“ (ERBEN); „abgeschlossene Stellungnahme zu einem Sachverhalt“ (AMMER); zum vollständigen S. (im Unterschied zum Kurzsatz oder Satzäquivalent wie z. B.: *Gut so! – Feuer! – Nein!*) gehört außer ↑Prädikat (verbaler Satzkern, an den sich alle übrigen Zeichen anschließen) mindestens noch das ↑Subjekt (↑Nominalphrase + ↑Verbalphrase); dem einfachen S. steht der ↑komplexe S. gegenüber, der aus mehreren (einander gleichgeordneten oder über- bzw. untergeordneten) ↑Teilsätzen besteht.
Es gibt verschiedene Satzarten/Satztypen-Einteilungen:

a) ↑Aussage-S.; ↑Frage-S.; Befehls- oder Aufforderungs-S. (z. B.: *Hilf mit!*); Ausrufe-S. (z. B.: *Wie hübsch du aussiehst!*);
b) Haupt-S. (selbstständiger, von anderen S. unabhängiger, ihnen nicht untergeordneter S.; z. B.: *Der Versuch verlief erfolgreich.*) gegenüber Neben-S. oder ↑Glied-S. (syntaktisch abhängiger, einem anderen S. untergeordneter S.; z. B.: ..., *weil alle Mitarbeiter lange geprobt hatten.*);
c) Einteilung nach BRINKMANN: Vorgangs-S. (meist mit intransitivem Verb; Geschehen greift nicht auf ein Obj. über; z. B.: *Sie lacht.*); Handlungs-S. (vom Subj. auf ein Obj. übergreifendes Geschehen; z. B.: *Sie trägt einen*

Hut.); Adjektiv-S. (Ausdruck einer Stellungnahme, einer Qualifizierung; z. B.: *Sie ist klug.*); Substantiv-S. (Aussage einer Identität zwischen Subj. und Prädikatsnomen; z. B.: *Sie ist Krankenschwester.*);

d) Einteilung nach ERBEN: Vorgangs-S. (enthält Verb mit nur einer ↑Ergänzungsbestimmung: nominativische Bez. des Vorgangsträgers, des Agens;
   E_1 — (V) z. B.: *Das Kind lacht.*);

   Urteils-S./Handlungs-S./Lage-S. (enthalten Verb mit zwei Ergänzungsbestimmungen:
   E_1 — (V) — E_2 z. B.: *Das Kind pfeift ein Lied.)*;

   mit drei oder gar vier Ergänzungsbestimmungen:

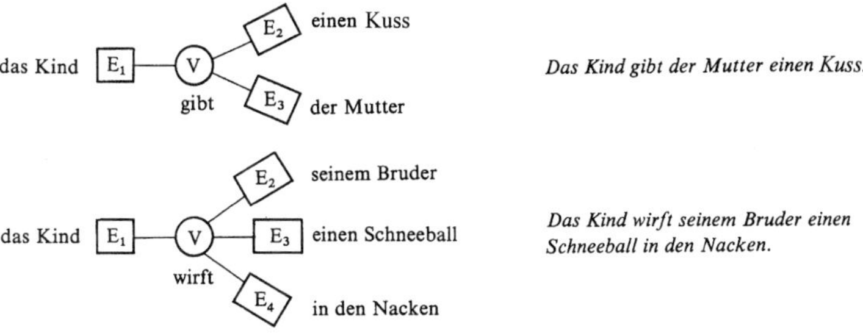

e) Einteilung nach Stellung der finiten Verbform: Stirnsatz mit Spitzenstellung (*Fahr mit dem Auto!*), Kernsatz mit Zweitstellung (*Du fährst mit dem Auto.*), Spannsatz mit Endstellung (*..., weil du mit dem Auto fährst.*).

Satzabbruch ↑Aposiopese.

Satzäquivalent, das (lat. aequus = gleich, valere = wert sein): Wort oder Wortgruppe, die allein einen ↑Satz repräsentieren können; z. B.: *Hallo! – Ja! – Nein! – Danke! – Wie schön!*

Satzart ↑Satz.

Satzaussage ↑Prädikat.

Satzbauplan [auch: Satzschema, Satzmuster, Satzmodell]: Strukturmuster (↑Pattern), nach dem Sätze durch Wortfügung gebildet werden; im System der Langue festgelegte Zahl und Reihenfolge von Planstellen (↑Leerstellen), die durch ganz best. Satzkonstituenten besetzt werden (Wörter sind variabel, S. ist konstant); in jeder Sprache in festgelegter Anzahl vorhanden (GREBE beschreibt im DUDEN für das Dt. je nach den das Verb ergänzenden notwendigen ↑Satzgliedern und ihren Merkmalen 17 „Grundformen“, mit Neben- und Sonderformen 31); für Eignung der ↑Lexeme zur Besetzung einer Planstelle ist ihre ↑Formklasse wichtiger als ihr lexikalischer Inhalt; das zeigt ein künstlicher „Satz“ mit ↑Konstituenten, die nur grammatikalische, keine lexikalische Bedeutung haben: *Mit einem gebrommten Brommer brommte der Brommling die brommerne Verbrommung vom Gebromm*; nach dem gleichen S. gebildet: *Mit einem geeigneten Hammer trennte der Lehrling die hölzerne Verschalung vom Gerüst. – Mit dem Beil schlug der Zimmermann den Nagel in den Balken.* Instrumentales ↑Adverbiale + (attributives Adj.) + Prädikatsverb + Subj. + Akk.-Obj. + (attributives Adj.) + Präpositionalobj.

Satzbegriff ↑Proposition.

Satzbruch ↑Anakoluth.

Satzergänzung ↑Objekt.

Satzform: Nach HERINGER gemeinsamer syntaktischer Bau einer Klasse von Sätzen (im Unterschied zum ↑Satzbauplan nicht nur Berücksichtigung von Präd. und dessen Ergänzungsbestimmungen, sondern auch ↑Angaben und Bau der Ergänzungsbestimmungen); Ziel der syntaktischen Satzbeschreibung.

Satzgefüge: Verknüpfung zweier oder mehrerer syntaktisch ungleichrangiger (Teil-)Sätze zu einem zusammengesetzten (komplexen) ↑Satz: übergeordneter Hauptsatz + untergeordneter Nebensatz/untergeordnete Nebensätze; z. B.: *Obwohl er ihn nicht mochte, grüßte er ihn, weil er sein Nachbar war.* NS + HS + NS. Vgl. ↑Satzreihe, ↑Koordination.

Satzglied [auch: Satzteil, Satzbaustein]: Strukturelles Grundelement des Satzes, Träger einer best. syntaktischen ↑Funktion im Satz; permutabler (↑Permutation) Komplex aus Wort, Syntagma oder ↑Teilsatz, der eine best. Planstelle im ↑Satzbauplan besetzt, als ganzer substituierbar ist (↑Substitution); z. B. ↑Subjekt in:

Permutationsproben: *Er lacht am besten. – Am besten lacht er. – Lacht er am besten? – (..., dass) er am besten lacht. – *Er am lacht besten.* Also drei S.: Subj. *er,* Präd. *lacht*, Adverbialbestimmung *am besten.* Auch ↑Objekt; dagegen ↑Attribut.

Satzklammer [auch: Satzrahmen]: 1. Für dt. Syntax typischer Satzbau, bei dem zwischen die Teile einer syntaktisch gebräuchlichen Wortkombination (vor allem bei mehrgliedrigem Präd.) andere ↑Satzglieder geschoben werden, die dann im Spannungsfeld zwischen zwei „Polen" stehen; z. B.: *Er wird nach einigen Tagen sicher wieder hier erscheinen. – Das von allen schon lange und immer wieder gesuchte Buch fand sich endlich wieder.* 2. Beim ↑Gliedsatz aus pronominalem oder konjunktionalem Anschlusswort und finiter Verbform gebildete Umgrenzung des ganzen Satzes; z. B.: ..., *der ihnen schon lange ein Dorn im Auge war. – ..., obwohl er ihnen nichts dergleichen versprochen hatte.*

Satzlehre ↑Syntax.

Satzmodell ↑Satzbauplan.

Satzmodus: Durch unterschiedliche sprachl. Mittel (wie ↑Modus des Verbs, ↑Modalpartikeln, Satzakzent, Intonation) zum Ausdruck zu bringende Einstellung des Sprechers gegenüber dem im Satz ausgedrückten Sachverhalt; erfüllt als grammatisch-syntaktische Kategorie (vgl. Satzart) spezifische pragmatische (↑Pragmatik) Funktionen;

a) deklarativer (lat. declarare = bekannt geben, erklären) S.: kann als wahr oder unwahr beurteilt werden; z. B.: *Die Sonne scheint.*
b) interrogativer S.: macht eine Lücke im Wissen des Sprechers deutlich; z. B.: *Scheint die Sonne? – Die Sonne scheint tatsächlich? – Wer scheint?*
c) direktiver/imperativer S.: kennzeichnet den Wunsch nach Realisierung eines Geschehens oder Sachverhalts; z. B.: *Scheine, liebe Sonne! – Die Sonne soll scheinen.*
d) exklamativer S.: drückt eine emotionale Einstellung gegenüber einem gegebenen Sachverhalt aus; z. B.: *Dass die Sonne so schön scheint!*

Satzname: ↑Eigenname in Form eines ↑Satzes oder einer syntaktischen Zusammenziehung (↑Syntagma), oft der Form nach imperativisch (↑Imperativ); z. B. *Fürchtegott, Hauschild.*

Satzperiode, die [auch: Periode, Schachtelsatz]: Mehrfach zusammengesetzter Satz; aus mehreren ↑Satzgefügen und/oder ↑Satzreihen bestehender Gesamtsatz; z. B.: *Wir wollen unsere Freunde zum Polterabend einladen und werden am Hochzeitstag mit allen Verwandten feiern, sodass es ein großes Fest wird, auf dem viele sich mit uns freuen und an das sie sich noch lange erinnern sollen, vielleicht noch, wenn sie ihre eigene Hochzeitsfeier vorbereiten oder die ihrer Kinder.*

Satzperspektive ↑Funktionale Satzperspektive.

Satzradikal, das (lat. radicalis = die Wurzel betreffend): Teil der Bedeutung eines Satzes, der von Satzart/Satztyp (Aussage-, Frage-, Aufforderungssatz) unabhängig ist; S. in *Tim schreibt eine Klausur. – Schreibt Tim eine Klausur? – Tim, schreibe eine Klausur!* ist die gemeinsame Sachverhaltsangabe: von einer Person mit dem Namen Tim wird die Handlung des Klausurschreibens ausgesagt.

Satzrahmen ↑Satzklammer.

Satzreihe: Verknüpfung zweier oder mehrerer nebengeordneter, syntaktisch gleichrangiger (Teil-)Sätze (↑Parataxe) zu einem zusammengesetzten (komplexen) Satz;

a) Satzverbindung: ausschließliche Verknüpfung von Hauptsätzen; z. B.: *Emil bastelte, Erika strickte und Erich las ein Buch.*

b) Gliedsatzreihe: ausschließliche Verknüpfung von ↑Gliedsätzen (zusammen als S. freilich von einem Hauptsatz abhängig); z. B.: *(Ich würde gerne wissen), wann der Tod eingetreten ist, welches die Todesursache war, welche Personen zur Zeit der Tat im Hause waren und wer das Haus zuletzt verlassen hat.* Aber nicht ungleichrangige Gliedsätze, z. B.: *... welches die Personen sind, die zur Zeit der Tat, deren Ablauf rekonstruiert werden soll, im Hause waren.*

Auch ↑Koordination.

Satzschema ↑Satzbauplan.

Satzsemantik: Untersuchung und Beschreibung der Bedeutung (↑Semantik) eines ↑Satzes (z. B.: *Der Arzt heilt das Kind*), die unter dem Einfluss von

↑Pragmatik und ↑Textlinguistik/↑Texttheorie (↑Textsemantik) über bloße Analyse der semantischen Relationen zwischen im Satz verknüpften Lexeminhalten (↑Transformationelle Grammatik, ↑Kasusgrammatik) hinausgehen und mehrere Teilbedeutungen unterscheiden:

a) Satzbegriff/↑Proposition: Was sagt der Satz explizit aus? <Arzt heilen Kind>;
b) ↑Implikation: Welche Informationen schließt der Satz ein? <Ein krankes Kind wird gesund>;
c) ↑Präsupposition: Welche Informationen setzt der Satz voraus? <Ein Kind ist krank>;
d) Konnotation (↑Konnotat): Welche Begleitvorstellungen ruft der Satz hervor? <Das kranke Kind tut einem leid>;
e) Illokution (↑Sprechakt): Welche Absicht verfolgt der Sprecher mit dem Satz? <Sprecher fordert Hörer auf, mit krankem Kind zum Arzt zu gehen>;
f) Perlokution (↑Sprechakt): Was erreicht oder bewirkt Sprecher mit dem Satz beim Hörer? <Hörer ist getröstet>.

Satzteil ↑Satzglied.

Satztyp ↑Satz.

Satzverbindung ↑Satzreihe, ↑Koordination.

satzwertig: Eigenschaft einer Satzgliedgruppe, welche die ↑Position eines ganzen Satzes einnehmen kann, obwohl sie grammatisch keinen Satz darstellt (Fehlen des ↑finiten Verbs);

a) satzwertiger Infinitiv [auch: Infinitivsatz, Infinitivkonstruktion]; durch abhängige Satzglieder erweiterter ↑Infinitiv mit oder ohne *zu / um zu*; z. B.: *Er plante den Kollegen zum Essen einzuladen.*
b) satzwertiges Partizip [auch: Partizipialsatz, Partizipialgruppe, Partizipialkonstruktion]; durch abhängige Satzglieder erweitertes Partizip I/II (↑infinit); z. B.: *Die Treppe hinaufsteigend pfiff er munter eine Melodie. – Endlich zu Hause angekommen erzählte sie von ihrem Abenteuer.*

Satzwort: 1. Wort, das keine syntaktische Funktion innerhalb eines Satzes erfüllen kann, sondern selbst ein Satzäquivalent („Kurzsatz") bildet; z. B.: *Ja.*; *Nein!*; *Danke.*; im Unterschied zum Einwortsatz, der durch ↑Ellipse erklärt wird; z. B.: *Unsinn!* (< *Das ist doch Unsinn!*). 2. Durch ↑Nominalisierung eines ganzen Satzes gebildetes Wort; z. B.: *Stelldichein*; *Vergissmeinnicht.*

Satzzeichen ↑Interpunktion.

Scanner, der (engl. to scan = abtasten): In ↑EDV das Gerät, das Bild- oder Textvorlagen genau abtastet und Punkt für Punkt in elektrische Impulse umwandelt, die danach von einem ↑Computer weiterverarbeitet werden können und als Rasterbild auf dem Bildschirm wiedergegeben werden können. Mit bes. ↑Software ausgestattet (Texterkennungsprogramm) können S. Texte nicht nur als Graphiken speichern und wiedergeben, sondern die Schriftzeichen der Vorlage in Zeichen des ↑ASCII-Codes umsetzen und so Bearbeitung der Texte ermöglichen.

Schachtelmorphem ↑Portmanteau-Morphem.

Schaltsatz: Satz, der einen syntaktisch unabhängigen Einschub in einen anderen Satz darstellt; z. B.: *Abends, <u>er hatte schon allerlei getrunken</u>, wurde er dann gesprächig.*

Schema, das (gr. schema = Gestalt, Form): 1. Zusammenfassung von Erfahrungselementen zu einem Ganzen, das unsere Normalerwartungen bestimmt und unsere Wahrnehmungen und Informationsverarbeitungen steuert; z. B. Sch. einer Wortgestalt beim Lesen. 2. = ↑Frame.

Schlagwort [auch: Slogan]: Sprachl. Ausdruck, mit dem öffentliche Wirkung erzielt werden soll, wertend, ideologieabhängig, semantisch oft unscharf; z. B.: *Ausbeutung, Kapitalismus, Polizeistaat, Emanzipation, Umweltschutz.*

Schluss, Schlussfolgerung ↑logischer Schluss.

Schlusspräposition ↑Argumentation.

Schnellsprechform ↑Allegroform.

Schreiben: Verfassen eines optisch wahrnehmbaren Textes mit Hilfe von ↑Schrift, gerichtet an reale oder vorgestellte Leser; ermöglicht sprachl. ↑Kommunikation über räumliche und zeitliche Distanzen hinweg. Realisierung auf Schreibunterlage/Beschreibstoff (Fels, Tontafel, Wachstafel, Baumrinde, Leder, Papyrus, Pergament, Schiefertafel, Papier) mit Hilfe von Schreibgerät als Werkzeug (Kreide, Griffel, Bleistift, Schreibrohr, Tierfeder, Tinte und Messer, (Füll-)Federhalter, Kugelschreiber, Schreibmaschine, Computer).

Schreibenlernen ↑Schriftspracherwerb.

Schreibschrift: ↑Schriftart mit untereinander verbundenen Buchstaben, mit Schlingen und Schleifen versehenen Buchstaben; hervorgegangen aus neben den Druckschriften (für Buchdruck) bestehenden Urkunden- und Bedarfsschriften mit Zügen einer Kursivschrift (↑Kursive): Schreibbeschleunigung führt zu Vereinfachung und Verbindung von Buchstaben, Mitschreiben der Luftlinien; zwei Entwicklungslinien: einerseits zur verschnörkelten Kanzleischrift, andererseits zur Gebrauchsschrift des Alltags (z. B. in Briefen), bei der früher deutsche S. (eckig, aus ↑Fraktur entwickelt) und lateinische S. (aus ↑Anti-qua-Kursive entwickelt) konkurrierten, heute beim ↑Schriftspracherwerb ↑lateinische Ausgangsschrift und ↑vereinfachte Ausgangsschrift; Schreibentwicklung von Übernahme der Normschrift zur Herausbildung einer eigenen Handschrift mit individuellen Zügen. Auch ↑Sütterlinschrift.

Schrift: Sekundäre Erscheinungsform von ↑Sprache durch Übertragung akustisch wahrnehmbarer Zeichen in optisch wahrnehmbare (bzw. taktil bei Blindenschrift), gebunden an Schreibunterlage (Stein, Tontafeln, Pergament, Papier) und Schreibgerät (Griffel, Feder und Tinte, Bleistift, Kugelschreiber), ausgeführt durch Hand- und Fingerbewegungen; Mittel zur Überwindung zeitlicher und räumlicher Begrenzung sprachl. Kommunikation (Konservierung, Transport); je nach abgebildeter sprachl. Einheit zu unterscheiden: Bilderschrift, Begriffsschrift, Silbenschrift, Buchstabenschrift. Auch ↑Schriftspracherwerb.

Hank Ketcham aus: Fromkin, V./Rodman, R.: An Introduction to Language. Harcourt Brace Jovanowich. Orlando, [5]1993. S. 199

Schriftart: 1. Spezielle Ausprägung eines ↑Schrifttyps mit unterschiedlichen Gestaltvarianten der Elemente des ↑Alphabets; z. B.: lateinische, griechische, kyrillische S. 2. Beim Drucken verwendete Schrift, deren Gestalt für den Buchdruck entworfen und (oft seit Jahrhunderten) überliefert worden ist; z. B.: *Alte Schwabacher*, *Garamond*, *Bodoni*, *Helvetica*, *Futura*.

Schriftgrad: Standardisierte Größeneinteilung von Druckschriften, gezählt nach Punkten; z. B.: *Perlschrift* 5 Punkte, *Cicero* 12 Punkte, *Mittel* 14 Punkte.

Schriftlichkeit ↑Mündlichkeit.

Schriftspracherwerb [auch: Lesenlernen und Schreibenlernen]: Zu Beginn der Schulzeit Anfangsunterricht im ↑Lesen und Schreiben, bei dem im Ggs. zum kindlichen ↑Spracherwerb (gesprochene/gehörte Sprache) ein gesteuerter und kontrollierter Lernprozess vorliegt (oft in Form eines methodisch durchstrukturierten Lehrgangs mit Hilfe einer Fibel); konkurrierende Methoden: von Buchstabier- über Lautier- und Ganzheitsmethoden zu Mischmethoden (methodenintegrierend analytisch-synthetisch), vom Lesen zum Schreiben oder vom Schreiben zum Lesen oder beides gleichzeitig (integrativ mit identischer Ausgangsschrift); Aufhebung der traditionellen Trennung von grundlegendem Lese- und Schreiblehrgang (im 1. Schuljahr bis ins 2. hinein) sowie sich anschließendem „weiterführendem Lesen“ (Literaturunterricht) und „weiterführendem Schreiben“ (Aufsatz- und Rechtschreibunterricht). Auch ↑Schreibschrift.

Schrifttyp: Ergebnis einer Klassifizierung von ↑Schriften, die nach der jeweiligen Bezugsebene vorgenommen wird;
a) Gegenstandsschriften und Bilderschriften mit direktem Bezug auf Referenzobjekte (↑Referenz) ohne Bindung an best. sprachliche Elemente; z. B.: Bilderschriften der Indianer;
b) Begriffsschriften mit Bezug auf die Inhalte/Bedeutungen sprachl. Zeichen, nicht auf ihre Ausdrucksseite; z. B.: Keilschrift der Sumerer, spätere ägyptische Hieroglyphen;
c) alphabetische Schriften mit Bezug auf die Ausdrucksseite sprachl. Zeichen, entweder phonographisch als Laut-Buchstaben-Schrift (z. B. lateinische Schrift) oder syllabographisch als Silbenschrift (z. B. koreanische Schrift).

Schulgrammatik ↑Didaktische Grammatik.

Schwa-Laut: (hebräisch schewa = unbetonter e-Laut) [auch: Murmelvokal]: Mit neutraler Zungenstellung gebildeter Vokal [ə], wie er in der dt. Gegenwartssprache für unbetonte Endsilben typisch ist; z. B.: [reːdə], [foːgəl], [faːtər], [leːrən], [baomə] in *Rede, Vogel, Vater, lehren, auf dem Baume.*

Schwammwort: Wort ohne präzise ↑Referenz, das wie ein Schwamm die Bedeutungen verschiedener Ausdrücke in sich aufsaugt; bes. häufig in Alltagsrede, wenn sich die genaue Bedeutung des Gemeinten ohnehin aus dem ↑Kontext ergibt; z. B.: *Reich mir doch mal das Ding da! – Das ist nicht mein Ding!*

Schwanzwort ↑Kurzwort.

Segment; das (lat. segmentum = Abschnitt): Durch Zerlegung (↑Segmentierung) gewonnener Bestandteil einer größeren, in linearer sprachl. Zeichenkette ausgedehnteren Einheit; in ↑Generativer Grammatik als Bündel ↑distinktiver Merkmale interpretiert. Auch ↑suprasegmental.

Segmentierung, die (lat. segmentum = Abschnitt): Erste der beiden Grundoperationen des ↑taxonomischen Strukturalismus: Zerlegung komplexer sprachl. Einheiten in ihre Einzelelemente, die Segmente; z. B. zerlegt man den Satz *Das Ereignis verursachte große Unruhe* in ↑Syntagmen, das Syntagma *große Unruhe* in Wörter, das Wort *Unruhe* in ↑Morpheme, das Morphem /un/ in die ↑Phoneme /u/ und /n/. Auch ↑Klassifikation.

Sekundärumlaut ↑Umlaut.

Selektion, die (lat. selectio = Auswahl): Beziehung gegenseitiger Auswahl und Zulässigkeit zwischen ↑Lexemen im Satz (↑Formativ): best. Lexemklassen treten nur gleichzeitig mit best. anderen auf (↑Subkategorisierung), z. B. das Verb *verärgern* nur mit Objektsnomina mit dem Merkmal <+menschlich>; Selektionsbeschränkungen (selection restrictions) zeigen syntaktische Unverbindbarkeit best. Lexeme oder Lexemklassen, die Beschränkung ihrer Kombinationsfähigkeit an; welche Elemente mit welchen anderen kombiniert oder nicht kombiniert werden können, hängt von ihren syntaktischen und semantischen Merkmalen ab, zeigt sich bei der Verschmelzung ihrer Merkmalkomplexe zur Satzbedeutung; z. B.:

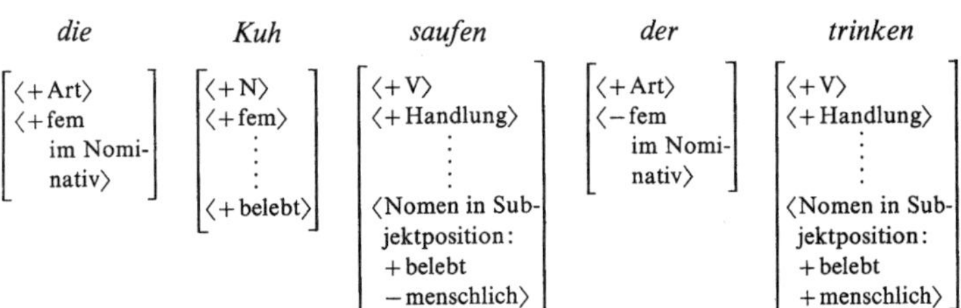

Es lassen sich ein ↑grammatischer Satz und zwei ungrammatische Sätze bilden: *Die Kuh säuft.* – **Der Kuh säuft.* (die Merkmale <– fem> und <+ fem> begründen Unverträglichkeit von *der* und *Kuh* im Nom.) – **Die Kuh trinkt.* (die Merkmale <– menschlich> und <+menschlich> begründen Unverträglichkeit von Nomen und Verb). Auch ↑lexikalische Solidarität, ↑Lexikoneintrag.

Sem, das (gr. sema = Kennzeichen, Merkmal): Kleinstes konstitutives Bedeutungsmerkmal („minimal feature of meaning“ bei NIDA); elementarer Bestandteil eines Zeicheninhalts, einer Lexem-Bedeutung (GREIMAS: Lexem = Ensemble von S., die untereinander in hierarchischer Relation stehen; invarianter semischer Kern + kontextuell bedingte semische Variablen); Merkmal eines ↑Semems.

Semantem, das (gr. sema = Zeichen): 1. Bedeutungseinheit, Inhaltsseite, Lesart (↑Polysemie) eines Sprach-↑Zeichens. 2. Bei GREIMAS Komponente einer Bedeutungseinheit (vgl. ↑Sem). 3. Bei ZIERER Ausdrucksseite eines ↑Lexems im Unterschied zu seiner Inhaltsseite (dem ↑Semem).

Semantik, die (gr. semantikos = zum Zeichen gehörig) [früher auch: Semasiologie]: 1. Linguistische S.: Lehre von der ↑Bedeutung sprachl. ↑Zeichen und Zeichenfolgen; Abgrenzung der Einzelinhalte (Morphem-, Wort-, Satzinhalt), Fixierung ihrer Stellung im Sprachsystem (paradigmatische und syntagmatische ↑Relationen untereinander, z. B.: ↑Wortfeld oder semantische Verträglichkeit und Unverträglichkeit im Satz), Analyse ihrer ↑Komponenten (↑semantischen Merkmale) und deren Anordnung. Auch ↑Bedeutungswandel, ↑Komponentenanalyse, ↑komplexes Symbol, ↑Generative S., ↑Interpretative S., ↑Referenz-S., ↑Strukturelle S., ↑Prototyp, ↑Satz-S., ↑Text-S. 2. Philosophische S. (neben linguistischer S.): Lehre von den Beziehungen zwischen sprachl. Zeichen und dem in der außersprachl. Wirklichkeit Bezeichneten („Gemeinten“). 3. Allgemeine S. (General Semantics): Lehre von den Beziehungen zwischen sprachl. Zeichen und dem Denken und Verhalten der Sprecher und Hörer, der Zeichenbenutzer (HAYAKAWA); These: falsche Identifizierung von Wirklichkeit und Sprache (= vorgegebenes Schema, durch das die Wirklichkeit gesehen wird) führe zu Trugbildern von der Wirklichkeit; damit diese den Sprecher nicht weiter in seinen Gedanken und Handlungen bestimmen, sollen Sprachprozesse nicht nur (wie in der Linguistik) theoretisch beschrieben, sondern praktisch gesteuert werden.

semantische Äquivalenz, die (lat. aequus = gleich; valere = wert sein): In ↑Textlinguistik die Beziehung inhaltlicher Übereinstimmung (↑Äquivalenz) zwischen verschiedenen Elementen eines ↑Textes, entweder auf Grund gemeinsamer ↑semantischer Merkmale der Elemente (= strukturelle s. Ä., z. B.: *Jetzt erkannte er das Tier. Es war ein Fuchs.*) oder auf Grund einer übergeordneten Einordnungsinstanz, die auch solche Elemente inhaltlich verbindet, die in ihrem jeweiligen ↑Bedeutungspotential keine gemeinsamen semantischen Merk-male mitbringen (= funktionale s.Ä., z. B.: *Die am 1. 5. in Stuttgart gestartete Autokarawane traf heute in Hamburg ein. Diese Wanderausstellung fährt noch durch sieben weitere Städte und zeigt 53 Oldtimer verschiedener Fabrikate.*).

semantische Anomalie, die (gr. anomos = ungesetzlich) [auch: Inkompatibilität]: Verstoß gegen Selektionsbeschränkungen (↑Selektion) von ↑Lexemen mit ↑semantischen Merkmalen, die unverträglich sind (↑Kompatibilität); z. B.: *Fenster grinst Verrat.* Das Wort *Fenster* mit dem Merkmal <unbelebt> verträgt sich nicht mit *grinsen* und <belebt, menschlich>. Vgl. ↑Metapher, ↑Stilblüte.

semantische Antinomie, die (gr. antinomia = Widerspruch in sich) [auch: Paradoxie]: Aussage, die einen inneren Widerspruch enthält, deren Wahrheitswert nicht bestimmt werden kann; z. B.: *Ein Kreter behauptet: „Alle Kreter sind Lügner." – Ein Kreter sagt: „Was ich jetzt sage, ist falsch" und sagt dann weiter nichts.* In beiden Beispielen können die Aussagen nur unter der Voraussetzung wahr sein, dass sie tatsächlich falsch sind. Der logische Widerspruch lässt sich nur durch die Unterscheidung von ↑Objektsprache (Aussage selbst) und Metasprache (Aussage über die Wahrheit einer Aussage) auflösen: Eine Aussage kann über ihren eigenen Wahrheitswert nichts aussagen.

semantische Kongruenz, die (lat. congruens = übereinstimmend): Bedeutungsbeziehung, Übereinstimmung in der semantischen Klassifikation zwischen Verb und Substantiv im ↑Satz, zwischen Verb und Ergänzung, also zwischen Prädikat und Subjekt oder Prädikat und Objekt (z. B.: *bellen + Hund > Der Hund bellt. – singen + Lied > Er singt ein Lied.*). Beide Klassifikationen dürfen sich nicht widersprechen (↑Kompatibilität), z. B.: **Der Bach weht.* Auch ↑Kongruenz.

semantische Kontexttheorie: These, dass ein isoliertes Wort keine ↑Bedeutung habe, sondern diese erst durch ↑Kontext erhalte (auch: ↑Zeichen, ↑Textsemantik); zu unterscheiden von ↑Monosemierung eines Wortes in ↑Textlinguistik, da dort aus vorhandenem ↑Bedeutungspotential durch Kontext und Situation eine Bedeutung aktualisiert wird.

semantische Kürzung: Durch Weglassen vormals zentraler ↑Konstituenten in ↑komplexen Wörtern oder Wortgruppen entstandene inhaltliche Schwerpunktverlagerung auf vormals sekundäre, untergeordnete Konstituenten (die urspr. als einschränkende Merkmalsbez. funktionierten); z. B.: *Rechenanlage* > *Rechner* (↑Univerbierung); *Rübenvollerntemaschine* > *Rübenernter; Neue Dresdner Hühner* > *Neue Dresdner* > *Dresdner.*

semantisches Differential, das (engl. differential = unterscheidend): In ↑Psycholinguistik Messwert emotionaler, ↑konnotativer Bedeutung sprachl. Ausdrücke; Testpersonen tragen auf Skala polar entgegengesetzter Adjektive den Skalenwert eines Wortes ein; Dimensionen: Bewertung (gut – schlecht; schön – hässlich), Kraft (stark – schwach; schwer – leicht), Aktivität (aktiv – passiv; schnell – langsam);

z. B.: *Vater*: glücklich . . . . .x. . . . . . . .traurig
hart . . . . .x. . . . . .weich
langsam . . . . .x. . . . . .schnell
usw. usw.

semantisches Merkmal (semantic marker) [auch: Inhaltskomponente; bei HJELMSLEV Inhaltsfigur]: Bedeutungselement (Zeicheninhalt = Kombination solcher Elemente) als Ausdruck der Unterscheidungen, „zu denen der Mensch im Hinblick auf seine Umwelt gelangen kann auf Grund seiner Sinnesorgane, seines Nervensystems, allgemein: seiner apperzeptiven Konstitution" (BIERWISCH); solche in der Sprache erhaltenen Unterscheidungen sind meist vorwissenschaftlich, stehen manchmal im Ggs. zu naturwissenschaftlichen Erkenntnissen, z. B. besitzt das Wort *Walfisch* das s. M.-Bündel <+ Fisch>, das gemeinte Referenzobjekt aber das „zoologische Merkmalbündel" <–Fisch>. Auch ↑Komponentenanalyse.

semantisches Netz: Hilfsmittel zur Darstellung mehrdimensionaler assoziativer Beziehungen zwischen ↑Lexemen / Begriffen/ ↑Konzepten im ↑mentalen Lexikon mit „Knoten" (bes. bei mehrdeutigen Lexemen in verschiedene Richtungen weisend) sowie geringer oder großer Distanz (semantische Nähe) zwischen den Lexemen; Modell zur Beschreibung von Wissensspeicherung und Wissensaktivierung (Abruf aus ↑Gedächtnis).

Semasiologie, die (gr. semasia = Zeichen): Terminus der älteren, traditionellen Sprachwissenschaft für ↑Semantik, mit Lautkörper der Wörter als festem Ausgangspunkt der Untersuchung (im Unterschied zur ↑Onomasiologie); heute bisweilen zur Abgrenzung gegen philosophische Semantik für linguistische Semantik oder zur Abgrenzung gegen synchronisch-strukturelle für ↑diachronische Semantik (↑Bedeutungswandel) verwendet.

Semem, das (gr. sema = Zeichen): 1. Sprachl. Bedeutungskomplex; Inhalt der kleinsten bedeutungstragenden Einheit, des ↑Morphems oder ↑Monems. 2. Bei ZIERER Bedeutung eines ↑Lexems, also Inhaltsseite des sprachl. Zeichens (Signifikat) im Unterschied zu seiner Ausdrucksseite, dem ↑Semantem (Signifikant). 3. Jede aktualisierbare Bedeutung/Lesart eines polysemantischen Lexems, eine seiner zusammenhängenden Teilbedeutungen; z. B.: *Schimmel* mit den S. <weißer Belag aus Pilzen> und <weißes Pferd>.

Semiose, die (gr. semeion = Zeichen) [auch: Zeichenprozess]: In Zeichentheorie (↑Semiotik) ein Prozess, bei dem etwas als Zeichen fungiert oder der sich auf Zeichen bezieht, an Zeichen abspielt oder von Zeichen getragen wird; z. B. Zeichenerzeugung oder Zeichenverwendung beliebiger Art: jemand (der Interpret, z. B. Autofahrer) nimmt durch Vermittlung von etwas (dem Zeichenträger, z. B. Stoppschild) von etwas Drittem (dem Designat, z. B. Aufforderung anzuhalten) Notiz.

Semiotik, die (gr. semeion = Zeichen) [auch: Semiologie, Zeichentheorie]: Lehre von den (sprachl. wie nichtsprachl.) ↑Zeichen als kommunikativen Signalen und ihren Systemen; allgemeine Zeichentheorie; gegliedert in:
a) Semantik (untersucht Bedeutung der Zeichen);
b) Pragmatik (untersucht Beziehungen zwischen Zeichen und Benutzer);
c) Syntax (untersucht Beziehungen der Zeichen untereinander);
d) Sigmatik (untersucht Verhältnis zwischen Zeichen und ↑Referent).

Semrekurrenz ↑Isotopie.

Sentence ↑Satz, ↑Äußerung.

Sexus ↑Genus.

Sibilant, der (lat. sibilare = zischen): Zischlaut; z. B.: [s], [z], [ʃ].

Sigmatik ↑Referenz-Semantik, ↑Semiotik.

Sigmatismus ↑Dyslalie.

Signal, das: Sinnlich wahrnehmbarer materieller Teil des ↑Zeichens als Träger von Information; sichtbar (Verkehrsschild), hörbar (Startschuss) oder fühlbar (Fußkontakt unter dem Tisch), eventuell auch riechbar (spezielles Parfum) und schmeckbar (Verwendung eines best. Gewürzes).

Signans, **Signifiant**, **Signifié**, **Signifikant**, **Signifikat** ↑Zeichen.

Silbe [auch: Sprechsilbe]: Einheit sprachl. Lautfolge mit einem ↑Vokal oder ↑Diphthong als Grundkomponente (Silbenträger, Silbenkern), der meist von einem oder mehreren ↑Konsonanten begleitet wird; ↑offene gegenüber geschlossener S.; Begrenzung durch Artikulationspausen; z. B.: *Brot, ge-sprun-gen, Eu-le, Ei*.

Silbengelenk: ↑Konsonant, der zu zwei aufeinander folgenden ↑Silben (Sprechsilben) gehört, sowohl eine erste abschließt wie auch eine zweite eröffnet; z. B.: [p] in *Mappe* [mapə]; bei „Schreibsilben" in geschriebener Sprache gibt es keine Doppelzugehörigkeiten, dort wird das Konsonanten-↑Graphem doppelt geschrieben: *Mappe*.

Silbenschichtung ↑Haplologie.

Silbenschnitt: Merkmal der (Sprech-)↑Silbe im Blick auf ihren Verlauf nach dem vokalischen Silbenkern, auf ihren Abschluss; Zusammenhang mit Länge bzw. Kürze des Vokals;

a) fester Anschluss (auch: stark geschnitten): folgender Konsonant „schneidet" Vokal, lässt seinen vollen Klang plötzlich abbrechen; z. B.: *Wall*, *Betten*;
b) loser Anschluss (auch: schwach geschnitten): Konsonant setzt erst ein, nachdem Vokal voll und lang ertönt ist; z. B.: *Wahl*, *beten*.

Simplex, das (lat. simplex = einfach; nicht zusammengesetzt) [auch: Grundwort]: Einfaches aus einem einzigen ↑Morphem bestehendes Wort, das nicht auf andere Wörter oder Wortstämme zurückgeführt werden kann; z. B.: *Luft, essen, tief, bald, auf*; aber nicht: *Luftpumpe, luftig, fressen* (< *veressen*).

simultan (lat. simul = zugleich): 1. Eigenschaft des Übersetzens, das im Unterschied zum Konsekutivdolmetschen ohne größeren Abstand von dem in der Ausgangssprache mündlich Vorgetragenem (Simultandolmetschen), nahezu gleichzeitig mit diesem (Synchrondolmetschen) erfolgt. 2. Eigenschaft dialogischer Kommunikation, bei der zwei Sprecher gleichzeitig reden; Unterbrechungen und kurze Phasen s. Sprechens als Überlappungen sind häufig Zeichen dafür, dass der Hörer die Sprecherrolle übernehmen will (widerspricht der weit verbreiteten Forderung, andere immer erst ausreden zu lassen: „Ein-Sprecher-zur-Zeit-Ethik").

Singular ↑Numerus.

Singularetantum, das (lat. singulus = einzeln; tantum = nur): Nur im Singular (↑Numerus) vorkommendes Wort; z. B. Stoffbez. (*Gold, Milch*), Naturerscheinung (*Regen, Schnee*), ↑Abstraktum (*Liebe, Hochmut*). Gw. ↑Pluraletantum.

Sinn: In ↑kognitiver Linguistik Ergebnis der Verknüpfung von Zeicheninhalten, von Bedeutungen sprachl. Ausdrücke einerseits mit dem Weltwissen des um Verstehen bemühten Hörers/Lesers andererseits bei der Sprachverarbeitung (Textrezeption als individuelle Sinnproduktion); dabei können Interpretationen eines Textes mehrere, auch stark voneinander abweichende S. ergeben.

Sinnbezirk ↑Wortfeld.

Sinzeritätsbedingung ↑Aufrichtigkeitsbedingung.

Situation/situativ ↑Kommunikationssituation.

Situationsentlastung: Ersparnis an Sprachaufwand, sparsame Versprachlichung bei mündlicher ↑Kommunikation unter Augenzeugen, bei der z. B. verwendete hinweisende Ausdrücke (↑deiktisch) ohne Explizierung verstanden werden; z. B.: *„Und <u>jetzt</u> packt <u>er</u> <u>ihn</u> so und drängt <u>ihn</u> <u>da</u> hin ..."*; Merkmal ↑gesprochener Sprache; bei geschriebener Sprache wegen der räumlichen und zeitlichen Distanz zum Leser nur bedingt zulässig.

Skopus, der (gr. skopos = Ziel): Reichweite, semantische Erstreckung best. Satzkomponenten in der Satzbedeutung; z. B. geht auf verschiedenen S. von Adverbien wie *fast* die Doppelbedeutung solcher Sätze zurück wie: *Die Revolutionäre haben <u>fast</u> das Regime gestürzt.*: Verb *stürzen* wird zerlegt in die Inhaltskomponenten: <kausativ> (= bewirken), <inchoativ> (= werden) und <stür-

zen> (intransitiv); *fast* reicht a) bis zur kausativen Komponente: „fast bewirken werden gestürzt" (= fast wäre es zur Handlung gekommen, die den Sturz des Regimes bedeutet hätte), b) nur bis zur inchoativen Komponente: „bewirken fast werden gestürzt" (= eine ausgeführte Handlung hätte fast zum Sturz des Regimes geführt).

Skript, das (lat. scriptum = geschrieben): 1. Geschriebener/gedruckter Text eines Theaterstücks, Films, einer Fernseh- oder Rundfunksendung mit den Rollenangaben für die Darsteller. 2. In ↑Kognitionswissenschaft Repräsentation von ↑Wissen in Form von modellartigen Ereignis- und Handlungsabläufen in ganzen an best. ↑Situationen gebundenen Handlungssequenzen; z. B.: Restaurantbesuch mit Teilhandlungen wie: Restaurant betreten, an einem Tisch Platz nehmen, auf Bedienung warten, aus Speisekarte auswählen, Gericht/Getränk bestellen, speisen, Rechnung verlangen, zahlen, gehen. Das als S. gespeicherte Weltwissen und sprachl. Wissen steuert das sprachl. Handeln (verstehen – sich verständlich machen) und hilft beim Verstehen z. B. folgenden Textauszugs, ohne dass einzelne Handlungen erwähnt werden müssen: *Heinz war hungrig. Er ging in das nächstgelegene Restaurant. Gegen 20 Uhr bezahlte er seine Rechnung und verschwand wieder*. Vgl. Frame.

Slang, der (engl. slang = saloppe Umgangssprache): Lässig verwendete Umgangssprache im Anglo-Amerikanischen; als Versuch witzig-ironischer Auflockerung der traditionellen Alltagssprache mit komischen Verdrehungen und Wortspielen auch in anderen Sprachen vorhandene Sondersprache (↑Soziolinguistik).

Slot ↑Tagmem.

SMS (Short Message Service): Mobilfunk-Dienst, mit dem Kurztexte bis zu 160 graphische Zeichen auf das Display eines Mobiltelefons übertragen werden können.

Software ↑Hardware.

Solidarität ↑lexikalische Solidarität.

Sonagramm, das (lat. sonare = tönen; gr. gramma = Inschrift): In der akustischen ↑Phonetik Aufzeichnung der Messdaten sprachl. Äußerungen und ihrer lautlichen Bestandteile im Hinblick auf Dauer, Frequenz und Intensität mit Hilfe eines Sonagraphen auf durchlaufendem Papierstreifen; S. eines Satzes zeigt auf der Abszisse Sprechzeit an, auf der Ordinate Schwingungszahl der Einzellaute, durch Schwärzungsgrad der Markierung Intensität der Äußerung.

Sonant, der (lat. sonare = klingen): ↑Stimmhafter Laut, der als Silbenkern fungieren kann; alle ↑Vokale (z. B. [a] in *Dach*) und einige ↑Konsonanten: ↑Liquide (z. B. [r] im Halte-Zuruf *brrr!*), ↑Nasale (z. B. [m] in *hm!*).

Sondersprache: Soziolekt (↑Sprache), durch gesellschaftliche Absonderung bedingtes Subsystem der Gemeinsprache, das durch zusätzliche Bez. für ↑Referenten, durch ↑Synonyme, gekennzeichnet ist (z. B.: Schüler-, Teenagersprache), im Unterschied zur Fachsprache (↑Terminologielehre), welche die Gemeinsprache durch neue Begriffe und Benennungen für fachspezifische Referenten ergänzt (z. B.: Sprache der Technik, Wirtschaft, Politik).

Soziolekt ↑Sprache.

Soziolinguistik, die (lat. socium = gemeinsam, gemeinschaftlich) [auch: Sprachsoziologie, Varietätenlinguistik]: Linguistische Teildisziplin (Verbindung mit Soziologie) z. T. in enger Berührung/Überschneidung mit linguistischer ↑Pragmatik; Untersuchung von Sprache als sozialem Handeln, Beschreibung der gesellschaftlichen Bedingtheit von ↑Spracherwerb und aktuellem, situativem (↑Kommunikationssituation) Sprachverhalten; insbesondere Beschreibung der Unterschiede im Sprachverhalten der Angehörigen verschiedener sozialer Gruppen und Schichten (Unterschicht- und Mittelschicht-Kode, ↑verbale Deprivation, ↑Defizit-Hypothese gegen Differenz-Hypothese); Untersuchungsbereiche: Sprachvariation (Wie koexistieren verschiedene Sprachen und Dialekte? Wie beherrscht und unterscheidet der Sprecher mehrere von ihnen?), Sprachwandel (Zu welchem Zeitpunkt und in welcher Umgebung ändert sich sprachl. Struktur aufgrund welcher Verhältnisse?), Spracherwerb (In welchem Umfang und in welcher Intensität erlernen Kinder Sprache in Familie, Freundesgruppe, Kindergarten, Schule?), soziale ↑Kommunikation (Welcher Zusammenhang besteht zwischen ↑Normen des Gesellschaftssystems und Normen der sprachl. Verständigung?). Auch ↑Sprachbarriere, ↑elaborierter und ↑restringierter Kode, ↑Sprache, ↑Sondersprache, ↑Varietät.

Spaltsatz (auch: Emphasesatz): Satz, bei dem die neue ↑Information bes. betont und von der alten Information abgehoben wird (↑Thema, ↑Rhema), indem sie in der Form *Es ist X* vorangestellt wird; z. B. statt *Peter hat ein Haus gekauft.* > *<u>Es ist Peter</u>, der ein Haus gekauft hat.* S. ist zu unterscheiden vom S p e r r s a t z (auch: P s e u d o s p a l t s a t z), bei der die alte Information von der neuen umrahmt wird, z. B.: *Derjenige, der ein Haus gekauft hat, ist Peter.*

Spannsatz ↑Kernsatz.

Spatium ↑Leerstelle.

Speicher: In ↑EDV ein Medium, in dem Informationen (↑Daten) aufbewahrt werden;
a) f l ü c h t i g e r S.: verliert seinen Inhalt bei Beendigung der Stromzufuhr (Arbeitsspeicher im Computer, in dem Programme ablaufen);
b) p e r m a n e n t e r S.: behält seinen Inhalt ohne Stromzufuhr (z. B.: magnetische S. auf Festplatten und Disketten, elektrische S. auf ROM, optisches Einbrennen auf CD-ROM und DVD).

Sperrsatz ↑Spaltsatz.

Spezialium ↑Numerale.

spezifische Lesart/Aussage ↑generische Lesart/Aussage.

Spirant, der (lat. spirare = hauchen) [auch: Frikativum oder Reibelaut]: ↑Konsonant, bei dessen Bildung durch Verengung des Luftweges ein Reibegeräusch entsteht; MARTINET unterscheidet deutlich wahrzunehmende Reibelaute (Frikativa wie z. B. [f] in *Fuß*) von nicht deutlich wahrzunehmenden (Spiranten wie z. B. [v] in *Wiese*).

Splitting, das (engl. to split = spalten): Getrennte Bezeichnung von weiblichen und männlichen Personen zur Vermeidung von Geschlechtsabstraktion ohne Spezifizierung des Sexus (wie etwa: *Personen, Lehrende, Gäste*); also z. B.: *Männer und Frauen, Lehrer und Lehrerinnen, männliche und weibliche Gäste*; *jeder, der oder die.* Auch ↑Genus.

Sprachatlas: Aufzeichnung laut- und wortgeographischer Forschungsergebnisse auf Karten mit sogen. Sprach- oder Mundartenlandschaften (geographische Ausbreitung best. Sprachbesonderheiten in Kern- und Saumgebieten); z. B. DSA (= Deutscher Sprachatlas) und DWA (= Deutscher Wortatlas).

Sprachbarriere, die: In ↑Soziolinguistik Behinderung in der sprachl. Kommunikationsfähigkeit (bes. des „Unterschichten“-Kindes in dem von Mittelschichtsprache beherrschten schulischen Raum) und daraus resultierende Minderung der sozialen Aufstiegschancen; Theorie sozio-kultureller Determiniertheit des Kindes: verschiedene gesellschaftliche Gruppen (Unterschicht – Mittelschicht) aktualisieren unterschiedliche Möglichkeiten des Sprachgebrauchs (BERNSTEIN: „restringierter“ und „elaborierter“ Kode), diese prägen kognitiven Stil und Rollenverhalten des Individuums, was bei Einschulung für das Kind der Unterschicht zu Konflikten führen, Leistung mindern und sozialen Aufstieg verhindern kann; kompensatorische Spracherziehung soll zur Selbstidentität (zurück-) führen und Leistungsfähigkeit steigern. Auch ↑verbale Deprivation.

Sprachbenutzer ↑Informant.

Sprachbewusstsein: Explizites Wissen über Sprache, das metasprachlich zum Ausdruck gebracht und beim sprachl. Handeln eingesetzt werden kann (↑kommunikative Kompetenz); weniger wirksam beim spontanen Sprechen selbst, wohl aber bei der Kontrolle des Gesprochenen, noch mehr des Geschriebenen); Herausbildung von S. ist Ziel des muttersprachlichen ↑Grammatikunterrichts in den Schulen (↑Sprachdidaktik); S. ist nicht zu verwechseln mit implizitem Wissen und impliziter Regelbeherrschung (↑Kompetenz), mit intuitivem ↑Sprachgefühl. Vgl. auch ↑Bewusstheit.

Sprachdidaktik, die (gr. didaktos = lehrbar): Linguistisch-pädagogisch orientierte Lehre von Zielen, Stoffauswahl und Vermittlungsmethoden eines Sprachunterrichts (Lernziele, Lernprozesse, Lernerfolge); Ziele: Festigung und Erweiterung der Sprachkompetenz (Sprachkönnen); Einsicht in Bau, Funktion und Wandel der Sprache (Sprachwissen und Sprachverstehen); Einsicht in den kommunikativen Kontext sprachl. Äußerungen: Situationsrahmen, Sender-Intention, Empfänger-Erwartung, Wirkung auf Empfänger; Befähigung zur kritischen Distanz gegenüber passiver und aktiver sprachl. Manipulation (↑Sprachbewusstsein). Auch ↑kommunikative Kompetenz, ↑Funktionale Grammatik.

Sprache: Historisch überliefertes System konventioneller Laut-↑Zeichen als Mittel zwischenmenschlicher Verständigung (↑Kommunikation) sowie der Speicherung von Erfahrung und Wissen (↑Kognition); Hauptkomponenten: ↑Lexikon (Zeichenbestand, Inventar), ↑Grammatik (Konstruktions- und Kombinationsregeln) und ↑Pragmatik (situative Gebrauchsregeln); SAUSSURE unterscheidet Langage (faculté de langage) = allg. menschliche Fähigkeit zu sprechen, Langue = sprachl. Zeichensystem, Parole = Sprechakt, konkrete Äußerung, Rede; Funktionen der S. (nach BÜHLER):

- Kundgabe (oder Ausdruck) eines inneren Zustandes des Sprechers; z. B.: *Oh!* (Bewunderung);
- Appell (oder Auslösung) an den Hörer, um ihn zu einer bestimmten Handlung zu veranlassen; z. B.: *Vorsicht!*
- Darstellung (nach KAINZ: Information oder Bericht) äußerer Sachverhalte; z. B.: *Das ist mein Buch.*

Man unterscheidet natürliche S. oder ↑Objekt-S. von Metasprache (die als S. über die S. Termini zur Beschreibung der natürlichen S. liefert) und klassifiziert Subsysteme (↑Varietäten) entweder nach Sprachträgern:

a) Idiolekt: von einer Person beherrschter Teil der Langue; auch: mit individuellen Besonderheiten versehene S. eines Sprechers;
b) Dialekt: Mundart, von den Menschen eines geographischen Teilgebietes gesprochen; z. B. Bairisch;
c) Soziolekt: von einer sozialen Gruppe gesprochene S.; z. B. Berufssprachen, Jugendsprache;
d) National-S. [auch: Gemein-S. oder Mutter-S.]: von Angehörigen eines größeren geographischen Raumes mit kulturgeschichtlich-politischen Gemeinsamkeiten gesprochen; z. B. Deutsch;

oder nach Sprachschichten:

a) Hoch-S.: der Literatur- und Schrift-S. weitgehend angenähert, ohne mundartliche Färbung;
b) Umgangs-S. oder Alltags-S.: erfüllt überregionale Sprachnorm weniger sorgfältig; mit mundartlichen Färbungen und individuellen Nachlässigkeiten.

Auch ↑Standardsprache, ↑Fachsprache, ↑Funktion.

Spracherwerb (language acquisition) [auch: Spracherlernung]: An sprachl. Umwelt gebundener Erwerb der Fähigkeit, ↑grammatische und ↑akzeptable Äußerungen einer Sprache zu verstehen und zu bilden sowie ihren situationsspezifischen Gebrauch (↑Kommunikationssituation) zu beherrschen und zu beurteilen, durch das Kind im wesentlichen in den ersten 5-6 Lebensjahren, von erster Laut- bzw. Phonembildung bis zur komplexen Satz- und ↑Text-Bildung; zwei konkurrierende S.-Theorien:

a) Empirismus (vertreten im ↑Behaviorismus, z. B. von SKINNER): Umwelterfahrungen führen zur Entwicklung von Gewohnheiten (habits), Wörter zu hören und nachzuahmen; Erfolgserlebnisse führen zu Befriedigung und wirken als Verstärkung (reinforcement) des Prozesses;
b) Rationalismus (vertreten z. B. in CHOMSKYs ↑Generativer Grammatik): Entfaltung angeborener (innate), schon vor dem S. vorhandener sprachl. Fähigkeiten, in linguistischen ↑Universalien manifestiert; die vorhandenen Ka-

tegorien werden durch Realisierung der natürlichen Umweltsprache aufgefüllt.

Folge verschiedener Entwicklungsstadien:

- Vorstadium: organische Laute wie Geburtsschrei, Schreilaute, Gurrlaute (während der ersten 4 Monate);
- Lallphase: Lallen und spielerische Nachahmung von Lautkomplexen der Umgebung; Aufteilung in Vokale und Konsonanten, mit häufiger Silbenverdoppelung vom Typus KVKV, z. B.: *baba, dada*; (4./5. bis 10. Monat);
- Einwortsätze: erstes der Umgebung verständliches Wort (etwa 10. Monat); Nennung von Erscheinungen mit „Namen“; sinntragende Lautäußerungen (↑Zeichen) ohne festen grammatischen Umriss (1 bis 1;6); z. B.: *mama* = <Da kommt Mama.> oder <Mama soll kommen!> oder <Wo ist Mama?> oder <Ich will zu Mama!>;
- Worthaufen (Aneinanderreihung von Einwortsätzen mit je gleicher Intonation und Pause; z. B.: *auto. fahren.* = <Da ist ein Auto. Ich will fahren.>) und Zweiwortsätze (auch intonationsmäßig und syntaktisch zusammengehörig; ↑Pivot-Wörter) wie *mami bürste.* (Zugehörigkeit: <Das ist Mamis Bürste.>); schließlich Mehrwortsätze (1;6 bis 2);
- Ansätze zu Flexion und Negations-, Frage-, Befehlssatz (2 bis 2;6);
- komplexe Sätze (↑Hypotaxe), wobei die ↑Parataxe (*und da ... und da ...*) im Vorschulalter noch weit überwiegt (ab 2;6);
- Wortschatzerweiterung schreitet nach Bildung des ersten Wortes rasch und kontinuierlich voran, über kindlichen S. hinaus bis ins hohe Erwachsenenalter (Dreijährige verfügen bereits über etwa 1000 Wörter).

Spracherwerbsmechanismus (language acquisition device = LAD): Hypothese eines Mechanismus, der es dem Kleinkind ermöglicht, in rel. kurzer Zeit zur Beherrschung seiner ↑Muttersprache zu gelangen;

a) empiristischer S. (gr. empeiros = erfahren): vor allem im ↑Behaviorismus und taxonomischen ↑Strukturalismus vertretene These, ↑Spracherwerb erfolge nach dem Prinzip der ↑Black-box: sprachl. Äußerungen der sozialen Umwelt werden wahrgenommen und bilden die Eingabe (Input), das daraus abgeleitete, verinnerlichte (↑Internalisierung) sprachl. Regelsystem die Ausgabe (Output) = Prinzip der induktiven Generalisierung beobachtbarer Äußerungsmerkmale (↑Assoziation);
b) rationalistischer S. (lat. ratio = Verstand): Annahme eines Bestandes angeborener Ideen (innate ideas; ↑Nativismus) als genetischer Ausstattung menschlicher Wesen, die durch Sinneswahrnehmung stimuliert wird, aber in Form von ↑Universalien Aufnahme und Verarbeitung sprachl. Wahrnehmungen steuert.

Hank Ketcham aus: Fromkin, V./ Rodman, R.: An Introduction to Language. Harcourt Brace Jovanowich. Orlando, [5]1993. S. 405

Sprachfamilie [auch: Sprachzweig]: Gruppe von Sprachen, die auf eine gemeinsame Ursprache zurückgeführt werden können; Verwandtschaftsbeziehungen können über lexikalische, morphologische und/oder phonologische Gemeinsamkeiten nachgewiesen werden, die auf die Abstammung von einer einzigen Sprache zurückgehen; z. B.: S. der romanischen Sprachen (vor allem: Französisch, Italienisch, Spanisch, Portugiesisch, Rumänisch), die sich aus dem Lateinischen entwickelt haben.

Sprachgefühl: Intuitive Fähigkeit des natürlichen Sprechers (native speaker), zwischen ↑akzeptablen und weniger oder nicht akzeptablen Sätzen in seiner Sprache zu unterscheiden (spontanes Urteil: „richtig“ – „falsch“).

Sprachgemeinschaft: Gesamtheit der kompetenten Sprecher (↑Kompetenz) einer Sprache; regional oder sozial zusammengehörige Gruppe von Menschen, die über ein gemeinsames System sprachl. Zeichen und Regeln zu deren Verknüpfung und Gebrauch verfügen.

Sprachgeschichte: Untersuchung und Beschreibung geschichtlich zurückliegender Zustände (↑Sprachperiode) und historischer Veränderungen (Sprachwandel) von Sprache; empirische Erfassung und Beschreibung von Sprachdaten aus überlieferten Texten, aber auch Rekonstruktion nicht belegter Zustände und Entwicklungen aus vorgeschichtlicher Zeit (= Zeit vor den frühesten schriftlichen Zeugnissen) bis hin zu idg. Wortwurzeln.

Sprachgesellschaft/Sprachverein: 1. Barocke Sprachgesellschaften als organisierte Zusammenschlüsse Adliger und bürgerlicher Gelehrter im 17./18. Jh. zu dem Zweck, Überfremdung der dt. Sprache einzudämmen (à la mode-Wesen, ↑Purismus) und Gebrauch der Muttersprache zu pflegen (Festlegung grammatischer Regeln); z. B. „Fruchtbringende Gesellschaft“ (Weimar), „Aufrichtige Gesellschaft von den Tannen“ (Straßburg), „Hirten- und Blumenorden an der

Pegnitz" (Nürnberg), „Elbschwanenorden" (Hamburg). 2. Allgemeiner Deutscher Sprachverein (ADSV), gegründet 1885, bestand bis zum Zweiten Weltkrieg, mit ebenfalls puristischen Zielen (*Rauchrolle* statt *Zigarre*), stark nationalistisch-deutschtümelnd. 3. Institution zur Pflege (↑Sprachkritik) und Erforschung einer Sprache; in der Gegenwart in Deutschland insbesondere die „Gesellschaft für deutsche Sprache" (GfdS) mit Sitz in Wiesbaden und mit Herausgabe der Zeitschrift „Muttersprache".

Sprachgruppe ↑Sprachfamilie.

Sprachinsel: Kleine geschlossene Sprach- und Siedlungsgemeinschaft in einem anderssprachigen größeren Gebiet. Auch ↑Areallinguistik.

Sprachkontakt: Aufeinandertreffen der Sprachen verschiedener Sprachgemeinschaften durch geographische Lage und historische Entwicklung (z. B. in heutiger Schweiz) mit gegenseitiger Beeinflussung;
a) Substrat (lat. sub = unter; stratum = Schicht): ursprüngliche, bodenständige Sprache etwa eines im Krieg unterlegenen Volkes wie auch ihr Einfluss auf die dominierende Sprache der Eroberer; z. B. Reliktwort *Peitsche* im 14. Jh. aus westslawischer Mundart ins Ostmitteldeutsche übernommen;
b) Superstrat (lat. super = über): untergehende Sprache von Eroberern wie auch ihr Einfluss auf die dominierende, sie überlagernde bodenständige, ursprüngliche Sprache; z. B.: Sprache der fränkischen Eroberer auf das im damaligen Gallien gesprochene Lat.;
c) Adstrat (lat. ad = zu): lang dauerndes Nebeneinander zweier Sprachen mit gegenseitiger Beeinflussung; z. B. germanisch-romanischer S. in Belgien.

Sprachkritik [auch: Sprachpflege]: Im Unterschied zur wertfrei beschreibenden (↑deskriptiven) Sprachwissenschaft eine an festen Normen ausgerichtete, oft ideologisch orientierte Einflussnahme auf den „rechten" Sprachgebrauch, Bewertung, Be- und Verurteilung von sprachl. Erscheinungen; z. B. Kampf gegen Sprachmanipulation, gegen sprachl. Mode-„Torheiten", gegen fremdsprachl. Einflüsse (Überfremdung; ↑Purismus), gegen „unrichtige" oder „unschöne" Ausdrücke, gegen Tendenzen einer „inhumanen" Verwaltungssprache (↑Akkusativierung), gegen Neigungen zum „papiernen" Nominalstil usw.

Sprachlenkung [auch: Sprachregelung]: Eingriff meist staatlicher Institutionen in den öffentlichen Sprachgebrauch mit dem Ziel, über einen verbindlich gemachten Sprachgebrauch Bewusstseinsinhalte und (politische) Bewertungen zu verbreiten oder zu unterdrücken; z. B.: Bezeichnungen *Sowjetische Besatzungs-*

zone, Zone, Mitteldeutschland, „DDR" für <Deutsche Demokratische Republik>; *ethnische Säuberung* für <Vertreibung und Vernichtung von Minderheiten in Balkanstaaten>.

Sprachmanipulation, die (lat. manipulatio = geschickte Handhabung): Interessegeleiteter Sprachgebrauch, der Meinungsbildung und Verhaltensformen anderer steuert, der Sachverhalte beschönigt oder verschleiert, in best. Weise (um)interpretiert und emotionalisiert; in Werbung oder politischer Propaganda (vgl. ↑Sprachlenkung) werden positive oder negative Einstellungen gegenüber Personen, Gruppen, Ereignissen, Waren erzeugt oder verstärkt (vgl. ↑Persuasion), in Massenkommunikation oft Realitätserfahrung durch Realitätsinterpretation ersetzt (↑Schlagwörter, Schlüsselwörter, Klischees, Slogans, Leerformeln); mit S. wird unter Ausnutzung psychologischer Kenntnisse Herrschaft über das Bewusstsein von Menschen ausgeübt.

Sprachmittlung ↑Translation.

Sprachmodell ↑Modell.

Sprachnorm, die (lat. norma = Vorschrift): Was sprachl. als korrekt gilt und verbindlich vorgeschrieben ist; bezogen auf alle Ebenen der Sprache: die Aussprache, Schreibweise, Wortwahl, Wortstellung usw.; unterschieden einerseits von den Regeln des abstrakten Sprachsystems, die nur das zum Erkennen und Verstehen Notwendige umfassen, andererseits von dem, was üblich ist, dem unverbindlicheren ↑Usus.

Sprachökonomie, die (gr. oikonomia = Haushaltung): Bestreben, mit möglichst geringem sprachl. Aufwand auszukommen und dabei ein Maximum an Effektivität zu erzielen; ablesbar z. B. an der Beseitigung von ↑Synonymie durch Bedeutungsdifferenzierung (man benötigt nicht zwei Bezeichnungen für genau denselben Sachverhalt: *Universität – Hochschule*) oder an der Tendenz zur ↑Kürzung in der Gegenwartssprache (z. B.: *Uni, Bus, Info, EU, 2 Pers.*).

Sprachpathologie, die (gr. pathos = Leid, Leiden): Untersuchung und Beschreibung der durch Hirnerkrankungen hervorgerufenen Sprachstörungen:
a) Aphasie: Verlust einer, mehrerer oder aller sprachl. Fähigkeit(en) (syntaktische, phonologisch-graphematische, semantische Kodierung und Dekodierung gesprochener/geschriebener Sprache);
b) Alexie: Störung der Lesefähigkeit;
c) Agraphie: Störung der Schreibfähigkeit.
Auch ↑Dyslalie.

Sprachperiode, die (gr. periodos = das Herumgehen): Abgegrenzter Zeitraum in der Geschichte einer Sprache; trotz fließender Übergänge zwischen den einzelnen Epochen kann historische Entwicklung der dt. Sprache in fünf S. gegliedert werden:
a) vorliterarische Zeit (bis 8. Jh.);
b) Ahd. = Althochdeutsch (8. - 11. Jh.);
c) Mhd. = Mittelhochdeutsch (11. - 14. Jh.);
d) Frühnhd. = Frühneuhochdeutsch (14. - beginnendes 17. Jh.);
e) (Spät-)Nhd. = (Spät-)Neuhochdeutsch (17. Jh. - Gegenwart).

Sprachpflege ↑Sprachkritik.

Sprachphilosophie: Lehre vom Wesen der Sprache (phänomenologisch), ihrer Bedeutung für den Menschen, ihrem Ursprung und den seelischen, geistigen und geschichtlichen Kräften, die sie bestimmen; Untersuchung des Verhältnisses zwischen Sprache und Denken, zwischen Sprache und außersprachlicher Wirklichkeit (erkenntnistheoretisch: Sprechen als Ausdruck sprachunabhängiger oder sprachgeprägter Denkinhalte?).

Sprachproduktion ↑Text(re)produktion.

Sprachpsychologie ↑Psycholinguistik.

Sprachrezeption ↑Textrezeption.

Sprachschichten ↑Sprache.

Sprachsoziologie ↑Soziolinguistik.

Sprachspiel: 1. Bei WITTGENSTEIN Verwendung von Sprache im pragmatischen (↑Pragmatik) ↑Kontext, wobei sie in den verschiedenen Lebenssituationen je spezifischen (Spiel-)Regeln folgt, je nachdem um welches S. es sich handelt: z. B.: Befehlen, Fragen, Beschreiben, Vermuten, Lügen, Witze erzählen, Rätsel raten, Danken, Bitten, Grüßen, Beten. 2. In ↑Sprachdidaktik spielerischer Umgang mit Sprachzeichen durch Verfremdung und/oder regelwidrigen Gebrauch, der pointiert, überraschend, beabsichtigt ist und einen neuen Sinnzusammenhang herstellt (häufig mit komischem Effekt durch Wortverdrehung, Vertauschungen u. a.); Aufbrechen gewohnter Sprachmuster, (oft erheiterndes) Experiment mit

Sprache auf deren verschiedenen Ebenen: Buchstaben/Laute, ↑Morpheme, Wörter, Sätze, Texte; z. B.: *GR$_U$BE – Stinktierschutzverein, Tränensackgasse – Katzentatzen kratzen, Schotenschalen platzen – WENN FLIEGEN HINTER FLIEGEN FLIEGEN, FLIEGEN FLIEGEN FLIEGEN NACH.*

Sprachstörung: Beeinträchtigung oder Fehlen der Fähigkeit, sprachl. Äußerungen anderer zu verstehen (↑Textrezeption) oder sich anderen gegenüber selbst sprachl. zu äußern (↑Textproduktion): von Störungen der ↑Artikulation (etwa ↑Dyslalie) und des Redeablaufs (Stottern, Poltern) über Wahrnehmungs- und Verstehensstörungen bis hin zu ↑Alexie und ↑Agraphie (Schrift); verursacht durch organische Mängel, Hirnschädigungen oder beides.

Sprachstruktur ↑Struktur.

Sprachsystem ↑System.

Sprachtypologie, die: Universale Klassifikation von Sprachen aufgrund gemeinsamer Merkmale, die nicht auf die Abstammung von einer gemeinsamen Ursprache zurückgehen (vgl. ↑Sprachfamilie); z. B.: ↑analytische gegenüber synthetischen Sprachen, Unterscheidung von agglutinierenden (↑Agglutination), isolierenden und flektierenden (↑Flexion) Sprachen.

Sprachursprung ↑Glottogonie.

Sprachverarbeitung: In ↑EDV die Verarbeitung gesprochener und geschriebener menschlicher Sprache durch ↑Computer; Teilbereiche: automatische Spracherkennung, maschinelle Übersetzung, computergestützte Sprachbeschreibung, Abfrage von Daten in Datenbanken mit natürlicher Sprache.

Sprachverwandtschaft: Bei genealogischer (familienkundlicher) Betrachtung der historischen Zusammenhänge zwischen den sich entwickelnden Einzelsprachen feststellbare Beziehung: Zusammengehörigkeit durch gemeinsamen Ursprung, gemeinsame Vorstufe, mit erhaltenen Übereinstimmungen in den Systemen der Laute, Worte, Wort- und Satzbildungsweisen; z. B.: ↑indogermanische oder indoeuropäische ↑Sprachfamilie.

Sprachwandel: Historische Veränderung einer Sprache (im Inventar der Elemente und im Regelsystem). Auch ↑Sprachgeschichte.

Sprachwissenschaft ↑Linguistik.

Sprachzeichen ↑Zeichen.

Sprachzentrum: Bereich der Großhirnrinde, dessen Nervenzellen für die Steuerung von Sprachhandlungen zuständig sind; zu unterscheiden: BROCA'sches Zentrum, das den Sprechvorgang beeinflusst, und WERNICKE'sches Feld, das für das Sprachverstehen zuständig ist und auch für die Lesefähigkeit.

Sprachzweig ↑Sprachfamilie.

Sprechakt (speech act): In Pragmalinguistik (↑Pragmatik), bes. in der S.-Theorie AUSTINS und SEARLES elementare Einheit sprachl. ↑Kommunikation; sprachl. Äußerung als sozialer Handlungsvollzug in gegebenem situativem ↑Kontext, durch die zweiseitige Beziehungen zwischen Kommunikationspartnern hergestellt werden, welche die Verständigungsebene bestimmen, z. B. Frage, Befehl, Ermahnung, Zustimmung usw.; Teilakte des S. nach:

1. AUSTIN:

a) l o k u t i v e r A k t:
- phonetischer Akt: Sprecher artikuliert Lautgebilde, z. B. [voːrzixt];
- phatischer Akt: Sprecher äußert Wörter und Sätze einer Sprache nach best. grammatischen Regeln, z. B.: *Vorsicht, da kommt ein Auto!*
- rhetischer Akt: Sprecher verwendet Wörter und Sätze mit best. Bedeutung, mit Bezug auf eine Welt (↑Referenz) und mit einer Aussage über sie (Sinn), z. B.: Referenzbereich: sich näherndes Auto, das für Fußgänger Gefahr bedeutet, Aufforderung aufzupassen;

b) i l l o k u t i v e r A k t: Herstellung einer sozialen Beziehung, Ausübung einer kommunikativen Kraft (communitive force) auf Hörer, z. B. Aufmerksammachen auf sich nähernde Gefahr;

c) p e r l o k u t i v e r A k t: Konsequenzen, Wirkungen ergeben sich beim Hörer aus vollzogener Sprechhandlung, z. B. Verblüffung, Überraschung, da er an dieser Stelle nicht mit einem Fahrzeug gerechnet hat;

2. SEARLE:

a) Ä u ß e r u n g s a k t: Artikulation eines Lautgebildes und Äußerung von Wörtern und Sätzen einer Sprache;

b) p r o p o s i t i o n a l e r A k t (↑Proposition): Äußerung eines sprachl. Inhalts;
- ↑Referenz: Bezug auf Objekte und Ereignisse einer Welt; z. B.: Auto, sich nähern;
- ↑Prädikation: Aussage über Objekte und Ereignisse; z. B.: dass das Auto sich nähert;

c) i l l o k u t i v e r A k t (s.o.);

d) p e r l o k u t i v e r A k t (s.o.).

Sprechaktklassifikation: Typisierende Einteilung der ↑Sprechakte nach ihrer illokutiven Funktion, orientiert an den standardsprachlichen sprechaktbezeichnenden Verben; bei SEARLE fünf Klassen:

a) Assertiva (lat. assertio = Behauptung) [auch: Repräsentativa (lat. repraesentatio = Darstellung)]: Absicht, etwas als wahr oder falsch herauszustellen; z. B.: feststellen, behaupten, berichten;
b) Direktiva (lat. directum = bestimmt): Veranlassung zu best. Handeln; z. B.: raten, bitten, auffordern, befehlen;
c) Kommissiva (lat. commissum = geschuldet): Selbstverpflichtung auf zukünftige Handlung; z. B.: versprechen, drohen, geloben;
d) Expressiva (lat. Expressum = ausgedrückt): Ausdruck innerer Einstellung zu einem Sachverhalt; z. B.: beglückwünschen, danken, kondolieren;
e) Deklarativa (lat. declaratio = Kundgebung): Übereinstimmung von sprachl. und nichtsprachl. Handeln in institutionellem Rahmen; z. B.: taufen, trauen, schwören, den Krieg erklären.

Sprechereinstellung ↑propositionale Einstellung.

Sprecherwechsel ↑Turn.

Sprechhandlung: In ↑Pragmatik Aktualisierung eines sprachl. Handlungsmusters (zur Bewältigung wiederkehrender Situationen verallgemeinerte Handlungsmöglichkeit), das ganz von seinem Zweck/Ziel her bestimmt ist; im Unterschied zum ↑Sprechakt nicht einzelsatzorientiert und als selbstständige Handlungseinheit zumeist mehrere Sprechakte umfassend; z. B.: im Restaurant ein Essen bestellen; zum Geburtstag einladen.

Sprechhandlungssequenz: ↑Diskurs.

Sprechhandlungsverkettung ↑Diskurs.

Sprechwerkzeug ↑Artikulation.

Sprechzeit: ↑Futur.

Sprossvokal: Zur Ausspracheerleichterung in ein Wort eingeschobener ↑Vokal, im Germ. oft aus silbenbildenden ↑Konsonanten (↑Halbvokal) entwickelt; z. B.: mhd. *gîr* > nhd. *Geier*; mhd. *mûr* > *nhd. Mauer*. Auch ↑Gleitlaut.

Stamm: Morphem oder Morphemkonstruktion, an die ein Flexionsmorphem treten kann und die in allen Wortformen eines flektierbaren Wortes gleich sind; z. B.: /schön/ in *schöner, schönes*; /haustür/ in *Haustüren*; /leb/ in *lebst, leben, lebte, gelebt.* Auch ↑Wurzel, ↑Basis.

Stammbaum ↑Stemma.

Stammeln ↑Dyslalie.

Stammformen: Best. Flexionsformen des Verbs, von denen sämtliche anderen Formen ohne größere morphologische Veränderung hergeleitet werden können; bei den „starken" („unregelmäßigen") Verben mit ↑Ablaut im Nhd. drei Formen: a) Infinitiv oder l. Pers. Sing. Präs.; z. B.: *singe(n), lache(n)*; b) 1. Pers. Sing. Prät.; z. B.: *sang, lachte*; c) Part. II; z. B.: *gesungen, gelacht.* Im Mhd. kommt als vierte Form l. Pers. Plur. Prät. hinzu, da zwischen Sing. und Plur. des Prät. meist erhebliche Lautunterschiede im Wortstamm (↑Stamm) anzutreffen sind, die im Nhd. ausgeglichen wurden; z. B.: mhd. *lîhe, lêch, lihen, gelihen* > nhd. *leihe, lieh* (*liehen*), *geliehen;* mhd. *brinne, bran, brunnen, gebrunnen* > nhd. *brenne, brannte(n), gebrannt.*

Stammmorphem, das [auch: Stammwort]: 1. ↑Stamm. 2. Den Mitgliedern einer ↑Wortfamilie gemeinsames ↑Morphem, das ihre Verwandtschaft belegt; z. B.: /alt/ in *uralt, altklug, altern, Alter, veraltet, altersschwach, Kirchenältester, Altertum, Eltern.*

Stammvokal: ↑Vokal des ↑Stammmorphems eines Wortes bzw. einer Wortform; wechselt bei ↑Ablaut (z. B.: *singen, sang, gesungen*; *geben, Gabe, Gift*) und ↑Umlaut (z. B.: *Ast, Äste*; *Holz, hölzern*; *Kunde, verkündigen*).

Standardsprache [auch: Standard-↑Varietät, Hochsprache, Einheitssprache, Literatursprache, Schriftsprache]: Überregional und über verschiedene soziale Sprechergruppen hinweg gebräuchliche ↑Sprache des größten Teils der Angehörigen einer Sprachgemeinschaft (z. B. der deutschen), insbesondere deren geschriebene, an Literatursprache angelehnte Sprache; staatlich kodifiziert (in Wörterbüchern, Grammatiken, Regelsammlungen festgehalten) und verbindlich gemacht (Schule, Behörden); heute weitgehend anstelle von „Hochsprache" verwendeter Terminus.

starke Flexion: l. Bei ↑Konjugation Wechsel des Stammvokals in den verschiedenen ↑Stammformen starker ↑Verben (z. B.: *singe, sang, gesungen*) im Unterschied zur Flexion der schwachen Verben (z. B.: *lache, lachte, gelacht*). 2. Bei ↑Deklination die Nominal- und Adj.-Formen, deren Flexionssuffixe an die der Pron. angelehnt sind (z. B. Gen. Sing. auf -es oder -s; Nom. Plur. auf -e, -er, -s oder Ø: *des Tages – eines Morgens – meine Beine – schöne Tage*) im Unterschied zu Suffixen der alten schwachen Subst.-Deklination auf -(e)n (z. B.: *des Knaben – des frechen Knaben*). Während Subst. entweder stark (wie *Tag*) oder schwach (wie *Knabe*) flektieren, flektieren Adj. je nach syntaktischer Stellung stark und schwach (z. B.: *schöne Kleider – die schönen Kleider*).

statal ↑stativ.

stativ (lat. stativus = stehend) [auch: statal]: Eigenschaft von Zustandsverben (↑Verb) wie *liegen, bleiben, schweigen,* keine Handlung zu bezeichnen, keinerlei Veränderungen in ↑Subjekt und ↑Objekt zu erzielen („statisch" zu sein), kein Passiv zu bilden.

Steigerung ↑Komparation.

Steigerungspartikel [auch: Gradmodifikator, Intensifikator]: ↑Partikel, mit deren Hilfe durch Adj. bezeichnete Eigenschaften gesteigert oder vermindert werden; z. B.: *Er hat sich ein sehr/ungemein/außerordentlich/ungewöhnlich schönes Haus gekauft.* In dt. Gegenwartssprache (bes. in ↑Jugendsprache) große Anzahl von S.: *sagenhaft, dufte, klasse, irre, wahnsinnig, super, tierisch, echt, absolut, total* u. a.

Stellungsfeld: Im Blick auf die Wortfolge im ↑Satz bzw. die Satzgliedfolge ein best. Abschnitt im dt. Satz; die verbale ↑Satzklammer umfasst das „Mittelfeld", dem das „Vorfeld" vorausgeht und das „Nachfeld" folgt; vorfeldfähige und nachfeldfähige Elemente können aus dem Mittelfeld verlagert werden (vgl. ↑Topikalisierung, ↑Ausklammerung); z. B.: *Alle haben schon nach dir gefragt.* > *Nach dir haben schon alle gefragt.* > *Alle haben schon gefragt nach dir.* Auch ↑Grundwortstellung.

Stellvertreter ↑Begleiter und Stellvertreter.

Stemma, das (lat. stemma = Stammbaum) [auch: Baumgraph, Baumdiagramm, Abhängigkeitsbaum, Stammbaumschema]: Graphische Darstellung zur Strukturbeschreibung sprachl. ↑Konstruktionen, zur Beschreibung der Anordnung und Relationen ihrer ↑Konstituenten; z. B.: *Der Postbote übergibt ihm einen dicken Brief.*

a) in ↑Generativer Grammatik (↑P-Marker = Phrasenstrukturstammbaum):

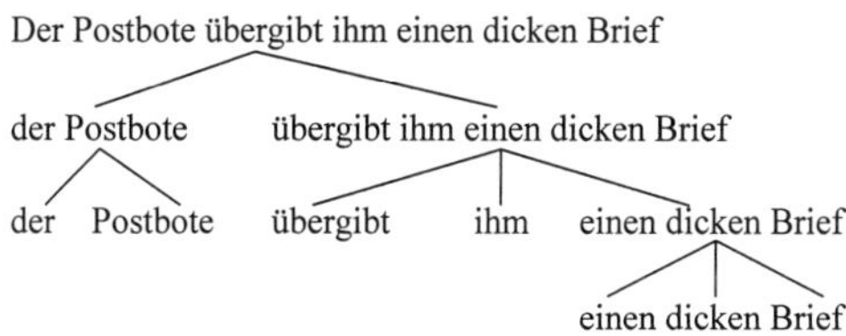

Darstellung mit Kategorialsymbolen:

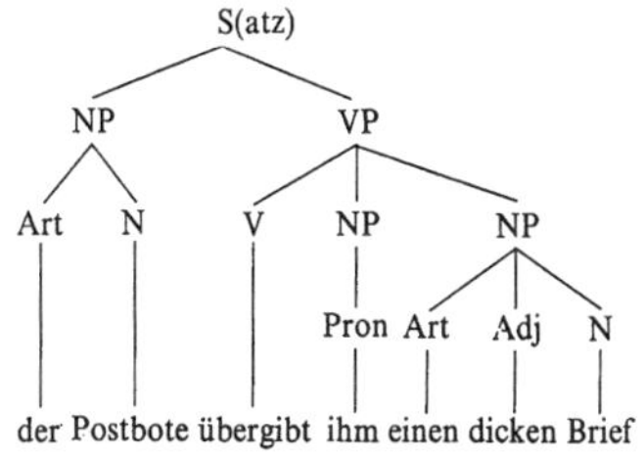

Anfangs- oder Ausgangssymbol (initial symbol) S repräsentiert den ganzen Satz, steht an der Spitze, der Verzweigungsstelle oder dem Knoten des Symbols ^, an dessen Verzweigungen/Ästen/Kanten am anderen Ende die von S dominierten unmittelbaren Konstituenten jedes Satzes ihren Platz haben: NP (= Nominalphrase, auch NT = Nominalteil, in Subj.-Position) und der Rest des Satzes VP (= Verbalphrase, auch VT = Verbalteil, in Präd.-Position + Obj., Adverbiale); NP und VP sind ihrerseits Konstruktionen mit unmittelbaren Konstituenten; über mehrere Stufen dominiert S mittelbar die Symbole der ↑terminalen Kette (terminal string, Endkette), die Endsymbole (terminal symbols), von denen jedes eine Klasse von ↑Lexemen, Elementen des Lexikons repräsentiert: Art + N + V + Pron + Art + Adj + N; diese Aussagen über die Satzstruktur lassen sich auch in Regeln umformulieren, nach denen eine Symbolkette aus der nächsthöheren abgeleitet wird, in mehreren Schritten also aus dem Anfangssymbol die Kette der Endsymbole erzeugt/generiert wird; nach anderen Regeln (Lexikonregeln) werden den Endsymbolen best. Lexeme (als phonetische und semantische Interpretationen der syntaktischen Struktur) zugeordnet; in

Ersetzungsregeln steht links vom Pfeil (zu lesen: „ersetze durch“) das dominierende Symbol, die Konstruktion, rechts stehen die unmittelbaren Konstituenten:

S → NP + VP
NP → Art + N
VP → V + NP + NP
NP → Pron
NP → Art + Adj + N

b) in ↑Dependenzgrammatik (dependency-tree = Abhängigkeitsstammbaum):

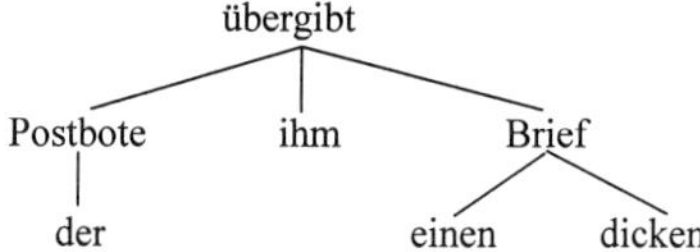

An Stammbaumspitze steht nicht Anfangssymbol für den ganzen Satz, sondern das ↑finite Verb als dessen wichtigste und unentbehrliche Konstituente; von ↑Valenz des Verbs (des jeweiligen verbalen Lexems) hängen Zahl und Art der notwendigen ↑Ergänzungsbestimmungen des Verbs ab, die deshalb als Satzkonstituenten niedereren Ranges in der hierarchisch geordneten Satzstruktur durch einen ↑Konnexion symbolisierenden Ast mit dem Verb verbunden sind (die Elemente an beiden Enden eines Astes sind die Kerne oder Nuklei der Konnexion); von den Ergänzungsbestimmungen abhängige Satzkonstituenten sind auf einer nächsten Stufe durch Konnexionen mit ihnen verbunden; so ergibt sich ein Unterordnungsbaum, in dem die hinter eindimensional-linearer Redekette verborgene Hierarchie der Strukturelemente sichtbar wird (TESNIÈRE: transformer l`ordre linéaire en ordre structurale). Auch ↑Dependenzrelation, ↑Interdependenzrelation.

Stenographie, die (gr. stenos = eng; graphein = schreiben) [auch: Kurzschrift]: Ersetzung konventioneller Schriftzeichen (Silben, Wörter, syntaktisch verknüpfte Wortgruppen) durch graphische Kürzel (Steneme), die eine Annäherung der Schreibgeschwindigkeit an die Sprechgeschwindigkeit ermöglichen.

Stereotyp, das (gr. stereos = fest, typos Gestalt): In lexikalischer ↑Semantik feste, konventionell mit einem Wort verbundene Bedeutungsassoziationen; nach PUTNAM (auf WITTGENSTEINS ↑Familienähnlichkeit zurückgehende Stereotypensemantik) im überindividuellen mentalen Lexikon vorhandene Vorstellung, die sich auf eine Liste von Einzelmerkmalen des bezeichneten Referenzobjekts, genauer: auf die konventionell verbreiteten „Meinungen“ über dieses Objekt stützt; z. B. weist *Tasse* die stereotypen Merkmale <ist ein Trinkgefäß> und <ist so hoch wie breit> und <hat Henkel> und <hat Untertasse> auf, die aber nicht alle bei jedem Exemplar der Klasse gegeben sein müssen (z. B. existieren *Tassen* auch ohne Untertasse und solche, die höher als breit sind); die Annäherung an S. ist also bei den einzelnen Exemplaren der Kategorie größer oder kleiner. Auch ↑Prototyp.

Stigmawort (gr. stigma = Brandzeichen): Stigmatisierendes, d. h. den bezeichneten Gegenstand oder Sachverhalt (↑Referent) stark abwertendes ↑Lexem; z. B.: *Bulle* (statt *Polizist*), *Kriegsdienst* (statt *Wehrdienst*), *Isolierfolter* (statt *Einzelhaft*), *Lauschangriff* (statt *Abhören von Telefongesprächen Verdächtigter*).

Stil, der (lat. stilus = Griffel, Schreibart): Einheitliche, charakteristische, durch besondere Häufung best. fakultativer ↑Transformationen, durch auffällige Merkmale gekennzeichnete sprachl. Ausdrucks- und Darstellungsweise einer Person, einer Personengruppe, eines Textes, einer Textsorte, eines Werkes oder einer Epoche.

Stilblüte: Mehrdeutige, unbeabsichtigt komisch wirkende Formulierung mit ungeschickter Wortwahl oder falscher Wortstellung, Weglassen notwendiger sprachl. Elemente u. a.; z. B. Schild an der Ladentür eines Textilgeschäftes: *Wegen Krankheit meiner Frau bleibt mein Hosenladen 14 Tage geschlossen.*

Stilbruch: Fehlende Einheitlichkeit der Ausdrucksweise innerhalb eines ↑Textes durch unbegründeten Wechsel der ↑Stilebene, der Stilmittel; z. B.: *Nach einem freundlichen Schlusswort des Ministers war der Empfang beendet, und die zahlreich erschienenen Gäste <u>verdufteten</u>.*

Stilebene (auch: Stilschicht, Stilhöhe): Emotionale Färbung sprachl. Ausdrücke; ausgehend von normalsprachl. neutraler Grundschicht mit expressiver Nullfärbung Abweichungen nach oben und unten, wobei die Grenzen nicht scharf zu ziehen sind;
a) poetische S.: *die Seele aushauchen, sein Dasein vollenden*;
b) gehobene S.: *entschlafen, heimgehen, erlöst werden*;
c) neutrale S.: *sterben, ableben*;
d) saloppe S.: *ins Gras beißen, die Radieschen von unten begucken*;
e) derbe S.: *abkratzen, krepieren, verrecken.*

Stilistik [auch: Stilkunde]**:** 1. Wissenschaft vom Sprach-Stil, von den sprachl. Darstellungsweisen als Beschreibung der (ästhetischen) Wirkung grammatischer Kategorien auf den Leser/Hörer; Bindeglied zwischen Sprach- und Literaturwissenschaft. 2. Praxisbezogene Lehre vom guten, d. h. grammatisch richtigen und ästhetisch vorbildlichen schriftsprachlichen Ausdruck (im Unterschied zur ↑Rhetorik, der Lehre von der mündlichen Redekunst).

Stilschicht ↑Stilebene.

Stimmbänder: Im Innern des Kehlkopfes befindliche, den Stimmbandmuskel umschließende paarige Schleimhautfalten, zwischen deren freien Rändern die spaltförmige Stimmritze (↑Glottis) lokalisiert ist und die bei Ausatmung in Schwingung geraten, sodass sich Schallwellen ergeben und Stimmbildung (Phonation) einsetzt.

Stimme: Mit Hilfe der menschlichen Sprechwerkzeuge (bes. der ↑Stimmbänder im Kehlkopf; ↑Artikulation) erzeugte Lautkomplexe/Schallgebilde mit unterschiedlicher Tonhöhe (von Größe der Stimmlippen abhängig, bei deren plötzlichem Wachsen „Stimmbruch" eintritt), Resonanz (Brust-, Kopf-, Flüster-S.), Klangfarbe (hell – dunkel), Lautstärke, Geschwindigkeitsgrad, Pausendauer und Pausenanzahl.

Stimmeinsatz: Einsatz der Schwingung der ↑Stimmbänder bei einem mit Vokal anlautenden Wort;

a) harter S.: die geschlossene Stimmritze (↑Glottis) wird durch Druck plötzlich geöffnet, bevor die Stimmbänder regelmäßig zu schwingen beginnen; im Deutschen der Normalfall; z. B. bei *Alter*;
b) weicher S.: Stimmbänder geraten ohne begleitende Geräuschbildung allmählich in Schwingung; im Französischen üblich; z. B. bei *oncle*;
c) gehauchter S.: dem Vokal geht ein [h] voraus, danach setzt die Schwingung der Stimmbänder ein; z. B. bei *Hose*.

stimmhaft: Eigenschaft sprachl. Laute, bei deren Bildung die Stimmbänder im Kehlkopf schwingen (Vibration mit der Hand an der Kehle spürbar); z. B.: s [z] in *reisen* gegen ↑stimmloses [s] in *reißen.*

stimmlos: Eigenschaft sprachl. Laute, bei deren Bildung die Stimmbänder nicht schwingen, sondern in Ruhelage verbleiben; z. B.: [p] in *lieb.*

Stimulus ↑Behaviorismus.

Stirnsatz ↑Kernsatz.

Stoffname ↑Konkretum.

Stottern [auch: Balbuties]: ↑Sprachstörung, Unterbrechung des kontinuierlichen Redeflusses durch Unterbrechungen und Wiederholungen;
a) klonisches S.: kurze, schnell folgende Zusammenziehungen der Sprechmuskulatur führen zu Wiederholungen von Lauten, Silben, Wörtern;
b) tonisches S.: Verkrampfung der Sprechmuskulatur.

Strategie, die (gr. strategia = Heerführung; Feldherrnkunst): Vorbereitung und Lenkung einer Handlung nach best. Steuerungsregeln; S. verbaler Planung: regelmäßiger Handlungsablauf, in dem der Sprecher seine Sprachkompetenz anwendet und zur ↑Performanz werden lässt; nämlich: Erkennen der Sprechsituation (Wahrnehmungs-S.), Entwurf einer gezielten Verhaltensweise mit Sprechakten, Durchführung der Sprechakte mit Situationsbeobachtung und Rückkoppelung (Berücksichtigung der Wirkung des Sprechaktes und des Situationswandels bei ständiger Bereitschaft zur S.-Veränderung).

Stratifikationsgrammatik, die (lat. stratificatio = Schichtung, Schichtenbildung): LAMBs Theorie der Sprache als eines Systems gleichartig funktionierender Teilsysteme: Semologie (hypersemologisches und semologisches ↑Stratum), Grammatik (lexematisches und morphologisches Stratum), Phonologie (phonologisches und hypophonologisches Stratum); differenzierte Terminologie:
a) Ausdrücke ohne Suffix oder mit Suffix -a: konkrete Realisierung einer Einheit; z. B.: Lex, Morph, Sema, Phona;
b) Ausdrücke mit Suffix -em: abstrahierte Einheit innerhalb des Systems; z. B.: Lexem, Morphem, Semem, Phonem;
c) Ausdrücke mit Suffix -on: Konstituente einer em-Einheit; z. B.: Lexon, Morphon, Semon, Phonon.

Stratum, das (lat. stratum = das Hingebreitete, Schicht): Strukturebene in der ↑Stratifikationsgrammatik; Schicht als Teilsystem der Sprachbeschreibung (z. B. Phonologie, lexemische und morphemische Grammatik) mit je eigener Taktik (Regelsystem, das mögliche Kombinationen der Einheiten des S. angibt; z. B.: morphotaktisch, lexotaktisch, semotaktisch).

Streckformverb ↑Funktionsverb.

Streuung ↑Grundwortschatz.

strikt ↑Subkategorisierung.

Struktur, die (lat. structura = Bauweise): Art und Weise der Verknüpfung von ↑Elementen einer ↑Menge; Gefüge der Teile in einem ↑System, ihre Relationen zueinander und zum Ganzen des Systems; z. B. enthält eine Kursbuchkarte mit dem Netz der Eisenbahnstrecken eines Bezirks keine Angaben über Größe und Anlage der Bahnhöfe, über genaue Entfernungen zwischen diesen, über die Landschaft, in der sie liegen, und andere Einzelheiten der „Wirklichkeit", auf die sich die Kartendarstellung bezieht; solche Abstraktion dient einer umso deutlicheren Information über die für den Leser allein relevante S. des Streckennetzes: Beziehungen (Relationen) der einzelnen Bahnhöfe zueinander, ihr jeweiliger Stellenwert im Zusammenhang des Gesamtsystems. Auch ↑Strukturalismus.

Strukturalismus, der (lat. structura = Bauweise) [auch: strukturale Linguistik, strukturelle Linguistik]: Sprachwissenschaft, die Sprache als geschlossenes ↑System von ↑Zeichen begreift (zusammenhängendes Ganzes, in dem alle Teile voneinander abhängen) und die ↑Struktur des Systems analysieren will: Feststellung des Inventars der sprachl. Einheiten, ihrer Position im System, ihrer Relationen zueinander und zum ganzen System; Gegenentwurf (mit SAUSSURE einsetzend) gegen atomistische, isolierende Einzelwort- oder Einzellautuntersuchungen der traditionellen historischen und vergleichenden Sprachwissenschaft. ↑Taxonomischer S.: Zurückführung aller sprachl. Strukturen auf die syntagmatischen und die paradigmatischen ↑Relationen der sprachl. Einheiten; Beschränkung auf die beiden Grundoperationen ↑Segmentierung und ↑Klassifikation (Genfer Kreis; Prager Kreis: TRUBETZKOY, JAKOBSON, MARTINET; Kopenhagener Kreis: HJELMSLEV; in den USA: SAPIR, BLOOMFIELD, HARRIS); Weiterführung und Überwindung im Gegenentwurf durch den HARRIS-Schüler CHOMSKY (↑Generative Grammatik).

Strukturbaum ↑Stemma.

Strukturelle Semantik: Beschreibung der ↑Bedeutungen sprachl. ↑Zeichen, bes. der ↑Lexeme einer Sprache, unter Berücksichtigung der paradigmatischen und syntagmatischen Bedeutungsbeziehungen (↑Relation) untereinander; der Stellenwert innerhalb der semantischen ↑Struktur des Wortschatzes (↑Lexikon) bestimmt den Inhalt des Einzelwortes. Auch ↑Wortfeld, ↑Lexikon.

Strukturwort ↑Synsemantikum.

Subjekt, das (lat. subjectum = [der Aussage] unterworfen, zugrundegelegt) [auch: Satzgegenstand]: ↑Funktion des Subst. im Satz; ↑Satzglied, das als Bez. des Seienden oder Geschehenden (als Träger oder Urheber des Geschehens) den Ausgangspunkt der Äußerung bildet (GLINZ: „Grundgröße“; ERBEN: „Ansatzgröße“) und zusammen mit dem ↑Prädikat das obligatorische Grundgerüst des Satzes darstellt; steht stets im ↑Nominativ, in ↑Kongruenz mit dem ↑finiten Verb; z. B.: *Der Vogel pfeift.* Vom grammatischen S. (s. o.) zu unterscheiden ist das logische S.: fällt nur in aktivischen Sätzen mit grammatischem S. zusammen, in passivischen nicht; dort fungiert es grammatisch als Präpositionalobj., logisch aber als Agens, Handlungsträger, „Täter“; z. B.: *Das Kind wird von der Mutter gerufen* gegen *Die Mutter ruft das Kind.*

Subjektanhebung (subject raising): Prälexikalische ↑Transformation in ↑generativer Semantik, durch die im Stammbaum (↑Stemma) Subjekte eingebetteter (↑Einbettung), untergeordneter Sätze als ↑Konstituenten in den nächsthöheren Satz (↑Matrixsatz) angehoben werden (unter den nächsthöheren S-Knoten platziert); z. B.: lexikalische Einsetzung des Verbs *überreden* für die atomaren semantischen Prädikate <+ bewirken>, <+ dazu kommen>, <+ beabsichtigen> (= Umkehrung der lexikalischen ↑Dekomposition von *überreden*):

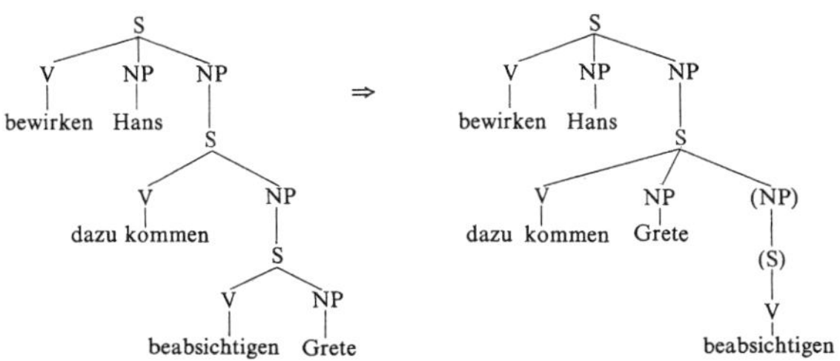

Zu lesen: Hans bewirkt, dass es dazu kommt, dass Grete beabsichtigt. ⇒ Hans bewirkt, dass Grete dazu kommt zu beabsichtigen.

Subjektsatz ↑Gliedsatz.

Subkategorisierung, die (lat. sub = unter; gr. kategorein = aussagen) [auch: Subklassifizierung]: Teilung einer Klasse von Elementen in Unterklassen (nach semantisch-syntaktischen Merkmalen); z. B.: Adj. in Adj_1 mit dem Merkmal <+ graduierbar> wie *groß, schön, alt* und Adj_2 mit <– graduierbar> wie *schwanger, tot*; Nomina in N_1 <+zählbar> wie *Tisch, Haus, Meer* und N_2 <+abstrakt> wie

Friede, Schönheit und N_3 <+belebt> wie *Hund, Vogel, Kriechtier* sowie N_4 <+menschlich> wie *Tante, Bauer, Kerl*; durch Kombination dieser Merkmale entsteht Kreuzklassifikation (Klassifikationsüberschneidung), z. B.: N <–abs, +zähl, –bel, –mensch> wie *Tisch, Garten, Berg, Buchseite* oder N <–abs, +zähl, +bel, +mensch> wie *Onkel, Lehrerin, Dummkopf.* Neben solcher kontextfreien S. nach ↑inhärenten Merkmalen des zu subklassifizierenden Elements [auch: inhärente S.] auch ↑kontextsensitive S., in der die mögliche Umgebung (↑Distribution) eines Elements Gesichtspunkt für die S. ist (↑Kompatibilität, ↑Selektion); z. B. gehört *töten* zur Subklasse der Verben, die nur mit einem N in Objektfunktion erscheinen, welches das Merkmal <+belebt> aufweist;

a) strikte S. [auch: strenge S.]: berücksichtigt nur Kontext der Kette im ↑Stemma, von der das zu subkategorisierende Element Teilkette ist, legt dessen kategorialen Kontext fest; z. B. bei V nur dann NP, wenn $[V + NP]_{VP}$, nicht bei $[[N]_{NP} + [V]_{VP}]_S$;
b) selektionale S.: berücksichtigt weiteren Kontext unter Angabe syntaktisch-semantischer Merkmale; z. B.: V_X: [+ V, + Nomen in Subj.-Funktion mit Merkmal <+ belebt>, + Nomen in Obj.-Funktion mit Merkmal <–abstrakt>].

Subklassifizierung ↑Subkategorisierung.

subordinierend ↑Konjunktion.

Substantiv ↑Nomen.

Substantivierung ↑Nominalisierung.

Substitution, die (lat. substituere = an die Stelle setzen) [als heuristisches Verfahren auch: Ersatzprobe; bei GLINZ: Austauschprobe]: 1. Ersetzung eines fungierenden sprachl. Elements durch ein anderes derselben Kategorie (im Rahmen einer Konstruktion); als Transformationsoperation (↑Transformation): $[X_1]_{X2} \Rightarrow [X_3]_{X2}$; z. B.: *Pflanzen wachsen, wenn man Pflanzen pflegt.* ⇒ *Pflanzen wachsen, wenn man sie pflegt.*:

$$[[N]_{Np} + V]_{vp} \Rightarrow [[Pron]_{Np} + V]_{vp}$$

Strukturbaumveränderung:

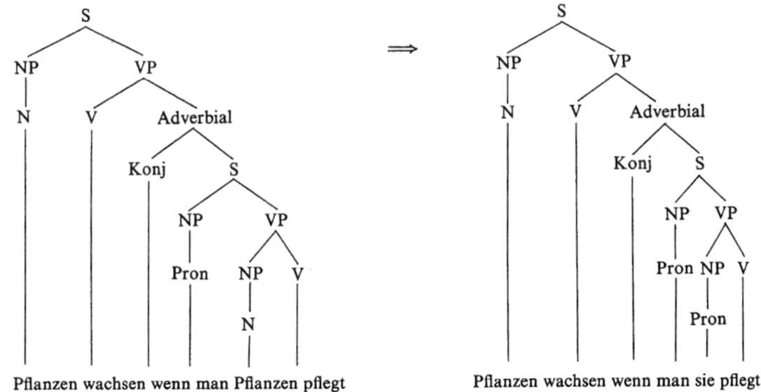

Auch ↑Expansion, ↑Reduktion.

2. In ↑Textlinguistik (HARWEG) Verkettung der Sätze eines ↑Textes durch ununterbrochene Verknüpfung von sprachl. Ausdrücken, die durch andere ersetzt werden (= Substituendum), einerseits und sprachl. Ausdrücken, die andere im Text ersetzen (= Substituens), andererseits; z. B.: *Der Mann hatte es eilig. Er lief über die Straße. Fast hätte ihn ein Auto überfahren.* Auch ↑Proform.

Substrat ↑Sprachkontakt.

Subtraktionsbildung ↑Rückbildung.

Suchmaschine: Hilfseinrichtung bei der Suche nach Informationen in den Dokumenten des ↑Internet; bei Anfrage eingegebene Suchbegriffe werden mit den von der S. gespeicherten Wörtern aus vielen erfassten Texten verglichen, Trefferdokumente über ↑Hyperlinks angezeigt; mit Hilfe logischer Operatoren wie AND OR NOT lassen sich mehrere Suchbegriffe zum Zweck einer verfeinerten Suche verknüpfen. ↑Boole'sche Operatoren.

Sütterlinschrift [auch: Deutsche Schrift]: Vom Graphiker SÜTTERLIN auf der Grundlage der ↑Fraktur geschaffene dt. ↑Schreibschrift mit steilen, eckigen Formen ohne Haar- und Grundstriche; von 1928-1941 Ausgangsschrift in allen deutschen Schulen: *(siehe S. 288)*

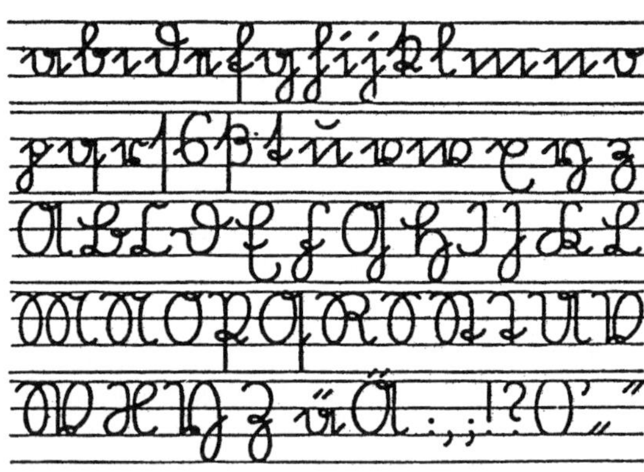

Auch ↑Schreibschrift, ↑lateinische Ausgangsschrift, ↑vereinfachte Ausgangsschrift.

Suffix, das (lat. suffigere = anheften): Gebundenes ↑Morphem, das an ein Grundmorphem angefügt wird, sodass ein neues Wort, ein ↑Derivat (Ableitungssuffix) oder eine neue Wortform, Flexionsform (Flexionssuffix) entsteht; z. B.: *Art > artig, Feind > Feindschaft; Band > Bandes, Rind > Rinder, klein > kleiner*. Auch ↑Präfix, ↑Halbsuffix.

Suffixerweiterung: Erweiterung eines Ableitungs-↑Suffixes (↑Wortbildung) durch ein zusätzliches ↑Segment (diachronisch gesehen oft einem Grundwort zugehörig), meist mit semantischer Differenzierung einhergehend; z. B.: *-er > n-er/l-er* (*Musiker; Redner; Sportler*); *-heit > -ig-keit* (*Neuheit; Neuigkeit*); *-n > -l-n* (*zischen; zischeln*); *-en > -ig-en* (*enden; endigen*).

Suffixoid ↑Halbsuffix.

Suggestivfrage ↑Fragesatz.

Superisation, die (lat. superior = ranghöher) [auch: Superierung]: Zusammenschluss von Einzel-↑Zeichen zu einem Gesamtzeichen höherer Ordnung, dem ↑Superzeichen; z. B.: Zusammenschluss von Wörtern und Sätzen zum ↑Text.

Superlativ ↑Komparation.

Supernym ↑Hyponymie.

superordiniert ↑Hyponymie.

Superstrat ↑Sprachkontakt.

Superzeichen (lat. super = über ... hinaus): Mehrere ↑Zeichen als ↑Konstituenten enthaltende übergeordnete Einheit, die selbst Zeichen ist; z. B.: ein ↑Text mit Konstituenten ↑Satz, ↑Syntagma, ↑Wort, ↑Morphem.

supplementär ↑Distribution.

Suppletivform, die (lat. supplere = ergänzen, ersetzen) [auch: Komplementärform]: ↑Wortform mit fremdem Grundmorphem, die an Stelle einer fehlenden Form im sonst regelmäßigen ↑Paradigma auftritt und dieses so vervollständigt; z. B.: *lache, lachst, lacht, lachen*, aber: *bin*, *bist*, *ist*, *sind*; *wenig, weniger*, aber: *viel*, *mehr*.

Suppletivstamm, der (lat. suppletivus = ergänzend): Ergänzung eines unvollständigen ↑Paradigmas eines Wortes durch Formen eines etymologisch (↑Etymologie) andersartigen, aber bedeutungsähnlichen Wortes; z. B. *gut – besser; bin, ist, sind, war.*

suprasegmental (lat. supra = darüber hinaus): Eigenschaft der für die Inhaltsunterscheidung relevanten Merkmale einer sprachl. Äußerung, die nicht segmentierbar (↑Segmentierung), nicht aus dem linearen Redefluss als Teile herauslösbar, abtrennbar (wie z. B.: ↑Phoneme oder ↑Morpheme) sind; z. B.: Pause oder Grenzsignal (juncture) wie in *Druck-erzeugnis* und *Drucker-zeugnis*; Tonhöhe (z. B. Aussagesatz mit fallendem, Fragesatz mit steigendem Ton wie in *Er geht nach Hause.*↓ – *Er geht nach Hause?*↑); Akzent wie in *úmstellen – umstéllen.*

Symbol ↑Zeichen.

symmetrisch (gr. symmetria = Ebenmaß): Eigenschaft eines Kommunikationsverlaufs, bei dem sich die beteiligten Personen als gleichrangig und gleichberechtigt verstehen und durch spiegelbildliche Interaktion nach Gleichheit streben: Sender- und Empfängerrolle wechseln zwischen den Partnern regelmäßig, beide bestimmen gleichermaßen Gesprächsthemen und deren Wechsel; Gegensatz: asymmetrische (auch: komplementäre) Kommunikation, bei der ein Teilnehmer grundsätzlich dominiert, der andere dessen Verhalten ergänzt, bei der Unterschiede zwischen superiorer/primärer und inferiorer/sekundärer Stellung der Partner bestehen: das Verhalten des einen setzt das des anderen voraus und bedingt es gleichzeitig; z. B. Kommunikation Mutter – Kind, Arzt – Patient, Prüfer – Prüfling.

Symptom ↑Zeichen.

Synärese ↑Synalöphe.

Synalöphe, die (gr. synaloiphe = Vermischung): Verschmelzung zweier ↑Vokale verschiedener Silben, wenn die Vokale im ↑Auslaut und im folgenden ↑Anlaut zusammenstoßen;
a) ↑Elision: Wegfall eines Vokals, z. B.: *Lieb' und Leid*;
b) Synärese (gr. synairein = zusammenfassen): Zusammenziehung zu einem ↑Diphthong, z. B.: mhd. *getregede* > nhd. *Getreide*;
c) Kontraktion (lat. contrahere = zusammenziehen): Zusammenziehung zu einem langen Vokal, z. B. *gehen* > *gehn*.

synchronisch (gr. syn- = zugleich mit; chronos = Zeit): Gleichzeitig; Eigenschaft linguistischer Arbeitsweise, in der sprachl. Erscheinungen in einem gegebenen kurzen Zeitabschnitt (meist der Gegenwart des Untersuchenden) in ihrem Zustand (Stellenwert im Sprachsystem) untersucht werden, ohne dass historische Veränderungen berücksichtigt werden. Gw. ↑diachronisch.

syndetisch ↑asyndetisch.

Synekdoche ↑Metonymie.

synergastische Theorie ↑Glottogonie.

Synesis, die (gr. synesis = Sinnzusammenhang) [auch: Constructio ad sensum]: Syntaktische Konstruktion nach inhaltlichen, nicht formal-grammatischen Gesichtspunkten; Widerspruch zwischen Form und Bedeutung durch Verletzung der ↑Kongruenz; z. B.: *liebe* (statt *liebes*) *Fräulein Meier* – *Eine Menge Kinder spielten* (statt *spielte*) *auf dem Schulhof.*

Synkope ↑Apokope.

Synonymie, die (gr. syn = zugleich mit; onoma = Name) [auch: Äquivalenzrelation]: Inhaltliche Übereinstimmung zweier oder mehrerer sprachl. ↑Zeichen bei verschiedener Lautform; kaum einmal vollständige, totale S. (= wechselseitige Austauschbarkeit in jedem Kontext ohne denotativen oder konnotativen Bedeutungsunterschied), meist nur partielle S. (auch: Homoionymie = in einigen, aber nicht allen Kontexten austauschbar) in einer Sprache vorhanden; deshalb S. oft als Bez. nicht nur für gleiche, sondern für ähnliche Bedeutungen gebraucht; z. B.: *ein Geschenk bekommen/erhalten*, aber: *die Grippe bekommen – *die Grippe erhalten; schon – bereits; verstehen – begreifen; Apfelsine – Orange; Kopf – Haupt; Sonnabend – Samstag; Fleischer – Schlachter – Metzger.* Auch ↑Antonymie, ↑Hyponymie.

Synpleremik, die (gr. syn = zugleich mit; pleroma = Füllung, Sättigung): Lehre von der festen Kombination mehrerer ↑Plereme (kleinster Sprachzeichen, ↑Morpheme) zu Wörtern und idiomatischen Wortgruppen (↑Lexem), aber nicht zu freien Fügungen, die sich nach den Regeln der Syntax beschreiben lassen; S. umfasst ↑Wortbildung/Morphologie, Wortformenlehre/Flexionslehre und die Lehre von den festen Redewendungen/Idiomen (↑Phraseologie).

Synsemantikum, das (gr. syn = zugleich mit; sema = Zeichen) [auch: Formwort, Leerwort, Strukturwort]: Wort, das im Ggs. zum ↑Autosemantikum nicht über selbstständige, weitgehend kontextunabhängige Bedeutung verfügt; ist im lexikalischen Sinne inhaltsarm; markiert in enger Anlehnung an Nomen, Verb, Adj. z. B. die syntaktischen Beziehungen zwischen diesen (Relationswort) oder fordert weitere Kontext- und Situationsbezüge als semantische Stütze (Pron.); baut so Inhalt eines größeren Elements mit auf (semantische Konstruktion); z. B.: *Dieser hatte sich gerade auf einen Stuhl gesetzt.*

synstratisch ↑diastratisch.

Syntagma, das (gr. syntassein = zusammenstellen, ordnen) [auch: Wortgruppe]: 1. Syntaktische Verknüpfung mehrerer Wörter; aus mehr als einem Wort bestehende Satzkonstituente, die nicht selbst Satz (oder Teilsatz eines komplexen Satzes) ist. 2. In der linearen Redekette des Satzes miteinander verbundene sprachl. Zeichen mit engerer Zusammengehörigkeit, die als Gruppe die Stellung im Satz ändern kann (↑Permutation), gemeinsamen Bedeutungskomplex im best. Kontext bildet, kongruente Flexion (↑Kongruenz) aufweist; z. B.: *Am frühen Morgen wurde er vom Wecker geweckt. – Er wurde am frühen Morgen vom Wecker geweckt. – Er wurde vom Wecker am frühen Morgen geweckt.*
Vgl. ↑Satzglied.

syntagmatisch ↑Relation.

Syntagmem, das: ↑Inhalt eines ↑Syntagmas.

Syntax, die (gr. syntaxis = Anordnung, Zusammenstellung) [auch: Satzlehre, Fügelehre]: System von (Wort-)Verknüpfungsregeln, die die syntaktischen Strukturen von Sätzen festlegen; Analyse und Beschreibung der Beziehungen sprachl. Zeichen im ↑Satz, ihres in ↑Satzbauplänen darstellbaren Gefüges, ihrer ↑Funktionen im Satz; Erklärung verschiedener Satzmuster, Satztypen und ihres Zustandekommens (generative S.); Fixierung der Satzgrenzen in sprachl. Äußerungen; kleinste Einheit: ↑Wortform, größte Einheit: Satz. Auch ↑Satzglied, ↑Position, ↑Syntagma, ↑I-C-Analyse.

synthetisch (gr. syntithemi = zusammenstellen): Eigenschaft einer Sprache, in der die syntaktischen Beziehungen zwischen den Wörtern in den Wortformen durch gebundene Morpheme (meist Endungen) ausgedrückt werden; im Ggs. zum ↑analytischen Sprachbau, in dem die Beziehungen durch selbstständige Wörter (Art. Pron., Präp.) ausgedrückt werden; z. B.: lat. *gladio* = *mit dem Schwert,* lat. *amaverunt* = *sie haben geliebt*. Auch ↑Sprachtypologie.

syntopisch ↑diatopisch.

System, das (gr. systema = Vereinigung): In sich geschlossenes, geordnetes Ganzes, in dem alle Teile feste Beziehungen zueinander und zum Ganzen aufweisen, zu einer ↑Struktur (des S.) verknüpft sind und dabei best. ↑Funktionen innehaben.

Systemlinguistik: Strukturalistisch orientierte (↑Strukturalismus), vor allem an der formalen Seite der ↑Sprache (Langue) interessierte Sprachwissenschaft (Phonologie, Morphologie, Lexikologie und Wortbildung, Syntax und Semantik), an der die sozialwissenschaftlich ausgerichtete Pragmalinguistik (↑Pragmatik) kritisiert, dass sie die Untersuchung der Bedingungen des Sprachgebrauchs, die Analyse kommunikativen Handelns vernachlässige.

Tabuwort: Wort, dem auf Grund magischer Vorstellungen Beschwörungskraft zugesprochen wird, dessen ↑Referent etwas den Menschen Bedrohendes darstellt; T. soll deshalb nicht ausgesprochen, die gefährliche Erscheinung nicht durch Namensnennung „berufen“ werden; T. wird vermieden oder durch Hüllwort ersetzt; z. B.: *Teufel,* stattdessen Hüllwörter *der Leibhaftige, der Böse, der Gottseibeiuns* u. a.

Tachysphemie ↑Poltern.

Tätigkeitsverben ↑Verb.

Tagmem, das (gr. tagma = Klasse, Ordnung): 1. In PIKES ↑Tagmemik Zuordnungseinheit; Korrelation auf jeder Strukturebene (↑Stratum): slot-filler-correlative; besteht aus Funktion/Position (engl. slot = Schlitz, Leerstelle) und Formklasse (class/filler = Füller) von Einheiten, welche die jeweilige Position einnehmen; z. B.: S : NP (zu lesen: als Subj. fungiert eine Nominalphrase). 2. Bei ZIERER äußere Form des ↑Grammems.

Tagmemik, die (gr. tagma = Klasse, Ordnung): PIKES Theorie der ↑Morphosyntax mit den Einheiten ↑Tagmem (Korrelation von Formklasse und Funktion), ↑Syntagmem (Konstruktion aus Tagmemen) und Matrix (Anordnung von Tagmemen und Syntagmemen).

taktil ↑akustisch.

Tatpurusa ↑Determinativkompositum.

Tautologie, die (gr. to auton legein = dasselbe sagen): ↑Wortbildung oder ↑Syntagma aus zwei synonymen (↑Synonymie) oder gar identischen ↑Konstituenten; z. B.: *Schalksnarr* < *Schalk* + *Narr*; *nie und nimmer*; *immer und immer wieder*; *Das habe ich doch bereits schon erledigt.* Vgl. ↑Pleonasmus.

taxonomisch (gr. taxis = Stellung innerhalb einer Ordnung): Eigenschaft der auf SAUSSURE zurückgehenden strukturalistischen Sprachwissenschaft, die den Aufbau eines Sprachsystems und die Stellung eines Einzelelements im System allein mit Hilfe der beiden Grundoperationen ↑Segmentierung und ↑Klassifikation beschreiben will; Arbeitsgrundlage stets ein sprachl. ↑Korpus, Betrachtungsweise vornehmlich ↑synchronisch; Kritik (nur ↑Oberflächenstruktur werde analysiert) und Gegenentwurf von Seiten der Generativen Transformationsgrammatik CHOMSKYS. Auch ↑Strukturalismus, ↑I-C-Analyse.

Teilsatz: Konstituente eines ↑komplexen Satzes, der im Ggs. zum einfachen Satz aus mehreren T. besteht; diese sind entweder einander gleichgeordnet (↑Parataxe mit mehreren Hauptsätzen), sodass der Gesamtsatz eine ↑Satzreihe darstellt, oder sie sind einander über- bzw. untergeordnet (↑Hypotaxe mit Haupt- und Nebensatz).

Telekommunikation (gr. tele = fern): ↑Kommunikation über größere Entfernungen hinweg, als menschliche Stimmen ohne technische Hilfe überbrücken können; Übertragung per Draht/Kabel oder Funk, insbesondere mit Hilfe moderner Übertragungstechnologie (Telegramm, Telefon, Telefax, ↑SMS, ↑E-Mail).

T-Element (Typen-Element): Obligatorischer Bestandteil der Satzbeschreibung in der ↑Generativen Grammatik; Angabe des jeweiligen Satztypus, durch den die Anordnung der Satzkonstituenten der ↑Oberflächenstruktur festgelegt ist;

```
                         Satz   (= Oberflächenstruktur des Satzes)
                        /    \
(Typen-Element)        T      S  (= ↑Tiefenstruktur des Satzes);
```

a) T_A: Aussagesatzstellung; Verb an zweiter Position im Satz; z. B.: *Ich spreche morgen mit ihm.*
b) T_F: Fragesatzstellung (Entscheidungsfrage); Verb am Satzanfang; z. B.: *Sprichst du auch die Wahrheit?*
c) T oder T_N: Nebensatzstellung; finites Verb am Satzende; z. B.: *Wer weiß, ob er ihn tatsächlich getroffen hat.*

temporal ↑Adverbial.

temporale Deixis ↑Deixis.

Temporalsatz ↑Gliedsatz.

Tempus, das (lat. tempus = Zeit) [auch: Zeitform]: In den Flexionsformen des Verbs (mit dazugehörigen Hilfsverbformen von *haben, sein* und *werden*) ausgedrückte zeitliche Einordnung des Ausgesagten aus der Sicht des Sprechers: mit dem Sprechakt gleichzeitig = gegenwärtig, zurückliegend = vergangen, oder noch bevorstehend = zukünftig; nach Muster der lat. Grammatik:
a) ↑Präsens (Gegenwart): *Ich lache.*
b) ↑Präteritum (Vergangenheit): *Ich lachte.*
c) ↑Futur (Zukunft): *Ich werde lachen.*
d) ↑Perfekt (vollendete Gegenwart): *Ich habe gelacht.*
e) ↑Plusquamperfekt (vollendete Vergangenheit): *Ich hatte gelacht.*
f) ↑Futur II (vollendete Zukunft): *Ich werde gelacht haben.*
Nach GLINZ und BRINKMANN kennt dt. T.-System nur zwei Grund- oder Haupt-Tempora: Nichtvergangenheit (Präs.) und Vergangenheit (Prät.) bei unmittelbarer Darstellung eines Geschehens; bei modifizierender Darstellung können Vollzug (Perfekt, Plusquamperfekt) oder Erwartung (Futur I, II) ausgedrückt wer-

den; Angaben der Zeit und der Einstellung des Sprechers zum Geschehensverlauf überlagern einander. Vgl. dagegen ↑Zeitstufe.

Tempusgebrauch: Verwendung der grammatischen Tempora (↑Tempus);
a) absoluter T.: drückt Verhältnis zwischen dem Zeitpunkt des Sprechaktes und dem mit dem ↑Verb bezeichneten Sachverhalt aus; z. B.: *Ich gehe über die Straße. – Ich ging über die Straße.*
b) relativer T.: drückt zeitliches Verhältnis zwischen mehreren Sachverhalten aus, von denen im ↑Satz die Rede ist; Zuordnung der Verbform im ↑Gliedsatz zu einem best. Tempus unter Bezug auf die absolut gebrauchte Verbform im Hauptsatz: Vor-, Gleich- und Nachzeitigkeit; z. B.: *Er war wieder in der Stadt, in der er als Kind gelebt hatte / obwohl er sie eigentlich nicht mehr betreten wollte / bis er es dort nicht mehr aushalten konnte.*

Tenuis ↑Explosivum, ↑Opposition.

Term, der (lat. terminus = Begriff): Grundbegriff; kleinste sprachl. Einheit, der durch semantische Interpretation ein Referenzobjekt (↑Referent) in außersprachl. Wirklichkeit zugeordnet werden kann; T. kann nicht wahr oder falsch sein und keine Behauptung, Aufforderung u. ä. zum Ausdruck bringen; z. B.: *Hamburg*; *der Hamburger Elbtunnel.*

terminal (lat. terminus = Grenze): Am Ende stehend; in ↑Generativer Grammatik bei Darstellung der Stammbaumstruktur von Sätzen Eigenschaft der Endsymbole im ↑Stemma, die nicht weiter in ↑Konstituenten aufgegliedert werden (t. Symbole), sondern selbst t. Konstituenten darstellen und zusammen t. Kette = Endkette bilden, welche aus Kategorialsymbolen wie Art, N, V, Pron besteht; manchmal werden auch die für die Kategorialsymbole eingesetzten ↑Lexeme als Endkette bezeichnet, dann stellen die durch ↑Subkategorisierung abgeleiteten komplexen Symbole eine praeterminale Kette dar.

Terminologielehre: Wissenschaftliche Darstellung des Phänomens der ↑Fachsprache bzw. Wissenschaftssprache im Unterschied zur Gemeinsprache/Standardsprache (↑Sprache); Theorie zweck- und funktionsgebundener Subsysteme, die auf dem Zeichensystem einer natürlichen Sprache aufruhen, dabei aber Entwicklungstendenz in Richtung auf formalisierte Sprache aufweisen (z. B. Sprache der formalen Logik, der Mathematik, Technik, Wirtschaft); im Unterschied zur polyfunktionalen natürlichen Gemeinsprache mit ihrer Unbestimmtheit (↑Vagheit) und Mehrdeutigkeit (↑Polysemie) von Wörtern und Wendungen (je nach ↑Kontext verschiedene Bedeutung) sind die begrifflichen Inhalte der monofunktionalen Fachsprache als Konstrukte wissenschaftlichen Denkens präziser und von größerer Abstraktheit in Bezug auf außersprachl. Wirklichkeit.

Terminus technicus ↑Internationalismus.

Text, der (lat. textum = Gewebe): 1. In der älteren Textlinguistik: Verbindung mehrerer aufeinander folgender (Reihenfolge nicht beliebig vertauschbar), einen Sinnzusammenhang konstituierender Sätze zu einer größeren gesprochenen oder geschriebenen sprachl. Einheit (im Unterschied zur bloßen Reihe isolierter Einzelsätze); kohärente (↑Textkohärenz) Menge von Sätzen; als natürliche Form zusammenhängender Äußerung die Grundeinheit sprachl. ↑Kommunikation; artikuliertes (bzw. niedergeschriebenes) ↑Textem; z. B.: T. mit inhaltlich benachbarten Wörtern, mit Pron. und Konj. als ↑Konnektoren: *Der Professor begann mit dem Vortrag. Zuerst grenzte er sein Thema ein. Dann nannte er Beispiele für dessen Aktualität. Dabei sprach er mit ruhiger, klarer Stimme, sodass wir Zuhörer ihn alle gut verstehen konnten.* Dagegen Reihe von Sätzen (mit z. T. gleichen ↑Lexemen), ohne dass ein T. entsteht: *Herr Dr. Müller ist Professor an der hiesigen Hochschule. Das Thema des Aufsatzes muss noch eingegrenzt werden. Geh ihm mit gutem Beispiel voran! Er sprach mit ruhiger, klarer Stimme. Kinder sind stets dankbare Zuhörer. Das verstehe ich nicht.* Auch ↑Transphrastik. 2. In der neueren Textlinguistik: thematisch geordnete Äußerungsmenge (von unterschiedlicher Quantität, ohne Berücksichtigung der Einheit ↑Satz) als sprachl. Bestandteil eines Kommunikationsaktes, mit erkennbarer kommunikativer Funktion (illokutiv und perlokutiv; ↑Sprechakt); mündliche oder schriftliche Redeeinheit zwischen zwei Kommunikationspausen; z. B.: Alarmruf *Feuer!*, Hilferuf, Einkaufszettel, Fahrplan, Speisekarte in der Hand des Benutzers, aber natürlich auch: Brief, Zeitungsartikel, Roman.

Textanweisung ↑Anweisungsstruktur.

Textart ↑Textsorte.

Textbasis: Inhaltliche Struktur, die einem ↑Text zugrundeliegt; Gefüge aus ↑Propositionen, die sich z. T. überlagern.

Textbaustein: Gespeicherter, fertiger Textteil unterschiedlicher Länge und Gestalt, der bei ↑Textverarbeitung zeitsparend in ein Schriftstück (z. B. Standardbrief) eingefügt werden kann.

Textem, das (lat. textum = Gewebe): Ergebnis des sprachl. Kodierungsvorgangs (Umsetzung von Sprechervorstellungen; ↑kodieren) noch vor Realisierung in der Äußerung: noch nicht artikulierte/niedergeschriebene sprachl. Strukturen.

Textfortschritt ↑thematische Progression.

Textgrammatik [auch: Diskursgrammatik]**:** Grenzen des ↑Satzes überschreitende oder vom ↑Text als der höheren sprachl. Einheit ausgehende ↑Grammatik.

Textkohärenz, die (lat. cohaerere = zusammenhängen): Inhaltliche Verknüpfung, Verflechtung der ↑Konstituenten eines ↑Textes, seiner einzelnen ↑Prädikationen zu in sich geschlossener sprachl. Einheit ohne innere Widersprüche; Grundmuster für Relation zwischen Sätzen, deren Abfolge und lexikalische Realisierung; Verbindungstypen zweier aufeinander folgender Sätze (nach ISENBERG):

a) Thematisierung nicht-neuer Gegenstände: *Mittags erreichte er das Dorf. Der Ort gefiel ihm.*
b) Kausalanknüpfung: *Die Heizung funktioniert nicht. Der Öltank ist leer.*
c) Motivanknüpfung: *Fritz ist in die Kneipe gegangen. Er will ein Bier trinken.*
d) Diagnostische Interpretation: *Es friert. Auf den Pfützen bildet sich eine dünne Eisschicht.*
e) Spezifizierung: *In der Schillerstraße hat es einen Unfall gegeben. Ein VW hat eine Fußgängerin auf dem Zebrastreifen erfasst.*
f) metasprachliche Einordnung: *In vier Wochen soll Hochzeit sein. Das hat mir Elses Mutter selbst gesagt.*
g) Temporalanknüpfung: *Um 7 Uhr gab es Frühstück. Danach verließ ich das Haus.*
h) Anknüpfung von Voraussetzungen: *Karl erhält vom Postboten einen Brief. Jemand hat ihm geschrieben.*
i) adversative Kontrastierung: *Heute scheint die Sonne. Gestern dagegen hat es den ganzen Tag geregnet.*
k) Frage-Antwort-Korrespondenz: *Was hast du heute vor? Wir könnten mit Erich Skat spielen.*
l) Vergleich: *Michael ist ein guter Torwart. Ein noch besserer Torwart ist Heinz.*
m) Korrektur von vorerwähnten Aussagen: *Ich habe Angelika das Buch geliehen. Nein, ich habe das Buch Brigitte geliehen.*

Textkritik: Untersuchung handschriftlicher und gedruckter Fassungen von Texten mit dem Ziel, Fehler und ↑Interpolationen (= nachträglich eingeschobene

Ausdrücke) zu beseitigen und die ursprüngliche Fassung möglichst wieder herzustellen (Rekonstruktion der Originalfassung).

Textlinguistik [auch: Texttheorie, Textologie, Translinguistik]: Untersuchung und Beschreibung von ↑Texten (entweder transphrastisch von Satzsyntax zur Textsyntax fortschreitend [↑Transphrastik] oder aber nach pragmatisch-kommunikativer Textdefinition), der Konstitution von Texten (↑Textkohärenz, Text-↑Referenz, ↑Textphorik), der Typologie von Texten (↑Textsorte) nach ihrer jeweiligen kommunikativen Funktion. Den Analysen der Oberflächenstruktur von Texten und den Zusammenstellungen der dort erkennbaren syntaktisch-semantischen Verknüpfungsmittel (↑Proform, ↑Pronominalisierung) oder Gliederungssignale (z. B. der Eröffnung oder des Abschlusses einer Äußerungseinheit: *nun also, so*) steht die Forderung nach einer auf Text-↑Tiefenstrukturen aufbauenden T. gegenüber: thematische, logisch-semantische Mitteilungs- und Wirkungsabsicht des Sprechers/Schreibers steuert den Prozess der Texterzeugung im Rahmen eines Kommunikationsaktes über Satztiefenstrukturen („Satzbegriffe", ↑Propositionen) und Einsetzung von ↑Lexemen bis zur Überführung in die Textoberfläche.

Textphorik, die (gr. phorein/pherein = sich auf etwas beziehen) [auch: Textverweise]: Sprachl. Bezugnahme; Verweis best. Elemente eines ↑Textes auf andere Elemente desselben Textes, mit Verweisrichtung nach rückwärts, auf den vorangegangenen ↑Kontext (Anapher) oder vorwärts auf folgenden Kontext (Katapher). Auch ↑Proform.

Text(re)produktion, die (lat. producere = hervorbringen; re- = wieder) [auch: Sprachproduktion]: Sprechen oder Schreiben als Hervorbringung sprachl. Äußerungen; Erzeugung (bzw. Wiederherstellung, Rekonstruktion) eines (im Gedächtnis behaltenen) ↑Textes durch Sprecher/Schreiber im Unterschied zur ↑Textrezeption durch Hörer/Leser.

Textprogression ↑thematische Progression.

Textrezeption, die (lat. recipere = empfangen) [auch: Sprachrezeption]: Hören oder Lesen als verstehendes Aufnehmen und Verarbeiten eines ↑Textes durch Hörer/Leser im Unterschied zur ↑Textproduktion des Sprechers/Schreibers.

Textsemantik: Untersuchung und Beschreibung der ↑Bedeutung (↑Semantik) eines ↑Textes, der verständnisleitenden Textzusammenhänge, d. h. der inhaltlichen ↑Textstruktur (Verknüpfung best. Lexeminhalte nach ↑thematischer Progression; Berührung mit ↑Textgrammatik, Textsyntax) sowie der Einbettung eines Textes in eine best. ↑Kommunikationssituation und der Beziehungen zwischen Textstruktur und Situation (Berührung mit ↑Pragmatik): Wie funktioniert der Text, wie wird er in einer best. Situation verstanden? Im Unterschied zur Wortsemantik (↑Zeichen) wird in T. dem isolierten Einzelwort keine Bedeutung zuerkannt, sondern nur ↑Bedeutungspotential; Bedeutung erlangt das Wort erst durch seine Verwendung im Text (↑Monosemierung). Der Textinhalt wird bestimmt durch:

a) textinterne Faktoren: Inhalte der ↑Lexeme (Bedeutungspotential) und deren Verknüpfung; sprachl. ↑Kontext (vorausgehende und folgende Textteile);
b) textexterne Faktoren: ↑Situation, in die sprachl. Handeln eingebettet ist; Erfahrungswissen von der Welt (↑Wirklichkeitsmodell) bei Sprecher/ Schreiber und Hörer/Leser.

Textsorte [auch: Textart, Texttyp]: In vergleichbarer ↑Kommunikations-Situation wiederkehrende, typische Erscheinungsform von ↑Texten, deren Struktur und Merkmale von den Faktoren der Situation abhängig sind; Textmuster, das sich zur Bewältigung einer best. Sprech- oder Schreibsituation herausgebildet hat und daher besonders gut geeignet erscheint; z. B.: Begrüßungsansprache, Geburtsanzeige, Gebrauchsanweisung, Predigt; je nach dominierender ↑Funktion:

a) expressiv: Ausdruck von Gefühlen, Meinungen; z. B.: Tagebucheintragung;
b) appellativ: Absicht, das Denken, Fühlen, Handeln des Empfängers zu beeinflussen; z. B.: Verordnung;
c) referentiell: Information, Darstellung von Sachverhalten; z. B.: Protokoll;
d) ästhetisch/poetisch: sprachl. Form der Kommunikation ist entscheidendes Merkmal; z. B.: Novelle.

Textstruktur: Thematische (↑Textthema), lexikalisch-semantische (↑Isotopie) und syntaktische (↑Syntax) Organisation der Einzelbestandteile eines ↑Textes zu einem inneren Beziehungsnetz (↑Textkohärenz).

Textthema: Grund-/Leitgedanke(n), an dem (denen) die sprachl. Elemente eines ↑Textes und ihre Organisation (↑Textstruktur) orientiert ist (sind) und der (die) den Textzusammenhang (↑Textkohärenz) bewirkt (bewirken); als Informationskern („Mindestmitteilungsgehalt“) und zentrales Element der Textbedeutung (↑Textsemantik) durch zunehmende Verkürzung (Reduktion) der Textparaphrase (umschreibende Textwiederholung) in Form einer textsemantischen Basisstruktur oder gar eines ↑Basissatzes herauszuarbeiten (vergleichbar einer Überschrift oder einem barocken Buchtitel).

Texttheorie: Bei S. J. SCHMIDT in terminologischer Abgrenzung von einer transphrasistischen (aus ↑Syntax entstandenen, aber satzgrenzenüberschreitenden) ↑Textlinguistik die an Kommunikationswissenschaft und ↑Pragmatik orientierte Untersuchung von Texten-in-Funktion, d. h. von ↑Textproduktion und ↑Textrezeption, wobei ↑Text definiert wird als geäußerter sprachl. Bestandteil eines Kommunikationsaktes, der thematisch orientiert ist (↑Textthema) und eine erkennbare kommunikative Funktion erfüllt. Auch ↑Text.

Texttyp ↑Textsorte.

Textverarbeitung: Schreiben und Gestalten von Texten mit Hilfe von ↑Computern als „elektronischem Schreibgerät" und mit speziellen Arbeitsprogrammen; gegliedert in Eingabe von Daten, deren Speicherung, spurenlose Überarbeitung, Aktualisierung, Ausdruck und Löschung; Arbeitshilfen wie Rechtschreibüberprüfung, automatische Silbentrennung, Anmerkungen, Suchen und Ersetzen einzelner Ausdrücke, automatische Seitenzählung u.a.; Abruf wiederkehrender Texte und Textbausteine möglich, Montage mehrerer Texte, Einbau von graphischen Darstellungen, Bildern Tönen (↑multimedial), Verwendung von Verweisen innerhalb des Textes und über den Text hinaus auf Texte/Dateien im ↑Internet mit Hilfe von ↑Hyperlinks (↑Hypertext).

Textverstehen: Nach ↑kognitiver Psychologie und ↑kognitiver Linguistik zweiseitiger Prozess der Informationsverarbeitung, der Verknüpfung von Informationen aus dem ↑Text und aus dem Erfahrungs- und Wissensspeicher im Gehirn (↑Gedächtnis); aktives Konstruieren (↑Konstruktivismus) von Bedeutung, die der Mitteilungsabsicht des Textproduzenten möglichst nahe kommt; Interaktion von simultanen Abläufen:

a) Bottom-up-Verarbeitung: sprachdatengesteuert von unten nach oben, d. h. von den Merkmalen der Laute bzw. Buchstaben über die semantisch-lexikalischen Wortmerkmale, die syntaktische Verknüpfung in Sätzen und Texten zur Situationseinbettung und zum Vergleich mit vorhandenem ↑Weltwissen;
b) Top-down-Verarbeitung: wissens- und kontextgesteuert von oben nach unten, d. h. vom Weltwissen, linguistischen Wissen, über Erwartungen, Schemata hin zu Sätzen, Wörtern, Lauten.

Textverweis(ung): Beziehung zwischen Verweisform (↑Proform) und Bezugselement im ↑Text (meist mit identischer ↑Referenz beider Ausdrücke); wichtiges Mittel der Vertextung, d. h. der Verknüpfung sprachl. Elemente zu einem kohärenten (↑Textkohärenz) Text; zu unterscheiden sind:

a) Wiederholung: *Der Mann kam näher. Der Mann grüßte sogar.*

b) Variation: *Gerhard Schröder reist nach Paris. Der deutsche Bundeskanzler wird dort ...*
c) Pronominalisierung: *Hans kommt. Er wird gleich hier sein. – Ich fahre nach Kiel. Ich habe dort zu tun.*
Auch ↑Wiederaufnahme, ↑Textphorik.

Thema, das (gr. thema = das Gesetzte, Aufgestellte): Im Rahmen der ↑Funktionalen Satzperspektive das der Mitteilung Zugrundeliegende; das, worüber gesprochen wird; die aus ↑Kommunikationssituation oder vorangegangenem ↑Kontext ableitbare, bereits bekannte Information; z. B.: *Meiers Katze hat schon wieder einen Vogel gefangen. – Der neue Roman von Martin Walser ist sehr spannend.*

Thema-Rhema-Gliederung ↑Funktionale Satzperspektive.

thematische Progression, die (gr. thema = das Gesetzte, Aufgestellte; lat. progredi = fortschreiten) [auch: Textprogression, Textfortschritt]: Inhaltliche Gliederung eines ↑Textes als Folge und Verkettung mehrerer Themen, fortschreitender Informationszuwachs beim Aufbau eines Textes; auf Grundlage der ↑Funktionalen Satzperspektive (Gliederung des Satzes in bekannte und unbekannte Information, ↑Thema und ↑Rhema) satzgrenzenüberschreitend für linguistische Textanalyse entwickelt; nach DANEŠ fünf Haupttypen:
a) einfache lineare t. P.: Rhema des Vorgängersatzes wird Thema des Nachfolgesatzes; z. B.: *Autoren schreiben Manuskripte. Das macht manchmal keinen Spaß.*

$T_1 \rightarrow R_1$
↓
$T_2 (= R_1) \rightarrow R_2$
↓
$T_3 (= Rs) \rightarrow R_3$ usw.

b) t. P. mit durchlaufendem Thema: Thema bleibt in einer Folge von Sätzen gleich; es kommt je ein neues Rhema hinzu; z. B.: *Max ist Vertreter. Er ist viel unterwegs. Er muss früh aufstehen.*

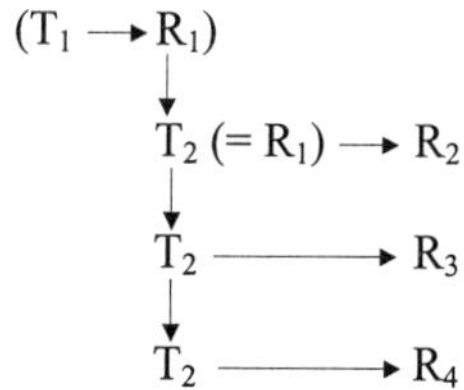

c) t. P. mit abgeleitetem Thema: Themen mehrerer Sätze sind von einem übergeordneten Thema (= Hyperthema) abgeleitet; z. B.: *Hamburg ist ein Stadtstaat an der Elbe. Die Bodenfläche des Landes beträgt 746 km². Die Zahl der Einwohner beläuft sich auf 1,8 Millionen. Wirtschaftlicher Mittelpunkt ist der Hafen.*

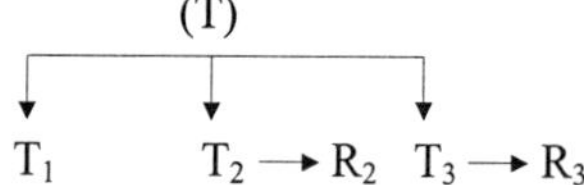

d) Entwicklung eines gespaltenen Rhemas: Von einem explizit oder implizit doppelten Rhema des Ausgangssatzes wird in den Nachfolgesätzen zunächst der eine, dann der andere Teil des Rhemas als Thema wieder aufgenommen; z. B.: *Tim war einerseits fleißig, andererseits aber auch verspielt. Sein Fleiß machte ihn zu einem an sich guten Schüler. Seine Verspieltheit lenkte ihn freilich vom Unterrichtsgeschehen ab.*

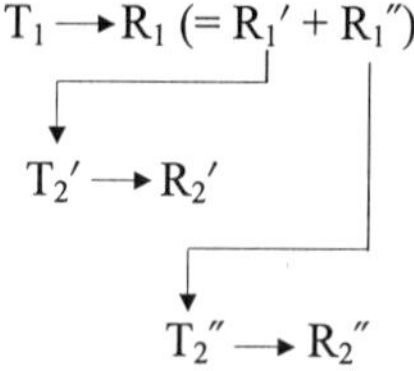

e) t. P. mit thematischem Sprung: ein Glied der thematischen Kette wird ausgelassen, ist aber aus dem Kontext leicht erschließbar; z. B.: *An den Hochschulen studieren junge Menschen. Die Studenten rauchen vielfach. (Rauchen ist gesundheitsschädlich.) Gesundheitsschäden zeigen sich oft erst sehr spät.*

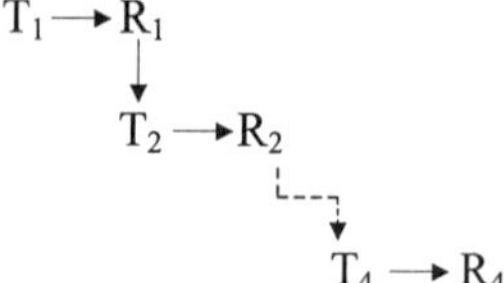

Thesaurus, der (gr. thesauros = Schatz) [auch: Begriffswörterbuch, onomasiologisches Wörterbuch]: Alphabetisch (oder nach Sachbegriffen) geordnetes Wörterbuch, das auf Vollständigkeit hin angelegt ist, also den gesamten Wortschatz einer Sprache zu erfassen versucht; z. B.: „Thesaurus Linguae Latinae" von 1894.

thesei ↑physei.

Tiefenkasus: Im Unterschied zum traditionellen morphologisch markierten ↑Kasus der Nominalflexion (↑Deklination) satzsemantisch begründete Beziehung zwischen Verb und Nominalphrasen in der ↑Tiefenstruktur von Sätzen nach der Syntaxtheorie der ↑Kasusgrammatik; z. B.: Agens/Agentiv = Urheber der mit dem Verb bezeichneten Handlung, Faktitiv = durch die Handlung hervorgebrachtes Ergebnis.

Tiefenstruktur [auch: zugrunde liegende Struktur, Basisstruktur, Mentalstruktur, D-Struktur]: In ↑Generativer Grammatik die elementaren syntaktischen Beziehungen der ↑Konstituenten eines Satzes auf abstrakter Stufe; Konstituentenstruktur, die sich vom verstehenden Hörer aus konkreter Äußerungsform (↑Oberflächenstruktur) rekonstruieren, mit Hilfe von Konstituentenstruktur-Regeln, Subkategorisierungs-Regeln und ↑Lexikon vom kompetenten Sprecher (↑Kompetenz) bilden lässt; enthält bereits alle für den Satzinhalt wichtigen Elemente (↑Lexeme und ihre syntaktische Zuordnung; bildet also Grundlage für semantische Interpretation eines Satzes), allerdings noch nicht in die Oberflächenstruktur, die Form aktueller Rede eingebracht (↑Transformation);
Beispiel 1 *Ich grüße den Mann mit dem Hut* hat eine Oberflächenstruktur (erscheint also oberflächlich wie ein Satz), die aber auf zwei T. von zwei verschiedenen Sätzen zurückgeht:
Beispiel 1: *Ich grüße den Mann mit dem Hut.*

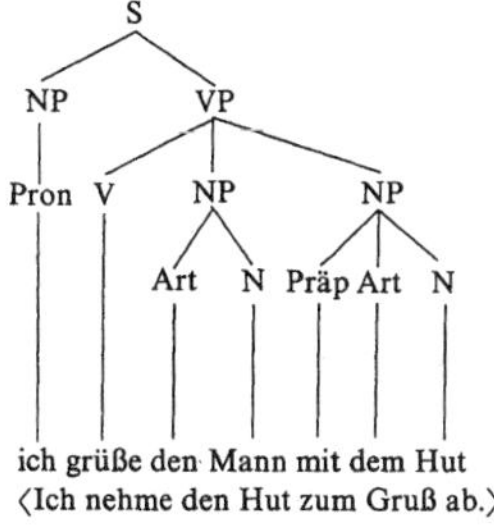

⟨Ich nehme den Hut zum Gruß ab.⟩

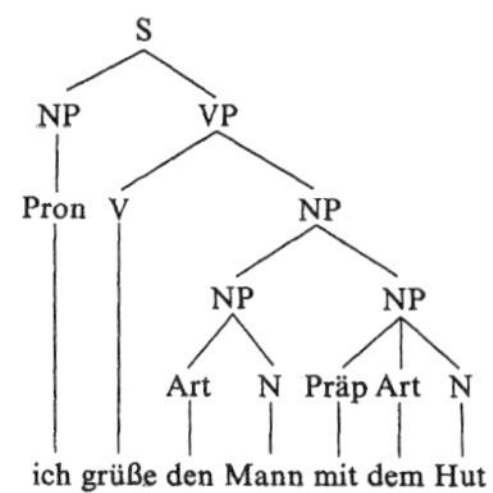

⟨Der Mann, den ich grüße, trägt einen Hut.⟩

Beispiel 2: *Das Kind schenkt der Mutter eine Blume.*

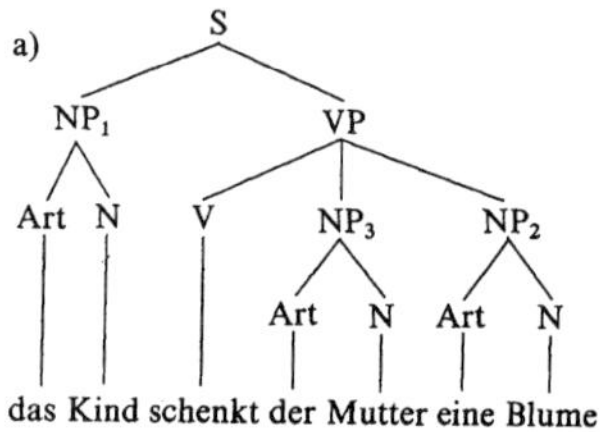

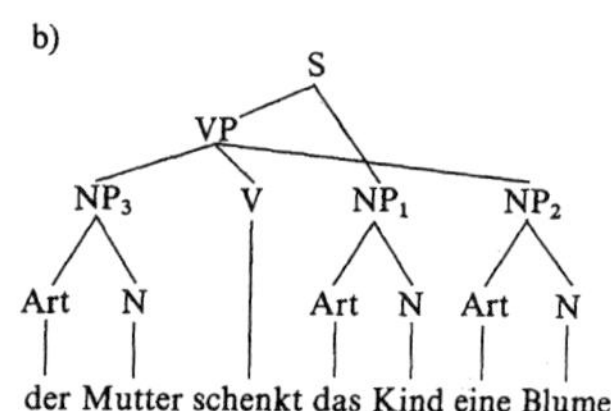

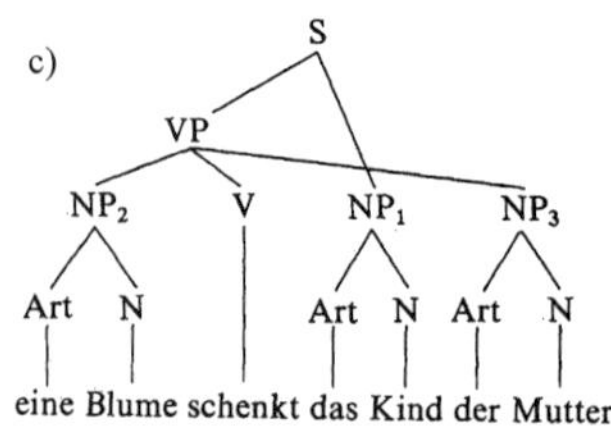

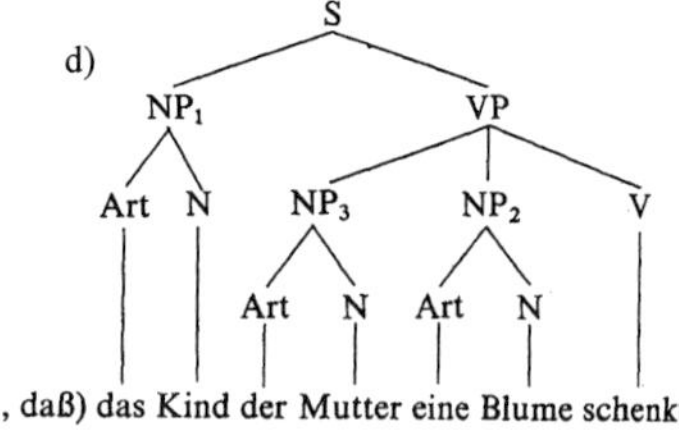

Die Satzformen *Das Kind schenkt der Mutter eine Blume* sowie *Der Mutter schenkt das Kind eine Blume* und *Eine Blume schenkt das Kind der Mutter* und *(..., dass) das Kind der Mutter eine Blume schenkt* zeigen vier Oberflächenstrukturen bei nur einer Bedeutung und einer gemeinsamen T.

Da den vier Sätzen mit gleicher T. auch nur ein die T. repräsentierender Strukturbaum zugeordnet werden darf, wählt man je nach Vereinbarung ↑Stemma a) (Aussagesatzstellung der häufigsten Form) oder Stemma d) (Nebensatzstellung mit finitem Verb am Ende) und leitet von dieser gemeinsamen T. alle Oberflächenstrukturen mit Hilfe von Transformationsregeln ab.

„Doktor, ist es denn wirklich notwendig, daß mein Mann die Medizin immer in kaltem Wasser nimmt?“

Aus: Quick 52/1974

Tiersprache: Mit menschlicher ↑Sprache nur sehr bedingt vergleichbares Verständigungssystem bei höher entwickelten Tieren (angeborene Reflexe auf äußere Reize, keine begriffliche Verallgemeinerung durch Symbole, keine Metasprache); Signale abhängig von den Ausdrucks- und Wahrnehmungsmöglichkeiten der jeweiligen Tierart (bei Wölfen sogar Zusammenspiel von visuellen, akustischen, taktilen und olfaktorischen Ausdrucksmitteln); Funktionen z. B.: Revierabgrenzung, Mitteilung von Paarungsbereitschaft, Warnung vor Gefahren, Hinweis auf Nahrungsquellen, Demonstration des sozialen Ranges.

Jean Effel, © Rowohlt-Verlag Reinbek, Aus: Röhrich, Lutz: Der Witz. Figuren, Formen, Funktionen. J.B. Metzler 1977, S. 118

Tilgung ↑Deletion.

T-Marker, der (Transformations-Marker) [auch: Transformations-Signator]: Angabe von Zahl, Art und Reihenfolge der ↑Transformationen, mit denen der ↑P-Marker einer ↑Oberflächenstruktur aus dem P-Marker der ↑Tiefenstruktur eines Satzes abgeleitet wird; z. B. besteht der ↑komplexe Satz *Ich weiß, dass du eine schöne Reise gemacht hast* in der Tiefenstruktur aus drei Teilsätzen, die in Nebensatzstellung lauten: a) *ich es weiß* – b) *du eine Reise gemacht hast* – c) *eine Reise schön war*. Die Transformationen beginnen beim zutiefst eingebetteten (↑Einbettung) Satz c (S_c) und enden beim obersten Matrixsatz a (S_a); T-M.:

Satz a (S_a) . . . . TE → T_A → T_D → T_P
Satz b (S_b) . . . . T_E → T_D → T_P ↗
Satz c (S_c) ↗

Ein generalisierter P-Marker enthält und verbindet die drei Basis-P-Marker der Teilsätze, zeigt im ↑Stemma, wo und wie die Konstituentensätze (↑Einbettung) in ihre Matrixsätze eingebaut werden:

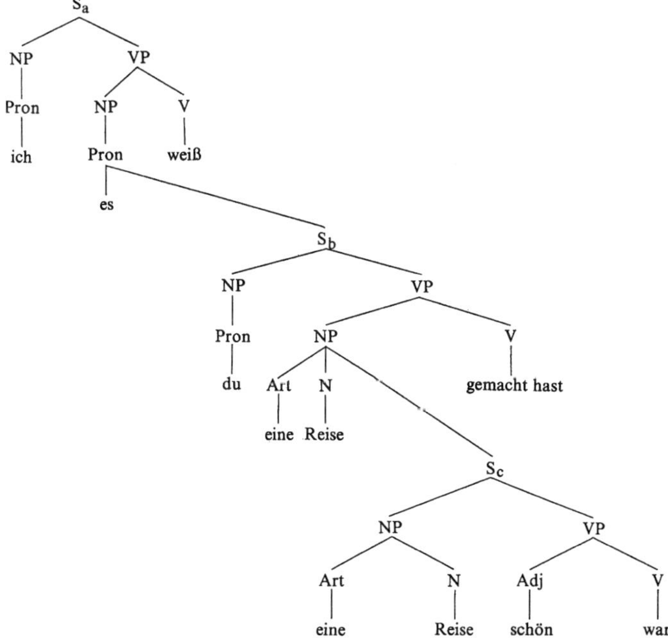

Erläuterung der Transformationen zur Generierung der Oberflächenstruktur des Gesamtsatzes aus den drei Basis-P-Markern im Einzelnen: P-Marker c ist durch Einbettungstransformation (T_E) in P-Marker b einzubetten, und zwar an Stelle von S_C. Durch Deletionstransformation (TD) werden das Verb *war* und die wiederholte Nominalphrase *eine Reise* getilgt. Durch Permutationstransformation (T_p) wird im gewonnenen Satz die Reihenfolge von N *Reise* und Adj. *schön(e)* vertauscht. Der Satz *du eine schöne Reise gemacht hast* wird dann in den P-Marker a an der Stelle S_b eingebettet (T_E). Durch Additionstransformation

(T_A) wird die Konj. *dass* eingefügt. Es folgen Deletion (T_D) des Pron. *es* und zuletzt Permutation (T_p) von Nominalphrase und Verb.

Tmesis, die (gr. tmesis = Schnitt, Einschnitt): Trennung zusammengehöriger Wortteile durch dazwischentretende Wörter;
a) bei Adv.: *Wohin willst du?* > *Wo willst du hin?*
b) bei Konj.: *Obschon ich ...* > *Ob ich schon wanderte im finstern Tal ...*
c) bei Verben (unfesten Zusammensetzungen): *Geld anvertrauen* > *Er vertraut ihm Geld an.*

Token – Type (engl. token = Zeichen; type = Typus, Muster): In Sprachstatistik Unterscheidung zwischen konkretem Vorkommen, der Realisierung einer sprachl. Einheit (token) und der Reduktion auf deren wesentlichen Merkmale, der von ihr repräsentierten abstrakten Einheit (type). Die T.-T.-Relation gibt Aufschluss über die Differenziertheit des Wortschatzes in einem ↑Text, indem das Verhältnis zwischen der Gesamtzahl der Wörter und der Anzahl der verschiedenen Wörter festgestellt wird; z. B. enthält der Zungenbrecher *Blaukraut bleibt Blaukraut und Brautkleid bleibt Brautkleid* sieben Wörter/Tokens, aber nur vier verschiedene Types .

Token-Konzept ↑Konzept.

Top-down-Verarbeitung ↑Textverstehen.

Topic-Comment-Strukturierung (engl. topic = Thema; comment = Stellungnahme): Kontextabhängige Satzbildung, bei der dem bereits Genannten, Ausgesagten, dem zur Zeit der Satzbildung also schon Bekannten (= Topic), wie auch dem informativ Neuen (= Comment) best. Positionen im Satz eingeräumt werden; entspricht weitgehend dem Begriffspaar: ↑Thema – ↑Rhema.

Topikalisierung, die (gr. topos = Stelle, Platz) [auch: Vorfeldbesetzung]: 1. Inhaltliche Hervorhebung eines Satzgliedes durch Zuweisung einer betonten Position im Satz (z. B. Anfangs- oder Endstellung), z. B.: *Nach links musste er an der Straßenkreuzung abbiegen* (nicht: nach rechts), oder durch Satzakzent (Verstärkung der Artikulation eines Satzgliedes), z. B.: *Fritz war mein Freund* (nicht Hans). – *Fritz war mein Freund* (er ist es nicht mehr). – *Fritz war mein Freund* (nicht deiner). – *Fritz war mein Freund* (nicht mein Feind). 2. Bei FILLMORE (↑Kasusgrammatik) ↑Transformation, bei der ein Kasus, eine Nominalphrase in die Subjektposition der Oberflächenstruktur gerückt wird (= primäre T.) bzw. in eine Objektposition; dabei können Kasusindikatoren wie z. B. Präpositionen aus der Tiefenstruktur übernommen oder getilgt werden; z. B.: *Der Elektroofen heizt das Zimmer. – Er heizt das Zimmer mit einem Elektroofen.*

Toponym, das (gr. topos = Ort, onoma = Ausdruck) [auch: Ortsname]: Bez. für menschliche Siedlungen wie Höfe, Dörfer, Städte, aber auch für Flurstücke, Gewässer, Landschaften; z. B.: *Cecilienhof, Mielkendorf, Frankfurt, Lämmerstücken, Donau, Angeln.*

Totum pro parte, das (lat. = das Ganze für das Einzelne): Umkehrung des Pars pro toto = Teil für das Ganze wie z. B.: *Die Axt* (statt *Handwerkzeug*) *im Haus erspart den Zimmermann* (statt *Handwerker*); ↑Metonymie, also z. B.: *Mainz* (statt *die Mainzer Einwohner*) *tanzt und lacht* (während des Karnevals). – *Berlin zögert* (statt *die Regierung in Berlin*).

traditionelle Grammatik: Aus der lat. Grammatik seit dem 18. Jh. entwickelte ältere dt. Schulgrammatik (bes. durch K. F. BECKER), deren Terminologie auch heute noch weitgehend den Grammatikunterricht beherrscht, obwohl die Strukturen der lat. und der dt. Sprache keineswegs deckungsgleich sind; Kritik an t. G.: Orientierung ausschließlich an Schriftsprache, stark formbezogene und in den Kriterien sehr uneinheitliche Klassifizierung sprachl. Erscheinungen (bei ↑Wortarten z. B. semantische, syntaktische und außersprachliche Kriterien).

Trägersatz ↑Einbettung.

Transferenz ↑Interferenz.

Transformation, die (lat. transformare = umwandeln): l. In ↑Generativer Grammatik nach best. Regeln (T-Regeln) durchgeführte Operation

- zur Ableitung der ↑Oberflächenstruktur eines Satzes (abgeleiteter Strukturbaum) aus seiner ↑Tiefenstruktur (↑P-Marker);
- zur Umwandlung von ↑Syntagmen und Sätzen (sowie ihrer Strukturbäume: ↑Stemma) in andere, modifizierte Syntagmen und Sätze (Bäume), wobei ihre ↑Struktur, aber nicht ihr lexikalischer Bestand, nicht ihre Bedeutung sich verändert; z. B.: *Das Geschrei stört den Schläfer.* ⇒ *Der Schläfer wird durch das Geschrei gestört. – Das Geschrei, das den Schläfer stört ... – Das den Schläfer störende Geschrei ... – Die Störung des Schläfers durch das Geschrei ...*

Zahl und Reihenfolge ↑obligatorischer T. gibt der ↑T-Marker oder ein generalisierter ↑P-Marker an (auch: ↑fakultative T.):

a) singuläre T.: Umwandlung einer einzigen Konstituentenstruktur;

b) generalisierende T.: Umwandlung zweier oder mehrerer Strukturbäume in einen gemeinsamen (z. B. Satzeinbettung).

T.-Operationen: ↑Addition [auch Insertion oder Adjunktion], ↑Deletion [auch Tilgung oder Eliminierung], ↑Permutation, ↑Substitution (mit den Formen ↑Expansion und ↑Reduktion). 2. In der ↑Dependenzgrammatik Verwandlung der linearen Ordnung einer sprachl. Äußerung (wie der Sprecher sie aktualisiert) in die hierarchisch-strukturale Ordnung der gegenseitigen Abhängigkeit der Zeichen durch den Hörer, der die Äußerung verstehen will; z. B.: *Der sehr alte Mann geht am Stock.* Die lineare Zeichenkette löst der verstehende Hörer/Leser in eine syntaktische Ordnung auf, in der *geht* das abhängige Element *Mann* dominiert, *Mann* seinerseits *alt* und *alt* schließlich *sehr*:

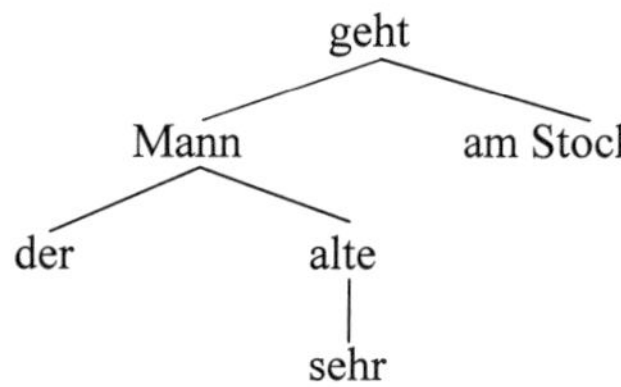

Transformationelle Grammatik [auch: ↑Transformationsgrammatik]: Grammatik, die Regeln zur Umwandlung von Sätzen in andere Sätze enthält (↑Transformation); ↑Generative Grammatik ist eine T. G., besteht aus ↑Basis-Teil (Erzeugung der ↑Tiefenstrukturen von Sätzen mit Konstituentenstruktur-Regeln [↑I-C-Analyse], ↑Subkategorisierungs-Regeln und ↑Lexikon) und Transformationsteil (Erzeugung der ↑Oberflächenstrukturen von Sätzen aus der Tiefenstruktur mit Hilfe von ↑Transformationsregeln); außer der zentralen syntaktischen Komponente (Teiltheorie ↑Syntax) enthält Generative T. G. auch eine semantische (inhaltliche Interpretation; ↑Semantik) und eine phonologische Komponente (lautliche Interpretation; ↑Phonologie) zur vollständigen Satzbeschreibung und Satzgenerierung.

Transformationsgrammatik ↑Transformationelle Grammatik.

Transformationsregel (T-Regel): Regel zur Überführung eines Strukturbaumes (↑P-Marker) in einen anderen, zur Ableitung der Oberflächenstruktur(en) eines Satzes aus seiner Tiefenstruktur in der Generativen Transformationsgrammatik; darstellbar in Formeln mit doppelschaftigem Pfeil $\Rightarrow$ (zu lesen: wird verwandelt in), links von ihm Eingabekette (= Strukturbeschreibung: SB), rechts Ausgabekette (= Strukturveränderung: SV) oder (s. Notation 2) untereinandergesetzt mit

Durchnummerierung der Kategorialsymbole (Ø = Tilgungszeichen); z. B. Überführung eines eingebetteten Satzes *Das Hähnchen, das knusprig ist, schmeckt mir* in ein attributives Adj.: *Das knusprige Hähnchen schmeckt mir* auf dem Weg über die gemeinsame Tiefenstruktur. ↑P-Marker:

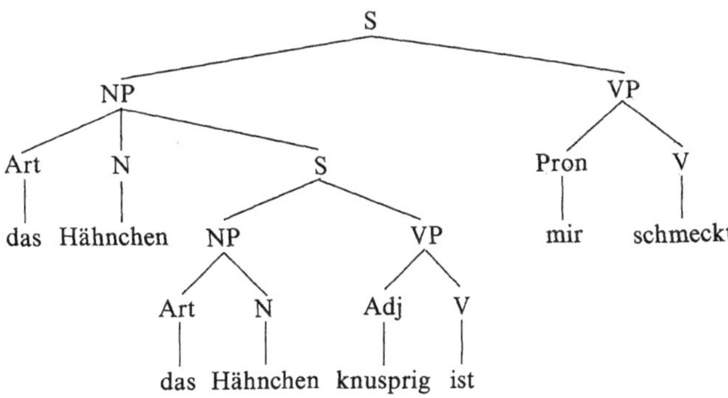

T. nach Notation l:

$[[\text{Art} + \text{N}]_{NP} + [[\text{Art} + \text{N}]_{NP} + [\text{Adj} + \text{V}]_{VP}]_{s} + [\text{Pron} + \text{V}]_{VP}]_{s}$

$\Rightarrow [[\text{Art} + \text{Adj} + \text{N}]_{NP} + [\text{Pron} + \text{V}]_{VP}]_{s}$

T. nach Notation 2 (ohne Berücksichtigung der unveränderten VP):

	das	Hähnchen	das	Hähnchen	knusprig	ist	
(SB:)	1	2	3	4	5	6	
	1	5	Ø	Ø	2	Ø	(= SV)

Ergebnis: das knusprige Hähnchen
Auch ↑Formationsregel.

transitiv (lat. transire = übergehen [auf das Obj.]) [auch: zielend]: Eigenschaft der Verben, die ein direktes Obj. (Akk.-Obj.) nach sich ziehen können, auf dieses gerichtet sind und ein persönliches Passiv bilden; z. B.: *bauen* in *Er will Straßen bauen. – Straßen werden gebaut.* Gw. ↑intransitiv. Auch ↑mediales Verb.

Transkription, die (lat. transcribere = übertragen): Umschrift; Übertragung von einer Schreibweise (graphisches System) in eine andere; z. B. phonetische T.: Übertragung in eine ↑Lautschrift.

Translation, die (lat. translatio = Übertragung): 1. Übersetzung eines Textes aus einer Ausgangs- in eine Zielsprache [auch: Sprachmittlung]. 2. In ↑Dependenzgrammatik Veränderung der syntaktischen Kategorienzugehörigkeit von Wörtern, Syntagmen, Sätzen in best. Sätzen; Überführung eines sprachl. Zeichens von einer syntaktischen ↑Funktion in eine andere mit Hilfe von ↑Translativen; z. B. fungiert nach TESNIÈRE ein attributives Subst. (der Gen. ist Translativ) als Adj.-Äquivalent: es ist nähere Bestimmung eines Subst.; das Derivationssuffix /ung/ lässt als Wortbildungstranslativ Verben als Subst. fungieren (*er erklärt* > *seine Erklärung*); die Konj. *dass* transferiert als Ergänzungstranslativ Hauptsätze in Ergänzungssätze (*Du lügst.* > *Ich glaube, dass du lügst.*); Notation bei TESNIÈRE durch Zeichen T am Knoten, Translativ auf der einen Seite, transferiertes Element auf der anderen;

a) T. 1. Grades: T. eines Wortes; z. B.: ein Subst. übernimmt bei attributiver Verwendung die Funktion des gewöhnlich diese Rolle spielenden Adj. (Unterordnung unter ein Subst.):

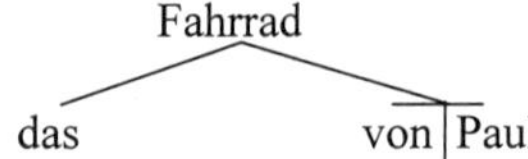

b) T. 2. Grades: T. eines Satzes; dominierendes Verb des Satzes ist nicht Ausgangsknoten im ↑Stemma; z. B.:

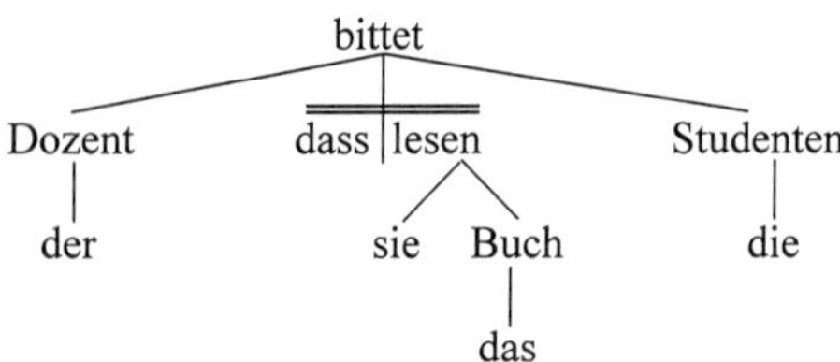

Translativ, das (lat. translatio = Übertragung): Bei TESNIÈRE ein Wort, das nur grammatische Funktion, keine eigene Bedeutung hat (auch: ↑Synsemantikum) und (im Unterschied zu dem zwischen ↑Satzgliedern stehenden Junktiv [↑Junktion], z. B.: *der Marktplatz und die Straße*) innerhalb eines Satzgliedes steht; z. B.: *Straße neben dem Marktplatz.* Bei HERINGER ↑Plerem mit ↑innensyntaktischer Bedeutung; inhaltsarmes sprachl. Zeichen, das syntaktische Funktion eines Zeichens oder einer Zeichenfolge in best. Weise festlegt, z. B. Kasusmorphem (*Tische*), Präp. (*sich über den Chef ärgern*), Statustranslativ *zu* beim Inf. (*Bier zu holen*), Konj. bei Ergänzungssätzen (*Ich glaube, dass du lügst.*).

Transphrastik, die (lat. trans = über ... hinaus; gr. phrasis = Ausdruck): ↑Textlinguistik, die ↑Text als eine Kette von Sätzen, als Verknüpfung von mehreren Sätzen zu einer größeren sprachl. Einheit definiert und eine „übersatzmäßige" Textgrammatik im Sinne einer um Satzverknüpfungsregeln erweiterten Satzgrammatik (Textsyntax) erstellen will; im Ggs. zu einem neueren textlinguistischen Ansatz, in dem Text (pragmalinguistisch orientiert) als natürliche Vorkommensweise von Sprache aufgefasst, in seiner situativ-kommunikativen Funktion erkannt und als kleinste mündliche oder schriftliche Redeeinheit zwischen zwei Kommunikationspausen definiert wird.

Transposition, die (lat. transponere = hinüberstellen): In ↑Wortbildung Überführung eines Wortes in eine andere ↑Wortart (durch ↑Konversion, ↑Derivation oder Präfigierung), ohne dass dabei die Bedeutung des Ausgangswortes wesentlich verändert wird; z. B.: *wohnen* > *Wohnung, Kind* > *kindlich, schauen* > *anschauen.* Vgl. dagegen ↑Modifikation.

Transskription ↑Lautschrift.

T-Regel ↑Transformationsregel.

Treiber [auch: Einheitentreiber]: In ↑EDV Teil des Betriebssystems (↑Programm) eines Computers, der die peripheren Komponenten der Rechenanlage wie Bildschirm, Tastatur, Maus, Drucker, Scanner steuert; z. B. überwacht Drucker-T., ob angeschlossener Drucker für Empfang von Zeichen des Rechners bereit ist.

Trema, das (gr. trema = Würfelpunkt): ↑Diakritisches Zeichen in Gestalt zweier Punkte, die über einem Vokalbuchstaben stehen, um entweder auf Umlautung hinzuweisen (↑Umlaut; z. B.: ä, ö, ü, äu) oder auf getrennte Aussprache zweier unmittelbar aufeinander folgender Vokale (↑Diärese), dann zumeist auf dem zweiten Vokalbuchstaben (z. B: franz. *noël* = Weihnachten; *Alëuten*).

Trigraph ↑Digraph.

Tropus, der (gr. tropos = Wendung): In ↑Rhetorik uneigentlicher Ausdruck, der nicht im eigentlichen Sinn, sondern in einem übertragenen Sinn gebraucht wird (oft als bildliche Veranschaulichung); z. B.: ↑Metapher, ↑Metonymie, Synekdoche, ↑Ironie.

Turn, der (engl. turn = das Drankommen, Dransein): Sprecher(rollen)wechsel bei der Untersuchung von Gesprächsabläufen (↑Diskursanalyse), Zustand und Ergebnis (Gesprächsbeitrag) des „Dranseins"; z. T. formal geregelt (Diskussionsleiter, Fragen stellender Prüfer), aber auch in formlosen Alltagsunterhaltungen durch feste Konventionen geregelt; z. B. Veränderung von Sprechgeschwindigkeit oder -rhythmus, Pause, Augenkontakt als Aufforderung zur Übernahme der Sprecherrolle (turn-taking), Ankündigungen (wie *Zum Schluss ...*) oder direkte Aufforderung (*Was meinen Sie dazu?*), andererseits beim Hörer Körperbewegungen (z. B. sich vorbeugen) oder Geräusche (lautes Atmen) und tastende Redeansätze als Signale der Bereitschaft zur Übernahme.

Type-Konzept ↑Konzept.

Typen-Element ↑T-Element.

Übergeneralisierung: Anwendung einer beim ↑Spracherwerb erlernten Regel auf sprachl. Elemente, die anderen Regeln unterliegen: der Regelentdeckung folgt eine verallgemeinernde Übertragung auf andersartige Elemente; z. B.: schwache Flexion starker Verben in Kindersprache: **Mama hat gerufi*. – Zuordnung eines Substantivs zu einer anderen Form der Pluralbildung: *die *Hünde* (nach dem Muster *Strümpfe*, *Nüsse*...) oder *die *Löffeln* (nach dem Muster *Gabeln*, *Nadeln*...).

Übername: Über den Familiennamen hinaus einer Person zusätzlich gegebener Name (↑Konkretum), z. B. Spitzname, Spottname, Schimpfname (*Helmut Schmidt-Schnauze*).

Uerdinger Linie [auch: ik/ich-Linie]: In Mundartforschung (↑Mundart) Grenzlinie zwischen den von der 2. ↑Lautverschiebung erfassten Wortformen *ich* im Süden des Rheinlandes und den nicht erfassten Formen *ik* im Norden des Rheinlandes, die bei Uerdingen den Rhein überquert. Vgl. ↑Benrather Linie, ↑Germersheimer Linie.

Umgangssprache: Im zwanglosen Gespräch übliche Sprachform mit tolerierten Abweichungen gegenüber der Vortrags- oder ↑Standardsprache:

a) durch größere Lässigkeit und Affektbetontheit (Freiheiten des Satzbaues, Allerweltswörter wie *machen, tun, Ding*;
b) durch stärkere Mundartfärbung (↑Mundart).
Situationsentlastete Sprache, bei der direkter Bezug auf ↑Kommunikationssituation möglich ist und zugleich außersprachliche Mittel der ↑Kommunikation (Mimik, Gestik) zur Verfügung stehen. Auch ↑Referenzmittel.

Umlaut [auch: Metaphonie]: Historischer, kombinatorischer (kontextabhängiger) Lautwandel; regressive ↑Assimilation eines Vokals vor ›i‹ oder ›j‹ der Folgesilbe;
a) Primär-U.: hat im Ahd. stattgefunden; germ. kurzes ›a‹ > ahd. ›e‹ (mit einigen stellungsbedingten Ausnahmen); z. B.: ahd. *kreftic* (nhd. *kräftig)* im Vergleich mit ahd. *kraft*;
b) Sekundär-U. [auch: Rest-U.]: erst im Spätahd./Frühmhd. graphisch repräsentiert, vielleicht schon im Ahd. phonetisch realisiert; Veränderung aller übrigen nicht selbst ein ›i‹ enthaltenden Vokale; z. B.: ›u‹ > ›ü‹ in *nützlich* gegen *Nutzen*; ›o‹ > ›ö‹ in *rötlich* gegen *rot*.

Umstellprobe ↑Permutation.

Umweltreferent ↑Referent.

ungefüllte Pause ↑Pause.

ungrammatisch ↑grammatisch.

unikales Morphem (lat. unicum = einzig) [auch: blockiertes Morphem]: ↑Morphem, das (in dieser Gestalt) nur in einer einzigen Morphemkonstruktion in einer Sprache erscheint und ohne sprachgeschichtliche Untersuchung nicht mehr zur semantischen ↑Motivation des Wortes beiträgt; z. B.: /him/ (= <Hinde, Hirschkuh>) in *Himbeere*, /wer/ (= <Mensch>) in *Werwolf*, /bern/ (= Allomorph zu /brenn/) in *Bernstein*.

Univerbierung, die (lat. unus = ein; verbum = Wort) [auch: Kondensation]: 1. Zusammenfassung einer Wortgruppe oder eines ganzen Satzes in einem einzigen Wort; z. B.: *Sammlung von losen Blättern > Loseblattsammlung*. – *An dieser Stelle der Verkehrslinie hält der Bus regelmäßig. > Bushaltestelle*. 2. ↑Wortbildung durch Verkürzung und Verdichtung eines ↑Kompositums zu einer synonymen (↑Synonymie) Ableitung (↑Derivat) bei erhaltenem (verbalem) Bestimmungsmorphem; der semantische Schwerpunkt verlagert sich auf das ehemalige untergeordnete Bestimmungswort des ↑Determinativkompositums (↑semantische Kürzung); in Fachsprachen häufige Erscheinung; z. B.: *Bohrmaschine > Bohrer, Rechenanlage > Rechner, Rechenmaschine > Rechner, Sortiermaschine > Sortierer.*

Universalien, die (lat. universalis = allgemein): Allgemeinsprachl. (sämtlichen Einzelsprachen gemeinsame) Schemata, die nach CHOMSKYS Theorie (gegen den ↑Behaviorismus) dem Kind nach einer langen Evolution der Gattung Mensch als angeborene Anlagen bereits vor der ↑Spracherlernung zur Verfügung stehen;

a) substantielle U.: begrenztes Inventar sprachl. Merkmale wie z. B. semantisches Merkmal <± belebt>;

b) formale U.: Existenz best. Grammatikregeln; z. B.: jede Sprache besitzt ↑Regeln der ↑Transformation.

unmarkiert ↑markiert.

unmittelbare Konstituente ↑Konstituente.

unpersönliche Konstruktion: Satzbau, bei dem das logische ↑Subjekt nicht durch das grammatische Subjekt ausgedrückt wird, sondern das Pron. *es* das formale Subjekt darstellt; bes. bei ↑Impersonalia (z. B.: *Es hungert mich.*), best. Passivkonstruktionen (z. B: *Es wird gewürfelt.*) und best. reflexiven Konstruktionen (z. B.: *Es ergab sich, dass die Unterschrift gefälscht war.*).

unpersönliche Verben ↑Impersonalia.

unproduktiv ↑produktiv.

unregelmäßiges Verb ↑Verb.

Unverträglichkeit ↑Kompatibilität.

Urschöpfung ↑Wortschöpfung.

Ursprache ↑Sprachursprung, ↑Monogenese.

Urteilssatz ↑Satz.

usuell (lat. usus = Geübtheit): Gewohnheitsmäßig, ständig in best. Weise verwendet; im Ggs. zu ↑okkasionell (= nur gelegentlich).

Usus, der (lat. usus = Gebrauch): Sprachl. Konvention, die nicht die Verbindlichkeit normativer Regeln aufweist (zumeist auch dem Sprecher nicht bewusst ist), aber allg. üblich ist und „normalerweise" beim sprachl. Handeln beachtet wird. Auch ↑Sprachnorm.

Uvular, der (lat. uvula = Zäpfchen): ↑Konsonant. bei dessen Bildung das Zäpfchen gegen die hintere Zunge schwingt; sogen. Halszäpfchen-R im Unterschied zum Zungenspitzen-R.

Vagheit (lat. vagari = umherschweifen): Inhaltliche Unbestimmtheit, Verschwommenheit eines sprachl. Ausdrucks im Blick auf den bezeichneten Sachverhalt (↑Referenz), Mangel an Präzision (im Unterschied zur ↑Ambiguität mit Unklarheit wegen konkurrierender Lesarten/Deutungsmöglichkeiten); in natürlichen Sprachen ermöglicht V. eine flexible Anpassung an unterschiedliche ↑Kontexte und Situationen; in ↑Fachsprachen will man V. durch Begriffsdefinition und Fachterminologie vermeiden;

a) V. eines Wortes/↑Lexems (auch: semantische V.): Bedeutung weist einen verschwommenen „Rand" auf, mit individuellen Abweichungen bei verschiedenen Sprechern; z. B.: Hat *Sessel* im Unterschied zu *Stuhl* immer die Merkmale <Armlehnen> und/oder <gepolstert>? Von welcher Höhe an hat man es nicht mehr mit einem *Hügel*, sondern einem *Berg* zu tun?
b) V. einer Äußerung (auch: pragmatische V.): für das Informationsbedürfnis des Adressaten unvollständige oder ungenaue Aussage; z. B.: *Müllers sind umgezogen* (die Familie Müller aus der Eichkoppel oder die aus der Schillerstraße? wann? warum? in welchen Ort? in eine Wohnung oder ein Haus?).

Vakat, das (lat. vacare = leer sein): Nicht beschriebene/bedruckte Buchseite.

Valenz, die (lat. valere = gelten, wert sein) [bei ERBEN: Wertigkeit; bei ADMONI: Fügungspotenz]: In ↑Dependenzgrammatik Wertigkeit der Satzkonstituenten (ADMONI) oder (bei TESNIÈRE, BRINKMANN, ERBEN) ausschl. des Verbs (HELBIG/SCHENKEL unterscheiden Fügungspotenz aller anderen Konstituenten von Valenz des Verbs). Verb als für den Satz grundlegendes Glied wird als (null-), ein-, zwei-, dreiwertig (z. T. auch vierwertig) klassifiziert, je nachdem, wie viele ↑Leerstellen es bei der Satzbildung um sich eröffnet, wie vieler ↑Ergänzungsbestimmungen es bedarf (↑obligatorische Satzglieder = Aktanten oder „Mitspieler" des Verbs); z. B.:

$$\textit{loben} \longrightarrow N_1, \quad \begin{Bmatrix} N_2 \\ NP_{dass} \end{Bmatrix}$$

Zu lesen: von den beiden Leerstellen, die *loben* eröffnet, ist eine durch ein Nomen im Nom., die andere entweder durch ein Nomen im Akk. oder durch eine Nominalphrase mit der Konj. *dass* zu füllen, z. B.: *Der Vater lobt den Sohn. – Der Vater lobt, dass der Sohn der Mutter geholfen hat.*

HELBIG/SCHENKEL unterscheiden:

a) obligatorische V. / obligatorische Mitspieler: Anzahl der strukturell notwendigen Ergänzungsbestimmungen des Verbs, z. B.: *Der Polizist verdächtigte den Passanten.*

b) fakultative V. / fakultative Mitspieler: nicht strukturell, aber nach situativem Ausdrucksbedürfnis des Sprechers notwendige, zahlenmäßig begrenzte Ergänzungsbestimmungen des Verbs, z. B.: *Der Polizist verdächtigte den Passanten des Diebstahls.*

c) freie Angaben: von V. des Verbs unabhängige, zahlenmäßig nicht festgelegte Satzkonstituenten; können nach Belieben hinzugefügt und weggelassen werden; z. B.: *Vorgestern verdächtigte der Polizist in der Wilhelmstraße bei Einbruch der Dunkelheit einen Passanten.*

SCHMIDT unterscheidet von der syntaktisch-quantitativen V. noch eine semantisch-qualitative V. = in einer Wortbedeutung gesetzte Bedingung für die inhaltliche Verbindung mit möglichen Kontextnachbarn; z. B. verlangt das Verb *heiraten* stets Ergänzungsbestimmungen mit dem semantischen Merkmal <+ menschlich>: *Herr Müller heiratet. – Herr Müller heiratet Sabine Meier.*

Valenzgrammatik ↑Dependenzgrammatik.

Variante ↑Allo-.

Variation, die (lat. variatio = Verschiedenheit): In ↑Soziolinguistik untersuchte Realisierung einer Sprechhandlung in unterschiedlichen sprachl. Formulierungen, die von (hypothetischer) Grundform abweichen; zu unterscheiden:

a) syntaktische V. (↑Syntax): *Geben Sie mir bitte zehn Brötchen!* oder *Zehn Brötchen bitte!*

b) lexematische V. (↑Lexem): *Zehn Brötchen bitte!* oder *Zehn Semmeln bitte!*

c) morphophonematische V. (↑Morphem, ↑Phonem): *Geben Sie mir bitte zehn Rundstücke!* oder *Gif mi mol tein Rundstück!*

Varietät, die (lat. varietas = Verschiedenheit) [auch: Subsystem, ↑Lekt]: Existenzform einer ↑Sprache, die sich von weiteren Existenzformen unterscheidet; neben ↑Standardsprache als übergreifender V. einer Sprachgemeinschaft V. als:
a) regionale V.: ↑Dialekt;
b) funktionale V.: Fachsprachen, Sondersprachen;
c) soziale V.: ↑Jugendsprache, Männersprache (↑feministische Linguistik).

velar ↑Guttural.

Veranlassungsverb [auch: Kausativum]: Von einem starken Verb abgeleitetes (↑deverbativ) schwaches Verb, das kausativ (↑Aktionsart) ein Veranlassen, Bewirken des im Grundwort genannten Geschehens oder Seins bezeichnet; z. B.: *legen* <bewirken, dass etwas liegt>; *beugen* <veranlassen/bewirken, dass jemand/etwas sich biegt>; *tränken* <veranlassen, dass jemand/etwas trinkt>.

Verb, das (lat. verbum = Wort) [auch: Tätigkeitswort, Zeitwort]: ↑Wortart, die konjugierbar (↑Konjugation) und bes. durch Tempusangaben gekennzeichnet ist; semantisch Träger der Aussage eines Seins oder Geschehens (als Zustand oder Ereignis); prädikatbildender Aussagekern des Satzes, verlangt im Satz nach Zahl und Art (syntaktische Funktionsträger wie Subj. oder Akk.-Obj.) festgelegte Ergänzungsbestimmungen (↑Valenz). Unterschiedliche Subkategorisierungen:
Semantische Gliederung:
a) Zustands-V.: Bez. eines Seins; z. B.: *liegen, bleiben*;
b) Vorgangs-V.: Bez. eines sich an jemandem/etwas vollziehenden Geschehens; z. B.: *erfrieren, rosten, wachsen*;
c) Tätigkeits-V.: Bez. eines Geschehens mit aktivem Geschehensträger; z. B.: *lachen, spielen, wandern*;
d) Handlungs-V.: Bez. eines auf ein Obj. gerichteten Geschehens; z. B.: *tadeln, kaufen, verachten*;
e) Ereignis-V.: Bez. für Geschehen mit unpersönlichem, nur grammatischem Geschehensträger *es,* meist Witterungs-V.; z. B.: *schneien, regnen, blitzen.*
Auch ↑Hilfsverb, Modalverb, Funktionsverb.
Syntaktische Gliederung:
- ↑transitives V.: mit Akk.-Obj. und persönlichem Passiv, z. B.: *töten*;
- intransitives V.: ohne Akk.-Obj., z. B.: *lachen*;
- ↑reflexives V.: feste Verbindung mit Reflexivpron.; z. B.: *sich freuen.*

Morphologische Gliederung:
- im Blick auf die Wortbildung: ↑Simplex oder einfaches V. (*setzen*), Präfix-V. (*besetzen*), Partikel-V. (feste oder unfeste Zusammensetzung: *übersetzen* und *übersetzen*), Funktions-V. (*in Betrieb setzen*);

– im Blick auf die Formbildung (Flexion): starkes V. (auch: unregelmäßiges V.), bei dem der Stammvokal im Präs. anders lautet als im Prät. (↑Ablaut), Part. II auf -en endet (z. B.: *singen, sang, gesungen*); schwaches V. (auch: regelmäßiges V.), bei dem im Präs. und Prät. gleicher Stammvokal vorliegt, Präteritalmorphem -(e)t, Part. II auf -(e)t (z. B.: *lachen, lachte, gelacht*; *wenden, wendete, gewendet*).

verbal: 1. Sprachlich, auf Sprache bezogen im Ggs. zu nichtsprachlich (nonverbal); Eigenschaft der Formen menschlicher ↑Kommunikation, die sich sprachl. ↑Zeichen bedienen; z. B.: *Verbalisierung* der Aussage von Bildern in einer Bildbeschreibung. Vgl. ↑nonverbale Kommunikation. 2. Auf die Wortart ↑Verb bezogen, einem Verb zugehörig; z. B.: *Verbalflexion*.

Verbalabstraktum ↑Abstraktum.

verbale Deprivation, die (engl. deprivation = Beraubung): Im Zusammenhang mit Problem der ↑Sprachbarrieren aufgestellte These, dass Kinder aus unterprivilegierten sozialen Schichten geringere sprachl. Anregung erhielten, geringere Fähigkeiten entwickelten, wohlgeformte Sätze zu bilden und zu verstehen, und so eine geringere kognitive und kommunikative Leistungsfähigkeit erreichten; Konsequenz in Bildungspolitik: kompensatorische Spracherziehung schon im Vorschulalter. Gegenthese: kein unterentwickeltes, sondern separates Sprachsystem und Sprachverhalten mit äquivalenten Ausdrucksmöglichkeiten. Auch ↑Defizit-Hypothese.

Verbalisierung: 1. Versprachlichung einer nichtsprachlichen Aussage; z. B.: Bildinterpretation. 2. In ↑Wortbildung die Bildung eines ↑Verbs mit Wortartwechsel, durch Ableitung (↑Derivation) von einem Wort, das einer anderen Wortart angehört; z. B.: *hamstern < Hamster, vertiefen < tief, entzweien < zwei*.

Verbalphrase die (gr. phrasis = Ausdruck): Wortgruppe im Satz, die ein Verb als Kern aufweist; Verbalteil des Satzes (VT neben VP); z. B.: *... schloss vorsichtig die Tür*. Gw. ↑Nominalphrase.

Verbzusatz: Nichtverbaler Teil einer unfesten Zusammensetzung, in der das Grundwort ein Verb ist; z. B.: *Er erkannte den Einspruch an*.

Verdeutschung: Neubildung eines Wortes aus dt. Morphemen zur Ersetzung von ↑Fremd- und Lehnwörtern (↑Entlehnung); bes. durch die barocken ↑Sprachgesellschaften (vor allem durch SCHOTTEL) propagiert; z. B.:

a) V., die sich durchgesetzt, sich neben den Fremdwörtern behauptet oder diese verdrängt hat: *Briefwechsel* für *Korrespondenz, Vertrag* für *Kontrakt, Verfasser* für *Autor, Dichter* für *Poet, Zweikampf* für *Duell, Wörterbuch* für *Lexikon*;
b) V., die sich nicht durchgesetzt hat: *Gesichtserker* für *Nase, Zitterweh* für *Fieber, Lusthöhle* für *Grotte, Zeugemutter* für *Natur, Tagleuchter* für *Fenster*.

vereinfachte Ausgangsschrift: Das Schreibenlernen in der Schule durch Vereinfachung der Buchstabengestalten und Anlehnung an die Druckschrift (bes. Großbuchstaben) erleichternde ↑Schreibschrift (z. B. ohne Aufstriche); vielfach an die Stelle der sonst verbindlichen ↑lateinischen Ausgangsschrift getreten:

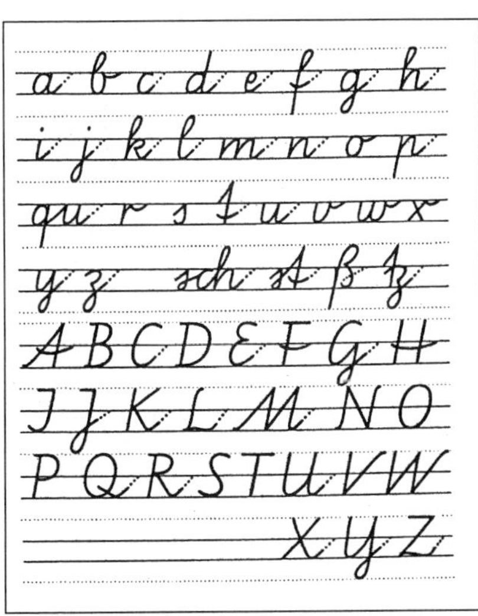

Vergangenheit ↑Zeitstufe.

Vergewisserungsfrage ↑Fragesatz.

Vergleichende Sprachwissenschaft [auch: Komparatistische Philologie]: Bes. im 18./19. Jh. durchgeführter Vergleich mehrerer Sprachen im Hinblick auf historisch-genetische Gemeinsamkeiten und Abhängigkeiten voneinander; z. B.: Indogermanistik. Vgl. auch ↑Sprachfamilie; dagegen ↑Kontrastive Linguistik.

Vergleichspartikel: ↑Partikel, die Gleichheit oder Ungleichheit zweier Erscheinungen im Blick auf einen best. Vergleichsmaßstab zum Ausdruck bringt (anders als ↑Präpositionen aber keine ↑Rektion des Kasus ausübt: zweites Element im gleichen Kasus wie das erste); z. B: *Tim ist so groß <u>wie</u> Christian. Anne ist größer <u>als</u> Christian.*

Vergleichssatz ↑Komparativsatz.

Verkehrssprache: Im Übergang vom Spätmittelalter zur frühen Neuzeit gesprochene Umgangs- und regionale Ausgleichssprache im Unterschied zur gleichzeitigen geschriebenen Geschäftssprache; die ostmitteldeutsche V. hat als koloniale Ausgleichssprache wesentlich zur Herausbildung des Neuhochdeutschen beigetragen.

Verkettung: 1. Lineare Verbindung linguistischer Einheiten der Kategorialsymbole zu Ketten (engl. concatenation) der Konstituentenstruktur (↑I-C-Analyse) eines Satzes (lineare Anordnung unterhalb der Knoten); Verkettungszeichen: + oder⌒; z. B.: NP + VP; NP⌒VP. Auch ↑Stemma.
2. ↑Linking.

Verkleinerungsform: ↑Diminutiv.

Verneinung ↑Negation.

Verner'sches Gesetz: Nach dem Dänen VERNER benanntes historisches ↑Lautgesetz: Idg. p t k wurden in 1. ↑Lautverschiebung nicht zu den stimmlosen Spiranten f Þ χ, sondern zu den germ. stimmhaften Spiranten ƀ đ ǥ (die sich dann zu den Medien b d g weiterveränderten) verschoben, wenn sie in stimmhafter Umgebung standen und der Hauptton nicht auf unmittelbar vorhergehender Silbe lag; Entsprechendes gilt für den Wandel von stimmlosem zu stimmhaftem s (auch: ↑Rhotazismus). Auch ↑Grammatischer Wechsel.

Verschiebeprobe ↑Permutation.

Verschlusslaut ↑Explosivum.

Verschriftung: Schrifterfindung; Entwicklung eines Schriftsystems für eine noch schriftlose Sprache, ohne dass dabei auf eine andere schon existierende Schrift Bezug genommen wird.

Versprecher [auch: slip of the tongue]: Versehentliche oder absichtliche Abweichung von den Regularitäten produktiven Sprachhandelns; z. B.: psychologisch und/oder kontextbedingte Vertauschungen (*Angeklagter: „Ich möchte mich den Ausreden des Herrn Verteidigers anschließen."* statt *Ausführungen*), Assimilationen (*Fischers Fritz frischt frische Fische*), Verschmelzungen (*Wer zuletzt lacht hat Gold im Mund*). Auch ↑Sprachspiel.

Verständlichkeit: Eigenschaft von ↑Texten, die deren Verstehen begünstigen oder erschweren; Grad der V. ist abhängig von der Textgestaltung (wie Satzlänge, Wortwahl, Textgliederung, Anschaulichkeit), andererseits vom Weltwissen, Spezialwissen und von der Motivation der Rezipienten (↑Textrezeption): immanente Textmerkmale und Eigenschaften des Hörers/Lesers wirken zusammen.

Verträglichkeit ↑Kompatibilität.

Verweisform ↑Proform.

Verweisung: In ↑Textlinguistik Beziehung zwischen zwei oder mehreren Elementen des Textes, die einen gemeinsamen ↑Referenten haben; z. B.: *Das war ein Ereignis! Die Hochzeit wurde ganz groß gefeiert. Sie blieb allen lange in Erinnerung.* Auch ↑Textphorik, ↑Proform.

Verzögerungsphänomen [auch: Hesitationsphänomen, Überbrückungsphänomen]: Unterbrechung des Formulierens beim Sprechen, Verzögerung des Fortgangs der Rede, um Zeit zu gewinnen; Ursache ist entweder Unsicherheit oder das Bemühen um besonders differenzierte Ausdrucksweise; V. kann eine leere ↑Pause oder eine (z. B. mit *äh, also, hm*) gefüllte Pause sein, ein Sichräuspern oder Pusten, eine Wiederholung, eine Dehnung eines Ausdrucks u. a.

Verzweigung ↑Stemma.

Verzweigungsrichtung: In ↑Dependenzgrammatik bei Abbildung einer Satzstruktur im ↑Stemma feststellbare Richtung der vom Ausgangs- und Zentralknoten dominierten Knoten und zugehörigen Kanten/Äste in hierarchischer Folge;

a) linksverzweigend, z. B.: *Für die Ausbildung dringend benötigte neue Schulen kosten Geld.*

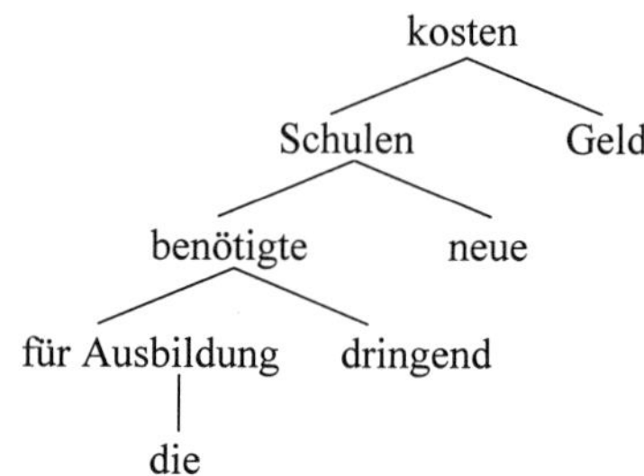

b) rechtsverzweigend, z. B.: *Schweine fressen das täglich in ihren Trog geworfene Futter.*

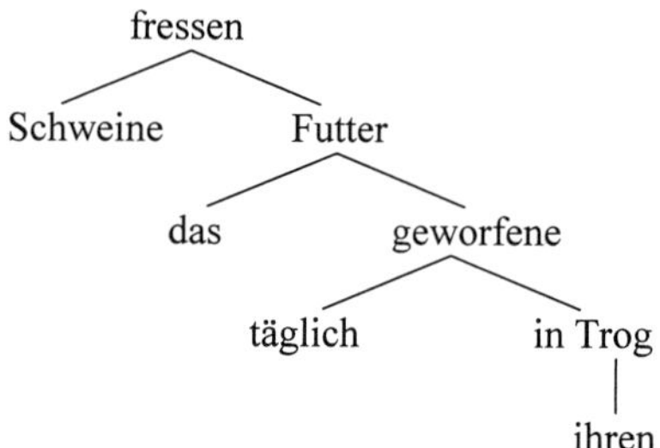

Vibrant ↑Liquid.

Virgel, die (lat. virgula = kleiner Zweig): Schrägstrich zwischen Wörtern oder Zahlen: / (z. B.: *Jungen und/oder Mädchen*); ursprünglich als Zeichen für die schwächste ↑Interpunktion (schwächer als der Punkt) der Vorläufer des heutigen ↑Kommas, allerdings in früheren Jahrhunderten mehr rhetorisches als grammatisch-logisches Gliederungssignal in der Funktion der Sprechpausenmarkierung beim Textvortrag (z. B. bei LUTHER: *Es geselleten sich ein Rind / Ziegen und Schaf zum Lewen / und zogen mit ein ander auff die Jaget / in einen Forst ...*).

visuell ↑akustisch.

visuelle Dichtung ↑konkrete Dichtung.

Vokal, der (lat. vocalis = klangvoll) [auch: Selbstlaut]: Stimmhafter (Schwingen der Stimmbänder im Kehlkopf) Laut, bei dessen Bildung die Luft ungehindert (durch Zunge, Lippen, Zähne) durch Kehlkopf und Mund streicht; artikulatorische Einteilungskriterien: Öffnungsgrad des Mundes (vgl. Verschluss bei ↑Konsonant), Stellung des höchsten Zungenteils (vorn bis hinten im Mundraum), Stellung der Lippen (gerundet bis ungerundet);

a) heller V.: höchster Punkt der Zunge vorn im Mundraum (palatal; ↑Guttural), z. B.: [iː] in *Liebe*; dunkler V.: höchster Punkt der Zunge hinten im Mundraum (velar; ↑Guttural), z. B.: [uː] in *Huhn*;

b) offener V.: Zunge im unteren Teil des Mundraums, z. B.: [ɛː] in *Ähre* und [ɔ] in *doch*; geschlossener V.: höchster Punkt der Zunge weit oben im Mundraum, z. B.: [eː] in *Ehre* und [o] in *sodann*;

c) kurzer V.: geringe Artikulationsdauer, z. B.: [a] in *satt;* langer V.: große Artikulationsdauer, z. B.: [aː] in *Saat.*

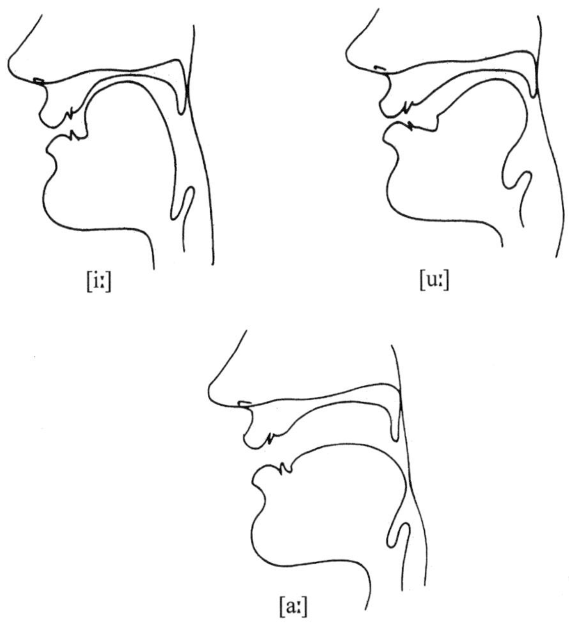

Hank Ketcham aus: Fromkin, V./ Rodman, R.: An Introduction to Language. Harcourt Brace Jovanowich. Orlando, [5]1993. S. 201

Vokaldreieck: Schematische Darstellung eines Teils (vollständig ↑Vokalviereck) des dt. Vokalsystems im Hinblick auf jeweilige Artikulationsstelle im Mundraum und daraus resultierende Helligkeits- und Offenheitsgrade: Extremvokale [i] (oben vorn), [u] (oben hinten), [a] (unten), [e] und [o] auf mittlerer Höhe dazwischen, Umlaute in jeweiliger Zwischenposition:

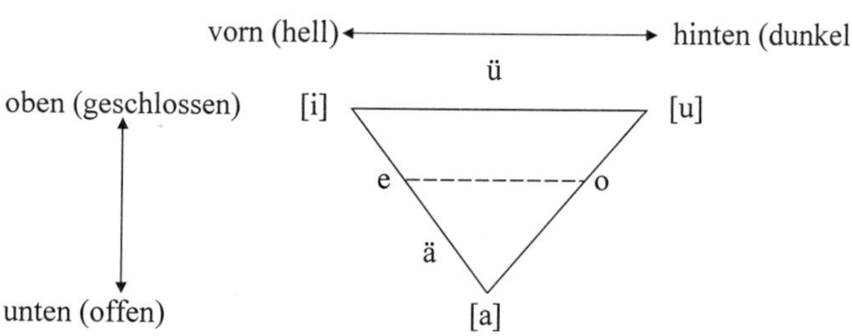

Vokalharmonie: Auftreten von Assimilationserscheinungen (Angleichung der verschiedenen Artikulationsstellen aneinander) beim kombinatorischen Lautwandel der Vokale in der historischen Grammatik des Dt.; am Modell des ↑Vokaldreiecks demonstrierbar (z. B.: gegenseitige Annäherung der Extremvokale, ↑Umlaut als Aufhellung des ›u‹ zu ›ü‹ vor folgendem ›i‹); z. B. erscheint im Ahd. kurzes ›e‹ in der Stammsilbe des Wortes *erda* <Erde> vor unten artikuliertem ›a‹ der Folgesilbe; vor oben vorn artikuliertem ›i‹ der Ableitungssilbe erscheint dagegen statt ›e‹ ebenfalls weiter oben artikuliertes ›i‹ in *irdisk* <irdisch>.

Vokalschwächung: Historischer Lautwandel vom Ahd. zum Mhd.; Abschwächung der vollen, „bunten" Vokale zu schwachem, kurzem [ə] in unbetonten Silben, bes. in Endsilben; z. B.: ahd. *skōni* > mhd. *schoene* (nhd. *schön_*); *ītal* > *îtel* (nhd. *eitel*); *foramundo* > *vormunde* (*Vormund_*); *jugund* > *jugent* (*Jugend*); *gidult* > *gedult* (*Geduld*); *furimugan* > *vermügen* (*vermögen*).

Vokalviereck: Schematische Darstellung der allgemeinen Vokalartikulation je nach Stellung der Zunge im Mundraum (auch: ↑Vokaldreieck):

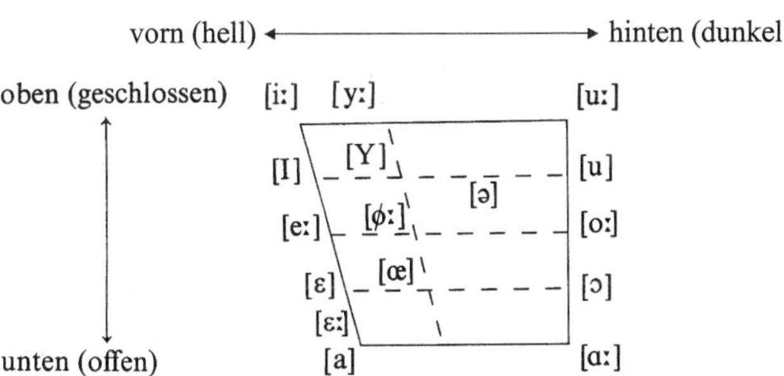

Beispiellexeme: [iː] *Tier*, [I] *Frist*, [eː] *Steg*, [ɛ] *Bett*, [ɛː] *Käse*, [a] *Mann*, [aː] *Name*, [ɔ] *hoffen*, [oː] *loben*, [u] *Bus*, [uː] *Ruhe*, [yː] *Rübe*, [Y] *Gürtel*, [øː] *Öl*, [œ] *zwölf*, [ə] *Tasche*.

Volksetymologie, die (gr. etymon = das Wahre; Ursprüngliche) [auch: Pseudoetymologie]: Lautliche und inhaltliche Veränderung eines Wortes aus volkstümlichem Erklärungs-, Motivierungsbedürfnis heraus: bei fehlender Durchsichtigkeit (↑Motivation) eines Wortes (isoliertes Wort aus älterer Sprachperiode oder Fremdwort/Lehnwort) und lautlichem Anklang an andere Wörter wird sekundär ein (historisch falscher) etymologischer Zusammenhang hergestellt, neue Motivation des Wortinhalts geschaffen; z. B.: *Grasmücke* hat urspr. nichts mit *Mücke* zu tun, sondern gehört zum mhd. Verb *smucken* (= ↑Intensivbildung zu mhd. *smiegen), *grasa-smucka* ist also eigentlich „Grasschlüpfer“; *Friedhof* erst sekundär <Hof des Friedens>, eigentlich <umzäunter Platz> von ahd. *friten* = hegen; *Armbrust* ist Eindeutschung von lat. *arcuballista* = <mit Bogen versehene Schleuder>.

Vollverb ↑Hilfsverb.

Vorfeld ↑Kontraststellung, ↑Topikalisierung, ↑Funktionale Satzperspektive.

Vorgang ↑Abstraktum.

Vorgangssatz ↑Satz.

Vorname: Individueller Teil des ↑Eigennamens einer Person, der vor dem von den Eltern ererbten ↑Familiennamen steht; bei mehreren V. wird einer als ↑Rufname verwendet;

a) Vollform; z. B.: *Hermann, Paul, Henriette, Katharina*;
b) Doppelform; z. B.: *Hansdieter, Hans-Joachim, Marie-Luise,*
c) Kurzform; z. B.: *Heinz < Heinrich, Lisa < Elisabeth, Gabi < Gabriela*;
d) Koseform; z. B.: *Hänschen, Berti, Gretel, Lenchen, Mieze < Maria*;
e) Lallform aus Kindersprache; z. B.: *Bob < Robert, Dodo < Dorothea.*

Vortext: ↑Text, der einem anderen Text zeitlich vorangeht, mit ihm in einem diskursiven (↑Diskurs) Zusammenhang steht; z. B. Gesetzentwurf gegenüber dem Gesetz selbst (als dem erwartbar folgenden Nachtext), Antrag gegenüber Bewilligungs- oder Ablehnungsbescheid.

Vorzeitigkeit ↑Tempusgebrauch.

vulgäre Stilebene ↑Stilebene.

Wahrheit: Eigenschaft sprachl. ↑Aussagen (↑Prädikation), mit außersprachl. Erscheinungen/Sachverhalten (↑Referenz) übereinzustimmen, auf die sie sich beziehen; Gw. Falschheit. In ↑Aussagenlogik werden unterschieden:
a) faktische W.: ↑Wahrheitswert einer Gesamtaussage beruht auf Wahrheitswert ihrer Teile; z. B.: *Menschen sind Lebewesen, und Tiere sind Lebewesen.*
b) logische W.: Wahrheitswert einer Gesamtaussage ist unabhängig von den faktischen Sachverhalten, auf die sich Teilaussagen beziehen; z. B.: *Klaus ist stark, oder Klaus ist nicht stark.* Diese Gesamtaussage ist in jedem Fall wahr.

Wahrheitswert: Beurteilung einer sprachl. Aussage mit „wahr" (= bezeichneter Sachverhalt trifft zu) oder „falsch" (= Sachverhalt trifft nicht zu); Prüfung durch ↑Negation: Aussage X ist wahr, wenn Nicht-X falsch ist; z. B.: *Die Sonne scheint* ist wahr, wenn *Die Sonne scheint nicht* falsch ist; W. ist nur feststellbar bei Aussagesätzen, nicht bei Frage- und Aufforderungssätzen, nicht bei Sätzen mit deiktischen Ausdrücken (↑Deixis), weil diese sich nur in Abhängigkeit von der jeweiligen ↑Situation beurteilen lassen (z. B.: *Hier steht ein Schloss.* Worauf bezieht sich die Lokaldeixis *hier*?), und nicht bei Bezug auf „nur vorgestellte Welten" (z. B.: *Ich glaube, Goethes Werther würde heute überleben.*).

Weglassprobe ↑Deletion.

Weltbild der Sprache: Je besondere Prägung menschlicher Welterfahrung, Weltorientierung und Weltansicht (geistige Aneignung der Erscheinungen der außersprachl. Wirklichkeit) wie überhaupt menschlichen Denkens durch die sprachl. ↑Zwischenwelt jeder Einzelsprache; Theorie der inhaltbezogenen

Sprachwissenschaft (WEISGERBER) und des Amerikaners WHORF mit seinen Thesen von der „linguistischen Relativität“ (niemand kann unabhängig von seiner Sprache Natur wahrnehmen und beschreiben) und der Determination des Denkens durch die Sprache (Kausalitätsverhältnis zwischen Sprachstruktur und kognitiven Funktionen).

Weltsprache: 1. In fast allen Ländern der Welt von größerem Personenkreis verwendete Sprache; z. Zt. nur das Englische. 2. An den Schulen und Hochschulen der meisten Länder gelehrte/gelernte Sprache; außer Englisch auch Spanisch, Französisch, Deutsch, Russisch u.a.

Weltwissen ↑Erfahrung.

Werbesprache: Sprachl. Ausdrücke mit informativer und vor allem appellativer Funktion, die im Bereich der Wirtschaftswerbung an den Konsumenten und im Bereich politischer Werbung an den Wähler gerichtet sind, um diese psychologisch geschickt zu best. Verhalten zu veranlassen (Kauf von Ware oder Dienstleistung, Unterstützung/Wahl von Parteien und Personen); AIDA-Formel für Abfolge von attention (Aufmerksamkeit) – interest (Interesse) – desire (Begehren) – action (Handeln). Merkmale: Anknüpfung an Wunschvorstellungen und Träume (*Jung sein mit ...*; *der Duft der großen weiten Welt!*), Verwendung von Stereotypen (*Deutschland ist schön*; *Preise wie bei den Schotten*), Einsatz rhetorischer Mittel (*die junge Rama*; *Was hat sie, was ich nicht habe?*), kreative sprachspielerische Elemente (*Wer die Welt verstehen will, der muss sie lesen*), Verbindung von Sprache, Bild und Musik.

Wert (valeur): Stellenwert, Bedeutung eines sprachl. ↑Zeichens im Zeichensystem, in dem jedes Element/Wort durch die benachbarten begrenzt und bestimmt wird (↑Wortfeld).

Wertigkeit ↑Valenz.

wesenhafte Bedeutungsbeziehungen: Von PORZIG geprägte Bez. für besondere semantisch-syntaktische Relationen zwischen best. Wörtern, die nur in wenigen Kombinationen im Satz erscheinen; Typus: Verb + inneres Obj. oder Subj./Agens, z. B.: *bellen* + *Hund*; Typus: Nomen + inneres Attr., z. B.: *Haar* + *blond.* Auch ↑lexikalische Solidarität.

Widerspiegelungstheorie [auch: Abbildtheorie]: Marxistische Lehre (dialektischer Materialismus im Gegensatz zum Idealismus), nach der die objektive Realität unabhängig vom wahrnehmenden Subjekt existiert und Erkenntnis der Realität deren ideelle Abbildung und Widerspiegelung im menschlichen Bewusstsein bedeutet; konventionelle ↑Zeichen (gesellschaftlicher Aspekt der Widerspiegelung), speziell Sprachzeichen sind Mittel des sich historisch vervollkommnenden Abbildungsprozesses.

Wiederaufnahme: Mehrere Sätze als Textbestandteile verknüpfende (Vorgängersatz, Nachfolgesatz) und durch ↑Textverweisung ↑Textkohärenz sichernde Wiederholung sprachl. Ausdrücke oder ihre Variation durch ↑Proformen; mit Identität der ↑Referenz oder mit gemeinsamen ↑semantischen Merkmalen zwischen wiederaufnehmendem und wiederaufgenommenem Ausdruck:
a) Wortwiederholung, z. B.: *Häuser ... große Häuser ... jene Häuser ...*;
b) synonymische W., z. B.: *Häuser ... Gebäude ...*;
c) Pronomen, z. B.: *Häuser ... sie ...*;
d) lexikalische Explikation (Erläuterung) und Weiterführung, z. B.: *Haus bauen wollen ... Baugenehmigung haben ...*;
e) Rückverweis auf Vorhergehendes, z. B.: *So beschloss er ...*

Willkürlichkeit der Zeichen ↑arbiträr.

Windows (engl. windows = Fenster): Weltweit verbreitete Benutzeroberfläche der Firma Microsoft auf Bildschirm von ↑Computern, die durch eine graphische „Fenstertechnik" sehr bedienungsfreundlich ist (über Tastatur oder Maus).

Wirklichkeitsmodell: Aus Erfahrungswissen und Meinungen über außersprachl. Erscheinungen und Sachverhalte bestehendes geordnetes Gefüge von Vorstellungen der Kommunikationspartner, auf das sie sich bei Produktion und Rezeption von ↑Texten beziehen (↑Referenz); Vorwissen, Auffassung davon, wie „die Welt" beschaffen ist. Beim Textverständnis interpretiert Hörer/Leser Textaussage und eigene Vorstellungen als auf dieselbe Wirklichkeit bezogen und misst Textaussage an dem, was er selbst schon weiß und meint; insofern kann derselbe Text von verschiedenen Menschen und zu verschiedenen Zeiten verschieden interpretiert werden, ohne dass eine Interpretation falsch ist.

Wissen: Durch Wahrnehmung und Denken (↑Kognition) erworbene, im Gedächtnis gespeicherte Informationen; Grundbegriff der ↑kognitiven Psychologie; sprachliches W.:
a) explizites oder deklaratives W.: abfragbar; z. B. Regel-W. im Bereich des Rechtschreibens;

b) implizites W.: nicht abfragbar, indirekt aus Verhalten erschließbar; z. B. Grammatik-W. aus der Beurteilung von korrekten und nicht korrekt gebildeten Sätzen (↑grammatisch).

Witterungsverben ↑Impersonalia.

Wörterbuch: Alphabetisch oder begrifflich geordnetes Verzeichnis von Stichwörtern (↑Lemma) mit beigefügten erläuternden Informationen;
a) Sprachwörterbuch: Erklärungen zu Wörtern und Wendungen; z. B.: Rechtschreibwörterbuch;
b) Sachwörterbuch (↑Lexikon): Auskünfte über Sachen, Vorgänge, Personen; z. B.: Brockhaus Enzyklopädie.

wörtliche Rede ↑Rede.

World Wide Web (WWW) ↑Internet.

Wort [auch: ↑Lexem, Formativ]: Kleinster selbstständiger (d. h. potentiell isolierbarer) sprachl. Bedeutungsträger (↑Zeichen); als Grundeinheit beim Aufbau der Rede nach Regeln umstellbar, ersetzbar, hervorhebbar; Isolierbarkeit wird durch mögliche Pause vor und nach einem Wort angezeigt (sekundär ist orthographische Abhebung durch Getrenntschreibung).

Wortart [auch: Wortklasse, Lexemklasse]: Nach formalen (konjugierbar – deklinierbar – graduierbar – unflektierbar), inhaltlich-↑denotativen (Prozess, Substanz, Eigenschaft, Relation), syntaktischen (nähere Bestimmung eines Subst., eines Verbs) und distributionalen Gesichtspunkten (kann in Position z. B. eines Verbs erscheinen) zusammengefasste Wortgruppe; Einteilung des Wortbestands einer Sprache in: 1. ↑Verben (Zeit- oder Tätigkeitswörter), 2. Nomina (↑Nomen) oder Substantive (Hauptwörter), 3. ↑Adjektive (Eigenschaftswörter), 4. ↑Adverbien (Umstandswörter), 5. ↑Artikel (Geschlechtswörter), 6. Pronomina ([↑Pronomen] Fürwörter), 7. Numeralia ([↑Numerale] Zahlwörter), 8. ↑Präpositionen (Verhältniswörter), 9. ↑Konjunktionen (Bindewörter), 10. ↑Interjektionen (Ausrufe- oder Empfindungswörter). GLINZ fasst 3 und einen Teil von 4 als Adj. („Artwort") zusammen, 5-7 als ↑„Begleiter und Stellvertreter des Substantivs", 8, 9 und die Adverbien, die nicht auch adjektivisch verstanden werden können (wie z. B. *bald),* als „Partikeln". Auch ↑Funktion.

Wortbildung: Entstehung neuer Wörter durch Kombination bereits vorhandener Wörter oder ↑Morpheme (freier und gebundener), durch deren Kürzung oder Überführung in eine andere ↑Wortart. Auch ↑Morphologie.

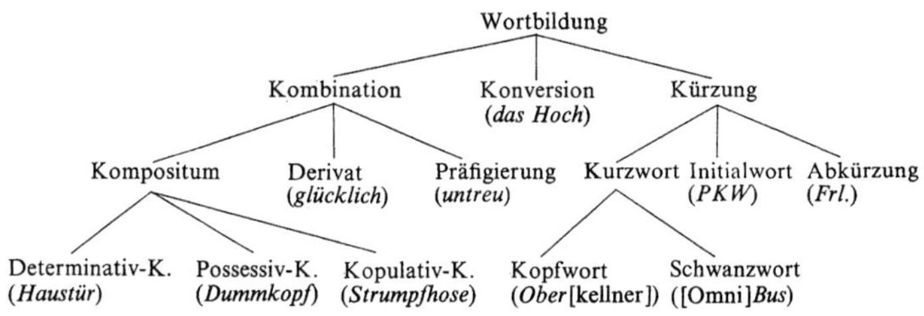

Wortbildungsmuster [auch: Wortbildungstyp, Wortbildungsmodell]: Morphologisches und semantisches Strukturschema, nach dem Wörter gebildet sind und ↑Wortbildung möglich ist (↑Analogie); heute noch ↑produktiv (z. B. von Verben abgeleitete Nomina actionis [↑Nomen] auf -er: *Hörer, Wähler, Zuschauer*) oder unproduktiv (z. B. von Adjektiven abgeleitete Nomina qualitatis auf -e: *die Größe, Tiefe, Röte, Blässe*; nicht *die *Schöne,* sondern *Schönheit*).

Wortfamilie [auch: Wortsippe]: Gruppe (teil-)motivierter Wörter gleicher Herkunft, etymologischer Verwandtschaft (mit erhaltenen morphologischen und semantischen Gemeinsamkeiten); Mittelpunkt ist gemeinsames Stammwort oder Stammmorphem; z. B.: *kommen*: *ankommen, verkommen, Abkommen, Abkömmling, Nachkommenschaft, herkömmlich, Übereinkommen, Ankunft* u. a.; lautlich etwas isoliert und deshalb eine „Tochterfamilie“ derselben W. um *-kunft* bildend: *Ankunft, Zukunft, künftig, Herkunft, Unterkunft, Auskunftei*; lautlich und inhaltlich im Laufe der Sprachentwicklung isoliert und bei synchroner Betrachtung heute nicht mehr zur Familie zu rechnen: *bequem* (< *beikommen*), *sich bequemen*, *Unbequemlichkeit.*

Wortfeld [auch: Bedeutungsfeld, Begriffsfeld, lexikalisches Feld, Sinnbezirk]: Menge partiell synonymer (↑Synonymie) Wörter, die den Bedeutungsbereich des jeweiligen Feldes lückenlos abdecken, deren Bedeutungen sich gegenseitig begrenzen, die hierarchisch geordnet sind; Einzelwortinhalt wird von seinen Feldnachbarn mit bestimmt, ergibt sich aus dem Stellenwert des Wortes im Koordinatensystem des Feldes, mehrerer Felder; da kein Wort isoliert steht, vollziehen sich auch historische Inhaltsveränderungen nicht am Einzelwort allein, sondern sie sind Verschiebungen ganzer Feldstrukturen; z. B. Feld dt. Verben für das „Aussetzen des Lebens“ (nach WEISGERBER und BAUMGÄRTNER):

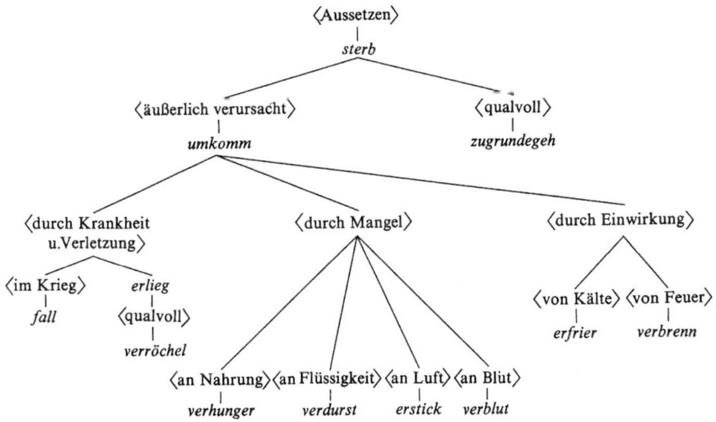

Vgl. ↑Sachfeld, ↑Bildfeld.

Wortform: Flektierte Form eines Wortes (↑Flexion); seine kontextabhängige, von syntaktischen Beziehungen geprägte Gestalt; z. B. *Du lachtest. – Das ist der Hund des Nachbarn. – Er ist von allen der Älteste.*

Wortgruppe ↑Syntagma.

Wortgruppenlexem ↑Lexem, ↑Phraseologismus.

Wortklasse ↑Wortart.

Wortkreuzung ↑Kontamination.

Wortnische: In ↑Inhaltbezogener Grammatik (WEISGERBER) Gruppe von semantisch motivierten Wörtern mit gleichem ↑Präfix oder ↑Suffix (gleichem Wortbildungstypus) und gemeinsamer Inhaltsausrichtung, gemeinsamem „Aufgabenbereich“ beim „Worten der Welt“; z. B. gibt es unter den Subst. mit Ableitungssuffix -ling neben *Bückling, Steckling, Findling, Schädling, Kohlweißling, Frühling, Pfifferling* und vielen anderen eine inhaltlich analog ausgerichtete Gruppe, nämlich die W. der Personenbez. auf -ling: *Jüngling, Zwilling, Säugling, Liebling* u. a. und unter diesen noch eine kleinere Unternische mit abwertender Komponente: *Dichterling, Sonderling, Lüstling, Wüstling.*

Wortschatz [auch: Wortbestand, Lexikon, Lexik]: Gesamtmenge, ↑Inventar aller Wörter/↑Lexeme einer Sprache/Sprachgemeinschaft zu einem best. Zeitpunkt (z. B. der dt. Sprache mit 100.000 bis 200.000 ↑Lemmata in großen Wörterbüchern der Gegenwartssprache gegenüber etwa 500.000 in GRIMMS historisch angelegtem „Deutschen Wörterbuch") oder aber Gesamtmenge der Wörter eines einzelnen Menschen (mentales ↑Lexikon mit etwa 8000 bis 10.000 Lexemen); zu unterscheiden:

a) aktiver W. (besser: produktiver W.): bei Sprachproduktion (↑kodieren) vom Sprecher/Schreiber eingesetzt;
b) passiver W. (besser: rezeptiver W.): bei Aufnahme von Sprache durch Hörer/Leser erkannt und verstanden, aber (noch) nicht von derselben Person in Sprecher-/Schreiberrolle verwendet.

Wortschöpfung [auch: „Urschöpfung"]: Bildung eines neuen Wortes, ohne dass auf in der Sprache bereits vorhandene Wörter/ ↑Morpheme zurückgegriffen wird; Entstehungsweise eines Großteils unseres heutigen Wortbestandes in vorgeschichtlicher Frühzeit durch Konventionalisierung der Zuordnung von best. inhaltlicher Vorstellung und best. Lautvorstellung/Lautfolge. In jüngerer Zeit kaum noch üblich; vielleicht das lautmalerische *Töfftöff* für <Motorrad>. Vgl. dagegen ↑Wortbildung.

Wortsippe ↑Wortfamilie.

Wortspiel: ↑Sprachspiel, das sich auf Einzelwörter bezieht, z. B. auf homonyme (↑Homonymie) oder mehrdeutige (↑Polysemie) Wörter: *Wie vermehren sich Mönche und Nonnen? – Durch Zellteilung.*

Wortstand: In ↑Inhaltbezogener Grammatik Gruppe von motivierten Wörtern mit gemeinsamer Inhaltskomponente, gemeinsamer Inhaltsausrichtung, aber mit verschiedenen morphologischen Bildungsweisen; z. B. ↑Diminutive (Verkleinerungs- und Verniedlichungsformen) mit verschiedenen Suffixen wie *Häs-lein* <kleiner Hase>, *Brüder-chen* <kleiner Bruder>, *Sprröss-ling* <kleiner Spross>; ↑deverbative Adj. als Bez. für die passivische Möglichkeit des verbalen Geschehens wie *hör-bar* <kann gehört werden>, *glaub-haft* <kann geglaubt werden>, *verzeih-lich* <kann verziehen werden>.

Wortstellung [auch: Wortfolge]: Reihenfolge der Wörter in der linearen Kette einer ↑Äußerung, eines ↑Satzes, eines ↑Syntagmas.

Wortverdoppelung ↑Iteration.

Wortwertigkeit ↑Disponibilität.

Wurzel: In der historischen Sprachwissenschaft rekonstruierbares Grundmorphem als elementarer Bestandteil eines durch ↑Wortbildung und/oder Wort-↑Flexion entstandenen Wortes: Wortstamm nach Abstrich stammbildender Suffixe (↑Stamm) auf germ./idg. Vorformen zurückgeführt; z. B. haben die ahd. Wortformen *frag-ō-no* <der Fragen> und ahd. *frag-ē-nt* <sie fragen> die Kasusendung für den Gen. Plur. *-no* bzw. die Konjugationsendung für die 3. Pers. Plur. Indikativ Präs. *-nt,* das stammbildende Element einer Deklinationsklasse *-ō-* bzw. das stammbildende Element einer Konjugationsklasse *-ē-,* schließlich aber die gemeinsame germanische W. **freh/*freg* (> nhd. *frag-*); auf die idg. W. **kuerp-* <sich drehen>, germ. **hwerf-* ist gr. *karpos* <Handwurzel>, aber auch got. *hvairban* / ahd. *werban* / mhd. und nhd. *werben* mit der Bedeutungsentwicklung <sich drehen, hin- und hergehen, sich umtun, sich bemühen um, zu gewinnen suchen> zurückzuführen; wurzelverwandt sind nicht nur die Präfixbildung *erwerben* und die Ableitung *Wirbel* <Drehung und dadurch entstandene kreisförmige Gestalt>, sondern auch *Werft* <Platz, an dem man sich hin und her wendet, Schiffsbauplatz>. Auch ↑Etymologie.

Wurzelbildung: Wort, das ohne stammbildendes ↑Suffix gebildet ist, nur aus ↑Wurzel und sich direkt anschließender Flexionsendung besteht;

a) Wurzelnomen wie z. B. *Nacht* (idg. Wurzel **nokt-*), bei dem nach Abfall der Flexionsendungen (im Sing.) nur die Wurzel erhalten blieb;

b) Wurzelverb wie z. B. *sein,* dessen Form *ist* auf idg. Wurzel **es-/s-* und die Flexionsendung zurückgeht, während *bin, bist* ↑Kontaminations-Formen mit einer zweiten Wurzel idg. **bheu-/bhu-* und mit unmittelbar antretenden Endungen sind (idg. *bh-es-mi* > nhd. *bin*).

Xenolekt, der (gr. xenos = fremd, ausländisch, legein = sprechen) [auch: Ethnolekt]: Mischsprache, Redeweise eines ethnisch, kulturell, muttersprachlich „fremden" Teils der Bevölkerung/Sprachgemeinschaft (Exilanten, Flüchtlinge,

Einwanderer) unter den Bedingungen eines intensiven Kontaktes von mitgebrachter Muttersprache und täglich erlebter Landessprache mit wechselseitigen Beeinflussungen (Sprachmischung); z. B. Gastarbeiterdeutsch, „Kanak-Sprak“.

Zahlwort ↑Numerale.

Zeichen: Sinnlich wahrnehmbares ↑Signal, das auf Grund gesellschaftlicher Vereinbarung (↑arbiträr, ↑konventionell) Träger einer best. ↑Information ist, auf etwas von sich selbst Verschiedenes verweist (aliquid stat pro aliquo) und so als Mittel zwischenmenschlicher Verständigung (↑Kommunikation) dient (auch: ↑Semiotik); Einteilung nach PEIRCE:
a) Icon/Ikon (engl. icon = Statue): Z. mit abbildender Beziehung zum Objekt seiner ↑Referenz, hat mit ihm mindestens ein Merkmal gemeinsam; z. B.: die graphische Darstellung einer brennenden Zigarette als Hinweis für Raucherabteil in Eisenbahn;
b) Index (lat. index = Anzeiger) [auch: Anzeichen, Symptom]: Z. mit anzeigender Beziehung zu seinem Referenzobjekt, symptomatisch wie z. B. Schmerz auf Verletzung/Krankheit, Rauch auf Feuer hinweist (natürliche Kausalbeziehung);
c) Symbol (gr. symbolos = Kennzeichen): Z. repräsentiert sein Referenzobjekt, ohne von ihm kausal hervorgebracht zu sein oder Ähnlichkeit mit ihm aufzuweisen; objektunabhängig, aber interpretantenabhängig; z. B.: Verkehrsschild <Vorfahrtsstraße> oder Wort als Sprachzeichen.

Ein sprachl. Z. (signe) ist eine Einheit von Ausdruck (Lautung) und Inhalt (Bedeutung), nach SAUSSURE Einheit von Signifiant (auch: Signifikant, Signans oder Bezeichnendes) und Signifié (auch: Signifikat oder Bezeichnetes); Verbindung beider Seiten ist ↑arbiträr, an sich beliebig, aber durch Konvention in jeder Einzelsprache festgelegt; die vom Sprecher in der außersprachl. Wirklichkeit gemeinte Sache (chose), der außersprachl. Bezugspunkt (Verweischarakter des Z.) ist das dem Z. als Denotator entsprechende ↑Denotat (auch: ↑Referent);

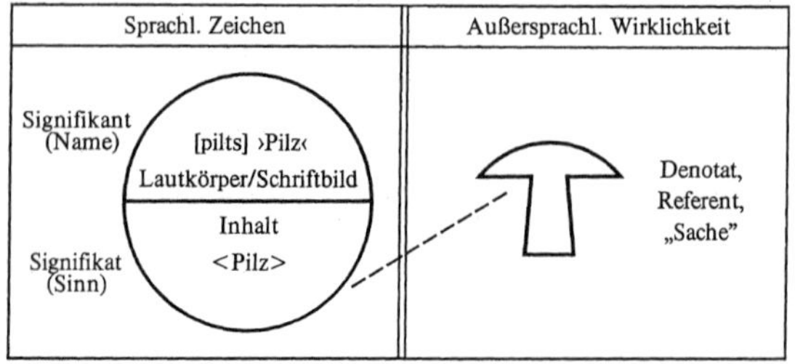

Im Ggs. zum bilateralen Z. wird das unilaterale Z. nicht als zweiseitig, sondern als einseitig betrachtet: Z. ist nur der Lautkörper, nicht auch der zugehörige Inhalt.

Zeichenmodell ↑Zeichen.

Zeichenprozess ↑Semiose.

Zeichensetzung ↑Interpunktion.

Zeigfeld: ↑Ich-jetzt-hier-Ursprung jeder sprecher-/schreiberbezogenen Orientierung und Lokalisierung einer sprachl. Äußerung in ihrem situativen ↑Kontext; ↑deiktische Ausdrücke kennzeichnen das Z., ohne dessen genaue Kenntnis der exakte Referenzbereich einer Äußerung nicht auszumachen ist; z. B.: *Morgen gehst du von hier fort.*: Welche Person (*ich – du*) spricht wann (*heute – morgen*) und wo (*hier – dort*) diesen Satz?

Zeitform: Dt. Wort für ↑Tempus; nicht zu verwechseln mit ↑Zeitstufe.

Zeitstufe: Vom Standpunkt des Sprechers/Schreibers aus gesehene Position eines Seins oder Geschehens auf der Zeitachse der objektiven Realität:
a) Vergangenheit: liegt in zeitlicher Distanz zurück (Bereich der Vor-Zeit);
b) Gegenwart: spielt sich im unmittelbaren Erlebnisbereich des Sprechers/Schreibers ab;
c) Zukunft: steht in zeitlicher Distanz bevor (Bereich der Nach-Zeit).
Z. ist nicht mit Zeitform (↑Tempus) zu verwechseln.

Zentralmetapher ↑Bildfeld.

Zerlegung ↑Generative Semantik, ↑lexikalische Dekomposition.

Zero, das (franz. zéro = Null, das Nichts): Symbol für Fehlen der Repräsentation einer sprachl. Einheit in der ↑Oberflächenstruktur, die in der ↑Tiefenstruktur vorhanden ist; Notation: Ø; z. B. : *du* im Imperativ *Lauf!* (= Verbalstamm + Flexionssuffix Ø). Auch ↑Deletion.

Zeroelement ↑Nullmorphem.

Zeugma, das (gr. zeugma = Joch): Worteinsparung durch Zuordnung eines sprachl. Ausdrucks zu zwei anderen, von denen nur einer semantisch oder syntaktisch passt; unbeabsichtigter grammatischer Verstoß (z. B.: *Ich habe meine Meinung und du (hast!) deine.*) oder ↑Stilblüte (*Er spricht Fremdsprachen und gern über andere Leute.*), aber auch in scherzhafter Absicht verwendet (*Er warf ihm Feigheit vor und Schimpfwörter an den Kopf.*).

Ziffer [auch: Zahlzeichen]: Schriftzeichen zum Schreiben von Zahlen; z. B.: 534, römisch: DXXXIV.

Zinken, der [auch: Gaunerzinken]: Zeichen einer Geheimsprache unter Landstreichern, Bettlern, Strafgefangenen z. B. an Mauern, Haustüren, Bäumen zur Übermittlung von Informationen wie <schlechte oder gute Behandlung durch Hausbewohner>, <Gefahr!> u.a.

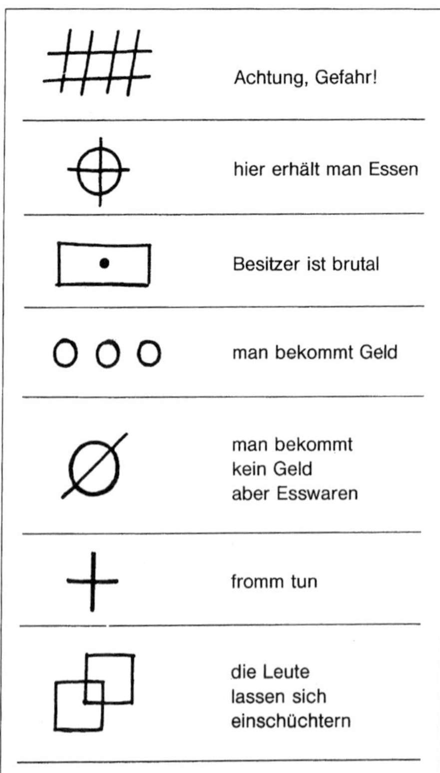

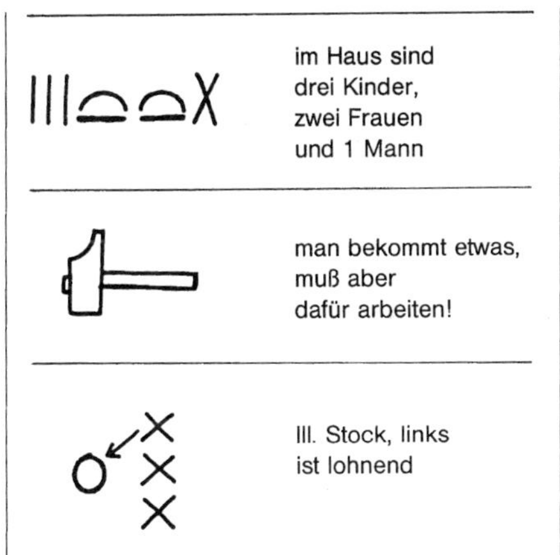

Aus: Boettcher, W. u. a.: Sprache. Westermann, Braunschweig 1983. S. 129

Zungenbrecher: Wegen rascher Folge ähnlicher Laute und Lautverbindungen schwer zu sprechender Satz, der besonders bei schnellem Sprechen (Wettsprechen als Kinderspiel) leicht zu Versprechern führt; z. B.: *Brautkleid bleibt Brautkleid und Blaukraut bleibt Blaukraut. – Fischers Fritz fischt frische Fische, frische Fische fischt Fischers Fritz.*

Zukunft ↑Zeitstufe.

Zusammenbildung: Sonderform der Wortbildung (bei HENZEN; FLEISCHER dagegen rechnet die Beispiele zu den Ableitungen); Konstruktion nach Art einer Ableitung (↑Derivation), bei der das ↑Suffix aber nicht an ein freies ↑Morphem oder eine Zusammensetzung, sondern an eine nur syntaktisch verbundene Wortgruppe angefügt wird; z. B.: *Gesetzgebung < Gesetz(e) geben + -ung; Grundsteinlegung < Grundstein legen + -ung; diesjährig < dies Jahr + -ig.*

zusammengesetzter Satz: Satz, der im Unterschied zum ↑einfachen Satz andere Sätze (= Teilsätze des Gesamtsatzes) als ↑Konstituenten enthält; ↑Satzreihe oder ↑Satzgefüge; z. B.: *Der Wecker, der mich morgens weckt, versagte, und ich verpasste den Bus.*

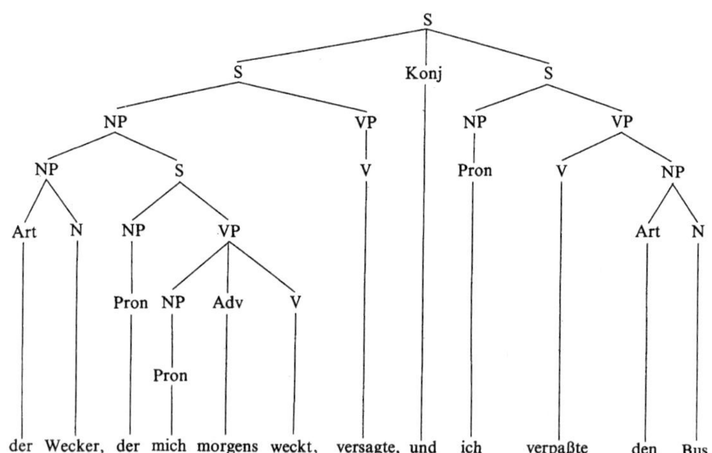

Auch ↑komplexer Satz.

Zusammenrückung: Sonderform der Wortbildung; Verschmelzung einer syntaktisch verbundenen Wortgruppe, eines ↑Syntagmas zu einem Wort, ohne dass die letzte ↑Konstituente (wie beim ↑Kompositum) ↑Wortart und ↑Genus des Gesamtwortes bestimmt; z. B.: *das Vaterunser, der Dreikäsehoch, der Taugenichts.*

Zusammenschreibung: In ↑Orthographie Kennzeichnung zusammengesetzter Wörter (↑Komposition) gegenüber der Getrenntschreibung selbstständiger, nicht zusammengesetzter Wörter als dem Normalfall (Bindestrichschreibung bei unübersichtlichen oder unklaren Bildungen, z. B.: *Leichtathletik-Länderkampf*); Problem der trennbaren bzw. unfesten Zusammensetzungen (z. B.: *auffallen* gegenüber *es fällt auf*), viele Schwierigkeiten und Zweifelsfälle auch nach der Rechtschreibreform (z. B.: *mondbeschienen*, aber *Furcht einflößend*), gelegentlich beide Schreibweisen zulässig (z. B.: *nicht öffentlich* neben *nichtöffentlich*).

Zusammensetzung ↑Komposition.

Zusammenziehung: In ↑Syntax ↑Satz, in dem sich mehrere ↑Satzglieder gemeinsam auf ein anderes beziehen, z. B. mehrere ↑Subjekte ein ↑Prädikat gemeinsam haben (*Er besuchte diese Schule, seine Schwester eine andere.*).

Zustand ↑Abstraktum.

Zustandspassiv ↑Passiv.

Zustandsverb ↑Verb.

Zuwendgröße ↑Größe.

Zweitsprache ↑Bilinguismus.

Zwillingsformel [auch: Paarformel]: Feste, formelhaft verwendete Wortverbindung aus zwei Wörtern, die durch *und* oder *oder* verbunden (zusätzlich oft mit Stab- oder Endreim) zu einer Gesamtbedeutung verschmolzen sind;
a) komplexive Z.: gegenseitige Ergänzung der Teile; z. B.: *(mit) Mann und Maus* = <mit allen Lebewesen>, *(mit) Haut und Haar* = <restlos>; mhd. *man unde wîp* = <alle Menschen>;
b) (partiell) synonyme Z.: starke inhaltliche Überschneidung der Teile; z. B.: *Kind und Kegel* (= uneheliches Kind); *Art und Weise*; *schalten und walten*;
c) antonyme Z.: die Teile bilden inhaltlich einen Ggs.; z. B.: *tun und lassen*; *groß und klein*; *tot oder lebendig*.

Zwischenwelt: Nach WEISGERBER (↑Inhaltbezogene Grammatik) durch die Sprachinhalte der Muttersprache (und die in ihnen tradierten überindividuellen Sehweisen, Wertungen, Orientierungen der Sprachgemeinschaft) konstituierte Zwischenschicht, in der allein sich der Sprecher die Erscheinungen der außersprachl. Wirklichkeit geistig zu Eigen machen kann („das Worten der Welt"), die sich zwischen ihn und die vorgegebene „Außenwelt" schiebt; Sprache ist keine direkte Widerspiegelung der Natur, sondern sie vermittelt durch Wortinhalte eine best. Gliederung der Welt mit gewissen Unterscheidungen, Zusammenfassungen, Hervorhebungen, Wertungen, die in einer anderen Sprache anders aussieht; sie vermittelt ein best. muttersprachl. ↑Weltbild.

Literaturverzeichnis

ABRAHAM, W. (Hg.): Erklärende Syntax des Deutschen. Tübingen ^{2}1992.

ABRAHAM, W./EROMS, H. W./PFEIFFER, O. E. (Hg.): Theme/Rheme Today - Thema/Rhema aktuell. (Folia Linguistica, 26/1-2).

ADAMZIK, K.: Sprache: Wege zum Verstehen. Tübingen/Basel 2001.

ADMONI, W. G.: Der deutsche Sprachbau. München ^{3}1970.

AGRICOLA, E./FLEISCHER, W./PROTZE, H. (Hg.): Kleine Enzyklopädie. Die deutsche Sprache. 2 Bde., Leipzig 1969 und 1970.

AGRICOLA, E.: Semantische Relationen im Text und im System. Halle (Saale) 1975.

AITCHISON, J.: Wörter im Kopf. Eine Einführung in das mentale Lexikon. Tübingen 1997.

ALTHAUS, P./HENNE, H./WIEGAND, H.-E. (Hg.): Lexikon der Germanistischen Linguistik. Tübingen ^{2}1980.

AMMON, U./DITTMAR, N./MATTHEIER, K. J. (Hg.): Soziolinguistik. Ein internationales Handbuch zur Wissenschaft von Sprache und Gesellschaft. 2 Bde. Berlin/New York 1987-1988.

ANTOS, G./AUGST, G. (Hg.): Textoptimierung. Das Verständlichmachen von Texten als linguistisches, psychologisches und praktisches Problem. Frankfurt a. M. 1989.

ANTOS, G./BRINKER, K./HEINEMANN, W./SAGER, S. (Hg.): Text- und Gesprächslinguistik. 2 Bde. Berlin/New York 2000-2001.

ARENS, H.: Sprachwissenschaft. Der Gang ihrer Entwicklung von der Antike bis zur Gegenwart. Freiburg/München ^{2}1969.

ARGYLE, M.: Körpersprache und Kommunikation. Paderborn 1979.

AUGST, G./BLÜML, K./ NERIUS, D./SITTA, H. (Hg.): Zur Neuregelung der deutschen Orthographie. Begründung und Kritik. Tübingen 1997.

AUGST, G./FAIGEL, P.: Von der Reihung zur Gestaltung. Untersuchungen zur Ontogenese schriftsprachlicher Fähigkeiten von 13-23 Jahren. Frankfurt 1986.

AUSTIN, J. L.: Zur Theorie der Sprechakte. Stuttgart ^{2}1979.

BAUSINGER, H.: Deutsch für Deutsche. Dialekte, Sprachbarrieren, Sondersprachen. Frankfurt a. M. 1986.

BERNSTEIN, B.: Studien zur sprachlichen Sozialisation. Düsseldorf 1972.

BESCH, W./KNOOP, U./PUTSCHKE, W./WIEGAND, H. E. (Hg.): Dialektologie. Ein Handbuch zur deutschen und allgemeinen Dialektforschung. 2 Bde. Berlin/New York 1982-1983.

BESCH, W./REICHMANN, O./SONDEREGGER, ST. (Hg.): Sprachgeschichte. Ein Handbuch zur Geschichte der deutschen Sprache und ihrer Erforschung. Berlin 1984.

BLOOMFIELD, L.: Language. New York 1933.

BODMER, F.: Die Sprachen der Welt. Geschichte, Grammatik, Wortschatz in vergleichender Darstellung. Köln 1997.

BORST, A.: Der Turmbau von Babel. Geschichte der Meinungen über Ursprung und Vielfalt der Sprachen und Völker. 4 Bde. Stuttgart 1957-1963.

BRAUN, P.: Tendenzen in der deutschen Gegenwartssprache. Sprachvarietäten. Stuttgart [3]1993.

BREKLE, H. F.: Semantik. München 1972.

BRINKER, K.: Linguistische Textanalyse. Eine Einführung in Grundbegriffe und Methoden. Berlin [4]1997.

BRINKER, K./SAGER, S.: Linguistische Gesprächsanalyse. Berlin [2]1996.

BRINKMANN, H.: Die deutsche Sprache. Gestalt und Leistung. Düsseldorf [2]1971.

BRUNER, J.: Wie das Kind sprechen lernt. Bern 1987.

BÜHLER, K.: Sprachtheorie. Die Darstellungsfunktion der Sprache. Jena 1934.

BURGER, H./BUHOFER, S./SIALM, A. (Hg.): Handbuch der Phraseologie. Berlin 1982.

BUSSE, D. (Hg.): Diachrone Semantik und Pragmatik. Tübingen 1991.

BUßMANN, H.: Lexikon der Sprachwissenschaft. Stuttgart [2]1990.

CHOMSKY, A. N.: Syntactic Structures. Den Haag 1957. (Janua Linguarum, 4).

–: Aspects of the Theory of Syntax. Cambridge (Mass.) 1965. – Deutsch: Aspekte der Syntax-Theorie. Frankfurt/M. 1969. (Suhrkamp-Theorie, 2).

COSERIU, E.: Einführung in die strukturelle Betrachtung des Wortschatzes. Tübingen 1970.

–: Sprache. Strukturen und Funktionen. Tübingen [3]1979.

CRYSTAL, D.: Die Cambridge Enzyklopädie der Sprache. Frankfurt a. M./New York 1998.

DAHL, J.: Die Abtönungspartikeln im Deutschen. Heidelberg 1988.

DANEŜ, F. (Hg.): Papers on functional sentence perspective. Prag 1974.

DANEŜ, F./VIEHWEGER, D. (Hg.): Probleme der Textgrammatik I u. II. Berlin 1976f. (studia grammatica, XI u. XVIII).

DE BEAUGRANDE, R.-A./DRESSLER, W.: Einführung in die Textlinguistik. Tübingen 1981.

DIJK, T. A. VAN: Textwissenschaft. Eine interdisziplinäre Einführung. München 1980. (dtv 4364).

DRACH, E.: Grundgedanken der deutschen Satzlehre. Frankfurt/M. 1937.

DRESSLER, W.: Einführung in die Textlinguistik. Tübingen 1971.

– (Hg.): Textlinguistik. Darmstadt 1978.
DUDEN. Grammatik der deutschen Gegenwartssprache. Hg. v. G. DROSDOWSKI, EISENBERG, P., GELHAUS, H., HENNE, H., SITTA, H., WELLMANN, H. Mannheim [5]1995.
ECO, U.: Einführung in die Semiotik. München [8]1994.
EHMANN, H.: „affengeil". Ein Lexikon der Jugendsprache. München 1992.
EHRICH, V.: Hier und jetzt. Tübingen 1992.
EICHINGER, L. M.: Deutsche Wortbildung. Eine Einführung. Tübingen 2000.
EISENBERG, P.: Grundriß der deutschen Grammatik. Stuttgart/Weimar [3]1994.
ENGEL, U.: Deutsche Grammatik. Heidelberg [3]1996.
ENGELKAMP, J.: Psycholinguistik. München 1974.
ERBEN, J.: Deutsche Grammatik. Ein Abriß. München [12]1980.
ERDMANN, K. O.: Die Bedeutung des Wortes. Aufsätze aus dem Grenzgebiet der Sprachpsychologie und Logik. Leipzig [4]1925.
EROMS H.-W.: Funktionale Satzperspektive. Tübingen 1986.
FELIX, S. W./HABEL, CH./RICKHEIT, G. (Hg.): Kognitive Linguistik. Repräsentation und Prozesse. Opladen 1994.
FILLMORE, C. J.: Kasustheorie. Frankfurt/M. 1971.
FLEISCHER, W./BARZ, I.: Wortbildung der deutschen Gegenwartssprache. Tübingen [2]1995.
FLEISCHER, W./HELBIG, G./LERCHNER, G. (Hg.): Kleine Enzyklopädie Deutsche Sprache. Frankfurt a. M. 2000.
FLEISCHER, W./MICHEL, G./STARKE, G.: Stilistik der deutschen Gegenwartssprache. Frankfurt a. M. [2]1996.
FOURQUET, J.: Lòrdre des éléments de la phrase en germanique ancien. Straßburg 1938.
FRIEDERICI, A.: Kognitive Strukturen des Sprachverstehens. Berlin 1987.
FRIES, CH. C.: The Structure of English. New York 1952/London 1963.
FRITZ, G.: Historische Semantik. Stuttgart/Weimar 1998.
FRITZ, G./HUNDSNURSCHER, F. (Hg.): Handbuch der Dialoganalyse. Tübingen 1994.
FUNKKOLLEG SPRACHE. Eine Einführung in die moderne Linguistik. 2 Bde., Frankfurt a. M. 1973.
GARDT, A.: Geschichte der Sprachwissenschaft in Deutschland. Vom Mittelalter bis ins 20. Jahrhundert. Berlin/New York 1999.
GLEASON, H. A.: An Introduction to Descriptive Linguistics. New York 1963.
GLINZ, H.: Die innere Form des Deutschen. Bern [5]1968. (Bibliotheca Germanica, 4).
–: Deutsche Grammatik. 3 Bde., Frankfurt/M. 1972.
GLÜCK, H. (Hg.): Metzler Lexikon Sprache. Stuttgart/Weimar 1993/2000.

GLÜCK, H. /SAUER, W. W.: Gegenwartsdeutsch. Stuttgart [2]1997.
GREIMAS, A. J.: Strukturale Semantik. Braunschweig 1970.
GRICE, H. P.: Logic and Conversation. In: Cole, P. / J. L. Morgan (Hg.), Speech Acts. New York 1975. S. 41-58.
GRIMM, H./ENGELKAMP, J.: Sprachpsychologie. Handbuch und Lexikon der Psycholinguistik. Berlin 1981.
GRIMM, J.: Geschichte der deutschen Sprache. Leipzig 1880.
–: Deutsche Grammatik. Teil I. Gütersloh 1893.
GÜLICH, E./RAIBLE, W. (Hg.): Linguistische Textmodelle. München 1977.
GÜNTHER, H. /LUDWIG, O. (Hg.): Schrift und Schriftlichkeit. Ein interdisziplinäres Handbuch internationaler Forschung. 2 Bde. Berlin/New York 1994-1996.
HALLIDAY, M. A. K.: Introduction to Functional Grammar. London 1985.
HARRAS, G. (Hg.): Die Ordnung der Wörter. Kognitive und lexikalische Strukturen. Berlin 1995.
HARRIS, Z. S.: Methods in Structural Linguistics. Chicago 1951.
HARWEG, R.: Pronomina und Textkonstitution. München 1968. (Beihefte zu Poetica, 2).
HAYAKAWA, S. I.: Semantik. Sprache im Denken und Handeln. 2. Aufl. Darmstadt o. J.
HEESCHEN, G.: Grundfragen der Linguistik. Stuttgart 1972.
HEINEMANN, W./VIEHWEGER, D.: Textlinguistik. Eine Einführung. Tübingen 1991.
HEINTEL, E.: Einführung in die Sprachphilosophie. Darmstadt [3]1986.
HELBIG, G.: Geschichte der neueren Sprachwissenschaft. Unter dem besonderen Aspekt der Grammatik-Theorie. München 1971.
–: Entwicklungen der Sprachwissenschaft seit 1970. Leipzig 1986.
HELBIG, G./SCHENKEL, W.: Wörterbuch zur Valenz und Distribution deutscher Verben. Leipzig 1969.
HENNE, H.: Jugend und ihre Sprache. Darstellung, Materialien, Kritik. Berlin/New York 1986.
HENTSCHEL, E./WEYDT, H.: Handbuch der deutschen Grammatik. Berlin/New York [2]1994.
HENZEN, W.: Deutsche Wortbildung. Tübingen [2]1957.
HERINGER, H.-J.: Theorie der deutschen Syntax. München 1970. (Linguistische Reihe, 1).
–: Einführung in die praktische Semantik. Stuttgart 1977.
–: Lesen lehren lernen. Eine rezeptive Grammatik des Deutschen. Tübingen 1988.

HILLERT, D.: Zur mentalen Repräsentation von Wortbedeutungen. Tübingen 1987.

–: Sprachprozesse und Wissensstrukturen. Neuropsychologische Grundlagen der Kognition. Opladen 1990.

HINDELANG, G.: Einführung in die Sprechakttheorie. Tübingen ²1994. (Germanistische Arbeitshefte, 24).

HJELMSLEV, L.: Omkring sprogteoriens grundlaeggelse. Kopenhagen 1943. Dann als: Prolegomena to a Theory of Language. Baltimore 1953.

HOCKETT, C. F.: A Course in Modern Linguistics. London 1958.

HÖRMANN, H.: Psychologie der Sprache. Berlin ²1970.

HOFFMANN, J.: Die Welt der Begriffe. (Ost-)Berlin 1986.

HUMBOLDT, W.: Über die Verschiedenheiten des menschlichen Sprachbaus. In: Werke in 5 Bänden. Darmstadt 1963. Bd. 3.

HUNDSNURSCHER, F.: Neuere Methoden der Semantik. Eine Einführung anhand deutscher Beispiele. Tübingen ²1970. (Germanistische Arbeitshefte, 2).

HYMES, D.: Soziolinguistik. Zur Ethnographie der Kommunikation. Frankfurt a. M. 1979.

ISENBERG, H.: Überlegungen zur Texttheorie. In: Literaturwissenschaft und Linguistik 1(1971), S. 155-172.

JAKOBSON, R.: Selected Writings. Vol. II. Word and Language. Den Haag 1971.

JUNG, W.: Grammatik der deutschen Sprache. Leipzig ²1967.

KAINZ, F.: Psychologie der Sprache. Stuttgart 1965.

KALLMEYER, W. u. a.: Lektürekolleg zur Textlinguistik. 2 Bde. Frankfurt/M. 1974.

KATZ, J. J./FODOR, J. A.: The Structure of a Semantic Theory. In: Language 39 (1963), S. 170-210.

KELLER, R.: Zeichentheorie. Zu einer Theorie semiotischen Wissens. Tübingen/Basel 1995.

KLANN-DELIUS, G.: Spracherwerb. Stuttgart/Weimar 1999.

KLEIBER, G.: Prototypensemantik. Eine Einführung. Tübingen ²1998.

KLEIN, W./WUNDERLICH, D. (Hg.): Aspekte der Soziolinguistik. Frankfurt/M. 1972.

KÖNIG, W.: dtv-Atlas zur deutschen Sprache. Tafeln und Texte. München ¹⁰1994.

KOß, G.: Namenforschung. Eine Einführung in die Onomastik. Tübingen 1990.

KOTTHOFF, H. (Hg.): Das Gelächter der Geschlechter. Humor und Macht in Gesprächen von Frauen und Männern. Frankfurt a. M. 1988.

LAMB, S. M.: Outline of Stratificational Grammar. Washington D. C. 1966.

LAUSBERG, H.: Handbuch der literarischen Rhetorik. München 1960.

LEONT'EV, A. H.: Sprache – Sprechen – Sprechtätigkeit. Stuttgart 1971.

LEUNINGER, H./MILLER, M. H./MÜLLER, F.: Psycholinguistik. Ein Forschungsbericht. Frankfurt/M. 1972.
LEWANDOWSKI, TH.: Linguistisches Wörterbuch. 3 Bde., Heidelberg 1973-75.
LINDNER, K.: Sprachliches Handeln bei Vorschulkindern. Tübingen 1983.
LINKE, A./NUSSBAUM, M./PORTMANN, P. R.: Studienbuch Linguistik. Tübingen ^{3}1996.
LÖFFLER, H.: Probleme der Dialektologie. Darmstadt ^{3}1985.
LÖTSCHER, A.: Text und Thema. Tübingen 1987.
LUTZEIER, P. R.: Lexikologie. Ein Arbeitsbuch. Tübingen 1995.
LYONS, J.: Introduction to Theoretical Linguistics. Cambridge 1968. Deutsch als: Einführung in die moderne Linguistik. München 1971.
–: Semantik. Bände I und II. München 1980 und 1983.
MAAS, U.: Phonologie. Opladen/Wiesbaden 1999.
MAAS, U./WUNDERLICH, D.: Pragmatik und sprachliches Handeln. Frankfurt/M. ^{2}1972.
MARTINET, A.: Éléments de Linguistique Générale. Paris 1960. Deutsch als: Grundzüge der Allgemeinen Sprachwissenschaft. Stuttgart 1963. (Urban-Bücher, 69).
– (Hg.): Linguistik. Ein Handbuch. Stuttgart 1973.
MATER, E.: Rückläufiges Wörterbuch der deutschen Gegenwartssprache. Leipzig 1970.
MEIBAUER, J.: Pragmatik. Eine Einführung. Tübingen 1999.
MORRIS, CH. W.: Grundlagen der Zeichentheorie. München 1972. Zeichen, Sprache und Verhalten. Düsseldorf 1973.
NERIUS, D. (Hg.): Deutsche Orthographie. Mannheim ^{3}2000.
NIDA, E. A.: Morphology. A Descriptive Analysis of Words. Ann Arbor (Mich.) ^{2}1949.
NIEPOLD, W.: Sprache und soziale Schicht. Berlin 1971.
ÖHLSCHLÄGER, G.: Zu Syntax und Semantik der Modalverben des Deutschen. Tübingen 1989.
OERTER, R.: Moderne Entwicklungspsychologie. Donauwörth ^{5}1969.
OEVERMANN, U.: Sprache und soziale Herkunft. Frankfurt/M. 1972.
OGDEN, Ch. K./RICHARDS, I. A.: Die Bedeutung der Bedeutung. Frankfurt 1974.
OKSAAR, E.: Spracherwerb im Vorschulalter. Einführung in die Pädolinguistik. Stuttgart, Berlin, Köln, Mainz 1977.
OTTO, E.: Stand und Aufgabe der allgemeinen Sprachwissenschaft. Berlin 1954.
PAUL, H.: Prinzipien der Sprachgeschichte. Halle 1898.
PEIRCE, CH. S.: Über Zeichen. Stuttgart 1965.
PFEIFER, W. u. a.: Etymologisches Wörterbuch des Deutschen. 3 Bde. Berlin 1989.

PIKE, K. L.: Language in Relation to a Unified Theory of the Structure of Human Behavior. Den Haag [2]1967. (Janua Linguarum, Series Maior, 24).

PÖRINGS, R./SCHMITZ, U. (Hg.): Sprache und Sprachwissenschaft. Eine kognitiv orientierte Einführung. Tübingen 1999.

POLENZ, P. v.: Funktionsverben im heutigen Deutsch. Düsseldorf 1963.

–: Deutsche Satzsemantik. Grundbegriffe des Zwischen-den-Zeilen-Lesens. Berlin/New York [2]1988.

–: Deutsche Sprachgeschichte vom Spätmittelalter bis zur Gegenwart. 3 Bde. Berlin/New York 1991-1999.

POMPINO-MARSCHALL, B.: Einführung in die Phonetik. Berlin/New York 1995.

PORZIG, W.: Wesenhafte Bedeutungsbeziehungen. In: PBB 58 (1934), S. 70-97.

–: Das Wunder der Sprache. Probleme, Methoden und Ergebnisse der modernen Sprachwissenschaft. München 1950.

POSCH, G. (Hg.): Kausalität. Neue Texte. Stuttgart 1981.

POSNER, R./ROBERING, K./SEBOEK, TH. A. (Hg.): Semiotik. Ein Handbuch zu den zeichentheoretischen Grundlagen von Natur und Kultur. 2 Bde. Berlin/New York 1997-1998.

PUSCH, L. F. (Hg.): Feminismus. Inspektion der Herrenkultur. Frankfurt a. M. 1983.

RAMGE, H.: Spracherwerb. Grundzüge der Sprachentwicklung des Kindes. Tübingen [3]1993. (Germanistische Arbeitshefte, 14).

RAMERS, K.-H.: Einführung in die Phonologie. München 1998.

REDDER, A./EHLICH, K. (Hg.): Gesprochene Sprache. Transkripte. Tübingen 1994. (Phonai, 41).

SAPIR, E.: Die Sprache. München 1961.

SAUSSURE, F. DE: Cours de linguistique générale. Hg. von C. BALLY und A. SECHEHAYE. Paris 1916. Deutsch als: Grundfragen der allgemeinen Sprachwissenschaft. Berlin [2]1967.

SCHAEDER, B./KNOBLOCH, C. (Hg.): Wortarten. Beiträge zur Geschichte eines grammatischen Problems. Tübingen 1992. (RGL, 133).

SCHIPPAN, Th.: Lexikologie der deutschen Gegenwartssprache. Tübingen 1992.

SCHLIEBEN-LANGE, B.: Soziolinguistik. Eine Einführung. Stuttgart 1973.

SCHMIDT, S. J.: Bedeutung und Begriff. Zur Fundierung einer sprachphilosophischen Semantik. Braunschweig 1969. (Wissenschaftstheorie. Wissenschaft und Philosophie, 3).

–: Texttheorie. München [2]1976.

SCHMIDT, W.: Grundfragen der deutschen Grammatik. Berlin 1965.

SCHNELLE, H./RICKHEIT, G. (Hg.): Sprache in Mensch und Computer. Kognitive und neuronale Sprachverarbeitung. Opladen 1988.

SCHWARZ, M./CHUR, J.: Semantik. Ein Arbeitsbuch. Tübingen [2]1996.

SCHWITALLA, J.: Gesprochenes Deutsch. Berlin 1997.
SEARLE, J. R.: Sprechakte. Frankfurt/M. 1971.
SIEBS, Th.: Deutsche Aussprache. Berlin [19]1969.
SOWINSKI, B.: Germanistik. Teil I, Sprachwissenschaft. Köln 1970.
–: Textlinguistik. Eine Einführung. Stuttgart, Berlin, Köln, Mainz 1983.
STEMPEL, W. D.: Beiträge zur Textlinguistik. München 1972.
STETTER, Ch.: Schrift und Sprache. Frankfurt a. M. 1997.
STÖTZEL, G.: Ausdrucksseite und Inhaltsseite der Sprache. München 1970.
SZAGUN, G.: Sprachentwicklung beim Kind. Weinheim [6]2000.
TESNIÈRE, L.: Éléments de Syntaxe Structurale. Paris 1959.
TRIER, J.: Der deutsche Wortschatz im Sinnbezirk des Verstandes. Die Geschichte eines sprachlichen Feldes. I. Von den Anfängen bis zum Beginn des 13. Jahrhunderts. Heidelberg 1931.
TRÖMEL-PLÖTZ, S.: Frauensprache in unserer Welt der Männer. Konstanz 1979.
TRUBETZKOY, N. S.: Grundzüge der Phonologie. Göttingen [4]1967.
TSOHATZIDIS, S. L. (Hg.): Meanings and Prototypes. London 1990.
ULLMANN, St.: The Principles of Semantics. Oxford [2]1957. Deutsch als: Grundzüge der Semantik. Die Bedeutung in sprachwissenschaftlicher Sicht. Berlin 1967.
ULRICH, W.: Semantische Untersuchungen zum Wortschatz des Kirchenliedes im 16. Jahrhundert. Hamburg/Lübeck 1967.
–: Das Bild als Sprech- und Schreibimpuls. Frankfurt/M. 1976.
–: Linguistik für den Deutschunterricht. Braunschweig 1977. Aachen-Hahn [6]1995.
–: Wörterbuch. Grundbegriffe des Deutschunterrichts. Kiel 1979.
–: Der Witz im Deutschunterricht. Braunschweig 1980.
–: Grammatik. Braunschweig 1997.
–: Sprachspiele. Texte und Kommentare. Aachen-Hahn 1999, [2]2002.
–: Sprachspiele für jüngere Leser und Verfasser von Texten. Aachen-Hahn 2000.
–: Didaktik der deutschen Sprache: Ein Arbeits- und Studienbuch in drei Bänden. Stuttgart 2001.
VATER, H.: Das System der Artikelformen im gegenwärtigen Deutsch. Tübingen 1963.
WAHRIG, G.: Deutsches Wörterbuch. Berlin/München/Wien 1972.
WANDRUSZKA, M.: Interlinguistik. München 1971.
–: Die Mehrsprachigkeit des Menschen. München 1979.
WATZLAWIK, P./BEAVON, J. H./JACKSON, D. D.: Menschliche Kommunikation. Bern [3]1972.

WEGENER, H.: Der Dativ im heutigen Deutsch. Tübingen 1985.
–: Die Nominalflexion des Deutschen – verstanden als Lerngegenstand. Tübingen 1995.
WEINREICH, U.: Explorations in Semantic Theory. In: Current Trends in Linguistics, 111. Den Haag 1966. Deutsch als: Erkundungen zur Theorie der Semantik. Tübingen 1970. (Konzepte der Sprach- und Literaturwissenschaft, 4).
–: Sprachen in Kontakt. München 1977.
WEINRICH, H.: Textgrammatik der deutschen Sprache. Mannheim 1993.
WEISGERBER, L.: Vom Weltbild der deutschen Sprache. Düsseldorf 1950.
–: Die sprachliche Gestaltung der Welt. Düsseldorf ^{3}1962.
–: Grundzüge der inhaltbezogenen Grammatik. Düsseldorf 1963.
–: Die vier Stufen in der Erforschung der Sprachen. Düsseldorf ^{3}1963.
–: Die geistige Seite der Sprache und ihre Erforschung. Düsseldorf 1971.
WERNER, O.: Einführung in die strukturelle Beschreibung des Deutschen, Teil I. Tübingen 1970. (Germanistische Arbeitshefte, 1).
WEYDT, H. (Hg.): Sprechen mit Partikeln. Berlin 1989.
WHORF, B. L.: Language, Thought and Reality. Selected Papers. New York 1956. Deutsch als: Sprache, Denken und Wirklichkeit. Beiträge zur Metalinguistik und Sprachphilosophie. Hamburg 1963. (rowohlts deutsche enzyklopädie, 174).
WITTGENSTEIN, L.: Tractatus logico-philosophicus. Logisch-philosophische Abhandlung. London 1922 / Frankfurt a. M. ^{6}1969.
WOTJAK, G.: Untersuchungen zur Struktur der Bedeutung. Berlin 1971. (Sammlung Akademie-Verlag, 10).
WUNDERLICH, D. (Hg.): Linguistische Pragmatik. Frankfurt/M. 1972.
–: Grundlagen der Linguistik. Reinbek 1973.
–: Arbeitsbuch Semantik. Königstein/Ts. 1980.
WUSTMANN, G.: Sprachdummheiten. Berlin ^{14}1966.
WYGOTSKI, L. S.: Denken und Sprechen. Frankfurt/M. 1964.
ZIERER, E.: The Theory of Graphs in Linguistics. Den Haag 1970.
ZIFONUN, G./HOFFMANN, L./STRECKER, B.: Grammatik der deutschen Sprache. 3 Bde. Berlin/New York 1997.

Abbildungen – Quellenverzeichnis

In diesem Verzeichnis nicht aufgeführte Abbildungen wurden nach Entwürfen des Autors angefertigt.
Wir danken für die Erteilung der Abdruckgenehmigungen. Sollten diese versehentlich nicht vollständig gewährt worden sein, bitten wir um Nachricht, um die üblichen Lizenzgebühren zu entrichten.

S. 35 Gipper, Helmut: Sprachwissenschaftliche Grundbegriffe und Forschungsrichtungen. Hueber, München 1978, S. 83
S. 37 Tornsdorf, H./Tornsdorf, M.: Das große Buch zu MS Dos 6.2. Data Becker, Düsseldorf 1994. S. 1123-1124
S. 45 U. Hoffmann, aus: Knaurs lachende Welt. Hg. v. W. Grabinger, München und Zürich 1972. S. 90
S. 51 DENNIS THE MENNACE® mit Genehmigung von Hank Ketcham, © North America Syndicate
S. 53 Der große Brockhaus in 12 Bänden. Wiesbaden [18]1978. Bd. 2, S. 170
S. 83/ 84 Hörmann, H.: Psychologie der Sprache. Springer, Berlin u.a. 1970. S. 311
S. 89 Boettcher , W. u.a.: Sprache. Westermann, Braunschweig 1983. S. 31
S. 107 König, W.: dtv-Atlas zur deutschen Sprache. München 1978. S. 32
S. 111 König, W.: dtv-Atlas zur deutschen Sprache. München 1978. S. 32
S. 118 Quick 50/1970
S. 143 Brösel: Werner, normal, ja! Achterbahn AG, Buch-, Musik und Filmverlag, Kiel 1987.
S. 145 Rico, G.L. Garantiert schreiben lernen. Deutsch von H. Kober u.a., Rowohlt, Reinbek 1984, S. 70
S. 175 Quick 23, 1971
S. 188 Beisbart, O./Marenbach, D.: Einführung in die Didaktik der deutschen Sprache und Literatur. Auer, Donauwörth 1990. S. 85
S. 189 Schuster, K. (nach Karl Bühler): Einführung in die Fachdidaktik Deutsch. Hohengehren [2]1993. S. 47
S. 195 König, W. (Hg.): dtv-Atlas zur deutschen Sprache. Tafeln und Texte – Mit Mundartkarten. Deutscher Taschenbuchverlag, München 1978. S. 138 (= dtv 3025)
S. 218 Münchner Merkur v. 19./20.6.1971
S. 223 Hank Ketcham aus: Fromkin, V./Rodman, R.: An Introduction to language. Harcourt Brace Jovanowich. Orlando, [5]1993. S. 142
S. 234 Richards, J.C./Platt, J./Platt, H.: Longman Dictionary of Language Teaching & Applied Linguistics. Longman, Essex [2]1992, S. 299
S. 255 Hank Ketcham aus: Fromkin, V./Rodman, R.: An Introduction to language. Harcourt Brace Jovanowich. Orlando, [5]1993. S. 199
S. 270 Hank Ketcham aus: Fromkin, V./Rodman, R.: An Introduction to language. Harcourt Brace Jovanowich. Orlando, [5]1993. S. 405
S. 305 Quick 52/1974
S. 306 Jean Effel, © Rowohlt-Verlag Reinbek, Aus: Röhrich, Lutz: Der Witz. Figuren, Formen, Funktionen. J.B. Metzler 1977, S. 118
S. 325 Hank Ketcham aus: Fromkin, V./Rodman, R.: An Introduction to Language. Harcourt Brace Jovanowich. Orlando, [5]1993. S. 201
S. 339 Boettcher, W. u.a.: Sprache. Westermann, Braunschweig 1983. S. 129